私募股权：机遇与风险

［美］肯特·贝克（H. Kent Baker）
［美］格雷格·菲尔贝克（Greg Filbeck） 著
［美］哈利勒·基马兹（Halil Kiymaz）

曹麒麟 译

责任编辑：吕　楠
责任校对：孙　蕊
责任印制：陈晓川

© Oxford University Press 2015
PRIVATE EQUITY: OPPORTUNITIES AND RISKS was originally published in English in 2015. This translation is published by arrangement with Oxford University Press. China Financial Publishing House is solely responsible for this translation from the original work and Oxford University Press shall have no liability for any errors, omissions or inaccuracies or ambiguities in such translation or for any losses caused by reliance thereon.
北京版权合同登记图字 01-2020-4945
《私募股权：机遇与风险》一书中文简体字版专有出版权属中国金融出版社所有。

图书在版编目（CIP）数据

私募股权：机遇与风险／（美）肯特·贝克（H. Kent Baker），（美）格雷格·菲尔贝克（Greg Filbeck），（美）哈利勒·基马兹（Halil Kiymaz）著；曹麒麟译.—北京：中国金融出版社，2021.11
ISBN 978-7-5220-1428-9

Ⅰ.①私… Ⅱ.①肯… ②格… ③哈… ④曹… Ⅲ.①股权—投资基金—研究 Ⅳ.①F830.59

中国版本图书馆 CIP 数据核字（2021）第 255989 号

私募股权：机遇与风险
SIMU GUQUAN：JIYU YU FENGXIAN

出版
发行　中国金融出版社
社址　北京市丰台区益泽路 2 号
市场开发部　（010）66024766，63805472，63439533（传真）
网上书店　www.cfph.cn
　　　　　（010）66024766，63372837（传真）
读者服务部　（010）66070833，62568380
邮编　100071
经销　新华书店
印刷　河北松源印刷有限公司
尺寸　185 毫米×260 毫米
印张　18.5
字数　423 千
版次　2022 年 1 月第 1 版
印次　2022 年 1 月第 1 次印刷
定价　98.00 元
ISBN 978-7-5220-1428-9
如出现印装错误本社负责调换　联系电话（010）63263947

作者介绍

肯特·贝克（H. Kent Baker）是美利坚大学 Kogod 商学院的金融学教授。肯特·贝克教授是包括《投资风险管理》《投资者行为：财务规划和投资心理学》《新兴市场和发达市场的微观市场结构》《行为金融：投资者、公司和市场》《投资组合理论和管理》以及《企业财务调查研究》在内的 24 本书的作者及编辑。作为最多产的金融学者之一，他已经在《财经杂志》《金融与定量分析杂志》《财务管理》及《财务分析师期刊》等期刊上发表论文 160 余篇，同时在 6 个期刊的编辑委员会任职，并拥有 100 多个组织的咨询和培训的经验。贝克教授获得了乔治城大学的工商管理学理学士学位，马里兰大学的 MEd，MBA 和 DBA 学位，美国大学的文学硕士、理学硕士和两个博士学位，还拥有 CFA 和 CMA 认证。

格雷格·菲尔贝克（Greg Filbeck）在宾夕法尼亚大学 Behrend 学院担任 Samuel P. Black III 财务和风险管理教授，并担任黑人商学院的副主任和财务与经济部门主席。格雷格·菲尔贝克教授曾担任 Kaplan Schweser 高级副总裁，并在迈阿密大学和托莱多大学担任学术方向职位，以及家族企业中心的副主任。格雷格·菲尔贝克教授是 5 本书的作者及编辑，在《金融分析师杂志》《财务评论》和《商业、金融和会计期刊》等杂志上发表超过 75 篇学术论文。此外格雷格·菲尔贝克教授也为世界范围内的 CFA、FRM 和 CAIA ©认证的候选人提供培训。格雷格·菲尔贝克教授拥有默里州立大学的理学士学位，宾夕法尼亚州立大学的理学硕士学位，以及肯塔基大学的 DBA 学位。

哈利勒·基马兹（Halil Kiymaz）是罗林斯学院 Crummer 研究生院的美国银行金融学教授。他曾在比尔肯特大学、休斯敦清湖大学、ECUST、哥本哈根商学院 Ada 大学和 Kadir Has 大学任职。哈利勒·基马兹教授在学术和实践期刊上发表了 70 多篇文章，并与他人共同编撰 3 本书籍。他的研究成果发表在《银行与金融杂志》《金融评论》《全球金融期刊》《应用金融期刊》《经济与金融期刊》及《财经评论》等期刊。哈利勒·基马兹教授担任 4 个期刊的编委会成员，并任《国际新兴市场杂志》的区域编辑，拥有在不同种类的机构进行咨询和培训的经验。哈利勒·基马兹教授取得了乌鲁达大学理学士学位，新奥尔良大学的工商管理硕士学位，文学硕士和博士学位。

译者介绍

曹麒麟，管理学博士，管理科学与工程博士后，四川省学术技术带头人后备人选，四川大学商学院会计学与公司金融系副教授，四川大学上市公司发展与竞争力研究所所长，英国里丁大学（University of Reading）访问学者。近年主要在公司金融和财务管理专业领域从事理论研究、教学及咨询实践，主要研究方向为科技金融与创业金融、公司财务战略、商业模式与企业创新、企业成长管理。

目 录

第一部分　引言 ··· 1

　第一章　私募股权概述 ·· 3
　第二章　私募股权经济学 ·· 6
　第三章　美国和欧洲的私募股权：市场和监管发展 ·· 15

第二部分　私募股权的主要形式 ·· 23

　第四章　欧洲的风险投资：传说与现实 ··· 25
　第五章　杠杆收购 ··· 35
　第六章　夹层资本与商业地产 ·· 47
　第七章　不良债务投资 ··· 58

第三部分　私募股权的运作方式 ·· 73

　第八章　私募股权的估值 ·· 75
　第九章　私募股权的资本成本 ·· 84
　第十章　私募股权的流动性问题：后金融危机的教训 ····································· 96
　第十一章　私募股权投资组合管理：挑战、方法和实施 ·································· 105
　第十二章　私募股权在首次公开发行中的作用
　　　　　　——以风险投资公司为例 ·· 119
　第十三章　私募股权的退出策略 ·· 126

第四部分　绩效与测评 ··· 137

　第十四章　私募股权的投资回报：跨国的证据 ··· 139
　第十五章　私募股权的基准偏差 ·· 147
　第十六章　持续性回报：寻找一流的经理人 ··· 158
　第十七章　私募股权的尽职调查 ·· 165

第五部分　私募股权：运用和结构 ·· 177

　第十八章　机构投资者和私募股权 ·· 179
　第十九章　私募股权及其价值创造 ·· 190
　第二十章　薪酬结构 ··· 196

第二十一章　全球监管与道德框架 ……………………………………… 202
第六部分　私募股权的发展趋势 ……………………………………………… 215
　　第二十二章　私人投资公开股票 …………………………………………… 217
　　第二十三章　上市私募股权 ………………………………………………… 234
　　第二十四章　私募股权在全球市场和新兴市场的增长 ………………… 240
　　第二十五章　私募股权母基金的多元化收益 …………………………… 251
　　第二十六章　公开交易的私募股权 ………………………………………… 266
　　第二十七章　私募股权的未来：一个全球视角 ………………………… 277

第一部分
引 言

第一章 私募股权概述

引言

奥马哈的先知沃伦·巴菲特从未掩饰他对私募股权（Private Equity，PE）投资者的鄙视。他在接受《时代》杂志采访时表示："我不喜欢PE投资公司的一些做法，他们尽可能地募集每一分钱，并提高所投资公司的融资杠杆率，因而，在某些情况下，这些公司并没有为未来发展做准备。"巴菲特对于PE中不平衡的薪酬结构持批评态度，在这一体系中，投资者，即有限合伙人（Limited Partner，LP），每年要向经理人或普通合伙人（General Partner，GP）支付本金的2%作为管理费用，即使经理人并没有为投资者创造收益甚至造成巨大亏损。如果经理人投资成功的话，还会额外收取投资者利润的20%。巴菲特还批评经理人造成了投资公司大量债务堆积。然而，其他人并不赞同巴菲特对PE的态度。要理解其中的原因就要了解PE的本质。

什么是PE？PE是一种资产类别，包括未在公开交易所上市的公司的权益证券和债务。PE的主要类型包括风险投资（Venture Capital，VC）、收购、夹层资本和不良资产投资。VC通常是指在不太成熟的公司中进行的股权投资，用于种子或初创企业的启动、早期开发或业务扩展。相比之下，收购是对成熟企业的投资，这些企业需要融资以寻求增长机会。收购过程即一组投资者通过PE机构的股权融资和金融机构的债务融资从公司当前所有者手中收购目标公司。夹层资本是指次级债务或优先权益证券，通常代表公司资本结构中最初级的部分。不良资产投资是指对财务压力较大的公司的权益或债权证券的投资。

PE基金根据PE投资策略投资股票，小范围投资债权证券。PE基金也可以投资上市公司。最近的另一项创新是"上市私募股权"，即投资私营企业的上市公司。2013年，Pro-Shares推出全球上市私募股权交易所交易基金（ETF）。PEX是第一个专注于投资私营企业的公司的全球多元化ETF。詹森曾将PE公司描述为精干、分散的组织，有着相对较少的专业投资人员和员工。虽然PE公司规模随着时间的推移已经大幅增长，但相对于它们投资的公司而言，它们的规模仍然较小。

ProShare Advisors LLC董事长兼首席执行官迈克尔·萨皮尔指出，"PE一直是机构和高净值人群投资组合的主要产品；其他投资者很难获取"。传统上，PE投资通过有限合伙企业提供，这种合伙企业可能具有高门槛和其他限制。认证合格的投资者和机构投资者，特别是养老基金、捐赠基金和保险公司，为PE公司提供资金。PE公司通常通过寻找有潜力的私营企业为它们提供长期投资来创造收益，这些资金可用于资助新技术、引入新产品或服务、扩大所属公司的流动资金、收购、优化资产负债表和重组。PE 公司试图提高公司的财务业绩和前景，希望将陷入困境的公司扭亏为盈，将其转售给另一家公司或通过首次公开发行（Initial Public Offering，IPO）兑现。因此，PE 投资往往持有期较长。

田浩和邱将 PE 在投资者中的流行归因如下：（1）PE 公司只投资合格投资者的资金；（2）PE 公司的投资者主要是机构而非个人；（3）PE 公司为投资者提供其投资决策详细信息。大多数 PE 基金都是"封闭式"基金，由投资者提供投资公司的资金并向 PE 公司支付管理费。

私募股权的成长

PE 市场从 20 世纪 70 年代到 2007 年稳步增长。PE 市场的交易额从 1995 年的不到 300 亿美元增加到 2007 年的 7500 多亿美元。筹集的资金也从 1985 年的 30 亿美元急剧增加到 2007 年的 3140 亿美元。2007 年是筹资热潮的高峰期，有超过 450 家 PE 公司成立。之后，筹资的减少影响了进入 PE 市场的新公司数量。截至 2013 年 12 月底，PE 机构管理的 PE 资产达到 2.5 万亿美元。2014 年，私募股权成长资本委员会发布报告称总部设立在美国的 PE 公司达 3300 家。在美国，基于 PE 的企业并购（Merger and Aquisition，M&A）从 1995 年的 7% 增加到 2011 年的 25%。在同一时期，英国、日本和德国也出现了类似的增长模式。

私募股权流程

PE 投资流程始于从投资者那里筹集大量资金。这些资金通常通过股权和债务的方式购买营业公司，为此类投资借入的债务数额通常比股权投资额大很多倍。PE 基金投资范围非常广泛，从初创企业到成熟企业都是其投资对象。PE 基金还用于产品和技术开发、公司地域扩张和产品扩张或优化公司资本结构等。下一步是改变管理层的激励模式，使管理团队获得更大占比的收益。PE 公司的 GP 通常会取代目标公司的董事会。GP 还会管理被收购公司以生成最佳现金流，并最终转售收购公司以实现盈利。

典型的 PE 公司为合伙企业或有限责任公司（Limited Liability Corporation，LLC），投资者是被动合伙人。基金经理担任总经理，选择目标公司并管理这些投资。一旦资本投入，LP 就对公司的运营模式几乎没有任何影响力。PE 公司经理的薪酬包括年度管理费、基金利润分成和监管费。马丁和施鲁姆详细介绍了薪资结构并提供了实证分析。

目的和范围

在过去的几十年里，PE 引起了投资者、从业者和学者的极大关注。事实上，已经出现了大量有关 PE 的文献。本书的宗旨是将新兴市场和发达市场的 PE 理论性和实证性的文献综合在一起。本书包含学者和从业者撰写的其专业领域章节，范围广泛，研究了 PE

的类型、PE如何运作、绩效与绩效评价、PE的用途和结构以及趋势等主题。《私募股权：机遇与风险》的读者可以从世界各地的专家那里获得对PE的深入理解。

在当今的金融环境中，PE成为一个持续快速发展的动态领域。本书不仅向读者介绍了PE的核心主题，还剖析了PE最新最前沿的发展趋势。此外，对PE研究的讨论在这本书中贯穿始终，涵盖的内容从基本概念及其应用的讨论延伸至日益复杂的现实世界。因此，本书兼顾理论性和实践性，同时试图在内容丰富和通俗易懂之间达到平衡。那些对广泛研究有兴趣的读者和那些在这一特定领域寻求更深层次研究的读者同样会从中获益。总而言之，作为金融市场与投资的书，《私募股权：机遇与风险》为PE这一复杂而令人着迷的领域提供了崭新视角。

本书的显著特征

《私募股权：机遇与风险》具有以下几个显著特征：

本书详细介绍了金融领域最具活力的领域之一。它巧妙地将来自全球的学者和从业者的贡献融合在一起，共同审视这一领域中的重要主题。贡献者的不同背景使本书视角多样化，也确保各种思想有效地相互作用。本书还反映了PE在全球范围内的最新趋势和研究。

本书保留了诸多为本书撰写提供帮助的人的观点，同时还遵循了格式和风格内部一致的原则。正像是一个有着许多种不同声音的合唱团那样，本书也包含了作者们许多不同的声音。合唱团的目的与本书的目的也是一致的——让各种声音和谐地交织在一起。所以，这本书绝不仅仅是来自不同作者所撰写的章节的一个简单收集汇总。

本书在讨论将理论与实践联系起来的实证研究的结果时，会将它们提炼为基本内容，以便各类读者理解。

目标读者

鉴于涉及范围较广，这本兼具实践性和综合性的书籍对专业人士、投资者、学者和其他对PE感兴趣的人都具有吸引力。本书可以为专业人士和合格投资者提供指导，用于帮助他们在PE的多个主题中找准方向；学者们可以把本书视为更好地理解PE的各个方面的基础，也可以以本书作为未来研究的跳板。因此，无论是成熟的专业投资人，还是那些有志进入要求极严的金融界的新人，这本书对于所有想要更进一步地了解PE的人都是一本不可或缺的必读书目。

第二章 私募股权经济学

引言

随着在2012年总统大选中媒体对米特·罗姆尼的私募股权投资的工作经验审查，公众对PE的兴趣急剧增长。然而，PE作为一种商业模式可以追溯到20世纪初。根据金融历史学家的说法，摩根大通公司于1901年进行了第一笔正式的PE交易，即杠杆收购。它以近5亿美元的价格收购了彼时挣扎求生的匹兹堡卡内基钢铁公司，并将其转变为当时世界上最大的公司——至今仍然健在的美国钢铁公司。从那以后，出现了数千起PE交易。高收益垃圾债券的流行推动了20世纪80年代PE的增长。迄今为止最大的PE收购发生在2007年2月，当时科尔伯格—克拉维斯投资集团，得克萨斯州太平洋投资集团和高盛资本合作伙伴以432.2亿美元的价格联合收购了未来能源控股公司。

在1999年RJR Nabisco收购全面失败之后，普通公众和媒体对PE公司进行了猛烈抨击，将他们描绘成无情、追求利润的野蛮人。批评者强烈反对PE公司削减工作岗位，因为它们的首要任务是实现利润最大化，而最快减少成本的方式就是裁员。科斯曼称PE公司在其拥有公司的前两年裁员比例比同行多3.6%。另一个常见的对PE公司的批评是它们没有上缴足够的税款。具体来说，PE公司的"附带权益"是按资本收益率缴税，这低于普通的所得税税率。有人建议改变这种优惠税收待遇。例如，奥巴马政府提议改变其2013财年的预算提案，但没有采取具体行动。

PE公司与其他上市或私营公司之间的一个主要区别是，PE经营的公司的杠杆率很高，通常承担着占总资产70%以上的债务。这种资本结构为它们提供了"债务税盾"的巨大优势，这是指由于利息支付的免税性而产生的征税减免所带来的优势。PE的批评者不仅强烈谴责PE公司利用"债务税盾"这种方式，而且认为由于债务水平较高，PE管理的公司申请破产的可能性会增加。据科斯曼的研究，20世纪80年代PE公司借入超过10亿美元的垃圾债券购买公司，其中超过一半的公司破产。PE公司也被指责具有破坏性的本质。它们经常引入新的管理层，通过出售盈利较少的部门全面地精简公司，并彻底改变所管理的公司的企业文化。这些变化妨碍了这些公司的正常运作，并经常导致某些不可避免的社会和经济成本。

PE的反对者也批评了PE行业的薪资制度。他们称费用结构中咨询费和管理费太高且不合理。最近，财经媒体谴责PE行业筹集的资金超过了实际投资的资金。累计待投现金数量（募集金额里尚未在投资期里投资的资金）是PE公司筹集但尚未投资的资金。

《华尔街日报》(2014)指出,2014年6月初累计待投现金数量在全球市场为1.141万亿美元,达到历史最高水平。这一趋势引起了更大的担忧,虽然PE公司可以从投资者那里筹集数十亿美元,但它们无法为这些资金找到有价值的投资项目。

然而,过去的几十年里,PE行业的增长是惊人的。除2007—2008年金融危机期间,PE自20世纪80年代初以来呈现强劲增长趋势。2009年后,PE投资增加,在2013年成为一个价值3万亿美元的行业。主流媒体将PE公司称为秃鹫基金,认为它们贪婪地剥离公司资产然后变现,摧毁就业机会增加目标公司破产的可能性。然而,研究证据呈现出完全不同的结论。

私募股权背景

PE商业模式背后的经济学起源于莫迪利安尼和米勒(Modigliani和Miller,1958)的开创性论文。他们发现,在某些完美资本市场假设下,如不存在税务、财务困境成本、信息不对称,预先确定投资决策且没有交易成本的情况下,企业对其资本结构决策并不关心。

如图2.1A所示,在一个完美资本市场世界中,在债务和股权持有人之间如何分配利益并不会影响公司的总价值。然而,如图2.1B所示,当将税收等现实世界因素考虑在内时,资本结构开始变得重要,因为在这种情况下,债务和股权持有人的分配比例也取决于政府税收的比例。此外,债务带来了债务税盾的好处,这意味着公司可以通过扣除其利息支付来减少税负。从卡普兰开始,一些学术研究指出,这种债务税盾是PE交易中创造价值的重要来源。

最后,如图2.1C所示,运营效率低下、管理不善和其他可避免成本可能会浪费财富。这些被浪费的财富往往会使这些公司吸引PE买家,因为他们投资目标是成熟但管理不善的公司,希望扭转局面并最终实现盈利退出。一个问题自然就是:有多少经营不善的公司可以成为PE公司的盈利目标?尽管PE商业模式存在负面新闻,这个问题的答案仍可能有助于理解PE行业的显著增长。

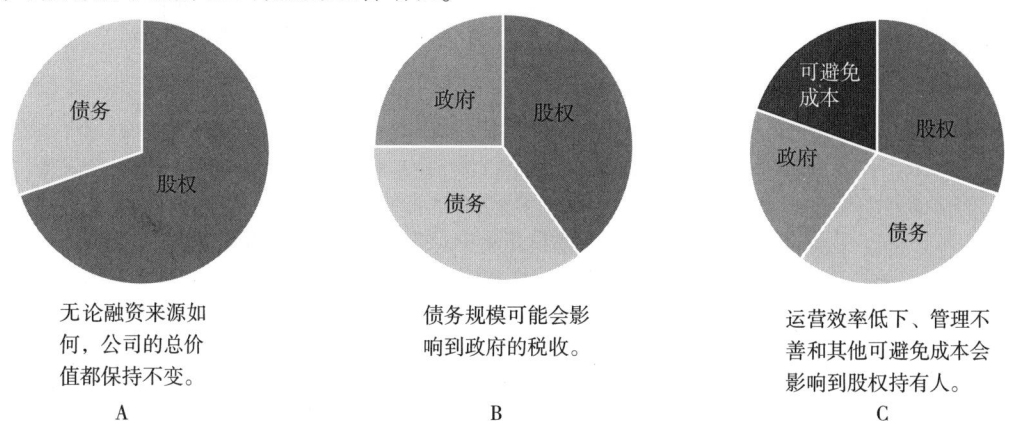

A	B	C
无论融资来源如何,公司的总价值都保持不变。	债务规模可能会影响到政府的税收。	运营效率低下、管理不善和其他可避免成本会影响到股权持有人。

注:图2.1A显示,在完美资本市场假设下,金融结构无关紧要。如图2.1B所示,在考虑税收的情况下,金融结构开始变得重要起来。图2.1C说明了运营效率低下和管理不善等成本可能影响到利益相关者的收益。

图2.1 企业价值

根据阿斯沃斯·达摩达兰数据库中的数据，截至 2014 年 1 月，美国超过 45% 的上市公司的资本回报率低于预测的资本成本。

图 2.2 这一发现提供了一个简单的试金石来区分经营良好和经营不善的公司。欧洲、新兴市场和日本表现不佳的上市公司的比例分别约为 44%、46% 和 46%。虽然这一比例与美国的数据相当，但澳大利亚、新西兰和加拿大等其他发达国家共有近 68% 表现不佳的上市公司，并且它们的资本回报率低于其资本成本。这些数字也解释了 PE 在过去几十年中成为一种全球现象的原因。图 2.2 仅考虑了全球上市公司，如果将私营公司考虑进来，表现不佳的公司数量可能会更高。

詹森在其开创性论文中表示，许多上市公司的可避免损失，即图 2.1C 中"可避免成本"的部分，来源于管理者与股东之间关于自由现金流的冲突，可以在 PE 配置中避免。这种解决方案是可行的，因为私有化使企业能够通过利益一致激励和更好的管理来缓解其代理问题。根据当时观察到的趋势，詹森预测 PE 公司的 LBO 最终会取代上市公司成为最主要的企业组织形式。他认为更好的治理结构、更强的管理激励和债务的约束效应使 PE 商业模式更有效率。

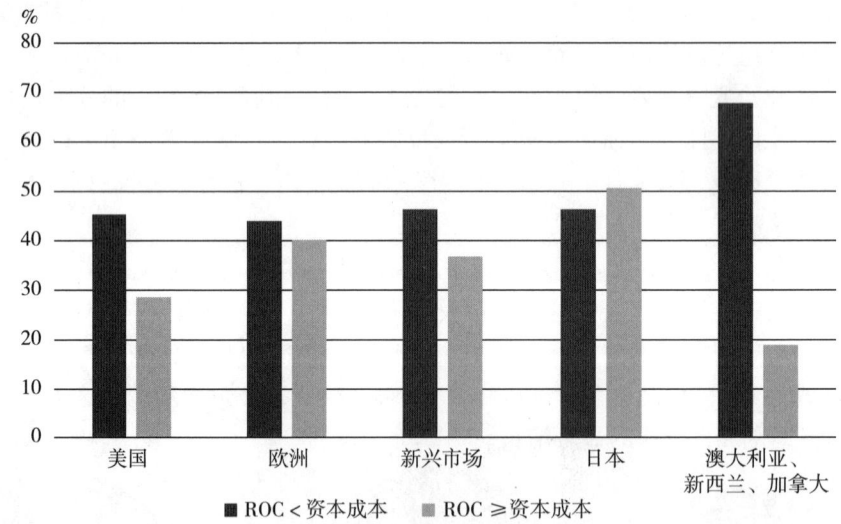

注：该图显示了在美国、欧洲、新兴市场、日本和其他发达国家（如澳大利亚、新西兰和加拿大）表现不佳的上市公司的百分比。欧洲包括欧盟、英国、瑞士和斯堪的纳维亚。新兴市场包括亚洲、拉丁美洲、东欧、中东、非洲、中国和印度。资本成本是股权成本和债务税后成本的加权平均值，由股权和债务的市场价值衡量。ROC 通过将税后营业收入除以投资资本的账面价值来估算。

图 2.2 2014 年 1 月不同金融市场中业绩不佳的公开上市公司

[资料来源：达摩达兰（Damodaran, 2014）]

LBO 模型有时被称为"私有化"，了解它是什么非常重要。如图 2.3 所示，LBO 机制在理论上非常简单。PE 公司筛选出数以千计的潜在目标，通常集中在那些与同类相比表现不佳的公司上，它们在业务上相对成熟且产品需求稳定，并且拥有大量未使用的债务能力。在找到符合其标准的上市公司后，一家 PE 公司会通过大量债务融资购买目标公司并将其私有化，通常是借助目标公司的资产贷款。如图 2.3 所示，在 LBO 过程中目标公司通常杠杆率升高，资本结构中超过70%为债务。在目标公司的私有化阶段，PE公司通常会通过降低成本，提高运营效率和使用管理激励措施，使目标公司成为积极的所有者，从而引入新的专业知识并提高目标公司的盈利能力。根据卡普兰（1991）的研究，一般的LBO目标公司的私有化阶段近7年。最近的估计表明，全球PE支持的投资组合公司的平均持有期在4.5年至5.6年之间。

注：该图描绘了LBO机制，显示了低杠杆率公司如何获得高杠杆率，然后在LBO过程结束时恢复到正常杠杆水平。

图2.3 杠杆收购的机制

PE买家的动机是盈利，而非战略原因。因此，在私有化阶段他们试图重组公司同时支付债务，在这之后，PE买家经常通过再次上市目标公司并降低债务水平退出，如图2.3所示。PE中的其他退出策略也可以使用。任何PE交易成功的关键往往是私有化阶段的存在。然而，这就引出了一个问题，为什么要改变目标公司的上市状态？

金融经济学家认为，私营公司应该比上市公司表现更好，因为私营公司可以帮助公司减少詹森提出的自由现金流问题，从而缓解代理问题。当PE公司收购一家上市公司时，同样的道理依然适用。将目标公司私有化使PE公司能够在不受股东或监管机构干预的情况下进行必要的重组，并避免上市带来的成本，如额外的监管负担。

完全掌握PE背后的经济学需要了解图2.4中所示的PE基金典型结构。GP和LP投资私募基金，该基金可能包括多家投资组合公司。因为通过投资几家不同的公司可以实现投资多元化。GP是单一的PE公司，或是PE公司集团。GP不仅管理基金，还投资自己的资金。LP通常是富裕的个人或机构，如养老基金、捐赠基金和主权财富基金。LP的目的是获得回报而无须参与管理PE基金。通常他们在一项PE基金中投资期限为8年至10年。GP会向LP收取管理费（通常约为资本的2%），一旦他们能够达到最低资本预期回报率（通常为8%至12%），还会收取20%的利润。剩下80%的利润属于LP。

这种PE投资商业模式之所以取得成功，不仅是因为投资组合公司的私有化状态缓解了代理问题，还因为更严密的监管、更好的管理专业知识以及LBO过程中更高债务水平的约束效应。最近的一些研究也提供了证据表明，当一家PE公司在这样的配置中接管一家上市公司时，会对治理机制产生显著的积极影响。此外，PE公司优劣的关键区别在于，成功的PE公司通过每三年到五年筹集新的PE基金来保持领先地位。

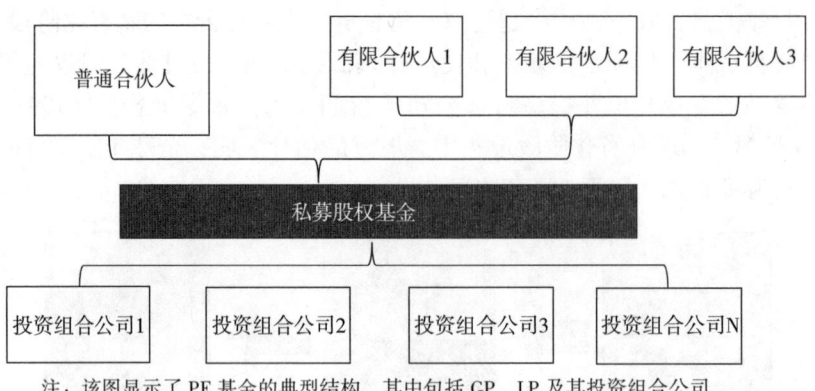

图 2.4　私募股权基金的典型结构

私募股权的好处

本节探讨了 PE 的价值。不可否认，PE 是一个备受争议的金融模式，有支持者也有批评者。本节探讨了这一有争议的问题，并从现有的文献中找到了大量的实证结果。

私募股权公司和价值创造

PE 公司为其目标公司创造价值还是消灭价值？PE 公司通过降低成本、改善经营业绩和资产利用率、促进增长来创造价值是很有可能的。在一项早期研究中，布尔（Bull, 1989）使用七种计量方法分析了 25 家公司的 LBO。他发现，这些公司在收购两年后的财务业绩优于收购两年前的。收购后增长的业绩超出了利息税盾带来的节税收益。

其他一些研究证据也证明 PE 创造了价值。卡普兰（1989）研究了 1980 年至 1986 年间 76 家上市公司的大型管理层收购。他发现在收购三年后他们的营业收入增加。卡普兰进一步证实，经营业绩的提升是由于激励措施的改善和代理成本的降低，而不是裁员或对股东进行管理剥削。史密斯证明了 1977 年至 1986 年期间 58 家上市公司 MBO 的每名员工和每一美元营业资产存在显著且持续的经营回报提升。马斯卡雷拉和维苏彭斯从 1976 年 1 月至 1987 年 7 月研究了 72 个反向 LBO。他们发现由于资产利用率提高，这些公司在经营方面取得了显著成效。利希滕贝格和西戈分析了美国人口普查局 1981 年至 1986 年间 131 个 LBO 的工厂级数据。证明 LBO 后的全要素生产率显著增加，且高于行业平均水平。在最近一项涉及英国的研究中，哈里斯、西格尔和赖特补充了利希滕贝格和西戈的发现。他们分析了 35753 家制造厂，发现这些工厂的 TFP 在收购后大幅增加。

PE 公司为目标公司创造价值的另一条途径是促进增长。伯恩斯坦、勒纳、苏林和斯特隆伯格研究了 1991 年至 2007 年间 PE 对 26 个国家的 20 个行业的影响。他们证明在过去五年 PE 基金投资的行业在生产力和就业方面都增长得更快。普通法系国家和欧洲大陆都存在这种现象。

如果金融市场效率高，LBO 公告回报是投资者认为 PE 公司是在其目标公司中创造价值的良好信号。伦和波尔森分析了 1980 年至 1987 年期间私有化公司的样本，发现与私有化公告相关的平均累计超额收益率分别为 16.3%、19.9% 和 20.5%，窗口为 [-1, 1]，[-10, +10] 和 [-20, +20]。布朗、费和托马斯证明了相似的结果，发现 LBO 公司的平均超额公告回报约为 18.6%。此外，黑格、洛沃、斯洛文和苏什卡也证明了如果目标公司被 PE 公司而不是战略性买家收购，公告回报会更高。总体而言，实证证据有力地证明 PE 公司为其目标公司创造了价值。

私募股权公司为有限合伙人所创造的价值

另一个重要的考虑是 PE 公司是否也为其投资者（即 LP）创造价值，许多 LP 是养老基金和保险公司等金融机构。这个问题的证据是多样的。容格维斯特和理查森分析了 1981 年到 2001 年期间筹集的 PE 基金的现金流数据，证明了 PE 公司每年产生超过 5% 的超额回报（风险调整后）。

然而，其他研究证明，PE 基金表现不及一般市场。卡普兰和安托瓦内特（2005）使用汤姆森 VentureXpert 数据库，评估了 1980 年至 2001 年期间 169 个 LBO 基金的回报。他们发现，扣除费用后，基金的回报率中值低于标普 500 指数。其他研究人员使用相同数据库的不同时间段和计量经济学方法，得出了与卡普兰和安托瓦内特相似的结论，即 PE 基金平均表现不及一般市场。

尽管 PE 基金表现的证据是多样的，在衡量其表现时缺乏优质数据会导致重大问题。由于研究人员经常使用不同的商业和专有数据来源，他们经常会发现相互矛盾的结果。哈里斯、詹金森和斯图克表示，两家领先的 PE 数据提供商为风险投资基金提供了从 1998 年第一季度到 2008 年第一季度共十年的内部收益率，分别为 17.20% 和 32.83%。哈里斯、詹金森和卡普兰证明汤姆森低估了 PE 基金的回报。他们用来自 200 多家机构投资者的经过验证的 1400 个 PE 基金的数据，证明 PE 基金的表现一直优于股票市场。近期 PE 基金表现的研究趋向使用更高质量的 PE 基金数据，这将会使 PE 公司为其 LP 创造更多价值变为可能。

私募股权公司和治理结构

如前所述，LBO 可能成为主要企业组织形式的一个原因是它们创造了更好的治理结构。具体而言，詹森认为债务可以通过与股息相同的方式减轻自由现金流带来的代理问题。此外，相对于股息，人们会更倾向于选择债务，因为债务可以是一种更严格的承诺机制，使管理者在投资机会有限时向股东支付过剩资金。除自由现金流代理问题外，作者还认为 LBO 公司所有权更为集中，通常由几个收购方控制。因此，与所有权相对分散的上市公司相比，它们会更积极地参与管理监督。由于 LBO 期间承担了大量债务，企业被迫改善和优化其结构以履行这些债务。此外，LBO 中的薪酬系统通常具有较高的薪酬绩效敏感度。总的来说，人们认为 LBO 可以带来更有效的治理结构。

继詹森之后，许多研究探讨了 PE 公司 LBO 对目标公司治理结构的影响。到目前为止，大多数证据表明，LBO 与美国国内外企业的公司治理效率和有效性之间存在正相关关系。

贝克和弗鲁克对 1986 年的 LBO 后的 O. M. Scott 进行了案例研究。他们发现公司在

LBO后经营业绩和投资政策都得到改善。作者将这些变化归因于沉重的债务压力和管理股权所有权带来的强大的薪酬激励。丹尼斯在1986年LBO后对西夫韦的案例进行了分析，最终得出结论，LBO带来了更好的激励结构与监管效应，从而使公司能够更高效地产生现金流。

为了普及这两个案例研究的发现，其他研究人员通过实证研究检验了LBO机构投资者的积极监管作用。阿查里亚、凯赫和雷恩研究英国LBO的样本，采访了英国20位高管。他们发现，PE董事会在调整管理层和其他利益相关者的利益方面更成功更有效。在另一项以英国为基础的研究中，科尔内利和卡拉卡什发现，LBO后，LBO机构往往会取代外部董事，更积极地履行监管职责。他们还发现LBO后CEO的薪酬绩效敏感度和公司的经营业绩都有一定程度的提升。同样，龚和吴研究美国LBO的样本，发现在LBO后，董事会更有可能取代代理成本高且资产回报率低的公司的CEO。他们进一步表明，LBO后，董事会倾向于取代根深蒂固的经理人，这些结论对全球公司来说都是适用的。

格林斯坦的模型补充了相关的实证证据，表明采用金融债权的方式有助于投资者对管理层采取惩罚措施。根据埃德曼的模型，杠杆集中了利益相关方的利益，促使他们更多地了解公司的现金流，从而做出更好的投资决策。总体而言，证据表明，PE公司的LBO会带来更积极的管理监管，从而营造更好的公司治理，最终实现更好的业绩。

LBO机构更积极的监管不仅可以改善LBO公司的治理，LBO还有其他好处。例如，研究人员证明，基于股权的激励措施越来越受到高层管理人员的欢迎，使他们与股东的激励相一致。基于绩效的薪酬/激励结构可以更好地协调管理者和股东的利益。

LBO也增加了承担更高水平债务带来的压力，这也会促使管理层提高公司的效率以履行债务承担。尽管詹森的观点很直观，但科特和配克发现，对受到积极监督的经理人来说，更严格的债务承担并没有显著改善公司业绩。即在激励管理者方面，LBO投资者的监督取代了更严格的债务条款的作用。但是，债务承担仍然限制着LBO公司。

PE公司的另一个好处是，它们可以提供专业的知识和管理。布卢姆、萨顿和范·雷南研究了来自亚洲、欧洲和美国的4000多家中型制造公司的管理实践的调查数据。他们发现，与政府或其他私营公司的同行相比，PE公司的管理明显更好。与上市公司相比，尽管在统计上差异并不显著，但平均PE公司的管理实践更好。

研究人员在确定LBO与公司治理之间的关系时面临的最大实证研究挑战之一是内生性问题。这可能是自我选择的问题，因为只有某些类型的公司选择LBO，使公司治理得到改善。然而，总体而言，LBO似乎可以通过LBO机构更积极的监管、更高的绩效敏感薪酬合同以及由于高杠杆率而产生的更大压力来改善公司治理结构。

私募股权公司和破产

拉帕波特批评PE公司的LBO因杠杆率过高而缺乏财务弹性。一些人认为LBO带来的高杠杆率可能会增加目标公司的破产率，但证据并不支持这一说法。

根据卡普兰和斯特伦伯格的数据，在1970年至2007年间的17171个全球LBO交易中，只有6%最终以破产告终。如果除去2002年以后发生的LBO来看，破产率上升至7%。作者假设平均持有期为6年，年违约率便为1.2%。令人惊讶的是，这一比率实际低于 1980 年至 2002 年的所有美国公司债券发行人的平均违约率。布克利、斯拉尔和泰斯马尔以法国的 830 项 LBO 交易为样本，发现不管是在 LBO 后 3 年内，或是在任何时间点，目标公司和对照组公司之间的破产率没有差异。

蒂克沃娃和博雷尔研究了 2000 年至 2008 年欧洲公司 LBO 的破产风险。他们的证据显示，LBO 后财务困境风险增加，但与同类的非 LBO 公司相比，它并没有带来更高的破产率。他们进一步研究表明，在经验丰富的 PE 公司中，破产率甚至更低，这反映了 PE 公司在财务困境管理方面的能力。威尔逊和赖特使用人工收集的大量英国公司数据，得出同样结论。作者发现，PE 支持的 LBO 并不比非 LBO 公司更有风险，而它们在陷入困境时更有可能避免破产。

霍奇基斯、史密斯和斯特伦伯格使用美国公司样本，发现了相似的结果。他们以 1997 年至 2010 年有过 LBO 的公司为样本，研究了 PE 公司在财务困境中的作用。作者得出结论，通过控制杠杆率，PE 支持的公司并不比其他杠杆公司更容易破产。相反，当企业违约时，PE 支持的企业可以通过有效的重组更快地恢复。

总体而言，尽管杠杆水平较高，LBO 并不会增加破产的可能性。哈福德和科拉辛斯基证实了这一结论，这表明在 1993 年至 2001 年美国大型 LBO 交易中，破产和其他财务困境相关的重组只占所有退出投资的 15%。此外，当公司违约时，PE 公司显然可以帮助公司有效重组。

私募股权公司和失业

一个很大的争论是 PE 公司是否为了削减成本而在被收购公司裁员。工会、公众媒体和政策制定者对任何 LBO 后裁员的消息，都会很快锁定并大加宣传。令人惊讶的是，并没有明确的实证证据证明 PE 公司减少就业。

马斯卡雷拉和维苏彭斯发现，在收购发生后到公司重新上市前，就业率下降了 0.6%。相比之下，卡普兰研究了 48 个 MBO 的样本，发现就业率中值增加了 0.9%。奥普勒在 20 世纪 80 年代后半期研究了 44 个 LBO 交易，发现就业率略微增加了 0.3%。

为了解决这场争论，戴维斯、霍尔德、汉德利、贾敏、勒纳和米兰达在 1980 年至 2005 年期间对 3200 家 LBO 的目标公司及其 150000 家机构收集数据，并进行了全面的研究。戴维斯等研究人员用美国人口普查数据，控制规模、年龄、先前的增长率和行业因素，发现"两年内目标公司的增加和减少就业的总额均超过了对照组 14%"。这一发现也表明，尽管 PE 公司将目标公司私有化后裁员，但它们创造的新的机构创造了更多的工作岗位。因此，任何有根据的批评要提供一个更全面的观点，都不只要考虑减少的工作岗位，还要考虑到新创造的就业机会。

私募股权公司和创新

人们普遍认为，作为金融买家的 PE 公司更多地关注短期利润而非长期增长。大量证据表明 LBO 后的运营效率提高。然而，认识到私有化后长期投资或创新是否出现负面变化非常重要。关于这个问题的实证分析结论是多样的。

衡量长期投资或创新的一项指标是研发支出。利希滕贝格和西格尔研究了 20 世纪 80

年代早期出现的 LBO 效应。他们发现，与其他公司相比，LBO 目标公司的研发密集程度较低。然而，这一发现可能是因为 LBO 的目标公司往往属于非研发密集型行业。一个更重要的发现是，在 LBO 之前和之后，R&D 密集程度没有发生显著变化。与这些结果一致，霍尔研究了 1977 年至 1988 年间的 LBO 样本，发现 LBO 后研发没有显著减少。此外，赖特、汤普森和罗比研究了英国 LBO 的样本，表明 PE 公司似乎在 LBO 后增加了产品开发和资产购买。然而，朗和雷温斯克雷夫研究了 1981 年和 1987 年之间 LBO 的样本，发现 LBO 后研发支出减少。

另一组研究将专利作为长期投资和创新的衡量标准。根据 476 家 PE 支持的公司在 1986 年至 2005 年间提交的专利，勒纳、苏林和斯特隆伯格没有找到任何证据表明 LBO 牺牲了长期投资。乌盖托研究了 1998 年到 2004 年之间西欧 LBO 的公司样本。她发现 LBO 后专利数量实际上有所增加。LBO 对专利的影响更多地取决于 LBO 投资者的类型，而不是 LBO 本身。

虽然 LBO 对研发的影响的结论呈现多样化，但研究结果发现 LBO 对专利活动的影响是积极的。总体而言，PE 公司是否倾向于为短期盈利牺牲长期增长仍待进一步研究。

私募股权公司和股息

另一个常见的误解是，PE 公司通过承担高额债务剥离目标公司，以获得股息。例如，阿佩尔鲍姆和巴特提到：

他们通过"修订和延期"协议为他们的许多贷款再融资；更多地依赖管理费而不是出售公司所获的利润；并更多地利用股息资本重组，使投资组合公司承担更多债务，以向自己及其 LP 支付股息。

哈福德和科拉辛斯基分析了 1993 年至 2001 年期间 788 项美国大型 PE 收购交易的综合样本。他们发现，支付给 GP 和 LP 的额外股利很少见，在年度样本中仅有 42 个案例。作者进一步证实，这 42 个案例与未来的财务困境无关。

第三章 美国和欧洲的私募股权：市场和监管发展

引言

在20世纪80年代的美国收购战中，PE行业获得了大众的关注，标志性事件是雷诺兹—纳贝斯克公司的杠杆收购（LBO）。PE公司在收购热潮中使用的策略存在争议，如恶意收购和积极使用杠杆，造成了该行业的负面形象。公众开始将PE公司视为通过剥离公司资产来快速获利的公司掠夺者。尽管如此，学者们认识到LBO模式在改善公司治理和目标公司经营业绩方面存在优势，詹森据此预测LBO最终会使上市公司黯然失色。监管变化、20世纪90年代初的轻度衰退以及信贷供应的下降阻断了第一次收购浪潮。

收购活动在20世纪90年代后期复苏，LBO在欧洲迅速蔓延。2000—2001年互联网泡沫破灭严重影响了PE活动，但市场迅速恢复并进入了历史上发展最强劲的时期。在2004年至2007年期间，LBO的价值和数量呈指数增长，历史上10个最大的LBO中有7个是由PE公司完成的。有些人认为第二次LBO浪潮体现了PE公司筹集资金水平、金融体系中流动性充足以及上市公司首席执行官对私有化的好处的日益认可。

2007年美国房地产市场的崩溃，导致2007—2008年金融危机，信贷市场冻结和金融中介机构普遍陷入困境，引发PE市场崩溃。该隐、大卫杜夫和马西亚斯估计，2007年和2008年，美国PE投标者终止收购总交易额为1680亿美元。2010—2011年期间，主权债务危机和美国以及欧洲金融市场的动荡进一步限制了PE投标者为收购筹集资金。然而，中央银行为了降低利率采取了前所未有的行动，导致股价上涨和债务市场活跃，推动了美国和欧洲PE市场的复苏。2013年，PE投资者利用强大的信贷市场完成新的交易，为现有的交易再融资，并通过股息资本重组来兑现其投资，同时创纪录的高股价使IPO退出途径更具吸引力。交易活动在2014年保持强劲。2014年也创造了通过出售退出的纪录，即企业收购方利用其现金结余收购PE投资组合公司。

2007—2008年金融危机以及金融体系监管设计中暴露出的深层次缺陷促使欧盟和美国监管机构采取强有力的监管措施。以前不属于监管范围内的个人投资组合是监管行动的首要目标之一。2010年美国《多德—弗兰克华尔街改革与消费者保护法案》（以下简称《多德—弗兰克法案》）以及欧盟的《另类投资基金经理指令》于2011年生效。《多德—弗兰克法案》首次将PE公司纳入监管范围，要求其在美国证券交易委员会注册，并披露各类信息。此外，金融稳定监督委员会规定，具有系统重要性的PE经理和（或）基金可能会受到美联储的监督。总体而言，《多德—弗兰克法案》采用了一种审慎的方法来应对PE行业的风险，主要是防范系统性风险。卡鲁阿纳认为，系统性风险是"由于全部或部分金融系统受损而导致金融服务中断的风险,并且可能对实体经济产生严重的负面影响"。相反,一些人强烈批评AIFM指令,因为该指令对对冲基金和PE基金经理进行监管,条款烦琐且具有限制性。AIFM指令所包含的复杂条款,旨在保护PE基金投资者,并应对该行业给金融体系带来的系统性风险。

杠杆收购和私募股权:概述

PE涵盖多种形式的融资,可以满足不同投资者和公司发展阶段的需求。主要的PE类型包括VC、开发资本、夹层资本、不良投资和LBO。风险投资基金利用复杂的金融合约向早期公司提供分阶段融资,以应对不确定性、信息不对称和企业家潜在的机会主义倾向等问题。发展资本为寻求扩大业务的公司提供成长股本融资,这些公司往往都已成立且在盈利。夹层资本提供次级债务或优先股,支持公司的扩张、收购、资本重组和LBO。不良债券投资者投资公司的证券,这些公司往往是正在经历破产、重组、清算或债务重组等特殊情况的公司。

LBO是最著名的PE投资方式。LBO即PE公司通过股权和高额债务收购现有的成熟公司。购买目标公司价格的债务构成在60%至90%之间,其余部分由PE投资者的资金投资。如果目标公司是上市公司,后来转变为私营公司,这种LBO被定义为上市公司私有化交易。现任管理层与PE公司合作发起的公司收购被称为MBO。管理层换购即由PE投资者支持的外部管理团队主导的收购。PE公司在不涉及现任管理层的情况下主导机构收购。然而,收购后PE基金买家将保留公司的现任管理层,并以股权形式对其进行补偿。PE公司通常会尽力避免在没有目标公司管理层同意和合作的情况下进行收购,以避免竞标战。

筹备LBO的PE公司通过建立单一私募基金来筹集执行交易所需的资本。这些基金是有限合伙企业,由作为GP的PE公司以及提供资本的LP组成。作为GP,PE公司负责管理基金、选择目标、执行交易和监控投资。GP将每年获得管理费,通常为管理资产的2%,以及20%基金利润的收益分成,即众所周知的附带权益。此外,GP对他们投资的公司收取监管和交易费用。米特里克和安田研究发现,PE公司的大部分收入为固定收入。

PE基金有固定的期限,通常为10年,在此期间投资者无法取出其资金。通常在投资期的前3年到5年内,GP会找到有希望的LBO目标并执行收购。在接下来的5年到7年(即持有期)中,PE公司将投资价值最大化并最终退出,退出方式为IPO、SBO(将目标公司转售给另一个PE买家)或出售给战略买家。

LP不能管理基金。尽管如此,合伙协议包含一些专门的条款,旨在应对GP潜在的机会主义倾向问题,例如限制一项基金投资一家公司的金额以及定期披露基金业绩。此外,为了确保与投资者利益保持一致,GP将自己的一部分资金投入PE基金。为避免严格的监管,PE基金只向资深投资者开放。参与PE基金的最低认购额很高。因此,PE投资者往往是高净值人群和机构投资者,如养老基金、大学捐赠基金、保险公司和组合型基金。

为了在退出投资时获取收益并获得相关利润，PE 买家用他们的能力来提高公司价值。创造价值的一个主要方式就是降低股权分散型公司中管理者和股东之间的代理成本。PE 投资者可以获得目标公司的多数控制权，成为主要股东。施莱弗和维什尼指出大股东增强了约束和监督管理的激励。作为主要股东，PE 投资者任命大部分目标公司的董事。此外，为了确保管理层利益一致，PE 投资者对收购后公司的高管补偿大量股权，要求他们将部分个人财富投资于公司。詹森指出，收购后目标公司的高负债结构促使管理团队降低成本，有效运营公司，并支付超过正净现值项目所需资金的现金流。

除了降低代理成本外，PE 公司还可以通过其行业和运营专业知识来提高目标公司的价值。卡普兰和哈里斯、西格尔和赖特发现，美国和英国收购后的公司经营业绩有所提升。此外，卡普兰证明了用于投资收购的债务利息的税收减免带来了巨额税收优惠。他研究了 1980 年至 1986 年间的上市公司私有化交易，他估测杠杆创造的税收优惠约为 PE 投标者支付的溢价的 21% 到 143% 不等。

美国和欧洲的市场发展

2003 年至 2007 年期间可以说是美国和欧洲 PE 的黄金时代。廉价债务大大促进了收购活动，使 PE 公司能够为数十亿美元的收购交易筹集资金。然而，2007—2008 年的金融危机和随后的主权债务危机严重影响了 PE 活动。交易量大幅下降，PE 投标者投资渠道受到严重限制。然而，由于美国和欧洲中央银行为促进信贷和股市发展采取了特殊措施，2012 年 PE 投资活动开始恢复。2013 年有利的市场环境使得 PE 投标者能够为投资者带来创纪录的现金收益并完成新的收购。尽管如此，PE 活动仍未恢复到危机前的水平。此外，该行业复苏初期主要依靠未来持续有利的市场环境。

美国的市场发展

美国收购市场仍然是全球最大的收购市场，占全球收购交易的 54%，全球交易价值的 59%。美国市场的吸引力来源于大型机构投资者和知名 PE 公司。此外，一个具有深度和高流动性的股票市场使 PE 投标者可以通过有吸引力的 IPO 退出投资。20 世纪 60 年代后期，杰罗姆·科尔伯、亨利·克拉维斯、乔治·罗伯茨在贝尔斯登工作时，在美国设计了现代 LBO 模型。他们后来离开贝尔斯登建立的 KKR，现在仍然是世界上最大的 PE 公司之一。

随着 2007—2008 年金融危机的爆发，2003 年至 2007 年间收购活动的指数增长突然停止。冻结的信贷市场和股价暴跌迫使 PE 投标者终止或重新谈判他们未开始的收购并避免新的交易。LBO 交易总价值从 2007 年 4000 多亿美元下降到 2008 年约 1000 亿美元，2009 年杠杆收购市场崩溃后，交易值进一步降低。银行不愿投资 LBO 以及收紧的信贷市场迫使 PE 投资者增加其股权占比，在 2009 年超过总购买价格的 50%。此外，在经济繁荣时期完成的大型交易，例如，480 亿美元收购 TXU，是迄今为止完成的最大收购，不得不与遭受严重损失的债权人重新谈判。

在 2010 年宽松的信贷市场下，收购活动开始从 2009 年的低点回升。随着主权债务危机的升级，2011年下半年情况良好的金融市场恶化。对欧元区无序解体的担忧使市场陷入动荡。波动的市场和经济的不确定性阻止了LBO活动的反弹。然而尽管美国两大政党在提高联邦债务上限方面产生了分歧与冲突并造成了不确定性，2012年美国的收购活动仍在快速增长。创纪录的低利率、投资者对美国经济增长前景的乐观情绪以及美国金融市场的稳定性刺激了收购活动的增加。

美联储在2013年继续实施宽松的货币政策，带来了活跃的信贷和股票市场，在此期间出现创纪录的公司估值，股价大幅上涨。PE公司利用市场环境通过IPO退出投资，为投资组合公司的债务再融资，以及增加公司债务以支付自己的投资。因此，PE公司可以为其投资者带来创纪录的收益。此外，2013年大型PE交易的恢复，如创始人迈克尔·戴尔（Michael Dell）和PE公司银湖管理公司以240亿美元收购计算机制造商戴尔公司，以及沃伦·巴菲特和巴西PE公司3G资本以230亿美元收购食品公司亨氏。尽管2014年明显缺少大型交易，但PE活动依然活跃，投资者纷纷涌入PE基金。此外，PE公司大量通过向企业收购方转售的方式退出投资。

总体而言，美国PE市场的一些总体趋势值得注意。一个重要的发展趋势是大型PE公司向更广泛的资产管理公司转变。PE公司已将其业务范围从LBO扩展到房地产、对冲基金、授信和金融咨询服务。通过扩大产品供应，PE公司可以为投资者提供丰厚的回报，使其收入来源多样化，并从规模经济中获益。此外，在黑石集团于2007年成功上市后，更多PE公司选择或正考虑在公共证券交易所上市。

一些人仍然批评PE公司公开上市，公开上市使它们可以筹集永久资本，这使得不断筹集的市场基金变得没有必要并且会削弱市场纪律的权威。另一个饱受批评的发展趋势是作为退出PE投资手段的SBO的增加。SBO即拥有该公司的PE投资者将其出售给另一个PE投资者。一些人批评SBO增加了投资者和管理者之间的代理成本。在投资期结束时，PE经理通常获得基金资本投资部分的管理费，因此他们有"烧"钱的动机并投资违背投资者利益的交易。德乔治、马丁、法利普同样发现，在基金投资后期进行的SBO表现低于类似的首次收购。

欧洲的市场发展

一般来讲，欧洲是仅次于美国的第二大PE投资市场。2000年至2004年间西欧的收购活动超过美国，占全球交易价值的48.9%。欧洲国家在发展收购市场方面表现出广泛的多样性。英国是第一个在20世纪80年代出现收购热潮的欧洲国家，是欧洲最大的收购市场，同时伦敦也是PE公司和专业人士的全球枢纽。德国和法国是欧洲收购活动的另一个最重要的市场，但远远落后于英国。1996年以后，西班牙和意大利的收购活动也大幅增长。尽管如此，2007—2008年的金融危机骤然结束了LBO活动的增加，交易价值和交易量与危机前相比下降了近50%。

欧洲在2003年至2007年间出现了自己的收购热潮。在2006年和2007年LBO高峰时期完成了一些欧洲最大的收购案，包括英国制药公司联合博姿公司的MBO，对TDC（一家丹麦电信公司）的杠杆收购以及多位PE买家对飞利浦半导体的收购。2007年至2008年金融危机信贷市场冻结，风险厌恶情绪抬头，导致整个欧洲的收购活动急剧下降。虽然收购活动达到2009年的最低水平，主权债务危机逐渐升级，但2010年收购活动大幅回升并在2011年上半年继续增长。由于对欧洲各国政府履行其债务的能力的担忧四处蔓延，市场状况在2011年下半年急剧恶化。因此，欧洲收购复苏陷入停滞，2012年的收购活动仍然疲弱，特别是在南欧国家。

由于欧洲央行积极的货币政策导致欧元区经济稳定和信贷市场复苏，2013年收购活动大幅增加。此外，一个充满活力的IPO市场使PE投资者可以退出投资，而信贷的可获性使再融资和股息资本重组激增。德国收购活动复苏势头强劲，达到了2007—2008年金融危机前的水平，反映了德国作为欧洲主导和最具弹性经济体的地位。此外，PE公司正积极为西班牙和意大利等南欧国家的潜在收购筹集资金，以期通过改善公司的基本面和处置非核心资产来吸引资金从而获利。

关于欧洲未来的收购活动，市场参与者认为欧洲的机会存在于LBO市场以外的领域，如房地产、消费贷款、不良资产以及欧洲银行由于监管要求和市场压力将寻求缩减其业务规模的资产处置。实际上，欧洲的银行在2014年出售了大约750亿美元的商业和住宅房地产贷款，PE公司是最大的买家之一。主权债务危机和由此导致的经济衰退严重阻碍了欧洲的收购活动。此外，亚太地区和拉丁美洲收购活动的巨大增长正威胁着欧洲长期作为全球第二大PE收购市场的地位。巴西、印度和中国等新兴市场在世界经济中日益增长的重要性和增长潜力吸引了PE投资者。

金融危机后的监管发展

金融危机之后，美国和欧洲对金融监管进行了彻底改革。尽管没有证据证明监管问题是导致金融危机的原因之一，但美国和欧洲监管机构迅速认定，此前不受监管和不透明的AIF（另类投资基金）行业对金融稳定构成了重大威胁，并加剧了金融市场的系统性风险。其结果是美国采用了《多德—弗兰克法案》，欧洲采用了AIFM法令，这些法规对PE行业产生了重大影响。《多德—弗兰克法案》将PE行业置于监管范围之内，迫使PE基金经理首次在SEC注册，并引入沃尔克法则，禁止银行实体投资或赞助PE基金。AIFM指令旨在为在欧洲经营的AIF经理建立一个统一的监管框架。AIFM指令要求他们在监管机构注册并遵守各项要求，以保护投资者并应对系统性风险。欧洲监管机构对PE行业采取了主张干预的立场，提高了合规成本，改变了欧洲PE交易的结构。

美国的监管发展

2007—2008年的金融危机始于美国次级抵押贷款市场，后蔓延至整个金融体系，导致2010年通过了一项雄心勃勃的改革美国金融监管的计划——《多德—弗兰克法案》。该法案主要针对系统性风险。斯基尔表示，《多德—弗兰克法案》有两个主要目标："第一个目标是控制当下的金融风险……第二个目标是控制大型金融机构倒闭造成的损失。"该法案包含一些条款来提高PE行业透明度，以及减少对PE可能带来系统性风险的担忧。《多德—弗兰克法案》第四章要求PE公司根据1940年的《投资顾问法》（以下简称《顾问法》）在SEC注册，遵守更加严格的信息披露保护制度，保护PE基金投资者。该法案第 619 节，即沃尔克法则，禁止银行实体赞助或投资 PE 基金，个别情况除外。最后，FSOC 指定为具有系统重要性的金融机构的 PE 公司或基金可能会受到美联储监管。具有系统重要性的金融机构即那些其失败可能严重危及金融稳定并对实体经济产生不利影响的机构。

第四部分废除了《顾问法》第 203（b）（3）条，该法允许 PE 基金经理避免注册为 SEC 的投资顾问。《顾问法》第 203（b）（3）条规定，不作为投资顾问面向公众，不担任已注册的投资公司或业务发展公司的投资顾问，并且客户少于 15 名的投资顾问无须注册。由于取消了第 203（b）（3）条，以前享受此豁免的基金经理现在需要在 SEC 注册。然而，《多德—弗兰克法案》规定家族办公室顾问、风险投资基金顾问、在美国管理的资产少于 1.5 亿美元的私人基金的投资顾问和国外私人顾问可免予注册。国外私人顾问需满足以下条件：在美国没有营业场所；其作为顾问，在美国私募基金的客户和投资者总计不超过 15 人；在美国管理的美国私募基金的客户资产和投资者资产合计低于 2500 万美元；此外，该顾问不得向公众声称自己是任何注册投资公司或业务发展公司的投资顾问，或担任任何注册投资公司或业务发展公司的投资顾问。

《多德—弗兰克法案》第 113 条为具有系统重要性的非银行金融机构引入了一种新的监管框架，来维护金融系统稳定。先前监管制度主要侧重于微观审慎监管（即对个体金融机构的监管），针对先前监管制度的失败，《多德—弗兰克法案》建立了 FSOC，以监管和应对美国金融市场的系统性风险。FSOC 可以指定非银行金融公司为具有系统重要性的金融机构，包括 PE 公司和（或）其基金。FSOC 在做此类指定时，会考虑各种因素，包括公司的杠杆水平、规模以及与美国其他金融体系的相互关联性，以及公司资产和负债之间的流动性风险和期限错配。其他考虑因素包括该公司是否已经受到监管，或者是某公司提供的服务是否重要到一旦该服务中止就会造成财务困境的局面，并且该公司是该服务的主要提供者。一旦被指定为具有系统重要性的金融机构，非银行金融公司将受到美国联邦储备委员会的监督，该委员会有权制定并实施审慎监管标准。

《多德—弗兰克法案》第 619 条引入沃尔克法则，禁止银行实体赞助或投资 PE 基金。赞助的定义包括担任 GP、经理或基金受托人；选举或控制基金的董事、受托人或管理层；或与基金同名。银行实体可以为所赞助的 PE 基金提供善意信托、受托或投资顾问服务，但只能为自己的此类客户提供以上服务。并且在基金成立一年后，投资额不得超过基金未偿还所有者权益的 3%。银行实体可以投资这些基金，最高不得超过其一级资本的 3%。一级资本是指银行的核心股权资本，主要由普通股和留存收益组成。监管机构可能会禁止银行实体组织和发起 PE 基金，因为这样做会对银行实体的财务稳定构成威胁，或涉及重大利益冲突或导致银行实体面对高风险资产或交易策略的重大风险。FSOC 指定为具有系统重要性的金融机构的非银行金融公司赞助或投资 PE 基金的此类活动可能受到额外的资金要求和数量限制。

总体而言，美国监管 PE 的原因是该行业可能会潜在地促成系统性风险。如果 PE 基金支持的公司普遍陷入困境，影响将会波及为 LBO 提供资金的银行系统以及实体经济，所以，PE 行业有成为系统性风险的来源的可能性。然而，在 2007—2008 年金融危机期间，PE 基金投资的公司没有普遍破产，即使有一些公司倒闭，也并未危及实体经济。此外，欧洲中央银行（2007）的全面研究已经认识到银行资本缓冲可以充分应对欧盟杠杆收购市场的债务风险。尽管 PE 行业不太可能成为系统性风险的来源，但《多德—弗兰克法案》引入的注册和披露要求只会对 PE 行业的合规成本产生轻微影响（Kaal，2012）。一家 PE 公司或基金不太可能满足被 FSOC 指定为具有系统重要性的金融机构的标准。

虽然单就 PE 公司和基金的失败来说，这不太可能对金融体系构成威胁，银行对 PE 基金的持有和投资可能会带来系统性风险。内部 PE 基金的失败可能会对母公司银行组织的声誉资本产生不利影响，从而导致失败，如果母公司具有系统重要性，则可能会破坏金融体系的稳定。此外，银行附属的 PE 基金可能利用政府对其母公司明里暗里的担保，以较低的成本为其投资融资。与此假设一致，方、伊瓦西娜和勒纳发现，由银行附属的 PE 基金完成由母公司银行资助的交易的资金条件远远优于独立基金完成的交易，即使它们没有表现出更好的业绩。因此，美国监管机构采用沃尔克法则是基于合理的理由，以充分应对内部 PE 基金的系统性风险。

欧洲联盟的监管发展

2007—2008 年的金融危机以及欧盟金融监管框架的失败带来了欧盟金融监管的彻底改革。欧洲监管机构的首要目标之一是不透明的 AIF 行业。欧盟政界人士经常批评 PE 行业拆分公司、削减就业机会，并以牺牲长期价值创造为代价在公司董事会内部提倡追求短期利益的思维模式。经过漫长而激烈的谈判，AIFM 指令最终于 2010 年 11 月通过。该指令的主要目标是保护 AIF 的投资者并应对系统性风险。AIFM 指令旨在通过为另类投资基金（AIF）建立统一的欧盟监管框架来实现这些目标。AIF 即"集体投资活动"，它根据既定的投资政策从投资者那里筹集资金，并且不需要第 2009/65/EC 号指令第 5 条（通常称为"UCITS 指令"）的授权。

AIFM 指令规范了在欧盟设立的管理 AIF（无论是否在欧盟成立）的另类投资基金经理（AIFM），以及管理着欧盟基金或欧盟市场基金的非欧盟另类投资基金经理。AIFM 即常规管理 AIF 的实体。因此，PE 基金、对冲基金、商品基金和房地产基金的管理者都属于该指令的管理范围。指令涵盖的 PE 基金经理必须获得其主要成员国主管当局的授权。该指令设立了豁免的情况，即 PE 基金经理管理的 AIF 未使用杠杆融资，资产少于 5 亿欧元且在另类资金开始后的五年里投资者无赎回权。

被监管的基金经理必须遵守适度的初始资本和后续资金要求，设计适当的风险和流动性管理系统，并设立利益冲突控制以明确和防范可能对管理的基金或其投资者产生不利影响的利益冲突。为了遏制承担过度风险，该指令要求基金经理采用合理的薪酬政策，并对可能对所管理基金的风险状况产生不利影响活动的员工限制薪酬。此外，AIFM 指令要求对基金存托和估值。基金经理必须为每个管理的基金指定一个存托机构，负责保管基金的资产并监控其现金流。此外，至少每年进行一次基金资产的独立估值。

为了提高 AIF 行业的透明度，AIFM 指令引入了强制性地向投资者和国家监管机构披露信息的要求。基金经理必须在投资者投资基金之前和之后定期向投资者提供具体信息。基金经理还必须为每个基金制作年度审计报告，并按要求将其提供给国家主管当局和投资者。这些管理人员必须向监管机构披露更多信息，以评估系统性风险。披露的信息包括基金经理交易的一级市场、主要风险敞口、每个所管理基金的集中度、所管理基金的风险状况以及所投资基金的主要资产类别。

AIFM 指令还规定了 PE 公司有披露其投资组合公司的义务。收购非上市欧盟公司的主要股权超过特定门槛（从 10% 开始），必须向国家监管机构披露。此外，该指令还包含直接针对欧盟公司 LBO 的规定。如果 PE 基金获得对非上市公司的控制权（即 30% 及以上的所有权），PE 基金经理必须告知公司、股东及其监管机构。获得非上市公司控制权或上市公司控制权的 PE 基金经理必须向公司、股东及其监管机构披露特定信息。披露信息包括防范和管理利益冲突的政策以及关于公司，特别是员工的外部和内部沟通政策。对于上市公司，控制权是根据欧盟收购指令的定义，在成员国之间有所不同，但大部分的成员国将控制权定义为 30% 及以上的所有者权益。此外，如果获得非上市公司的控制权，基金经理必须披露其对公司未来业务的规划以及对就业可能产生的影响。基金经理还必须披露有关收购非上市公司的融资信息。由 PE 基金控制的非上市公司的年度报告或基金本身的年度报告必须包含对公司业务发展的审查。

最后，AIFM 指令旨在保护公司免受 PE 投资者使用的短期投资策略的影响。最值得注意的策略是耗尽目标公司的资产以偿还收购融资产生的债务，这种做法通常被称为资产剥离。获得对非上市或上市欧盟公司控制权的基金经理不得在收购后两年内促进、支持、指示或投票赞成任何分配、减资、股份回购或收购投资组合公司自有股份。这些限制仅适用于向股东分配会导致净资产低于认购资本或超过可用净利润的情况。资产剥离禁令对欧洲的投资退出和交易结构产生重大影响，并限制了为 PE 投资者创造回报的选择。例如，股息资本重组和股票赎回（包括授予 PE 投资者的优先股）在收购后的前两年内将会受到限制。

佩恩指出，采用 AIFM 指令反映了欧洲立法者对对冲基金行业进行监管的意图。然而，金融危机后人们对不透明的 AIF 行业存在普遍不信任和敌意情绪，因此欧盟监管机构决定将 AIFM 指令的应用范围扩展到 PE 行业。该指令的基本前提是需要提高对投资者的保护并应对 AIF 行业（包括 PE 行业）带来的系统性风险。如前所述，PE 行业不太可能成为系统性风险的来源。此外，PE 基金的投资者是成熟的市场参与者，能够保护自己并与 PE 公司进行互利的交易。预计 AIFM 指令将大幅增加在欧洲经营的 PE 公司的合规成本。此外，对股东分配的限制可能会对交易结构和退出产生深远的影响。

第二部分
私募股权的主要形式

第四章 欧洲的风险投资：传说与现实

引言

过去30年，美国风险投资行业一直是众多实证研究关注的主题。许多研究者强调了大量资助初创企业所带来的创新动力，另一些则对该行业的财务表现进行了阐释。布朗、法扎里和彼得森认为，20世纪90年代，技术热潮兴起的原因75%在于此期间向初创企业提供资金的大幅增长。根据图姆和勒纳的研究，1983—1992年，占研发公司（R&D）支出不到3%的VC，却推动了美国10%的工业革新。卡普兰和施沙尔的研究表明，VC基金的运作绩效在1980—2001年超过了标准普尔500指数。

由美国风投融资推动的创新浪潮和该行业可喜的财务业绩共同推动着风投实践走向国际化。美国在VC支持的创新领域仍处于领先地位，但欧洲已成为全球第二大风险融资中心。在中国和印度，VC行业方兴未艾，这得益于其国内生产总值和国内消费的增长，以及其动态化的企业生态系统。

然而，这种筹资模式在美国以外地区的表现仍然受到质疑。特别是在欧洲风险投资行业的业绩遭到广泛质疑。波塔齐、达林和赫尔曼认为，证据表明，在美国以外其他地区，该融资模式并不适用，并且这些证据倾向于将VC行业作为美国文化的一部分来看待。不过，欧洲VC行业依然生机勃勃，且其风投实践显示出更高的专业性。

欧洲风险投资实践的专业化

欧洲VC行业仍比较年轻。波塔齐等学者认为欧洲VC公司创建的起始日期中位数为1998年前后。本章将考察这些公司的成熟度和专业化程度，以及不断发展的欧洲VC公司专业化实践。

欧洲风险投资行业

欧洲私募股权和风险投资协会（2012）报告称，2012年创建的VC基金有102只，总额为36亿欧元。2012年，由556家公司管理的952只基金为2923家公司提供了VC融资。由欧洲各国公众参与者主导的欧洲风险投资群体表现稳定。欧洲主要工业公司以及保险公司也在该行业占有一席之地。欧洲投资者的稳定性塑造了该地区的VC行业，并且这种稳定性积极影响和消极影响兼有。

欧洲风险投资群体稳定性的积极影响

欧洲风险投资者的稳定性有几个优点。首先，投资连续性保证了新资金的定期投入。政府机构提供了 2012 年所筹集资金的 40%，其中超过 9% 来自欧洲投资基金。委托给公共投资者的长期任务使得注入的额外资金对此前有记录的投资成果并不敏感。因此，至少从长远来看，风险投资的融资似乎是可能的。

霍克伯格、永奎斯特和陆表示，得益于以往经验，风险投资者们能更有效地选择待投资项目。事实上，EVCA 报告表明，自 1997 年以来，用于种子轮融资或启动项目的资金份额不断增加。自 1999 年以来，欧洲在种子轮融资或启动项目中资金占比大于美国。2012 年，用于种子轮融资或启动投资的资金占欧洲 VC 总额的 60% 以上。显然，欧洲投资者可提前辨别能够促进市场创新的项目并进行投资。

盖莫沃特和卡纳指出，长期参与同一市场的投资者更能认识到他们对市场的依赖性。这种认识也是他们提高风投联合投资率的先决条件。索伦森和斯图尔特、亚伯和尼萨以及霍希伯格等研究者表示，联合投资对基金业绩斐然。因此，建立稳定的投资者群体能对欧洲 VC 基金业绩产生积极影响。

欧洲风险投资群体稳定性的消极影响

公共政策与欧洲主要工业公司的共同利益构成了欧洲 VC 行业发展的基础。公共政策旨在将创新引向欧洲政府认为具有战略意义的某些行业。欧洲工业公司寻求创新旨在提高其产品吸引力。欧洲 VC 公司的目标是为与生命科学、计算机、消费类电子产品和通信相关的企业提供融资。戈佩斯、科夫纳、勒纳和沙尔夫斯坦强调，为迅速抓住最佳投资机会，风投在美国的投资目标不断变化。而此时，欧洲风投家的投资导向似乎与能够决定投资表现的公共政策目标挂钩。因此，过去 4 年，欧洲境内用于能源和环境领域的投资减少，而安永报告称，其他地区在该部门的投资在增加。

在欧洲 VC 行业，由公共机构主导投资领域虽然稳定，但缺乏灵活度，阻碍了资本投向更有前景的行业，也对基金业绩产生了不利影响。在欧洲，稳定的风险投资群体表现出对新参与者的排斥，此外来自其他地区投资份额的变化也很小，美国是欧洲 VC 的第一个外国投资者，但其份额仅占投资总额的 4.5%。亚洲和澳大利亚的共同份额仅占欧洲企业投资额的 0.3%。施维恩巴赫表示，欧洲使用的金融工具与世界其他地方相比更为简单。特别是与美国同行相比，欧洲金融家使用的可转换证券要少得多（前者利用率为 60%，后者为 80%）。卡普兰、马特尔和斯特伦伯格认为，使用可转换证券意味着风险投资成功的可能性更大。

黑格等研究者表示，当美国资本家在欧洲投资时，其专业知识和更成熟的签约方式用武之处不大。美国风险资本家在欧洲进行投资时，其表现与本土投资同行相差无几，其原因可能是因为当地投资者拒绝采用更有效的行为，从而阻碍了欧洲 VC 的发展。

连续创业者与经验丰富的风险投资者

本节旨在考察欧洲专业化实践的两个方面：欧洲新兴职业企业家；风投投资者的专业化实践。

欧洲的连续创业

发展VC行业与潜在企业家的数量直接相关。岗佩斯和勒纳的研究表明，VC基金会周期性地竞争有限的优质项目。卡普兰和施沙尔认为，由于可投资的优质项目数量较少，最有效的风险投资者的持续性基金增速仍低于其他VC公司项目。上述研究中，VC资金都受到需求方限制：优质投资项目数量少，基金总是在寻找有前途的企业。该情况下，一批连续创业者的出现可能会增加成功企业的数量，这似乎是美国和欧洲VC行业发展的重要决定因素。

岗佩斯以及雷迪斯和萨胡特等学者认为，同其他企业家管理的企业相比，连续创业者管理的企业更有可能取得成功。敏、维亚卡纳姆和新研究了英国剑桥创新集群，他们提出，连续创业者开发的社会资本有助于这一创新集群的发展。阿克塞尔森和马蒂诺维奇认为，欧美连续创业者的成功率都比较高。他们还强调了欧美之间没有差异：欧洲连续创业者的表现与其美国同行一样出色。

在连续创业者占企业家总数的比例上，各欧洲国家之间差距较大。在英国，连续创业者占企业家整体的19%至25%。在德国，该比例为18%，芬兰则是30%。连续创业者只占美国企业家的12.5%，由此可见，欧洲企业家群体正朝着更加专业化的方向发展。

欧洲风险投资者的专业化实践

欧洲风险投资家向来以保守著称，不会干涉所投资公司的管理。但博塔齐等学者指出，目前欧洲投资者正越来越多地参与到公司的管理之中。投资者中，68%的人担任董事会成员，69%的人每月或每周会对公司进行监督。研究者们也强调了欧洲风险资本家如今的新形象。平均来看，这些风险资本家年龄为42岁，拥有七年风险资本家工作经验。大多数风险资本家具有在金融或企业部门任职经验，34%的欧洲风险资本家有在美国工作的经验，其国际形象推动的跨境投资数额占总投资额的比例高于25%。这些投资需要克服不同国家在法律、行政和税收法规上的限制。因此，跨境投资份额也说明了风投实践的专业化。

德普里克、马尼加特、赖特和德梅塞内尔指出了过往经验和前辈教训对克服跨境投资固有问题的重要性。黑格等人的研究表明，欧洲风投家能够突破这些不影响基金业绩的限制。研究者们表示，基于欧洲普通法和欧洲大陆法，VC创造了可观的价值，并且欧洲各国税收待遇和法律环境的差异对价值创造并无影响。最后，黑格等研究者认为，在欧洲投资的美国VC基金并未跑赢欧洲对手。换句话说，在国内投资时，欧洲风险资本家和美国同行一样优秀。

在项目选择过程中也可以看到投资者的专业化实践。博塔齐等人的研究表明，虽然项目的平均数量随着时间的推移而增加，但被投资的项目数量仍然稳定。由此可见，欧洲风投家在实践过程中学会了趋避劣质项目，并更高效地进行项目选择。这解释了美国和欧洲VC实践中的趋同之处。克鲁斯尔和克劳斯指出，由风投资助的欧洲公司的数量与美国相接近。此外，他们也指出欧洲首次公开募股的成功退出率目前与美国持平。

风险投资融资与比较：欧洲与美国

在比较欧洲和美国VC的表现之前，有必要了解VC的基础。

风险资本融资

对PE基金业绩的研究可以分为两类。第一类集中研究基金所持有的单项资产的投资业绩。第二类考察基金的整体表现。第二种方法更为常用,因为其数据更易收集也更加准确。

投资业绩

为了评估投资业绩,伍德沃德和霍尔,万吉、奎格利和伍德瓦等研究者构建了指数,并计算这些指数与基于新融资、IPOs和收购的市场指数之间的相关性。这些研究的共同问题在于研究者只考虑成功退出的案例,并且其考察的大多是季度性数据。

在该领域处于领先地位的研究者科克拉内通过一种首创的方法来矫正选择偏差。他假设,投资价值的对数变化遵循对数正态分布,而新一轮融资的发起概率依赖于公司价值,然后使用最大似然法来计算公司的 α 和 β 值。

科克拉内通过风险-I数据库,对1987年1月至2000年6月期间的7765家美国公司的总计1120亿美元的16613轮融资进行了估值。在该数据库基础上,他还补充了其他有关IPO和并购的财务结果的统计数据,这些数据表明了项目成功退出。科克拉内通过衡量一轮融资和风投退出之间创造的价值来计算收益,无论该公司融资是成功(如IPO和交易销售)还是失败(如破产)。他剔除了主要类型的私人股本中介融资收益,以便更可靠地衡量VC创造的价值。然而,由于风投退出与成功之间联系甚密,强大的选择偏差会抵消这种增强的可能。对于这3595只风投退出的收益率,在高标准差时期内,其算术平均收益率为698%。根据对数正态分布,平均对数收益率为108%,标准差为135%。非年化对数收益率的高低与投资项目的年限之间联系并不紧密,由此可推知基金使用的退出策略。当价值创造的倍数超过阈值时,该基金将成功退出。

科克拉内使用"多重规则"来矫正选择偏差,从而估计所有项目的收益分布。矫正选择偏差之后,收益率更合理。平均年化对数收益率为15%,与标准普尔500指数15.9%的年化对数收益率更为接近。然而项目之间的特质性的波动率依旧很高:收益率标准差达到89%,远高于同期标准普尔500指数的平均收益率的14.9%。这种波动率将年化算术平均收益率推高至59%,远高于同期标普500指数的平均收益率。"VC投资项目"资产不同于一般上市资产,因为它产生巨额收益的可能性很小。科克拉内发现 β 值为1.7,α 值为管理费用净额的32%。在此条件下他得出的结论是,投资收益率波动很大,接近退出时期的投资的收益率波动小于早期投资。

基金的表现

在第二类研究中,研究人员考察基金的整体表现。基金的表现取决于基金经理的策略以及投资于未上市公司的资产比例。该比例越高,基金在头几年就更符合"J曲线"效应。

根据该理论可将投资于未上市公司的资金的管理过程分为两个阶段:投资阶段和变现阶段,通过产业转移或IPO等方式转售公司投资组合。对于期限为10年的基金来说,第一阶段可以持续5年以上。基金最初几年的业绩一般为负,一旦投资组合释放的资本收益超过了管理成本,基金业绩就会呈指数级增长。相比之下,将大部分资产投资于上市公司的基金则不会经历"J曲线",但该基金在其整个生命周期中都会受到市场变化的影响。假设市场看涨,对未上市公司的投资收益高于市场收益,那么投资于完全上市公司的基金的业绩在短期内会更高,但长期来看会低于完全投资于未上市公司的基金。未上市公司占比60%的混合基金表现出中等绩效,其受"J曲线"效应的影响较小。

贡佩斯和勒纳研究了78只PE基金,根据与之相关的市场及每项投资调整每只基金的表现。然后他们根据一系列因素对所有投资组合价值进行回归分析,以计算基金的表现。该方法更能度量实际风险,但前提是公司按市值计价的风险与指数标记的风险相似。

琼斯和罗德-克洛夫引入并测试了另一个模型,其中,委托代理问题引起资金产生的超额收益随着系统风险的增加而增加。测试结果发现 α 值为正,该结果在一般语境下并不具有统计显著性。但在使用季度数据计算的情况下,α 估计值会存在偏差。剩余价值也由普通合伙人自行决定,且大致与投入的金额相当。

卡普兰和施沙尔认为在1980年至2001年间美国PE基金的平均净盈利能力比标准普尔500指数的平均盈利能力高5%。研究者们计算了这些私募基金在基金经理获得补偿后的盈利能力,发现其盈利能力远高于那些投资上市公司股份的基金。值得注意的是,尽管普通合伙人(GP)没有贡献任何初始资金,但作为补偿,附带权益是他们利润的一部分。该补偿方法旨在激励GP努力提高基金业绩。

永奎斯特和理查森选择站在GP的视角,通过关注投入的金额与分配的金额来分析投资过程。他们发现PE基金的表现优于市场,但其样本规模相对较小。此外,研究者们从样本中剔除了风险投资基金,而根据卡普兰和施沙尔的研究,风险投资基金的平均业绩通常远低于PE基金。

卡普兰和施沙尔也试图评估投资者在基金生命周期内获得的净收益。他们的样本较大,包括了1980年至1997年间成立的成熟美国基金,数据来自美国风险经济公司,涵盖了在风投和收购细分市场运营并拥有一个确定GP的共746只基金。

卡普兰和施沙尔有每只基金2001年之前有限合伙人和普通合伙人之间的现金流记录,以及当后者不活跃时基金的剩余价值。对于清算基金,他们根据投资期限内的付款计算收益。对于呆滞基金,剩余价值则为自交易日起所产生的现金流量。卡普兰和施沙尔通过分析盈利能力或公共市场等价物指数而非内部收益率来衡量净绩效。该指数运用等值现金流时间表,比较了基金的绩效与投资标普500指数挂钩资产的表现。由基金承诺资本加权后,所有基金的平均指数为1.05,表明PE市盈率优于市场。这说明,平均而言,对于具有相同生命周期的基金,在PE基金中投资1欧元,与在标准普尔500指数上市的资产中投资1.05欧元一样有利可图。VC板平均盈利率将明显高于收购板的平均盈利率——前者PME指数为1.21,而后者为0.93。

按年度计算,PE基金的平均净收益与上市投资收益之间存在正差,但是差距很小。如果考虑到私募股权资产的具体特征,包括:与GP和LPs之间代理关系的相关风险,资助项目的性质,债务杠杆水平,收购交易的权益及投资的非流动性。

阿图斯分析了1995年至2006年和1996年至2006年期间美国和欧洲市场私人和公共股权的比较收益。使用与卡普兰和施沙尔不同的方法,阿图斯计算PE季度累计收益时考虑了期间内现金流量的余额以及资金的净资产价值在当期开始和结束之间的差异。评估基金所报告的基金净资产值是一种会计估计程序，"抚平"了真实基金价值的变化。采用这种计算方法，PE 的年度净收益率超过上市资产，其间的差距在美国达到 6.99%，在欧洲达到 8.29%。考虑两类资产收益率之间的波动和相关性，阿图斯估计，投资者持有的 PE 比例低于投资组合选择模型的最佳水平。

综上所述，卡普兰和施沙尔和阿图斯关于 PE 资产总体表现得出的结论截然不同。卡普兰和施沙尔专注于长期收益，并考虑到基金分配的实际现金流量。与此相反，阿图斯计算短期收益，且其计算时间从基金资产的会计估值开始。

不同的是，阿图斯和泰勒切表明，基金净资产估值所采用的方法产生的"平滑"偏差会影响对收益率的会计计量，在基金行业使用的资产净值报告中，该受到影响的收益为时间加权收益。卡塞勒和迪勒以及卡普兰和施沙尔使用欧洲数据得出的结果表明，这种偏差不仅影响基金收益的时间分布，而且还影响每个时期计算的加权平均收益。

考虑到资产的非流动性，PE 的短期收益意义不大。对于投资者而言，由于涉及一项承诺，所以，将 PE 加入投资组合是基于基金的长期收益所做出的决定。只有采用像卡普兰和施沙尔那样基于实际现金流量的方法，才能提供有关收益的可靠信息。由于投资成功并非经常性事件，从中可以理解分析师的不易和投资者的谨慎。

戈特沙尔格和法利普指出，各种偏差都会影响到平均净收益的衡量。因此，他们观察到 PE 的平均表现低于投资同等的上市股票，并且这一点很难反驳。与卡普兰和施沙尔类似，戈特沙尔格和法利普使用了汤姆森风险经济公司的数据，涵盖 1980 年至 1993 年间建立的 852 只美国或其他国家的成熟基金，这些基金覆盖了全球投资金额的 57%，并且其在 2003 年之前的现金流量数据均可被查到。此样本中，给予投资者的平均内部收益率为 15.2%，平均盈利指数仍按承诺资本加权为 1.01。戈特沙尔格和法利普通过计算实际投资金额（投资者支付金额的贴现值）的权重对汇总结果进行了修正，从而使总盈利能力指数更加透明。戈特沙尔格和法利普得出的总盈利指数为 0.99。

TVE 收集到的基金数据有两大缺陷。首先，样本包含被称为"僵尸"的基金，这类基金超过了清算年龄，没有任何活动迹象，但仍然给出了剩余正净值（29）。若不再将该剩余价值视为最终现金流，PME 指数将从 0.99 下降至 0.92。其次，通过将 TVE 数据与更大的 VentureXpert 样本进行比较，戈特沙尔格和法利普注意到样本过多考虑了那些表现最好，且经历过"盈利型"投资退出（IPO 或贸易销售）的基金。通过利用核心样本中基金表现与获利退出的比率之间的关系，他们使用了更大的样本来推断基金表现，进一步将 PME 降低了 0.04，达到 0.88。在修正了这一偏差并将其计入年度收益率缺口后，私募股权/公共股本与私募股权之间的差额约为 3%，这造成了严重的不佳业绩，这可谓其收益之谜的第一要素。

法利普和佐洛得出在 1980 年至 1996 年间 983 只美国私募基金的 IRR 为 16%，收益率指数为 1.05。数值提高的原因在于他们排除了尚未清算的基金。此外，业绩不佳的基金经理也可能会铤而走险，人为地虚增其 IRR。因此，清算决定具有内生性，并受到成功投资的影响。

TVE 发布的主要市场指数影响了 PE 基金业绩研究的结果。这些评估方法高估了基金的表现，并且评估基金内部收益率所用的方法没有考虑基金可变寿命。与其他基金相比，具有较长寿命的基金具有更大的权重。用于统计的数据库存在两个层面上的问题。首先，将剩余价值（即尚未实现但保留在投资组合中的投资）视为未来现金流量，因而提高了基金业绩。其次，用于发布统计数据的标准过多考虑了表现最佳的基金。

戈特沙尔格和法利普指出，用于作为行业基准的样本包括业绩高于平均水平的基金。按照 TVE 所采用的方法研究 1328 只基金的平均业绩，得出其内部收益率为 15.2%。然而，该比率只是模糊地反映了真实的投资收益。研究者建议使用更可靠的评估方法，即盈利指数。在矫正与样本相关的偏差后，这些基金的绩效水平平均比股票市场高 3 个百分点。此外，管理人员收取的费用大大降低了投资者的利润。因此，在平均年度管理费率为 6% 的情况下，PE 基金的表现比股票市场低 3 个百分点。

基金业绩的持续性

2000 年 3 月互联网泡沫的破裂对基金表现产生了负面影响。

卡普兰和施沙尔研究了基金净收益的持续性，他们指出在相对缺乏竞争的市场上，经验更丰富的投资者更具优势。通过优先获得最有利可图的投资机会，这些投资者为新的普通合伙人进入市场设置了障碍。这一点上，卡普兰和施沙尔提出的实证证据并不明确：新基金的到来会有效降低成立时间较短的现有基金的业绩。

而更成熟的基金对竞争对手的进入则不那么敏感，尤其是在风投领域。最重要的是，这种持续性与基金的净业绩有关。基金业绩记录显示，新的普通合伙人与投资者之间的无阻碍竞争会导致预期净回报差异的消失。

考虑到其个人能力与不断降低的回报，GPs 的薪酬应包括系统性补偿。基金持久性只影响总回报，而不影响净回报。由于缺乏薪酬数据，卡普兰和施沙尔无法研究 GP 和 LPs 之间的薪酬分配问题。然而，净收益分布的异质性和持续性表明，在完全竞争市场中，在建立基金时，GP 与 LP 之间形成的关系更多是摩擦匹配，而非交易。

勒纳、施沙尔和旺苏威的研究证实了这一点。利用 LPs 和 GPs 回报的交叉数据，这些研究者指出，投资者净回报取决于普通合伙人的性质。在过去 20 年里，大学和基金会的年投资回报率比普通投资者高出 14%。在投资者中，银行和投资顾问的业绩最低。高质量投资者的存在提高了基金的净绩效。LPs 的市场经验是基金业绩的决定性因素。勒纳等人认为 LPs 的行为是业绩管理的一个重要组成部分。当缺乏经验的有限合伙人在繁荣期进入该行业时，行业周期会因此加速，而同时 LPs 和 GP 之间便会出现匹配摩擦，这也证实了在竞争过程中双方需要分享补偿。

除了从运营中得到直接回报，投资 PE 也可能出于其他原因。银行可以参与联合企业银团贷款以及与收购相关的债务管理业务来获得额外收入。竞争的本质，收益与数量之间的调整，这两个主题大量存在于关于行业周期性特征的文章中。行业内在特性和竞争是如何加速这种循环的呢？

岗佩斯和勒纳强调了"金钱追逐交易"现象。研究显示，在经济繁荣时期，资本激增但投资机会数量却有限，于是投资机会价值增加，但回报可能会下降。

卡普兰和施沙尔的研究表明，随着时间推移，高水平净收益能吸引筹集了大量资金的新GPs进入市场。由于"繁荣"之后创建的首批基金通常表现不佳，同一家GP再推出一只基金的可能性微乎其微。考虑到表现最好的GPs会限制其基金增长，卡普兰和施沙尔得出结论，即在繁荣时期投资的边际美元主要流向了创建新基金能力较弱的新GPs。行业增长常伴随着基金平均业绩下降，这逐渐抑制了"繁荣"，推动了周期循环。

欧洲和美国风险投资绩效对比

如前所述，得益于经验积累，欧洲VC行业业绩有所改善。

大量研究都聚焦于VC基金业绩，并且都表明这些基金的盈利能力总体令人满意。然而，研究人员缺乏一个真正独立的信息来源来评估基金盈利能力。他们要么依赖于衡量基金经理对其投资实现的盈利能力的满意度，要么参考源于风险投资专业人士的自愿报告的数据库信息。卡普兰和施沙尔就是采用了这种方法。在这个问题上，也很少有研究者试图克服这方面的约束。

尽管如此，梅德贾德、克里格、杰拉西门科、格朗哈特和伊塞林解释了投资者估计的内部收益率与风险投资基金实际内部收益率之间存在差距的重要性。特别地，他们对30名法国风投家的研究表明，这些人对风险投资组合的平均内部收益率至少高估了10%。由于风投家的自愿报告存在偏差，因此分析基金内部收益率时必须谨慎。霍希伯格等人建议使用基金投资组合在证券交易所的出售率或引入率来估算基金业绩。使用这种基金绩效指标，尽管"噪声很大"，但可以克服投资者的认知偏见。鉴于在欧洲和美国由风投公司资助的企业数目相似，退出率的比较是在类似基础上进行的，从而确保了这种方法的准确性。使用该指标还区分了基金在IPOs和交易销售的业绩，使详细分析VC在欧洲和美国的绩效成为可能。

黑格、阿克塞尔森和马丁诺维奇以及克劳塞尔和克劳斯等人最近的研究表明，美国和欧洲的IPO退出率是可比的。他们的研究具有互补性，值得进一步研究。尤其值得注意的是，岗佩斯和勒纳和施维恩巴赫表明，与其他退出策略相比，采用IPO退出所获得的回报更高。

阿克塞尔森和马丁诺维奇表明，自2001年高科技价值泡沫破裂以来，美国和欧洲的IPO退出率大幅下降。因此，在一个特定的投资年度中，随后进行IPO的交易比例从1997年的15%下降到2004年的4%。这些作者认为，无论考虑的时间间隔如何，首次公开发行（IPO）在第一轮VC融资的一定时间框架内退出的概率都大幅下降。因此，在美国和欧洲第一笔投资通过后的10年内，IPO退出的可能性从1995—1999年的12.5%（欧洲为12.2%）降至2000—2003年的3.1%（欧洲为4.4%）。同样，在5年内IPO退出的可能性从1995—1999年的10.2%（欧洲为8.3%）降至2000—2003年的1.4%（欧洲为2.9%）。最后，在首轮融资后的两年内，IPO退出的可能性从第一报告期的4.8%（欧洲5.1%）降至第二报告期的0.2%（欧洲1.2%）。因此，美国和欧洲IPO退出率的同步变化并非受融资公司投资组合结构的影响。阿克塞尔森和马丁诺维奇表明，无论风投融资期限长短以及被投公司的成熟度如何，美国和欧洲的IPO退出率类似，都在急剧下降。

克鲁斯尔和克劳斯解释了欧美不同行业之间IPO退出率的差异。在2000—2009年间，与美国相比，欧洲IPO退出率在计算机硬件和软件（5.95% vs 2.69%）、半导体和其他电子产品（7.07% vs 4.82%）、通信和媒体（6.24% vs 4.44%）三个行业中高于美国。然而在最具前景的行业，美国表现优于欧洲，如生物技术（11.15% vs 9.01%）、医疗、健康和生命科学（9.57% vs 8.48%）。如前所述，欧洲风险资本在各个行业之间的流动性较低，这可能会阻碍欧洲投资者迅速转向回报更高的投资机会。克鲁斯尔和克劳斯指出，投资金额很大程度上影响IPO退出的可能性。Hege等研究者指出，欧洲缺乏活跃的IPO市场，这将不再阻碍风险资本企业IPO退出。

综上所述，近来研究表明，欧洲出现了专门面向风投所支持公司的金融市场，因此欧洲和美国IPO退出率得以调和。然而，这种调和是在欧洲和美国IPO退出率大幅下降的背景下产生的。此外，这些比率掩盖了欧洲和美国IPO行业结构的差异。与欧洲相比，美国风投行业能更快地利用最繁荣的行业所提供的机会。

对于风投支持的公司来说，贸易销售是退出途径中的次佳选择。许多研究人员都证明，与IPO相比，贸易销售创造的价值较低。欧洲和美国的贸易销售呈现出截然不同的数额。克鲁斯尔和克劳斯指出，从2000年开始，贸易销售退出率呈下降趋势，但降幅小于IPOs。美国风投公司的表现在很大程度上强于欧洲风投公司。自2000年以来，近22%的美国风投支持的企业被收购，而欧洲风投支持的企业的这一比例降至11%。此外，阿克塞尔森和马丁诺维奇认为，这种差距既不取决于所考虑的行业，也不取决于一家公司是否发展到完备阶段。克鲁斯尔和克劳斯的研究表明，美国平均投资额的增加解释了美国风投公司在贸易销售方面表现更好的原因。总的来说，欧洲和美国之间的贸易销售退出率存在差异的原因依旧不明确，需要进一步研究。

欧洲和美国风险投资实践的趋同性

前文表明，欧洲VC行业的专业化程度正在提高，欧洲和美国的VC公司在IPO表现上也更具可比性。施维恩巴赫和博塔齐等人指出，欧洲风投家对他们所资助的公司的管理团队的投入程度并不亚于其美国同行。黑格等研究者认为，美国风投公司在欧洲的投资表现并不优于欧洲风投公司。欧洲的风险投资者是否采纳了美国同行的做法呢？答案似乎是否定的。施维恩巴赫的研究表明，在采取与美国一般实践不同的策略时，最有经验的欧洲风投家表现最好。

事实上，欧洲风投行业的发展得益于其自身的部分与美国风险投资者有相似之处的经验。正如德普瑞克等研究者所观察到的那样，只有在公司内部形成的经验或管理团队的知识才有可能促进绩效的提高。研究结果表明，VC公司很难从公司外部获取知识。因此，模仿美国的实践这一说法无法解释欧洲风投家的表现。

研究证实，与美国风投家相比，欧洲风投家较少使用复杂的融资工具。卡普兰和斯特伦伯格指出，美国风投家在80%的融资过程中使用可转换优先股。相比之下，施维恩巴赫表示，欧洲风投家使用可转换证券的频率是美国风投家的25%。为解释形成这种差异的原因，施维恩巴赫提出了几个金融和财政方面的论据。

最后，施维恩巴赫报告了联合投资的百分比，其在欧洲的重要性不如美国，这意味着，平均而言其合作伙伴也更少。因此，要解释其差异性还需寻找其他原因。

总之，要解释美国和欧洲VC行业之间可持续性差异的根源并非易事。今后研究的重点可以放在公共资金在欧洲风险投资行业占主导地位所带来的影响上。事实上，一个可能的解释是，公共资金在很大程度上决定了风投在欧洲的投资选择。这些投资主要面向公共部门认为具有战略意义的初创企业。作为主要参与者，政府还能对欧洲VC行业的普遍做法发表意见。因此需进一步研究，以确定公共资金占主导地位对其他欧洲风投家的实践造成的影响。

第五章 杠杆收购

引言

收购基金已成为公司控制市场的重要部分，也是机构投资者和资产净值较高的个人的重要资产类别，因此，收购基金在私募股权（PE）基金中所占比例最大，投资总额也最大。2013年，杠杆收购（LBOs）的融资总额达1690亿美元，而第二大PE基金仅融资760亿美元。毫无疑问，LBOs也是各类PE投资中规模最大的投资之一。LBO是PE投资者对私人或上市公司的收购。LBO在很大程度上由债务资本融资，而源于投资基金的一部分股权则通常被称为收购基金。该基金由PE公司管理，通常以有限合伙的形式成立，其中PE公司作为普通合伙人（GP）。PE公司向机构投资者或资产净值较高的个人（HNWIs）筹集资金，这些人通过向该基金投入资金成为有限合伙人（LP）。筹集资金后，GP将基金的资本与外债一起投资于杠杆收购。在典型的杠杆收购中，目标公司的债务和股权完全被收购，并被收购中使用的资本结构所取代。

LBO的唯一目的是为收购基金投资者创造回报。该目标可以通过两种方式实现：（1）利用高杠杆融资结构对目标公司进行资本重组；（2）利用各种增值战略对公司业务进行重组。后者的回报来源更为直观。通过重组公司消除业务运营中的低效现象，然后溢价将公司出售，这可以为收购基金投资者带来正回报。

金融杠杆创造价值背后还有一个更微妙的原因。收购基金利用杠杆效应来提高股票回报率。债务对股票回报有两个主要影响。第一，债务利息支出可以免税，因此公司部分现金流不会因为税收而流失，这种税收保护通过提高公司的总体自由现金流增加了公司的价值。然而，利息义务改变了公司的风险状况，使得利润对股权投资者更具吸引力，但也使亏损带来的后果更为严重。第二，产生"抵押"效应。其基本理念是，收购基金仅使用小部分基金股本和大部分外债来购买目标公司的所有未偿付股本和债务证券。进行LBO时，目标公司将经历资本重组，用于为收购目标公司提供融资的债务将成为该公司资本结构的一部分。因此，公司有责任尽快用自由现金偿还债务。类似于抵押贷款，通过偿还债务，收购基金的股权随着时间推移会变得更有价值。对其股份持有者而言，抵押效应进一步增加了公司的价值。

收购基金的生命周期

普瑞奇认为，2007—2008年的金融危机对全球收购基金的融资产生了巨大的影响。

从危机前4620亿美元的水平来看，2011年融资总额下降至770亿美元，下降了80%以上。收购基金募集已经恢复。尽管收购基金在各类PE基金中规模最大，但其受到金融危机的影响也最大。2013年，并购基金的全球绝对数量排名第三，共有145只基金，仅次于风险投资（199只基金）和房地产（162只基金）。

平均而言，GP每3~5年就会启动一只新基金。为了筹集所需资金，GP开办推介活动，并与潜在投资者见面。2013年，收购基金的平均上市时间为16.8个月，略低于PE基金18.6个月。根据对LP的调查，GP的经验和过去的业绩是影响融资最主要的因素。卡普兰和斯考尔以及罗宾逊和森索伊的研究结果支持了这一传统观点，他们发现收购基金业绩有很强的持久性。为记录其卓越的技能和经验，GP通常会根据精心挑选的基准来反映过去基金的业绩。最常见的业绩指标是内部收益率（IRR）和过去基金的现金倍数（CM）。

可能的情况下，GP会自豪地称在同一时期所有基金中他们过去的基金业绩排前四分之一。这是私募股权投资的常用分类。值得注意的是，考虑到各种数据源和起始年份定义，哈里斯、詹金森和斯图克表示，超过50%的基金可能自称实现"顶级四分之一"的业绩。

过度关注以往的业绩对收购基金的经济学有两方面的影响。首先，过去的超额表现使GP得以在后续基金中筹集更多资金。其次，以往更好的业绩水平和更高的融资金额也会影响到GP的薪酬。对于收购基金，梅特里克和雅司答指出，通过扩大今后基金的规模，GPs可以随着时间的推移显著提高自身的固定薪酬比例。他们发现，成功的GPs可以将固定收益部分提高到总薪酬的三分之二左右。一般来说，GPs的薪酬既基于固定的基金管理费（与基金规模挂钩），也基于可变的附带权益（与基金利润挂钩）。

如表5.1所示，平均管理费设定在基金总融资额的2%左右，与业绩挂钩的薪酬部分附带权益设定为基金利润的20%。为了创造额外的业绩激励，薪酬计划还包括所谓的"门槛收益率"或"优先回报率"，这要求基金经理在赚取附带权益之前达到一定的初始基金回报率。表5.1显示，平均回报率为8%左右，但其中16.5%的LBO基金没有设定最低预期回报率。尽管收购基金绩效薪酬结构较为复杂，但固定薪酬基金管理费在GP薪酬中发挥着重要作用。

表5.1 1990—2013年LBOs的薪酬结构

补偿	部分基金百分比（%）	均值（%）	中值（%）
管理费	100.0	1.9	2.0
附带权益	100.0	20.3	20.0
门槛收益率	83.5	7.3	8.0

注：本表为1990—2013年美国LBO基金的薪酬构成汇总统计。该表展示了将薪酬的三个组成部分之一纳入其全部报酬构成的部分基金的平均数目，以及三个薪酬组成部分的数量的平均数和中位数。

资料来源：普瑞奇（Preqin，2014）。

排名"前四分之一"的基金，其业绩持续性似乎已经消失。最近一项研究中，哈里斯、詹金森、卡普兰和斯图克的研究结果表明，基于时间段的分析在很大程度上带动了基金持续性。对于2000年以前的基金业绩，作者沿用其他研究的结果，表明基金回报率具有很强的持续性。然而，2000年后，这种持续性似乎已经消失。根据以往的基金业绩对GPs进行分类是行业基准设定时的常见做法，但过去的业绩对后续基金表现几乎没有预测能力。尽管如此,哈里斯等人在多元背景下发现过去和现在的基金业绩之间存在正相关关系,这在一定程度上与收购基金业绩背后 GP 能力的关系是一致的。

自 2008 年以来,募集资金的基金数量稳步增长,而目标资金总额没有发生实质性变化,导致近年来 GPs 之间的竞争更加激烈。这也反映在投资者融资初期投入资金的意愿下降。2006 年,三分之一的基金可以在第一次投资时筹集到目标资本的 75% 以上。2012 年,这一比例降至 12%。在 GP 开始投资之前,投资者投入资金意愿降低,因此首轮融资是完成有效融资的另一重要因素。普瑞奇的数据显示,超过三分之一的投资者不愿意在基金首轮融资前投入资金。对 LPs 来说,第一笔投资实际上起到一种"定心丸"的作用,因为它能让他们观察到其他向该基金投入资金的有限合伙人,同时也能看到投资者的钱是如何被使用的。为避免投资者不愿意投入资金,GP 向那些在首轮融资前就投入资金的投资者提供了更优惠的条款,试图在基金成立之初就完成首次募集。2012 年,尽管 26% 的收购基金在头三个月内完成了首轮融资,但 9% 的收购基金在进行首次 LBO 前,都要让 LPs 等一年以上。

从筹资到投资,整个过程是逐步转变的。一旦 GP 成功筹集到目标资本,一般典型收购基金就会对其他投资者关闭。同时在基金整个生命周期中,LP 承诺在需要时贡献商定的资本。交易完成后,收购基金进入投资阶段,GP 专注于构建和实施 LBO。根据合作协议的平均期限,这段时间约为 5 年。

一旦确定了第一个收购目标,GP 将对担保资本发起首次调用,有限合伙人将首次向该基金投入资金。首次资本提取通常用来定义收购基金的起始年份。然而,GPs 定义基金起始年份时有自己的判断,可根据的时间点有基金的第一次投资、第一次资本调用、基金的交易完成。基金关闭到第一次投入的时间间隔一般在几个月到几年不等。

在投资期间,越来越多的资本投入收购中,未缴资本担保的比例减少。例如,截至 2013 年底,全球收购基金的未缴资本担保融资总额约为 4000 亿美元,这为 1690 亿美元的收购融资提供了一个新视角。出于对声誉的担忧,随着基金接近投资期限的尾声,GP 会尽量避免持有过多的此类担保。由于未来的融资很大程度上取决于当前基金的表现,GP 若不能投资其当前基金的承诺资本,则会被未来投资者视为其能力不强。

一旦收购公司建立起投资组合,该基金就进入收获期,由 GP 产生指向 LPs 的现金流,即分配。分配可来源于由投资组合公司支付的股息,也可以是最终导致投资退出(收购公司的所有股票都被出售)的投资组合公司的股票减持。收获期以收购基金的预期生命周期为准,通常为 10~12 年。就像在投资期即将结束时持有太多未缴资本一样,若在基金生命周期即将结束时只有很少的退出事件发生,也会给 GPs 带来压力。

为了分析 GP 投资和退出压力的影响,阿尔科特(Arcot,2014)等人分别根据基金距离投资期限和寿命的接近程度,为基金创建了买入和卖出压力指数。分析表明,处于买入压力下的基金支付的乘数更高,相对于其他收购交易,该情况下使用的杠杆更少,且更倾向于花掉基金的担保资本。买入压力型基金会更多地参与二级收购,在 SBO 中资金的投资组合公司会被出售给另一家收购基金。相反,处于卖出压力下的基金也更有可能参与卖出方的 SBOs,而且它们的退出乘数要低得多。德乔治、马丁和法利波指出,这些倍数实际上会导致基金投资者的回报更低。

永奎斯特和理查森的研究表明,投资者的资金流入会影响收购基金在收获期的退出。

他们认为，资金流入的增加缩短了投资时间，从而增加了总体退出。设立新基金和投资新的承诺资金，会导致基金投资组合公司的波动更大。

收购基金和债务资本市场

外债在 LBO 中起着重要作用，债务资本供给是驱动 LBO 融资的重要原因。在高峰时期，充足的供给使得杠杆率在 20 世纪 80 年代末达到了 90% 以上。如图 5.1 所示，随着时间推移，LBO 的杠杆率稳步下降到危机前的水平，略高于 60%。2007—2008 年的金融危机大幅减少了债务资本供应，使 LBO 在随后几年负债率降低，但 2013 年负债率又回到了中值 65%。

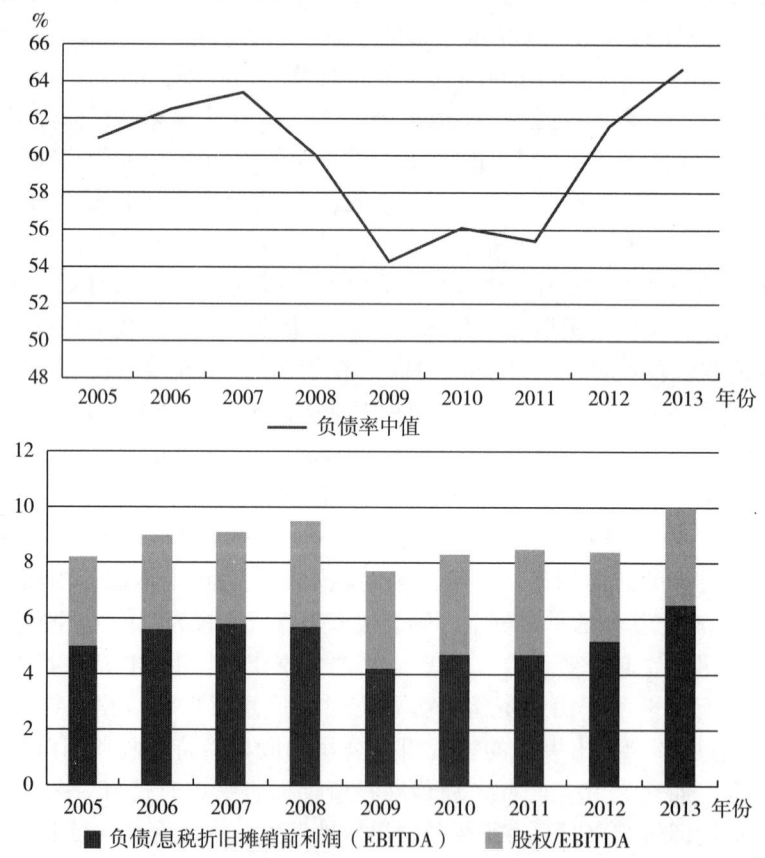

注：上图为美国收购的债务与总资本比率中值。下图为 2005—2013 年随时间变化的 EBITDA 倍数。柱状图中每一个单柱形的总长反映了企业价值（EV）与 EBITDA 倍数之比。每个柱有浅灰色和深灰色两个区域。浅灰色表示股权与 EBITDA 之比，深灰色表示负债与 EBITDA 之比。

图 5.1　2005—2013 年美国 LBO 债务水平中值和 EBITDA 倍数

[资料来源：图由作者根据 PitchBook（2014）提供的数据绘制]

由于 LBO 对债务资本需求明显，20 世纪 80 年代中期，LBO 在一定程度上推动了银团贷款市场的建立。对于收购基金而言，银团贷款市场提供的大量债务，远远超出了单个机构能够或愿意提供的数额。对于债务资本提供者来说，银团贷款通常比双边协议更划算。然而，金融危机期间，收购基金受到了债务资本市场干涸的严重影响。

自 2009 年触底以来，杠杆贷款显示出微弱的复苏迹象，2013 年杠杆贷款总额达到 1144 亿美元，远低于危机前水平。不过，较低的利率水平促使债务资本市场再次愿为大宗交易提供资金，这使得收购重新引起了人们的关注。

2014 年初，经历了长期空白期后，私募股权行业密切关注着戴尔公司和亨氏公司分别以 55 亿美元和 95 亿美元的债务融资进行的大规模收购，这为市场复苏带来了希望。尽管这两笔收购的负债率都远低于危机前水平，但其定价创下了新纪录。根据标普资本智商（2014）《杠杆评论和数据》，凭借期限超过 7 年，并仅为 4.25% 的利率，亨氏 LBO 支付了收购债务记录中最低的利率。事实上，债务资本市场状况是 LBO 的决定性因素。

在某种程度上，GPs 可以通过关系型借贷来改善他们的状况。伊瓦什娜和科夫纳记录了银行和 GP 的关系在 LBO 融资中的重要性。由于信息不对称程度较低，交叉销售机会的可能性较大，因此，银行与 GP 之间的联系越紧密，信贷息差就越低，金融契约约束就越弱。阿克塞尔森等研究者表明，在更广阔的市场环境中，LBO 中的杠杆结构实际上与经典资本结构理论所预测的并不相关。相反，杠杆贷款市场的供应和定价主要解释了 LBO 中的债务资本。债务条件更有利，LBO 的杠杆率也随之更高。由此看出，PE 或许可以套利借款。

作者认为，PE 或许能够在债券市场与股票市场之间套利，从而为基金投资者带来收益。但是他们发现，更有利的借债条件会导致更高的进入倍数，并降低基金投资者的回报。阿克塞尔森等研究者认为，PE 基金倾向于在杠杆很"便宜"时超额支付交易。

2007—2008 年金融危机以来，银团贷款市场逐渐复苏。当下，"干粉"[①] 和融资规模增长，股票市场的高估值成为阻碍 LBO 的主要障碍。金融危机后，资本供应充足，进入倍数随之增高，大多数类型的 PE 因此面临艰难的市场环境。

例如，基于 1995—2005 年大规模 LBO 样本，阿查里亚、哥特沙尔格、哈恩和基欧记录了利息、税项、折旧和摊销前收益（EBITDA 倍数）的中位数（收购时 LBO 目标公司的企业价值与 EBITDA 之比）为 6.5，而退出倍数中值为 7.9。根据 PitchBook 的数据，美国股市 2008 年崩盘前的峰值市盈率中值为 EBITDA 的 9.6 倍。2013 年，这个倍数甚至更高，为 EBITDA 的 10.0 倍。尽管较高的市盈率有利于退出收购投资，但也极大地阻碍双方进行新的收购。在定位收购基金的交易水平时，进入和退出市盈率以及交易估值尤为重要。

杠杆收购机制

如引言所述，LBO 运用两个主要的价值驱动因素来增加股权回报：（1）利用高杠杆融资对目标公司进行资本重组；（2）利用各种增值策略对公司进行重组。为了成功地实现这些价值驱动，LBO 分为三个步骤：在预投资阶段，LBO 基金经理确定合适的目标公

---

① 此处"干粉"指可投资资金总额。

司，并用债务和股权为交易安排融资；在投资阶段，被收购的公司进行重组，以增加其经济价值和偿还 LBO 交易债务；在退出阶段，目标公司被出售，剩余的部分债务得到偿还，出售公司的收益分配给基金投资者。

预投资阶段

预投资阶段最重要的是选择一个合适的目标公司。由于完成 LBO 通常需要 5~6 年的时间，而且交易往往需要数十亿美元的投资资本，因此目标的选择对收购基金及其投资者至关重要。目标选择错误可能会导致基金运作失败并损害投资者权益，因此基金经理有时要花数年时间才能找到合适的公司，并就收购条款进行谈判。

至于选择目标公司最重要的因素，通常作为 LBO 目标，企业应满足三个主要标准。

- 创造经济价值。公司应该具有足够的潜力去创造经济价值。通常目标都是经营效率低的大型企业集团。基金经理青睐这些公司，因为其可以通过更换管理层、加强治理结构和剥离表现不佳的业务部门，迅速创造价值。
- 自由现金流。公司的自由现金流（或至少是其创造现金流的潜力）必须充足，以便成功地实施杠杆计划。一些公司自由现金流充足，可用于偿还 LBO 期间的债务。
- 低价。该公司能够以较低的价格被收购（该公司目前市值应相对较低，收购价格必须相对便宜）。尽管最后一点似乎微不足道，但这可能成为许多潜在 LBO 目标的主要威胁因素。事实上，许多大型企业集团都采用了反收购条款，允许现任管理层防范带有敌意的收购企图，或使其付出高昂代价。毕竟，价值创造和债务能力的潜在收益权衡实现杠杆收购的成本。

投资阶段

在投资阶段，对目标公司进行重组，可创造经济价值，同时产生自由现金流用于偿还债务。重组有四种不同类型：(1) 财务管理；(2) 运营工程；(3) 治理干预；(4) 管理监控。

财务管理指与目标公司的融资结构和财务会计相关的重组。财务重组既指向杠杆效应，也指向融资工具的选择。如前所述，收购目标公司的融资仅包含很少一部分股权，但却包含大量债务。其目的旨在收购投资组合公司的股权和债务工具，以便新的收购融资结构取代原有的资本结构，其后由投资组合公司负责偿还债务的本金和利息。选择该资本结构有两个原因。首先，债务利息可以免税。因此，目标公司能创造更高的总现金流和价值。其次，通过偿还债务，股权随着时间的推移会变得更有价值，类似于在房地产贷款期限内支付抵押贷款所能带来的影响，如图 5.2 所示。

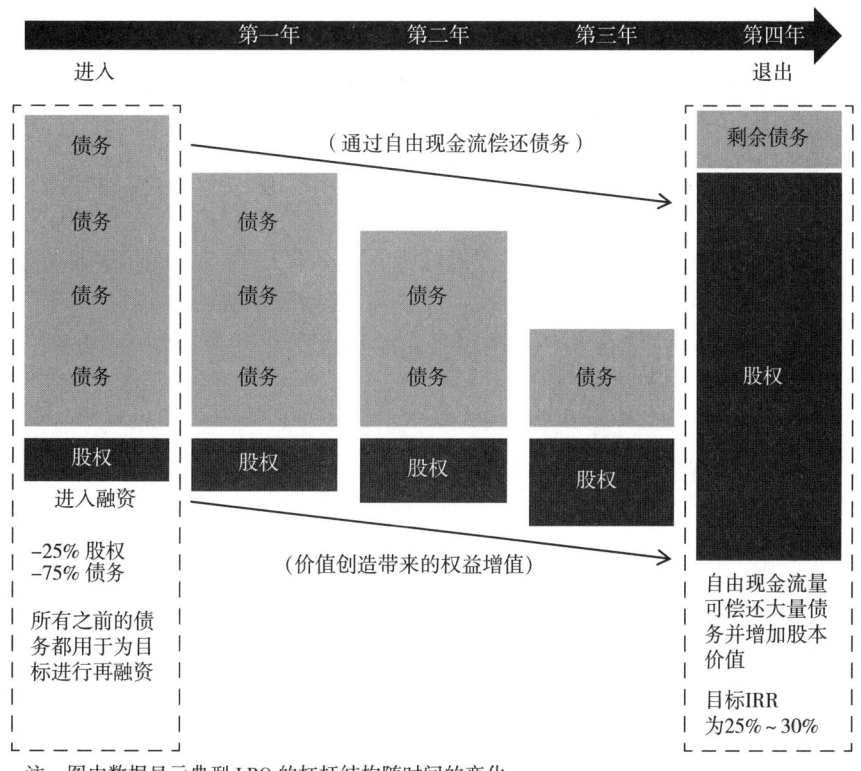

图 5.2 LBO 价值创造原理

LBO 基金必须获得能够成功实施杠杆计划的融资工具。只有融资成本足够低,才能在支付利息后,仍维持可用来支付债务的自由现金流。由于 LBO 期限较短,通常为 5~6 年,因此债务工具的还款条件需要确保能够及时还款。此外,合同契约应允许开展其他重组活动,如资产剥离等。

伊瓦什娜和科夫纳的研究表明,经常为交易将其融资方案进行组合的大型 LBO 公司通常与银行和机构债务投资者保持着良好关系。由此,他们可以通过谈判来获得他们想要的低利率与较少条款的理想契约。德米罗奥卢和詹姆斯指出,这一情况在声誉良好的收购基金中尤其明显。

财务管理第二部分是优化目标公司财务会计的各项操作。LBO 公司常常充分利用自由裁量权,通过提高折旧来降低目标公司的应税收入。此外,盈余管理可以调整目标公司在临近退出时的财务报表,以达到更高的销售价格。周、冈波和刘表明,LBO 首次公开发行的可操控性应计利润显著高于上市的非 LBO 公司。这也是盈余管理的显著标志。

运营工程,也称为运营卓越性管理,指重组目标公司的运营业务。其目标是增加收入或降低成本,以创造更多自由现金流。马斯卡雷拉和维苏彭斯提出,运营工程的总目标是使投资组合公司在运营中更有效率。常见的策略包括裁员、关闭无盈利生产线或剥离无效部门,以及加强和扩大可盈利的生产或部门,从而减少公司管理费用。

资产出售也是运营工程的重要组成部分。将不盈利或现金匮乏的部门或产品线拆成独立的实体并出售，可以实现单一资金流入，同时提高公司整体盈利能力。霍尔特豪森和拉克以及默里、牛和哈里斯证明收购基金使用上述策略成功地提升了其投资组合公司的经营业绩。在收购基金退出前的几年里，该投资组合公司的经营业绩稳步增长，超过行业平均水平且在基金退出后依旧保持优异表现。

治理干预和管理监控是降低目标公司代理成本的两种机制。治理干预是指主动重组目标公司的治理结构，以降低代理成本。詹森在他早期关于 LBO 的正式报告中提出，收购基金经常青睐一些治理不善的公司，通过降低过高的代理成本，能很容易地创造价值。为此，LBO 基金会选择新的管理团队，取代收购中目标公司现有管理层。为了协调股权投资者和经理人的利益，目标公司管理层将获得公司附带的所有权性质的股权。布鲁顿、基尔斯和西弗斯表明，在 LBO 投资期间，管理层所有制较突出的公司，投资组合公司的经营业绩会提高。为了进一步降低代理成本，确保管理人员的行为符合股权投资者的最大利益，LBO 基金经理拥有董事会席位，密切监督管理人员及其行为。综上所述，这些举措可实现两个目标：首先，通过降低代理成本，目标公司变得更有价值。其次，LBO 公司可确保管理层完全执行如前描述的所期望的重组机制。

除了重组和杠杆之外，一些收购基金还实施了股息资本重组。股息资本重组是为投资者创造价值的第三种策略，尤其是在大型盈利投资组合公司。在这种特殊的资本重组中，投资组合公司发行新债券，并在 LBO 后期以特别股息的形式立即支付收益。通过这些交易，收购基金可从投资组合公司获得债务融资现金流，再分配给基金的 LPs。为此，投资组合公司通过短期票据或银行过桥贷款获得更多债务融资。从这些债务中获得的收益将以股息的形式直接支付给收购基金。通常情况下，投资组合公司在 IPO 前不久执行这一交易，以便将 IPO 所得用于偿还债务。

股息资本重组有四个优势。第一，收购基金能在公司实际退出之前向投资者派发现金。第二，由于现金流支付更早，交易 IRR 和基金将从此次交易中受益。第三，收购基金可以"锁定"交易的部分收益，不必承担上市后股票发行的市场风险。第四，在 GPs 需要清除从管理合同中获得预期回报的障碍时，仍旧可以确定特定的现金流的时间。但是，股息资本重组也因其弊端受到诟病。对投资组合公司而言，额外的债务负担非常昂贵。此外，若所有 IPO 收益都用于偿还债务，就不能投资在净现值为正的项目上。由于这些交易并非 LBO 典型重组的一部分，因此应将其视为价值创造的另一种方法。

表 5.2 显示了 1998—2012 年在美国以 IPO 退出的 224 家 LBO 公司的部分重组策略。表格提供了四个要点。① GP 对投资组合公司的监督和控制是 LBO 结构中的关键部分。几乎所有收购基金都拥有重要的多数股权，并在投资组合公司中拥有董事会席位。② 投资组合公司的管理层平均获得公司 10% 的股份，以协调所有者和经理人的利益。③ 并购（M&A）是创造经济价值的重要重组工具。④ 财务管理主要通过提高杠杆率和频繁的盈余管理来实施。此外，每一家投资组合公司都会向其股权所有者派发股息，以创造早期收益。8.5% 的交易使用股息资本重组形式的股息。

表 5.2 1998—2012 年 LBO 重组汇总统计

重组工具	公司数量（家）	均值
董事会席位	216	96.4%
总经理为 GP	49	21.9%
收购基金持所有权	224	71.0%
管理层持股	210	10.3%
LBOs 中的管理层更迭	105	46.9%
并购交易	78	34.8%
LBOs 前杠杆	224	0.71
LBOs 中杠杆	224	1.49
IPO 杠杆	224	1.44
盈余管理	47	21.0%
有股息公司	115	51.3%

注：重组信息源于美国证券交易委员会的 S-1 股票发行说明书。此表显示了使用特定重组工具的公司数量及其在总体样本中的百分比。对每笔交易的重组活动而言（收购公司的所有权和杠杆），其均值是收购基金在投资组合公司中所持股份的平均百分比，以及平均杠杆（净债务除以股本）。

资料来源：除并购交易和盈余管理（包含来自政府会计师事务所关于财务重述的信息）外，所有信息均基于 SEC S-1 股票发行说明书。

退出阶段

重组成功后，目标公司退出。退出包括两个步骤：一是出售目标公司；二是将出售所得分配给 LPs。一般来说，收购基金可以使用四种退出渠道：向战略投资者出售、向其他金融投资者的交易出售（二级市场）、IPO 或几种不同退出渠道的组合，即分拆出售。每种退出选择都有其优缺点。向战略投资者进行交易销售通常价格更高，因为战略投资者可能愿意为实现其自身战略目的（如协同效应）而支付额外溢价，以获得公司的运营业务。出售给二级市场价格较低，但速度较快，因为卖方和买方是连续的 M&A 交易方。IPO 退出是最耗费财力的过程，需要 6~12 个月的准备时间，需要的时间比其他退出选择要长，但它通常为收购基金带来的收益最高。实证文献表明，GPs 将退出作为整个 LBO 战略的一部分，在退出时机和渠道的选择上也是如此。施密特、史蒂芬和萨博的研究表明，目标公司财务上的成功是其选择特定退出渠道的主要驱动因素。获利最高的 LBO 目标是上市，而最不成功的 LBO 目标是向战略投资者进行贸易销售。永奎斯特和理查森的研究表明，投资期限取决于投资压力。LPs 投入资金更多，对 LBO 公司的投资要求也更高，进而单笔交易的成交额也更高。可用资金越多，投资周期越短。曹还提出，股票市场状况对退出的类型和时机至关重要。如果市场环境允许的相对股票估值越高，IPO 退出的速度越快。

图 5.3 显示了 1990—2013 年全球 LBO 样本中每种退出选择的频率。到目前为止，股权转让最受欢迎，其次是出售给二级市场，只有 5% 的公司选择 IPO。在所有 LBOs 退出

交易中，投资组合公司的现任管理层仅购买该收购基金3%的股权。

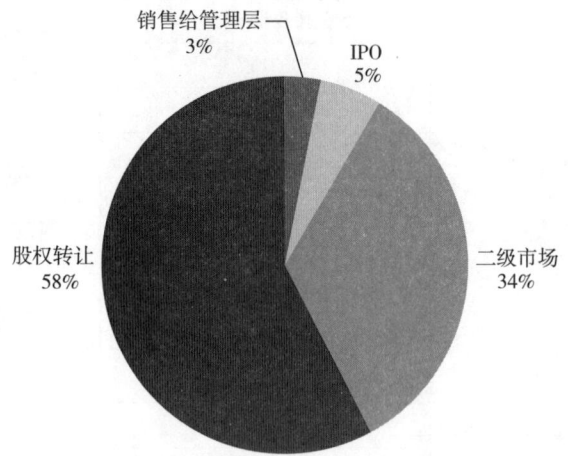

注：此图显示了1990—2013年美国所有LBO中各种退出渠道的相对使用频率。

图5.3 1990—2013年LBO退出渠道的选择

[资料来源：普瑞奇（2014）]

不过，尽管IPO不是最常见的退出形式，但从收购基金的角度来看，它仍然是盈利最多的形式。

如图5.4所示，对于LBO而言，总销售收益和股权投资（在LBO中称为倍数，是常用的回报衡量指标）的关联性是迄今为止最高的。就盈利程度而言，股权转让高于二级市场，因为战略投资者愿意为投资组合公司支付比LBO公司更高的价格。

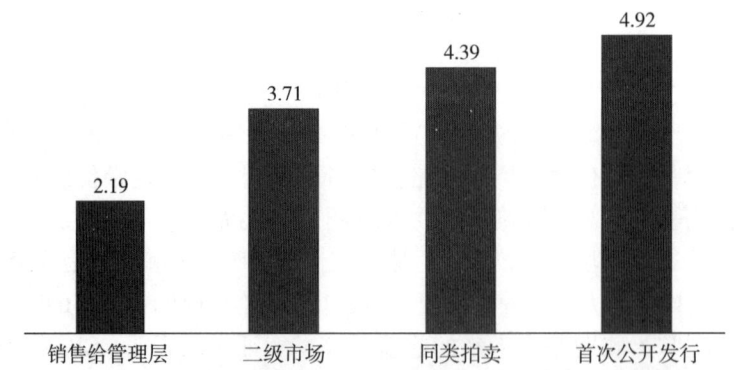

注：此图显示了具有不同退出渠道的杠杆收购的平均现金乘数。现金乘数计算为退出销售总收益与投资组合公司股权投资总额的比率。

图5.4 1990—2013年不同退出渠道的LBO的现金乘数

[资料来源：普瑞奇（2014）]

LBO退出中出现的一个新现象是将投资组合公司出售给特殊目的收购公司（SPACs）。

SPACs是通过IPO筹集资金的空壳公司。其目标是利用IPO资金收购私人控股公司，然后将目标公司合并进入已上市的空壳公司从而公开上市，从而将SPACs投资者的所有权转化为真实运营的公司的所有权。由于这些工具主要为机构投资者提供了通过高流动性投资基金投资于私人控股公司的可能性，因此SPACs也被称为单项流动私人股本基金。

同时，SPACs 也是 LBO 组合公司的退出工具。由于 SPACs 通常由前 PE 经理管理，且与 PE 基金非常相似，因此对收购基金而言，将投资组合公司出售给 SPACs 已成为二级市场之外的另一种选择。以汉堡王为例，一家 PE 公司 3G 于 2012 年 6 月将其出售给了一家名为正义控股的空壳公司。该公司由著名金融家威廉·阿克曼和尼古拉斯·伯格鲁恩创立，为 3G 资本提供了一个快速且可盈利的退出机会。

一旦完全退出，产生的收益必须分配给收购基金投资者。收益分配采用被称为"分配瀑布"的方式，由投资者和基金经理之间的合作协议规定，基金管理人根据基金的机构特点和收费结构，收取相应份额的基金管理费和利润，剩余收益分配给基金投资者。

杠杆收购案例研究：华纳音乐集团

2004 年 3 月 1 日，华纳音乐集团从时代华纳脱离出来，通过 LBO 方式以 25.9 亿美元的价格出售给了一家金融投资者集团。买家包括托马斯—李合伙企业公司（48.6%）、贝恩资本（20.8%）、音乐资本合伙企业（12.3%）和普维投资（11.1%）。在 LBO 之前，华纳音乐是时代华纳的音乐制作和唱片公司，与华纳兄弟电影制作公司共同成立于 1958 年，最初为华纳兄弟的电影配乐。1970—2000 年，华纳音乐成为全球领先的唱片公司之一，制作和销售了（当时）最负盛名的艺术家的音乐。华纳音乐的消亡伴随着艰难的转型——大众进入了免费下载音乐的数字时代，并且其还面临着母公司的各种重组给公司带来的问题。21 世纪初，与更加新潮、更加成功的唱片公司相比，华纳音乐在竞争中处于下风。因此收购基金介入，收购并重组了该公司。

债权和股权为公司收购提供了资金：投资者投资（股权）10.4 亿美元，银团银行定期贷款筹集资金 12 亿美元，发行优先次级本票并由四家投资收购基金持有，共筹集资金 6.5 亿美元。LBO 后，华纳音乐进行了大规模资本重组。此前，它是时代华纳的全资子公司，拥有 1.3 亿美元的长期债务，每年支付 200 万美元利息。此后，该公司拥有 18.4 亿美元的长期债务，年息 8000 万美元。公司杠杆率增加，债务股本比从 0.07 上升到 6.57。收购完成后，收购基金实施了严格的重组计划，以节约成本，并进一步扩大盈利业务。

正如美国证券交易委员会（SEC）提交的正式文件所述，重组计划每年节省了 2.5 亿美元的成本，而且其建立和实施只花了 2.25 亿美元。此外，该公司还与"吹牛老爹"旗下"坏小子音乐制作公司"成立了一家合资公司，通过 P. Diddy 的名字和品牌来营销和推广华纳音乐的艺人。2004 年 12 月，在 LBO 完成 10 个月后，也就是计划 IPO 的 6 个月前，华纳音乐以股息资本重组的形式向其股权投资者支付了 4.72 亿美元。资本重组融资主要通过发行优先票据实现。公司还利用其中的 2.09 亿美元从股权投资者手中回购了自己的优先股。因此，作为交易的一部分，分配给 LBO 基金的资金总额为 6.81 亿美元，占初始（股权）收购价格的 65%。华纳音乐 2005 年 5 月的首次公开募股（IPO）随后被用于偿还重组债务。此次首次公开募股产生了 5.54 亿美元的收益，所有收益都流向了作为回购交易的一部分发行的高级票据的持有人。有趣的是，此次 IPO 并没有标志着 LBO 基金的退出。这些基金没有选择上市后向市场出售股票，而是一直积极投资于该公司，直到 2011 年 8 月，他们在一笔 IPO 后的 M&A 交易中把持有的股权出售给了二级买家。

从财务上看，这笔收购对投资者来说是成功的。基金被撤出时，其 IRR 为 16.03%，现金乘数为 1.8。股息资本重组对股票投资者的价值贡献较大地影响了交易绩效指标。排除股息支付产生的单一现金流后，IRR 将降至 -3.69%，现金乘数降至 0.96。如果收购基金没有使用债务融资的股息，这笔交易就不会那么成功。

第六章 夹层资本与商业地产

引言

类比地理分布,在私募股权的分布中,夹层资本位于一个狭窄而崎岖的地带,将仿佛阳光明媚的、高地般的担保债务与沼泽三角洲一样的普通股分隔开来。更简单地说,在商业地产融资中,夹层资本介于优先债务和股本之间。

商业地产夹层融资基础

夹层投资形式多样,其范围涵盖了从利率和到期日固定的纯债务,到利率和期限均不固定的纯股权。在债务形式中,夹层投资有担保和无担保之分。而作为股权,夹层投资可由类似证书的工具进行"认证",也可以仅体现在合伙企业、有限责任公司或其他实体协议的条款中。投资者可持有所投资财产或财产所有者的直接权益,或其权益可多次从其成功投资的资产中分次获得。

夹层投资的标志

无论采取何种形式,所有夹层投资都有一个不变的特征:就从基础资产收回投资资本的权利而言,夹层投资总是优于普通股,同时低于优先债务。更复杂的融资有多层夹层投资,在该投资上面或下面另有好几层资本,但至少更高一层的资本和更低一层的资本必须各有一层。夹层资本的位置类似于四人雪橇团队中的第二人:在第一人身后,但不能控制雪橇,也不能在即将发生撞车事故时迅速离开。通过拥有"真正"不动产抵押物的实体质押担保,夹层投资的债务形式可以得到法律意义上的保障。如果投资遇到困境,夹层股权投资通常有合法权利来控制该实体。然而,这些权利可能是抵御高级债权人优越的法律权利,以及抵御普通债权人对财产的实际占有的"脆弱堡垒"。

夹层资金的来源

夹层资本的特殊位置不仅决定了夹层资本的风险和回报,也决定了选择夹层资本和最适合夹层投资的投资者类型。

相对于优先级债务,夹层资本在大多数 CRE 融资中通常只占相对较小的份额,这使夹层投资者面临全损风险。如果标的资产在某一时刻无法产生足够的收入来支付优先债务,夹层投资者除了放弃资本之外,其唯一选择就是买断优先贷款。即使有足够资金购买优先贷款，投资者也必须以较低的回报率增加对不良资产的投资。

鉴于这些风险，夹层资本提供者在建立良好的风险与回报偏好时应该将充足的流动性纳入考虑范围，并利用专业的知识和资源监督投资。可以预见，随着时间推移，大部分投资者将能做到这一点。然而，在一个典型投资周期中，早期进入夹层融资领域的投资者获得的高回报，吸引了评估和管理风险的能力都比较差的投资者的随后进入。到2006年，外国银行和其他更为传统保守的机构投资者在夹层债务上押下了重注，其利差相对于CRE抵押贷款利率而言较小。

夹层融资的使用者

在CRE之外，夹层融资最常使用的方式是私人收购公司业务。在CRE的运作中，夹层资本从20世纪90年代初开始填补抵押贷款融资中贷款价值比下降留下的缺口。夹层资本在房地产投资组合收购、高价值"彰显身份的代表性地产"以及大型商业和度假开发项目的结构性融资中也变得尤为重要。过去10年里，夹层资本供应迅速扩大。因此，即便是规模相对较小的房地产收购和开发，也能获得夹层融资和抵押贷款融资。

夹层融资的主要类别

夹层投资主要的部门介于CRE和"其他"（主要是企业收购）融资之间，尽管两者都具有介于优先债务和普通股之间的特点，但公司夹层债务的附属性质更深，通常要求夹层贷款人在优先债务违约的头几个月里"保持静止"，暂停债务催还。对夹层债权人而言，唯一可靠的补救方案是偿还优先贷款。尽管在CRE融资中，偿还优先贷款是优先债务到期违约的惯例，但标准的CRE债权人间协议规定，夹层债权人有一段较短的时间来解决拖欠付款问题，在此期间，优先债权人必须"保持静止"，即停止债务催还。

房地产和私人企业夹层融资的其他主要区别在于，除特殊情况外优先股在私人企业夹层融资中只占一小部分，如风险投资创业融资和公司面临金融危机时发行的可转换债券，若存在优先债务，则两者都符合广义夹层融资的概念。相比之下，CRE融资已经发展出更加多样化的夹层投资形式。

有关官方的说明

在很大程度上，任何关于夹层融资的讨论都必须基于证据。证据可源于作者在许多房地产夹层投资交易方面20多年的经验，也可源于哈里森·斯科特出版的《商业抵押贷款预警》等行业期刊。虽然有诸多文章讨论过夹层融资的法律结构问题，但除了宣传材料和入门类书籍外，很少有文献涉及此类投资的其他方面。此外，虽然CRE财务委员会在抵押贷款交易中经常收集信息，但有关交易量、利率、收益率和到期日的系统数据依旧缺乏。夹层资本可能是私募股权中最私有化的一种股权，几乎不受政府机构、评级机构和其他资本交易监管机构的直接监管。

夹层商业地产融资简史

夹层CRE融资的历史至少与二级抵押贷款一样悠久，而二级抵押贷款可追溯到17

世纪时期法院执行抵押贷款的时候。然而，直到 20 世纪 90 年代，随着商业抵押贷款支持证券作为优先债务融资资本来源的兴起，美国 CRE 融资中夹层投资的现代形式才出现。

1990 年以前，CRE 的夹层投资相对较少。银行、储蓄与贷款机构以及人寿保险公司作为抵押贷款融资的主要来源，不鼓励次级抵押贷款债务，因此典型的融资结构是抵押贷款加股权，没有中间层。CRE 的开发商或购买者可能会吸引项目中的股权共同投资者，但一般来说，股权资本在资本回报和补偿上都没有优先权。

自 20 世纪 80 年代储贷危机以来，这一形势发生了巨大变化。1982 年，国会通过了《存款保险弹性法》，解除了对储蓄贷款业务的管控，储蓄机构能够更有效地与非银行"货币市场"基金争夺存款。不曾料想，该法案很快导致了储贷危机。原因是解放出来的存款机构很快就大胆行动起来，不再只发放 30 年的全额分期偿还住房贷款。结果，储蓄贷款成为 CRE 融资的一个重要来源，但是事实证明，它们并不具备承销 CRE 的能力。

1983 年，多米诺骨牌开始倒下，CRE 债务融资市场经历了周期性的收缩性痉挛。许多储贷机构失败和行业的最终崩塌使得 CRE 融资，尤其是开发和建设融资，失去了一个重要的来源。部分储蓄机构先后经历了联邦储蓄和贷款保险公司以及新成立的清算信托公司所执行的破产，其资产清算吸收了原本可能流入新贷款和新项目的资金。随后，国会对联邦保险机构的抵押贷款进行了重新监管，进一步限制了传统 CRE 贷款机构的债务融资。到 1990 年，这些贷款机构中很少有人愿意考虑房地产企业家所渴望的高于贷款总额与房地产价值之比的杠杆贷款。

华尔街向来擅长用别人的钱赚大钱，然后进入别人所在的领域。作为政府支持的住房抵押贷款机构，房利美和房地美由国会授权，将贷款与投资组合进行捆绑销售，之后，债务证券化（如汇集个人贷款，创建风险更多元化、流动性更强的投资）领域便从 1970 年起发展起来。

债务证券化结构相对简单，每个参与者在整个抵押贷款池中获得一定比例的利息。然而，当大型投资银行开始进行抵押贷款证券化时，他们引入了分段贷款，将捆绑贷款横向或纵向分割为分段贷款，并将纵向分割的部分按序分配了不同的优先级（Benmelech 和 Dlugosz，2010）。RTC 邀请私营部门承销商从失败的储蓄机构贷款资产中创建资金池，从而引发第一次大规模分段的抵押贷款证券化。RTC 的成功上市激励了投资银行进入商业贷款证券化市场。到 20 世纪 90 年代末，出售商业抵押担保证券已成为 CRE 融资的重要资金来源。

公司债券评级机构对 CMBS 池中的高级参与者进行评级进一步提振了 CMBS 证券化市场。由于法律或政策规定，某些机构的投资需由第三方批准，因此投资评级使得 CMBS 参与者对这些机构而言更具有吸引力。然而，评级机构的指导方针要求所汇集的抵押贷款，尤其是相对于 20 世纪 80 年代过度杠杆化的情况，保持更保守的 LTV 比率，而且不能与次级抵押贷款共享抵押品。对于商业抵押贷款借款人来说，他们的房产去杠杆化在很大程度上抵消了更低的 CMBS 利率带来的好处。

夹层债务占据了 LTV 资本堆栈 75%～90% 的空间，帮助解决了这一困境。尽管该夹层融资的成本可能是优先抵押贷款债务的两倍到三倍，但当利率被融合时，这种"结构性融资"便为房地产开发商和股票投资者提供了颇具吸引力的杠杆。提供夹层"块"的能力提高了 CMBS 贷款发放机构和 CMBS 模拟器的竞争能力,特别是在大型物业和投资组合收购融资方面。

夹层贷款很快成为 CRE 融资的重要组成部分,但由于没有监管机构或行业协会对必要的数据进行系统收集,很难评定其重要程度。然而,美国著名债券评级机构穆迪公司(Moody's)报告称,仅在 2006 年就有超过 32 亿美元的夹层债务进入了债务抵押债券。四年前,高盛的两名高管曾估计,夹层 CRE 融资的总体潜力超过了 1000 亿美元。

2008 年末的金融危机结束了房地产夹层融资的黄金时代。金融危机调查委员会指出,到 2010 年,超过半数的 CRE 抵押贷款担保不足,这使得任何相关的夹层贷款都变得一文不值。是否所有现有的商业夹层贷款也有相同比例的蒸发是一种猜测,但发生的许多损失通常是全部损失。

CMBS 融资自 2011 年以来一直在回升,尽管没有达到危机前几年的水平,但规模依然可观。2014 年,CMBS 的发放额估计在 1000 亿美元左右。尽管 CMBS 贷款的上升趋势是否也重新推动了夹层贷款的流动还尚未可知,但在 CRE 融资方面,得益于未来几年 CMBS 的大量债务组合,对夹层资本的强劲需求依旧会持续存在。虽然夹层资本之前的一些来源已经永远离开了市场,但其他来源也已经准备好满足相应的需求。

夹层资本的提供者和投资者

若缺乏有关夹层资本交易的系统汇编数据,则难以预测总体交易量,也几乎不可能根据来源或用途对其进行估计。此外,准确说明夹层资本投资者身份、原因、数量也甚为不易。尽管如此,基于个别交易的报告和其他资料,一些合理的概况也是可能的。

夹层资本的来源

1998—2008 年是结构性融资的发展繁荣期。在此期间,我们可以合理猜测,商业抵押担保证券(CMBS)的"管道"贷款机构发放了大部分房地产夹层贷款,但这些贷款机构只打算作为夹层资本的中间来源。一旦可行,它们将把夹层贷款出售给最终的投资者。只有在误测的情况下,它们才成为夹层贷款的最终资金来源。

在 CRE 融资中夹层资本的真正来源是大型养老基金(特别是政府基金)、一些外资银行、拥有高净值资产的个人以及对冲基金。这些基金的主要投资者还包括抚恤基金、捐赠基金和高净值个人。显然,这些投资者都希望获得比其他债务更高的收益率。对于政府和其他大型养老基金而言,传统债务投资无法产生满足养老金义务所需的收益率。夹层贷款提供了一种高回报的选择,类似于公司垃圾债券,这类债券在早期投资者的投资中表现良好。其他夹层投资(如对冲基金)者发现,在资本化利率降至历史(除骤降的情况之外)低点的环境下,贷款和类似债务的优先股可以产生比"普通"股票投资高得多的回报,而且风险更小(资本化利率决定了某些房地产的市场价格,在可预期年度经营净现金流基础上,股票投资于此类房地产将产生可观的年度回报率)。可以预见,早期的成功会导致周期后期的过剩。一些不那么精明的投资者为房地产夹层债务市场提供了过多资金，夹层利率与相关抵押贷款债务之间的息差大幅收窄，使得风险回报率出现了天壤之别。

目前，对冲基金是夹层资本的主要来源。正因为如此，在大衰退前10年，原本相对罕见的优先股投资变得更加普遍。与养老基金和外国银行不同，对冲基金对"债务"重视程度较低，更重视投资，从而抵消了夹层债务相对于优先股的投资优势。

夹层资本使用者

夹层融资具有引导其使用者进行自主选择的属性。首先，结构性融资的相关费用阻碍了它在较小规模交易中的使用，特别是由于夹层资本通常只占资本总额的10%至20%。一套2500万美元房产的夹层融资意味着500万美元或更少的夹层贷款，这几乎不值得为使交易复杂化而增加额外成本。

其次，夹层资本相对于抵押贷款基金来说更为昂贵。稳定、可产生租金的房产拥有长期信用良好的租户，可以以较高的长期价值抵押贷款利率（LTV）借入抵押贷款，且不太需要利用夹层融资进行杠杆。相反，现金流量波动较大的资产，包括需要开发、改造或重新进行市场定位的酒店和房地产，更适合选择夹层融资。

最后，夹层投资者非常依赖于资本使用者的经验和声誉。"强力赞助"是特定夹层交易投资和贷款提议中的常见词汇。考虑到夹层投资的安全性并不稳定，"强力赞助"如此常见也是合理的。夹层资本使用者通常在他们所在的房地产行业有着良好的声誉，他们过去的成功经验得到了证实，在房地产资本市场上也表现出色。

夹层投资模式

房地产夹层投资有多种形式，但基本的两种形式是股权和债务。从法律上讲，债务有个明显的特征，如果债务持有人在到期时未付款，可以就所欠债务起诉借款人。如果贷款有担保，贷款人也可以起诉或通过法律规定的非司法程序强制出售其抵押品，或者利用其债务购买抵押品，或者从向第三方出售抵押品中获得收益。股权投资的持有者既不能就其投资提起诉讼，也不能"取消"其具有重要价值的房产赎回权，甚至不能对固定支付和强制赎回期的投资提起诉讼。然而，在实践中，这条分界线却十分模糊。

债务义务

夹层债务的经典形式在产权链和资本栈中占据了中间位置。夹层借款人不是房产的真正所有者，相反，他们拥有的只是房产所有者之名。这种情况下，从"结构上"而言，夹层贷款可归类为抵押贷款，其不仅对房产具有优先留置权，而且接近基础抵押品，是一类不同的、明显更加优越的借款人。在投资组合融资等大规模交易中，通常有多层夹层贷款，每个借款者都位于另一个之上，处于一个不断上升且有诸多从属环节的链条中。

评级机构要求夹层债务具有结构性从属关系，即CMBS贷款的借款人应"远离破产"，才能获得投资级标准。远离破产并不意味着抵押贷款借款人不能破产，但它确实严格限制了借款人承担其他债务的自由。抵押借款人必须是一个特殊目的实体（SPE），拥有抵押财产，除"贸易债务"外，只欠抵押贷款人。二级按揭贷款曾经是房地产夹层债务的经典形式，但作为一种投资机构型 CRE 的手段，它几乎已不复存在。在 CMBS 时代之前，次级抵押贷款虽然不受传统抵押贷款机构的欢迎，但如果次级抵押权人同意完全放弃对抵押权人共有抵押物的留置权（Forte，2002），二级按揭贷款也是可行的。对于 CMBS 贷款而言，评级机构厌恶次级抵押贷款债务。他们认为次级抵押贷款债务存在不可接受的风险，违约的次级抵押贷款持有者会促使抵押贷款借款人破产，重组计划可能会将贷款的还款期限延长数年。

CMBS 支持的夹层贷款需要抵押品，其形式类似于二级按揭贷款：以业主所有权权益作为抵押，或者对于多层融资中的次级夹层贷款而言，以更高级夹层借款人实体作为抵押。在抵押为"第一优先级"的情况下，任何次级质押的股权抵押都是被严格禁止的，夹层贷款人实际上须履行其对业主的所有义务，只有实施质押，贷款人才成为业主的股权投资者。结构上的从属关系是指夹层贷款人的被偿还顺序在所有有担保或无担保的业主债权人之后。

然而，CMBS 评级机构和发放抵押贷款的机构并不满足于仅仅依赖夹层债务的结构性从属关系。它们还要求夹层贷款机构签署一份冗长的、标准化的"债权人间协议"，将其的支付和其他权利置于发放抵押贷款机构的从属地位。当高级贷款违约超过适用的补救期限，夹层贷款机构必须同意优先处理其贷款的支付，包括担保人或其他第三方的支付，并限制其抵押品的止赎权。CMBS 标准债权人间协议确实给夹层贷款人带来了一些益处。夹层贷款机构可以满足一定条件，包括替换任何因丧失抵押品赎回权而失效的借款人担保，第一项益处是，其有权取消抵押品赎回权，并成为抵押贷款借款人的所有者，而不引发抵押贷款债务的加速增长。第二项益处是，在抵押贷款违约发展为"违约事件"之前，通过取消房产的赎回权，从而抹去夹层资本，以"纠正"这些违约。第三项益处是，有权按面值购买违约的抵押贷款。不过，纽约法院最近一项裁决禁止夹层贷款商取消抵押品赎回权，除非他能首先"纠正"所有优先贷款违约，即偿还所有优先贷款。其他情况下，只要抵押贷款处于未纠正的还款违约状态，这一决定将把夹层贷款人的权利瓦解成购买抵押贷款的权利。

股本

优先股本是房地产夹层投资的另一种常见形式。在这两种形式之间，优先股本似乎并未得到充分利用。房地产夹层投资中的优先股本和其中的优先股票一样：在股权权益中，它拥有优先获得投资回报的法律权利，在清算时，同样如此。当加上强制赎回权时（这类房地产投资通常都是如此），优先股与债券具有很强的相似性。

夹层债务与优先股之间更多的是法律上而非经济上的区别。优先股投资通常旨在提供与夹层贷款功能相同的权利和补救措施，而夹层贷款完全依赖于股权。如表 6.1 所示，优先股投资与夹层债务在重要特征上几乎完全相似。

表 6.1 表明，以业主权益做质押担保的夹层贷款，并不比直接以该权益作为优先权益更安全。在所承担的经济风险性质上，房地产夹层债务与优先股股权投资之间更为相

似。真正基于资产的贷款，如抵押贷款，依赖于贷款抵押品的清算价值，以避免与借款人业务行为相关的风险以及特殊情况外的资产价格市场波动风险。相反，股票投资主要是基于对未来经营现金流和资产增值的预测，而这两者往往取决于资产管理的技能和经验。商业房地产投资应被归类于类债务风险和类股票风险，其界限因房地产的性质而异。但通常情况下，一旦投资额与房地产价值之比超过三分之二，风险状况就开始发生变化。在 CMBS 融资中，67% 的 LTV 仅划分了高级"额定"抵押贷款债务的限额，而在资本栈当中夹层融资往往比这一程度更低。

表 6.1 夹层贷款与优先股的比较

权利或补救措施	夹层贷款	优先股
还款	在指定到期日强制还款	指定日期的强制赎回权
收益	固定利率或浮动利率（也可能有"股权激励"，但通常没有）	固定或浮动优先回报率（有时附加"股权激励"）
优先级	在结构上服从于抵押贷款和所有其他业主的债务，先于普通股权	从属于业主债务，先于"普通股"权益，作为资本的回报或补偿
"主要行为"控制	贷款文件内的契约；没有夹层贷款人同意的行为属于违约事件	批准权嵌入在公司治理文件中，在法律上禁止公司在未经优先股股东同意的情况下采取行动
破产保护	业主提出破产申请，可从其信誉良好的附属机构获得"无追索权分拆"担保，从而获得贷款的全部追索权	业主管理文件中明确了对优先股持有人的批准要求，使其无法提交自愿破产申请
追索权	SPE 作为借款人，其唯一资产是已经抵押给贷方的财产所有权实体的 100% 股权，因此对借款人的个人追索是毫无意义的。追索对象是关联的、信誉良好的"不良行为"担保人	借款实体中的其他成员的追索权（也可能是 SPE）。根据"看跌和赔偿协议"（类似于担保书）对保障人进行追索，保障人有权因同样种类的"不良行为"而将投资投向赔偿方
安全	产权实体股权质押	直接持有产权实体的股权
违约补救措施	业主权益止赎	接管资产所有人的管理，并强制出售资产

资料来源：经斯坦福大学《法律、商业和金融》杂志批准，改编自 Heller（2012，第 42~43 页）。

混合夹层投资

混合夹层投资兼具债务的特点，有特定回报率，权益分配优先于所有普通股，并能参与到基础资产的最终收益分配之中。典型的例子是夹层贷款或优先股投资，除 12% 的固定利率外，还享有从资产运营和最终出售中所得剩余现金的 20% 利息。混合夹层投资中有诸多变数：只有在普通股收回其投资并获得一定利润后，夹层投资者才能参与分红。若夹层投资累积分配超过其连续最低回报，则夹层投资者的分红比率可能会降低，其分红比率通常会用内部收益率（IRR）来衡量。这种形式下，夹层投资的分红类似于传统"资金合伙人"在房地产企业所获得的利息收入，在双方收回资本并获得特定回报后，他们将按有利于经营合伙人的比例分享剩余利润。

在公司融资中发现的其他混合形式的夹层投资在房地产融资中很少见。例如，可转换股票，或者和以预先设定的价格购买普通股的期权相结合的贷款。对于上市公司或即将上市公司的投资者来说，这种形式具有明显的优势，因为它给夹层投资者提供了一个机会，既可以从股价上涨中获益，也可以将产生普通收入的债务转化为产生资本收益的股票。除了在大型投资组合交易中，房地产项目很少进入公开股票市场。此外，许多诸如免税养老基金一类的夹层房地产投资者，对不同的税率并不敏感。因此，在CRE融资中，混合夹层投资对公司而言仍然是一种独特的投资形式。

A–B贷款

次级抵押贷款债券是房地产夹层投资的另一种形式。在商业抵押担保证券（CMBS）领域，这是"A–B"贷款中的"B型贷款"。A部分是贷款中证券化和"评级"后的部分。B型贷款要么由发起人保留，要么出售给第三方，第三方通常是相关抵押贷款池的特别服务方。大型融资也可能包含C、D和能用字母代表的其他贷款形式。只要抵押贷款保持当前状态，B型贷款就会收到相应比例的利息和本金。当抵押贷款违约，所有收款和其他任何财产出售所得都会被首先用于偿还A型贷款。

B型贷款与传统的二级按揭贷款相似之处在于，它是由标的资产直接担保的。与第二抵押权人不同，B型投资者既无法直接获得其证券，也无法获得其债务。一些B型贷款有单独的证明手段，但评级机构更认为它们只是与A型贷款持有者签订的参与协议中的一项合同权利，A型贷款持有者同时也是全部贷款的合法所有者。不论利息以何种形式存在，按协议规定，B型贷款持有人应将按揭贷款人的一切权利交与高级贷款人及其服务代理人。只有高级贷款人才能取消抵押品赎回权或以其他方式强制行使贷款人对贷款的权利，通知或免除违约，授予或保留承诺权，或同意修改。

若没有上述权利，高级贷款人的权利就会受到合同限制。最重要的是，只要抵押贷款资产能为B型贷款的面值提供部分支持（通常为25%），持有者就有权指定"特别服务商"，在出现资金违约时接管贷款的管理和执行权。特别服务商有权无视那些弊于A型而利于B型的指示，但通过特别服务商，B型贷款通常可以直接执行违约贷款。

自2008年大衰退起，B型贷款持有者的表现好于夹层债权人，这可从他们在债务栈中更安全的地位得到印证。B型贷款持有人拥有任命和指挥特别服务商的权利，从而有助于维护B型贷款价值，但这些权利在不同债务间有时会引发尖锐的争议。事实证明，在CRE价值普遍下跌的情况下，复杂的CMBS结构抵御较低级别的结构性债务攻击的能力，没有它们的设计者预想的那么强。尽管如此，在满足评级机构和其他监管要求方面，创建和销售B型贷款对CMBS发起者而言非常有用，因此，B型贷款在CMBS融资中仍旧很重要。

区分夹层融资形式的因素

在不考虑B型贷款投资的情况下，夹层债务和优先股之间有诸多本质上的相似性，投资者如何在两者之间做出选择呢？实际上，一些主客观上的因素影响着特定投资者的选择。

税收考虑

对于某些夹层投资者，包括房地产投资信托基金、外国投资者和养老基金等免税实体，优先股可能会引发税收问题，因为标的资产产生的是"营业收入"，而不是"租金"。酒店就是这类房产的一个典型例子，此外，养老院、停车场、剧院，甚至是设施齐全的公寓也可能为 REITs 带来"不良"收入，或免税项目的"不相关业务收入"。尽管解决这些税收问题是有法可循的，即通过经营租赁将房产的所有权与其经营分离，但经营租赁结构可能扭曲投资的根本经济效益。对于外国投资者来说，优先股权投资可能意味着预扣税。在美国，投资组合利息免征所得税，对一些人而言，采用经营租赁还意味着损失了这项优惠条件，而夹层贷款能避免所有这些不必要的税收问题。

然而，夹层债务本身也存在税务问题。美国税收法规允许 REITs 持有抵押贷款，但不允许其他形式的债务投资。在税收程序 2003-65 中，美国国税局表示，只要夹层贷款符合八个标准，就能当作 REIT 抵押。通常 CMBS 形式的夹层贷款都不能满足这八个条件，因此 REITs 持有的夹层债务仍处于所得税不确定的状态。

此外，根据包括纽约在内的各州和地方房地产转让税法，夹层贷款丧失抵押品赎回权后，取消抵押品赎回权的贷款机构需缴纳高额转让税，贷款机构出售基础资产时，这笔税款必须再次缴纳。而强制出售标的资产的优先股投资者只需缴纳一次该税款。最后，对于高净值资产持有者和其他通常应纳税的投资者，夹层债务产生的收入按普通税率纳税，而成功的优先股投资的大部分回报将作为资本收益纳税。

相反，从税收的角度来看，夹层投资的大多数发行人并不在乎投资形式是债务还是股权。与利息支付可以免税但股息支付不能免税的公司不同，夹层投资工具几乎都是转嫁实体，比如有限责任公司，它们向夹层投资者支付的利息或股息都被排除在分配给普通股所有者的净收入之外。

可执行性

一些分析人士认为，简化法律修正措施的实施可能是投资者偏好夹层债务的一个原因。夹层债务的执行通过"股权抵押物"质押来解决，受《统一商业法典》（UCC）第 9 条管辖（此条例在华盛顿等美国境内 50 个州基本适用）。如果夹层贷款出现重大违约，贷款人可以强制出售其抵押品。如果出售符合 UCC 对"公开出售"的定义，贷款者可以"出价"购买其所欠的全部债务，从而获得该资产所有者的 100% 的权利，并间接获得该资产本身。根据 UCC 关于出售抵押品的规定，整个过程可能只需要 10 天，但时间更长（如 30 天）则意味着更为谨慎。

优先股投资通常会将投资者的补救措施写入房产所有者实体的管理文件中。一般来说，这些补救措施包括如下权利：(1) 接管财产所有者的管理；(2) 引导实体出售财产；(3) 引发"买卖"。其中财产所有者的普通股权持有人要么买断优先投资者持有的股权，要么将股权全部售出给优先投资者，无论哪种情况，价格都取决于优先投资者指定的相关财产价值。触发优先股补救措施的事件通常包括：供款违约；普通股权持有人的其他重大违约；其代理经理对业主合伙企业或有限责任公司协议的其他重大违约。其他典型触发因素有，拥有房产的实体无法对优先股进行必要的定期分配，或无法在强制赎回日期之前赎回全部投资，或者对于待改善的房产，无法满足特定的开发、建设或租赁基准。

优先股权执行权，在书面上可以定义为自助救济，因此看起来甚至比 UCC 出售更精简。然而，如果普通股持有人不合作（例如，拒绝承认投资者接管房产业主的管理，或对潜在买家或产权保险公司声明中出售房产的权利提出异议），投资者则只有通过诉讼行使追索权，但这通常耗时长、成本高。在这种情况下，无须强烈反对，只要拒绝承认优先股持有者的权利，普通股就可阻止交易完成。

对于优先股补救措施的批评十分到位，但在救济这一问题上，夹层贷款机构更为优越这一论点却有失偏颇。假设借款人没有试图阻止 UCC 出售，取消抵押品赎回权的夹层贷款机构或多或少会结束于优先权益投资者所开始的地方，即在业主中持有控股权。如果借款方选择反对出售，夹层贷款方也可能会陷入持久的诉讼之中，无法有效利用其控制权。UCC 提供了一个尚存争议的理由来反对出售，即 UCC 任何出售都必须具有"商业合理性"，但 UCC 相关条款和其"官方"评论在定义"商业合理性"上并不能提供特别帮助。然而，公开出售必须以广告或其他方式进行宣传（这也是贷款人自己唯一可以购买抵押品的方式），以确保合法竞标者能充分参与出售。

问题在于，在 UCC 拍卖私人实体股权时，很少出现第三方竞标者。采用这种让合法竞标者"充分参与"的方式，在商业上并不可能使这次公开出售具有"商业合理性"。夹层贷款机构可以通过对标的资产进行可信度的评估，以证明其债务总额不低于该资产的净值，避免有人反对出售。这意味着债权人可以用其债务出价，超过其他合格竞标者。不过，考虑到典型的夹层贷款不超过标的资产总价值的 10% 至 15%，债务是否超过净资产价值可能在估值误差的允许范围内，从而允许借款人通过评估参与竞标。

在实际执行方面，夹层债务相对于优先股的假定优势从未在实践中得到广泛检验，而且在理论上似乎也大多是未经检验的推测。由于优先股权补救措施并不会剥夺普通股对标的资产的所有权益，也不会丧失抵押品赎回权，因此，此类救济不太可能遭到强烈反对。

信托责任

从法律上看，对普通股的信托义务可能会阻碍优先股投资执行，这无疑是夹层债务的另一优势。在一定程度上而言的确如此，因为取消抵押品赎回权的夹层贷款机构对借款人没有任何照顾义务，也无须保证忠诚，但董事和高管对公司却负有该职责。同样，根据一般法律规定，合伙企业的合伙人对彼此负有责任，有限责任公司的经理对非经理成员也负有这些责任。引申而言，接管实体管理的优先股股东对普通股负有信托义务，从而限制了普通股的行动自由，也使其面临潜在责任。然而，大约从 2000 年开始，有限责任公司和有限合伙企业章程极大地增加了缔约方放弃合伙人、成员和经理的受托责任的自由，在特拉华州和内华达州等地尤其如此，这些州希望在其管辖范围吸引更多企业实体。原本特拉华州最高法院的法律规定表示，只允许适度减少而不允许取消这类责任。

但为了赋予企业广泛契约自由，特拉华州立法机构迅速修订了规约。优先股投资者必须注意，投资接收机构是在较为宽松的司法管辖区成立的（在这一方面特拉华州仍然是最佳选择，因为法规和判例法现在是一致的），有限责任公司或有限合伙协议中包含了免除受托责任的必要条款。因此若遵守了这些规定，避免受托责任就不再是选择夹层债务投资形式而非选择优先股的合理理由。

标准化

CMBS初始参与者集中在曼哈顿几平方英里内，这种向心力促进了CMBS交易文书的高度标准化，同时夹层贷款文书也受到影响而向标准化发展。从理论上讲，从一笔交易到另一笔交易，围绕文书的谈判耗时耗财，而相对一致的文书则可以节省大量的时间和资金。标准化还有助于二级市场交易，包括评级机构对交易的事后审查。因此，在所有夹层债务文件中，最标准化的是与优先级债务债权人之间的协议。因此，标准化的文件使得夹层债务成为CMBS赞助商最喜欢的夹层房地产投资形式。

对寻求有效投资手段的投资者而言，标准化文件也是他们青睐夹层债务的重要原因。优先股权文书虽然通常基本相似，但在形式和语言上也多种多样。最重要的是，优先股股东与抵押贷款机构之间不存在普遍认可的债权人间协议，而抵押贷款机构也没有采取标准方式，回应优先股投资者提出的这种"认可协议"。毫无疑问，缺乏标准化会使优先股交易的文件复杂化，但标准化协议最终是否会带来更高效的交易尚不能确定。在问题还未发展到需要提起诉讼之前，围绕文件相关事项进行透彻的谈判通常是解决问题的有效途径。标准化文件常会掩盖住一些潜在问题，直到它们发生时才得以知晓，而原始文件形式中的问题通常会在每个新事务中重复出现。

第七章 不良债务投资

引言

过去10年，随着不良债务市场的扩张，私募股权投资（PE）公司参与不良债务投资的比例有所上升。不良债务投资可以说是1978年《破产法》的结果，该法案在美国的公司重组过程中引入了"复原"理论，该理论发展将在本章后面做更详细的讨论。新的法律制度基本上促成了一个旨在保护破产企业的"持续经营"价值的改组框架，该框架还扩大了债权人权利，简化了债权人的债权重组程序，对陷入困境的公司而言，重组后的债权往往会成为该公司的控股权。

《破产法》通过之后，高收益债券市场得到快速发展，但这并不意味着二者之间存在因果关系。垃圾债券市场的增长为如今发展活跃的不良投资资产提供了两个重要前提。第一，它发行了大量可交易债券和后期贷款，这些都是机构投资者可以获得的投资。第二，它促进企业更多地使用财务杠杆，从而不可避免地增加了它们遭遇财务困境的可能性。

随着公司违约率的上升，精明的投资者开始意识到，这个新兴市场的低效率创造了投资机会。专业投资基金在结构上往往与PE基金相似，投资者需履行长期投资承诺，从而才会产生颇具吸引力的回报。这促使机构投资者将不良债务视为另一种资产类别。因此，PE基金，特别是那些专门从事杠杆收购融资（LBOs）的基金，在复杂债务资本结构方面积累了相当丰富的经验，因此认识到不良债务代表着业务扩张和多样化的机会。除了核心收购基金外，许多基金公司还成立了专门的不良基金。不良债务对有限合伙人（LP）投资者来说也是有利可图的。根据PE季度指数（Preqin），不良债务是2001年至2011年间表现最佳的PE投资策略。

不良债务市场的历史演变

如果没有一个宽松的法律框架来促进陷入财务困境的公司有效重组，不良债务投资就不会发展成为一个充满活力的资产类别。《1978年破产法》（以下简称《1978年法案》）是美国近40年来首次对重组立法进行全面修订，也正是它提供了这样一种构想。

对财务状况不佳的公司而言，《1978年法案》第11章是专门为恢复其公司状况而制定的，其目标是在保护债权人和其他索赔人权利的同时保障企业和员工就业。在法案的众多改变中，迈纳明确了五个最为重要的修改点：

第七章 不良债务投资

- 《1978年法案》取消了债务人必须证明其资不抵债（如无力支付利息）才有资格申请破产保护这一先决条件，允许公司在财务困境中更早地主动申请破产，即允许他们在受伤时而不是在临终前开始恢复。
- 法案明确规定，保留公司管理层，而不是任命受托人管理公司，这可以让那些最了解企业的人继续管理公司，从而更好地留存公司价值。
- 《1978年法案》扩大了对有担保债权人的保护范围，防止他们扣押抵押品，从而能够有效促进清算的开展——设想，如果所有飞机都能被有担保债权人收回，会对航空公司产生怎样的影响。
- 法案规定，基本上所有针对债务人的债务和债权都可以得到补偿或消除，让债务人有一个真正的"新开始"。
- 法案规定，免除证券法中对债权人证券的某些规定，被免除的这些规定会使证券在许多情况下难以转售，从而大大增加了风险，降低了回报。

在程序上，《1978年法案》为谈判和批准重组计划（简称为计划）建立了一个更有效的框架。简化后的《破产法》第11章提出，公司和一个由无担保债权人组成的官方委员会就拟议的计划进行谈判，然后由债权人投票决定是否接受该计划中有关处理方案的提议。这与之前的做法形成了鲜明对比，多数情况下，债权人只能对受托人制订的计划提出建议，而美国证券交易委员会（SEC）在批准过程中发挥重要作用。总的来说，《1978年法案》代表了美国破产程序的一个巨大进步。

不良投资市场上的另一个演变是迈克尔·米尔肯和其公司德崇证券（Drexel Burnham Lambert）扩大垃圾债券融资。在米尔肯之前，为不良资产投资者提供的唯一低于投资级的债务来自"堕落天使"（即在艰难时期跌落并被降至BBB/Baa以下的投资级公司），并且这种情况还相当罕见。20世纪80年代中期，米尔肯发展了高收益债券市场，债券发行大幅增长。如图7.1所示，从1980年到1990年，市场增长了十倍，从不足200亿美元达到2000多亿美元。

由于垃圾债券的风险更高，公司违约率开始上升。奥尔特曼和霍奇的记录显示，债券违约从1980年结束的10年间的14亿美元增加到1990年结束的10年间的433亿美元。随着违约率上升，专业投资者发现了购买陷入财务困境的公司债券的机会。最初的投资者通常是保险公司和养老金计划，他们对于公司的重组过程几乎没有经验，经常担心因债券发行者申请破产而导致他们损失掉自身全部投资。因此，尽管债券价格较最初的本金大幅降低，但当原始买方了解到，他们可以通过出售债券来降低风险时，他们往往会果断进行抛售。最初，这些不良债务的买家是规模相对较小的对冲基金。他们的基本策略是识别估值过低的债券，然后希望出现一些推动因素使债券价值上升后退出。他们能够识别错误估值，并理解解决的流程，从而能够预测会促进证券升值的事件。一般来说，买家进行投资的目的不是拥有或控制陷入困境的公司，他们也不具备从根本上改善公司经济表现来创造价值的专业知识或资源。

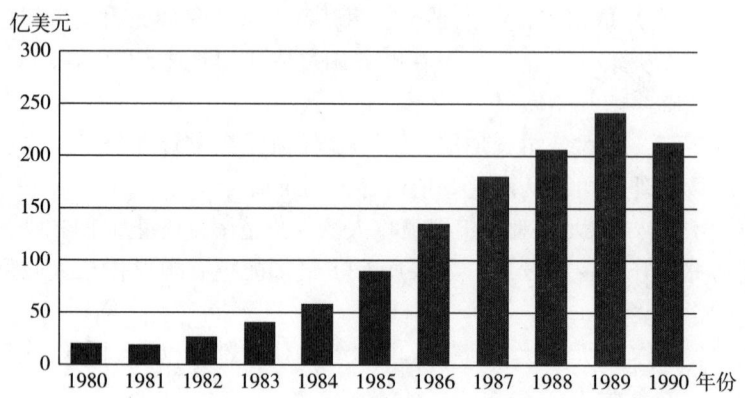

注：此图显示了1980年至1990年的高收益债券规模，数据源于瑞士信贷集团。

图7.1 早期高收益债券市场规模

随着时间推移，也出现了一些明显不适用于上述概括的例外情况。其中一个例子是由霍华德·马克斯创立的美国橡树资本管理公司。马克斯的"价值"战略与规模更小的前任公司类似，但橡树资本是首批能够筹集到更为长期稳定的PE类资本的公司之一。这允许橡树资本持有大量陷入困境的公司的非流动性头寸，其目的往往是影响重组进程。利用1990年的经济衰退，橡树资本在1988年、1990年和1991年这三年发行的不良资产基金平均净回报率为30%。然而，普瑞奇的数据显示，在图7.2中，20世纪90年代中期的不良投资回报率并不高，这主要是因为90年代是经济扩张时期，企业违约率相对较低。1998年到2002年，受到经济波动影响，这一情况也随之变化。在此期间，许多专注于不良投资的基金利用违约率不断上升的机会，获得了超过20%的回报。

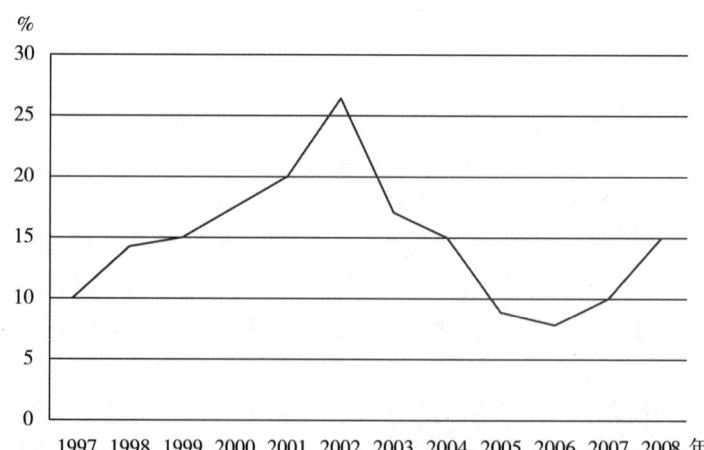

注：此图显示了1997年至2008年不良资产基金的累积IRR中值。2002年发行的基金累积回报率中值约为27%，而2006年发行的基金累积回报率不到10%。

图7.2 不良资产基金回报率中值

[资料来源：普瑞奇（2011）]

由图 7.2 可知，不同年份的基金回报率差异很大，通常在经济衰退期间表现最好。其基本原因是，估值在经济衰退期间下降，投资者变得谨慎并倾向于出售他们认为有风险的投资，这些出售允许不良资产投资者以诱人的估值收购资产。正如沃伦·巴菲特的名言："在别人贪婪的时候，我恐惧；当众人恐惧的时候，我贪婪"。让成功的不良资产管理公司脱颖而出的往往是他们的逆向勇气，也就是说，他们愿意在糟糕的市场环境下进行投资，因为他们意识到估值错误已经发生，从而更应该对这些错误加以利用。

持续且具吸引力的回报引起了机构投资者注意，他们开始将不良投资视为一种特定的资产类别或投资战略。此类资产的另一益处在于其反周期性，即在经济紧缩时期，当股票市场价值下降时，不良债务回报往往是最好的。凯雷和阿波罗等收购型私募股权公司注意到了这一点，它们认识到，发展专门的不良债务基金是一个潜在增长机遇。这开创了 PE 大量参与不良债务的时代。

不良投资基础简介

与 LBO 或激进投资不同，不良资产投资是一种相对较新的投资策略，简要解释不良资产投资者的投资过程及其创造投资价值的方式对读者而言会有所帮助。

首先，那些已演变成以不良投资为主导的基金，在结构上类似于收购 PE 基金。在有限合伙企业中，经理寻求投资的对象主要是大型机构投资者或资产净值较高的个人。经理作为普通合伙人（GP），将与有限合伙企业签订投资管理合同。合同规定，经理每年可获得一笔管理费，数额为承诺资本的 1.5% 至 2.0%，除最低投资回报外（最低回报率通常为 8%），经理还可参与分红（通常被称为"业绩报酬"或"附带权益"），分配比例为投资利润的 15% 至 20%。有限合伙公司的资本承诺是按经理投资速度所决定的时间间隔提取的。基金期限通常为 10 年，投资期限为 5 年。

不良投资与收购基金也存在一些实际差异。首先，典型的收购基金投资于被投资对象（目标）的股权（因此被定性为 PE），不良资产基金投资于目标的债务证券。2004 年以前，这类债券通常是目标公司的无担保"垃圾"债券。然而，随着杠杆贷款市场在过去 10 年的增长，越来越多的投资投向了目标企业的银团杠杆贷款，而银团杠杆贷款通常由目标企业的资产担保。投资折价债务证券往往会降低下跌风险，因为债务投资的回收率通常不会为零，而 LBO 的股权投资肯定会存在这种情况。投资债务工具的第二个影响是，基金在部分或全部投资期间能赚取利息收入。此外，由于这些工具是按面值折扣价购买的（以下简称"折扣价"），投资的当期收益可能相当可观。例如，以面值的 60% 购买的 10% 息票债券的当前收益率是 16.6%。然而，由于目标公司处于财务困境，在某个时间点违约和利息停止支付的风险仍然存在。

为了更了解其实际过程，经理注意到目标银行的贷款或债券（有时统称为"债务证券"）以较大的折扣进行交易，并分析了包括重组在内的其他方案的潜在回报。具有复杂且多层资本结构［例如，有担保的银行贷款、优先无抵押票据或次级无抵押票据］的大公司，可能会给不良资产投资者提供多种投资选择。

不良债务投资过程

假设两年前 TargetCo（目标公司）进行了 LBO。在这笔交易发生时，TargetCo 过去 12 个月的息税折旧摊销前利润（EBITDA）为 200 美元，而其可比企业的 EBITDA 为它的 7 倍，因此 LBO 价格为 1400 美元。该收购资金包括 400 美元的股本和 1000 美元的债务，详情见表 7.1。如今，美国经济正处于衰退之中，TargetCo 面临着更多来自针对企业的挑战，其 EBITDA 跌至 150 美元，且依旧呈下降趋势。此外，市场可比产品目前的 EBITDA 为其 6.0 倍至 6.5 倍。考虑到这些变化，假设 TargetCo 的债务证券以上市折扣交易，该价格可能是合理的，也有可能不合理，具体原因超出了本文的讨论范围。但有一点可以确定，即证券一般倾向于反映其抵押品和合同权利。莫尔、马丁对此进行了更全面的讨论。在这种情况下，银行贷款可能有足够的担保，因此持有者不愿以过高的价格出售。相反，鉴于 TargetCo 的当前价值最多可能为 975 美元（6.5×150 美元），其次级票据持有人可能担心 TargetCo 会破产，那么他们将无法收回投资。事实上，如果 EBITDA 进一步下降至 130 美元，若使用更为保守的 6.0 倍 EBITDA 估值标准，则 TargetCo 将只有 780 美元的隐含价值（6.0×130 美元）。此外，若考虑到 800 美元银行贷款和高级票据的优先地位，那么次级票据很可能无法回收。

表 7.1 TargetCo 公司债务资本结构

EBITDA 150						
息票	证券	数量（美元）	价格	息票收益率（%）	杠杆	杠杆市场
L + 3%	银行贷款	500	80	6.3	3.3x	2.7x
7.00%	高级票据	300	50	14.0	5.3x	3.7x
9.00%	次级票据	200	20	45.0	6.7x	3.9x
	总债务	1000				

注：数据来源于作者整理。

经过分析，一个不良资产投资者可能在 TargetCo 看到诸多机会。一个对前景非常悲观的投资者可能希望规避风险，故而投资银行贷款。如果银行贷款的期限只剩下三年，那么其预期回报率将在 13% 左右。然而，一个较为乐观的投资者认为有办法改善 TargetCo 的业绩，于是他可能得出这样的结论——以 TargetCo 目前的估值购买其控制权，则可以获得诱人的投资回报。简言之，要实现这一目标，策略之一就是积极购买优先或次级债券，然后设计出一种方法，根本上迫使 TargetCo 破产或进行其他重组。在这一重组过程中，投资者寻求将不良基金的优先票据和（或）次级票据转换（或交换）为控股权，从而将 TargetCo 的债务负担降低到只有银行贷款，以便提高其财务生存能力。如果重组是在破产协议的范围内进行的，新股本则被称为"重组后"股本。在获得控制权后，投资者将运用提高业绩与金融工程技能来提升 TargetCo 的价值，然后通过首次公开发行（IPO）或出售公司的方式退出。该方案本质上是典型的买断 PE

策略，不良资产投资者并非直接通过收购 TargetCo 的股权来获得控制权，而是间接地先通过投资于目标公司的债务证券，然后利用重组过程将债务转换为股权来获得控制权。

不管采取何种策略，不良资产投资者都需要灵活处理，因为投资过程有许多因素往往不在他们的控制范围之内。例如，由于相对较小的债券发行往往流动性较差，经理人可能会开始购买债券，但很快便推高市场价格，而经风险调整的投资回报将不再具有吸引力。正如 2009 年陷入困境的不良债务投资领域中的情况一样，最初为 LBO 提供资金的 PE 公司无论是在财务上还是其他方面都会积极参与，并有效阻止不良基金进行重组。虽然回报可能非常诱人，但不良资产投资是一个复杂、不稳定和高风险的过程。

私募股权公司的不良资产投资策略

PE 公司在不良资产领域使用了几种策略。有时基金只采用经理认可的最佳方式。但在其他情况下，基金采用多种策略。此外，还可能最开始时采用一种策略，但后来随着形势的发展将其与其他方法结合起来。这里探讨的四种主要策略：（1）控制不良投资；（2）自有贷款；（3）特殊情况基金；（4）扭亏为盈。

控制不良资产

控制不良资产是基金购买目标公司的现有债务的策略，目的是在投资过程结束或筹划过程中控制目标公司。该策略类似于敌意收购，只是 PE 公司并非为了购买目标公司的股票，而是通过发起要约收购以获得大部分股份，随后购买目标公司的债务证券，从而将债务证券转化为目标公司重组后的大量或可控股权。和股权敌意收购相比，不良资产基金寻求控制权的一个重要优势是，它们不需要向市场披露其债务证券的累积情况。获得控制权后，PE 公司运用其常规的战略性金融工程和流程改进技能，在退出前提高目标公司估值。

与其他不良资产投资策略相比，控制不良资产获得的投资资金更多，而且往往涉及的基金规模最大。该策略一部分由资金需求驱动。要控制目标公司，特别是针对大型公司，往往需要购买 1 亿美元以上面值的证券，这需要大量的投资资本。如果该基金打算保持投资相对多样化，它的规模通常必须超过 10 亿美元。然而，规模小但能控制不良资产的基金也可能存在。这种基金的目标通常是规模较小的中型企业，这种情况下，不需要那么多资金就能实施该策略。

前文提到，控制不良资产的管理者面临着挑战和风险。首先是积累足够数量的债务证券以获得控制权。这之所以具有挑战性，一是因为大多数债券发行的流动性天生就低于股票；二是因为可能有不止一家基金在追求同样的目标。上述原因经常导致不同基金相互竞争的局面，在这种情况下，经理只能通过抬高价格来尽可能多地积累不良债务。通常，如果两位经理的风格和目标一致，他们可能会进行非正式合作，并就共同策略达成一致方案。如果他们成功地迫使企业重组，两位经理可共同参与重组谈判和目标公司的重建。合伙制（或称俱乐部制）的另一个好处是，基金经理可通过降低单一投资的财务风险水平来降低风险。

积累证券过程中所面临的另一挑战是要明确哪些证券能获得重组后的股权。参照 TargetCo 的例子，如果经理假设潜在上行机会从而更多选择积累价格较低的次级票据，但是估值和 EBITDA 并没有下降，那么在随后的重组中，次级票据可能会一文不值。即使结果没那么严重，这些股权也可能在优先票据和次级票据之间进行分配，以至于投资者只持有少数股权。事实上，次级证券有时会作为非股权形式纳入考虑，因为以这样的方式回收不会冲淡更有控制权的高级别债权人的仓位。

最后，需要一些催化剂来推动重组的进行。陷入困境的公司中管理层和股权所有者往往出于某些动机想尽可能拖延重组。股权持有人意识到，如果重组是在公司经营业绩最差的时候完成——无论是由于经济状况疲弱，还是由于公司自身问题——那么这些股权可能会与资金脱离，从而将股权转移给不良资产投资者。当然，不良资产投资者会将此视为进行重组的最佳时机。对于不良资产投资者来说，要想迫使重组顺利进行，他们需要某种谈判筹码，比如债券或贷款违约，这将赋予他们加速债务进程的权利。因此，对不良资产投资者而言，要着重考虑的战略问题是，何时以何种方式才能够影响目标公司的行为。

自有贷款

"自有贷款"是最近出现的一种不良资产投资策略，指不良资产投资者有意持有目标资产。然而，不良资产基金没有购买现有债务证券，而是向目标企业发放了一笔新贷款，通常伴随着昂贵繁重的条款。要想吸引目标公司参与这笔交易，除必须让其陷入严重的困境外别无选择。

回到 TargetCo 的例子，假设业务继续恶化，以至于 TargetCo 没有现金继续运营。TargetCo 很可能已经违反了其银行贷款的约定，使得贷款人感到紧张，不愿再发放更多贷款。虽然通常情况下，违约免责条款在公司业绩下跌早期阶段就被搁置，但债权人实际上保留了宣布违约的权利，而违约的结果便是破产。PE 投资人现在已经处于价外状态了，因此在他们看来任何更多的投资都是在砸钱。本例中不良资产基金经理（假定没有购买任何票据）可能会向 TargetCo 提出以下建议。它为 TargetCo 提供一笔新的担保贷款，利率为 15%，金额为 550 美元。其中 500 美元将用于偿还现有的银行贷款（这是新贷款拥有第一顺位抵押权的必要条件），另外 50 美元可用于拯救企业。这类贷款有时被称为救援贷款。

TargetCo 及其 PE 赞助商接受了这笔贷款，并以此为他们挽救业务的最后一搏。如果管理层能够扭转局面，他们将以更合理的价格尽早为救援贷款提供再融资。在这种情况下，不良资产管理公司无法获得控制权，但却能以相对较少的付出获得 15% 或更高的回报。然而，如果公司业务没有充分恢复，则有可能违反救援贷款条款（例如利息覆盖或杠杆契约），此时不良资产管理公司将有权实施强制重组。此外，在这种情况下，不良资产管理公司辩称，TargetCo 的价值要低得多，优先票据和次级票据都没有实际价值，应与先前的股权一起被抹去。即使需要向其他债权人提供一些回报，不良投资基金经理也很可能最终获得公司的控制权，并启动增值过程，以期在之后退出时获得可观的收益。

特殊情况基金

除不良债务之外，该策略可在许多情况下使用，如股票和房地产领域。即便是在不良投资领域内，那些自称为特殊情况基金的基金也会从事广泛的投资。例如，一只基金很少自称为"自有贷款"。然而，许多特殊情况基金将把"救援型"贷款列为它们为投资者确定的"特殊情况"。

为了便于讨论，"特殊情况基金"一词类似于在股权领域中，在合并套利的情况下的"事件驱动"策略。该策略的本质在于识别那些因为除对发行人潜在价值的误解之外的其他原因而被错误估值的证券，并说明将来会让证券估值合理化的事件，即"催化剂"。这种策略与"控制不良资产"和"自有贷款"的区别在于，不良投资基金经理没有试图获得重组后的股权。相反，该策略是通过购买估值错误的证券获利，即等待或促使催化剂出现，然后获利退出投资。

通常情况下这种投资技术性很强，否则市场上普通的投资者都能发现估值错误，并将价格推高至公允价值。回到 TargetCo 的例子，通过尽职调查，不良资产投资者发现与抵押品质押相关的法律文件中存在一个错误，从而得出结论，银行贷款实际上是无担保的。投资者可投资于高级票据，因为当重组事件（催化剂）发生时，无担保债权人将对留置权的有效性提出质疑，同时一旦银行放款人被证明无权优先追偿，高级票据的价值就会增加。换句话说，银行贷款和优先票据是同等的。

在与信贷有关的情况下，由于另一方对既定利益存在较大争议，特殊情况基金的投资者往往需要通过破产法院或者法院外的机构来提起诉讼。本例中，银行贷方肯定会以各种理由，坚持其留置权的有效性。最近发生了几起相当引人注目的特殊情况基金提起诉讼的投资案例。例如，在雷曼兄弟破产事件中，约翰·保尔森和其他投资者购买了雷曼兄弟资本结构内的某些债券，并主张采用"实质性合并"这种相对模糊的法律原则。简言之，该主张认为雷曼兄弟内部的各个子公司应进行合并，所有债权人应从同一个资金池中获得债权的赔付。按照这种方式，保尔森的债券中与"较弱"子公司相关的部分将得以分享"较强"子公司的资产从而受益。当然，实力较强的次级债权人认为对于不同子公司分别对待更为合适。保尔森团队最终取得了胜利，据报道，他们以面值的 7.5% 低价购买的债券，在重组的最终计划中获得了面值 24% 的收益。

扭亏为盈

扭亏为盈是另一个广泛应用的投资策略。有人认为这是一种十分简单的策略，即找出一家陷入困境的公司，并在预期其业务将"好转"、股价将上涨的情况下买入。正如在不良资产投资时使用的策略一样，这一过程更类似于典型的 PE 投资，因为扭亏为盈者先确定了不良投资目标，其后提出对新股本进行直接投资，以提振财务状况，并再给公司一次机会。

当然，这一投资要约通常对公司的估值非常低，因此股权注入会大大稀释现有股东的权益，就算没有拥有控制权，扭亏为盈者也会因此拥有巨大的影响力。此类投资基金并非依赖金融工程工具,而是将战略和改善运营的措施视为核心竞争力,并依赖于此而实现成功投资。扭亏为盈的典型目标往往是小型或中型市场的私人企业,在这些企业中,基金专业人士可以很容易地实施业务调整。

由于 TargetCo 杠杆率很高,因此不太可能成为扭亏为盈者的投资对象。如果 TargetCo 业务改善不足以使其偿还债务,那么该公司很容易就会失去其新股权投资。此外,扭亏为盈者会认为,业务改善带来的大部分"增值"的最终受益者是信贷机构而非基金的股权投资者。

虽然大多数电视和电影对投资过程的描述都是虚构的,但莱蒙尼斯的系列真人秀节目《利润》总体上描述了机构投资者的运作过程。在节目中,莱蒙尼斯指出,由于所有者管理不善,许多包括宠物美容店或酒吧在内的小型企业正在苦苦挣扎。在分析公司业务之后,莱蒙尼斯向所有者提议收购其大量股权,并将资本投资于业务而不是由所有者持有。莱蒙尼斯将负责运营周转。

在机构转型投资的背景下,公司和相应的投资规模更大,投资的相关手续在法律上也更严格,但其大体过程是相似的。由于这些公司规模更大,经营问题也更复杂,因此需要预先进行尽职调查,以便彻底了解相关的经营、营销和战略挑战。在完成尽职调查后,公司将评估该项投资需要多少时间和资本,来决定是否进行投资。此过程与之前讨论的策略大有不同,因为管理层为了获得资金会与扭亏为盈投资者进行充分合作。双方将进行谈判,以确定企业的"价值"以及扭亏为盈投资者将获得的股权比例。投资协议还包括一些条款,旨在让基金能够影响退出过程,使其能够将投资货币化,并将资本返还给 LPs。

不良资产私募股权投资市场的现状

自科技泡沫破裂以来,不良资产私募基金迅速发展,机构投资者开始将其视为一种可投资、可区分且反周期的资产类别。如图 7.3 所示,在 2007 年和 2008 年(2009 年金融崩溃之前),不良资产基金筹集了 860 亿美元,金额超过了前十年的总和。

融资成功反映出机构投资者越来越相信,不良资产私募基金经理精心策划的"推销"将带来大量不良投资机会。认为潜在投资机会具有吸引力这一观点,其核心是基于信贷市场经历信贷承销周期的观点。低违约率加上分配给信贷市场的资本扩张导致承销标准下降,从而导致整体信用风险增加。当这种周期结束时,违约率通常会大幅上升,从而导致信贷风险息差扩大,信贷可用性下降。这种连锁效应往往会创造大量不良投资机会。奥基夫对这一现象进行了详细的分析。

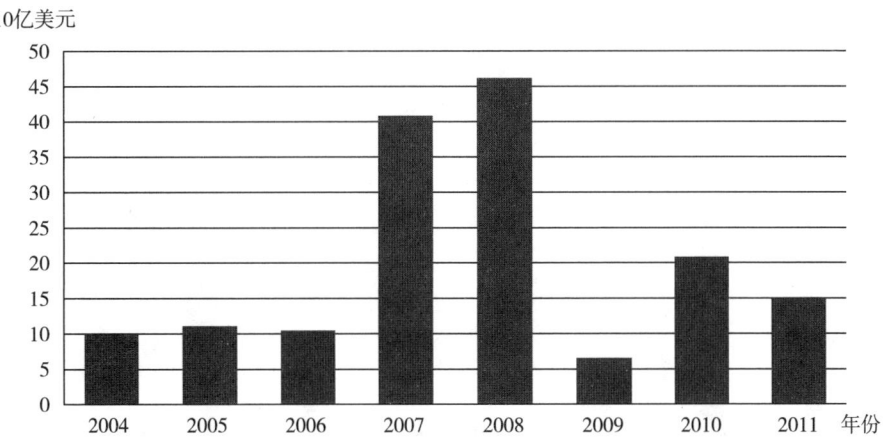

注：此图数据显示了不良资产PE基金在2004年至2011年间筹集的资金总额。

图7.3 北美不良PE基金

[资料来源：普瑞奇（2011）]

图7.4显示了1995年至2009年北美公司每年的合并和收购（并购案）交易总值（10亿美元）。在此期间，有两个明显的周期。首先，并购交易额从1995年到2000年一直是增长，然后降至2003年的低点。接下来，房价在2004年开始上涨，在2007年见顶，然后开始下跌。

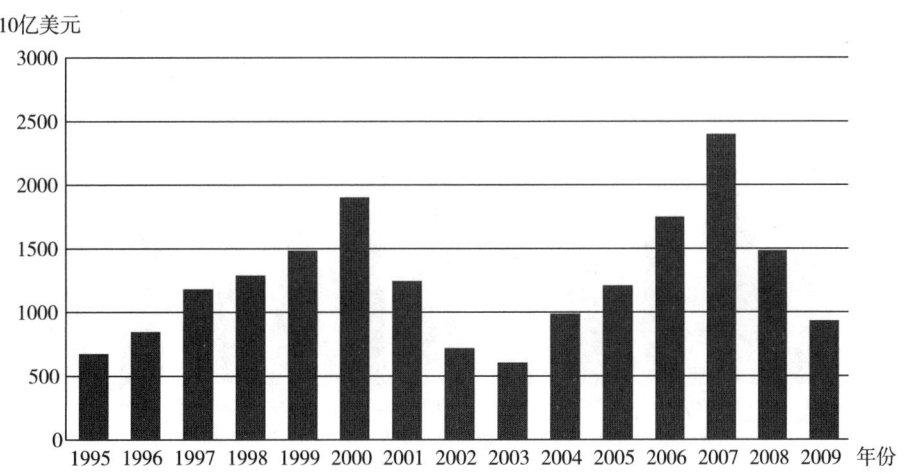

注：此图显示了1995年至2009年北美公司并购交易额总额，数据来自彭博社。

图7.4 1995年至2009年并购交易额

在2000年和2007年，收购不良资产市场的所有先决条件都已具备。如图7.5所示，LBO活动的大幅增加是通过扩大发行B级或较低债务证券来获得融资的。

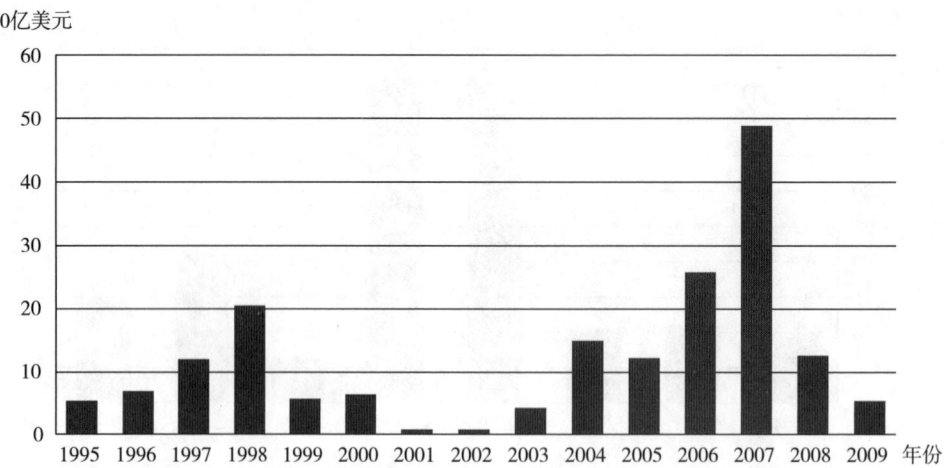

注：此图显示了1995年至2009年期间B级或B级以下债券的总发行额（不包括再融资）。

图7.5　1995年至2009年低评级高收益债券发行

[资料来源：摩根（2013）]

随着信贷市场活动扩大，信贷市场整体风险也在增加。图7.5显示了信用评级较低的债券的发行增长，图7.6显示了LBO交易中使用的较高债务倍数。简单地说，收购经理们为公司支付了更高的价格，并用高风险债务证券为他们的收购活动提供了更多融资。

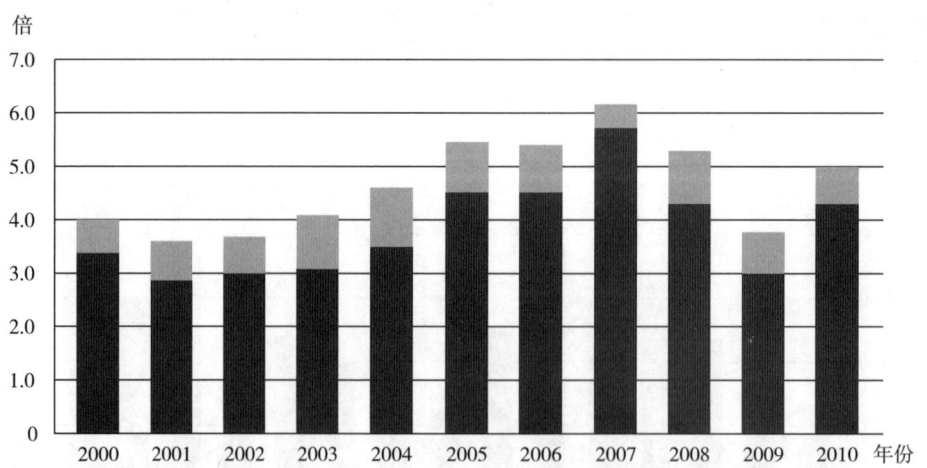

注：此图显示了2000年至2010年LBO交易中使用的平均债务倍数。条柱显示了优先和次级债务之间的债务组成（深灰色：优先债务；浅灰色：次级债务）。

图7.6　收购债务倍数

[资料来源：贝恩（2012）]

但这种趋势并不能无限期地持续下去。图7.7分别记录了在2000年和2009年开始急剧上升的违约率。值得注意的是，2000年至2002年期间违约周期延长，反映出一个更长的且违约周期在2001年科技泡沫破裂时达到顶峰的衰退环境。相比之下，2009年违约率的大幅上升可以归因于雷曼兄弟突然破产对资本市场造成的冲击。

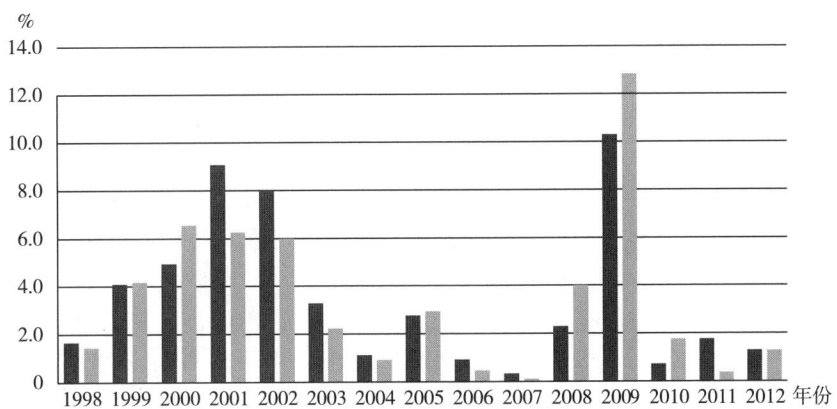

注：此图显示了1998年至2012年间，每年发生的高收益（HY）债券违约率和杠杆贷款违约率（Lev），并以此比率作为未偿付本金总额的百分比（深灰色：高收益债券违约率；浅灰色：杠杆贷款违约率）。

图7.7 杠杆融资违约率

［资料来源：摩根（2014）］

如图7.2所示，高违约期创造了绝佳的不良资产投资环境，从而基金能够配置大量资本并实现可观的回报。然而，如图7.3所示，2007年至2008年期间，不良资产基金的资本扩张规模如此之大，以至于即便是2009年金融危机后强劲的投资环境也无法吸收所有资本供应。截至2013年，当违约率降至平均水平之下时，340亿美元的承诺资本（即"干粉"）仍然存在于不良资产PE基金中，这些基金正在寻找越来越少的投资机会，至少在美国情况如此。

不良投资的地域扩张

由于投资不良资产回报潜力高，投资者们在美国的竞争也变得愈加激烈，一些投资者开始转向其他市场寻找不良投资机会。基金经理们很快发现，除了邻近的加拿大，资本市场发达的欧洲是另一个巨大的潜在市场，如德瓦研究显示，欧洲LBOs市场在21世纪前十年强劲发展，如图7.8所示。

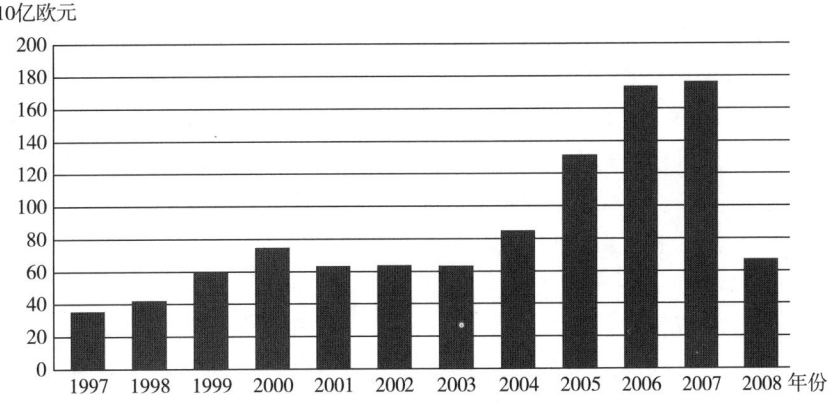

注：此图显示了1997年至2008年间，欧洲每年完成的LBOs交易总额。

图7.8 欧洲杠杆收购交易额

［资料来源：德瓦（2010）］

如前所述，成功的不良资产投资需要适当的法律环境。在这方面，一些人认为欧洲在 21 世纪初期之前是不良资产投资者的雷区。一个主要原因是，欧洲没有统一的平台来完成重组，如果目标公司在多个主权司法管辖区开展业务，情况则更为棘手。这种情况下，投资者面临着必须在不同法律框架及不同平台下管理多个法律行为的风险。这本身对投资者而言就是一大障碍。即使目标公司主要在一个国家开展业务，有关债权的法律也可能从有利于债权人而转变为有利于债务人。并且，就算债权人的权利得到充分尊重，也并不能保证建设性解决方案的提出。

例如，在德国，如果一家公司的董事会认定该公司资不抵债，那么董事会有法律义务立即申请破产，否则董事会成员自身可能就要承担责任。该条款倾向于限制公司在破产程序前与债权人谈判。一旦申请成功，有担保债权人通常可立即行使留置权，从而使得清算迅速展开。虽然这一结果对于有担保债权人来说或许可以接受，但由于公司的"持续经营"价值可能会大幅缩水，对于无担保的金融债权人来说，这通常不会带来什么好处。

最后，对政府在保护当地公司和当地就业方面所起的作用，欧洲文化与美国文化迥然不同。因此不良资产投资者必须权衡这种风险，即使投资者设法获得一家持续经营企业的控制权，它也可能无法重组目标公司运营结构来实现其潜在价值最大化。

结构性问题也加大了投资难度。在欧洲，银行在资本市场上扮演着更为核心的角色。相比于债券资本市场，通过银行所进行的融资比例要高得多。直到最近，欧洲银行保留了其资产负债表上所承销贷款的很大一部分，这限制了这些证券的二级市场发展。相比之下，美国银行通常以银团形式承销贷款，为不良资产投资者提供一个流动性更强的市场，使他们能够积累头寸。欧洲各银行常常推迟为不良贷款拨备巨额损失准备金，这使购买欧洲贷款利息的问题更为复杂。因此，以现有折扣出售资产，实际上会导致资本大幅增加，从而抑制欧洲不良债务的流动性。国家层面上，监管条例也限制了可以购买不良债务的实体类型，因而传统结构的不良资产 PE 基金通常会遭到禁止。

自 21 世纪以来，几项重大进展改善了欧洲不良资产投资的环境。其一，欧盟委员会通过了一项重要的法律规定，即根据公司的"主要利益中心"确定重组程序的适用平台。该规定指导了市场参与者选择适当的重组平台。然而，其影响远不止于此。通过一些计划和组织上的改变，公司可以将 COMI 从一个管辖范围转移到另一个管辖范围。这实际上允许了择地起诉，也就意味着在某些情况下，债务人可以挑选法院，择地行诉，转移到最有利的司法管辖区进行重组。因此，英国因其友好的重组法律制度，很快成为最佳管辖地选择。其二，在结构方面，随着当地贷款抵押债券市场的扩大，促进了欧洲贷款联合业务的广泛开展，银行也大幅改善了资本条件，使得以适当折扣出售贷款变得更加可行。

综上所述，在投资领域其他变革发生的同时，欧洲企业不良资产投资也实现了较大的发展。不良基金，以欧洲为目的地，筹集了大量资本。虽然这些基金中有几只由欧洲基金管理公司管理，但大多数由美国公司控制。美国基金经理已大举进入欧洲市场，以分散其对美国信贷周期的依赖。

收购私募股权投资公司不断进攻

如果不讨论杠杆收购（LBO）保荐人作为潜在的重要参与者在不良投资市场上的演变，那么对PE参与不良投资的描述将是不完整的。在TargetCo的例子中，不良PE基金就像一只思考着如何解剖一具无助尸体的秃鹰，盘旋在这家受了致命伤的公司上空。尸体或许是个恰当的比喻，但越来越多陷入困境的目标公司并非束手无策。

不良资产投资并非对所有参与者都是一场双赢游戏，有赢家，也有输家。一方面，不良资产公司试图控制目标公司；另一方面，收购PE公司却想保留对目标公司的控制权，同时又不失去对目标公司的原始投资。特别是在2009年，许多PE收购公司积极采取不同措施，对不良资产投资者获得目标控制权的做法发起反击。有时，PE收购公司会重新设计融资工具条款——如开发实物支付票据（PIK）或权益补救条款——以限制或推迟不良投资者违约的可能，从而增加风险或者降低预期回报。

除此之外还可采取金融工程策略，如强制交换要约。在交换要约过程中，PE收购公司用一种债券交换另一种债券，或一套预期价值大于所交换债券的证券，从而吸引参与者自愿选择交换。在强制交换要约中，若最初持有者不参与，其处境可能会变得更糟，因此实质上是强迫参与的过程。其典型操作机制如下：陷入困境的公司发行新的第二留置权债券，并用这些有担保债券与现有持有者交换，但这些债券的面值往往比无担保债券低很多。例如，2009年，哈乐斯娱乐公司有总计超过10亿美元的短期债券即将到期。该公司向2013年到期的高级票据持有者提出以面值50%的价格兑换新的第二留置权票据。持股人会"接受"该价格的原因在于哈乐斯娱乐公司的破产面临重大风险，与现有无担保优先票据相比，第二留置权债券在追偿权方面处于优先地位。但还有一个潜在威胁，如果持有者"坚持"不换，而哈拉斯娱乐公司随后申请破产，那么在第二张留置权票据获得全额追偿后，无担保票据的追偿可能是最低限度的。强制交换要约对保荐人来说是个非常有力的工具，能让保荐人大幅削减债务本金要求，从本质上增加了保荐人股本头寸的价值。

杠杆收购保荐人或其附属机构会与不良资产投资者展开竞争，以相当低的价格购买不良资产公司的债券。这些购买背后有多种理由。首先，如果保荐人随后向公司提供了这些票据，在这些票据被注销后，保荐人的股本价值就会增加。票据注销也有效地降低了杠杆率，这可能避免违背给予不良资产投资者谈判权力的契约。其次，保荐人的购买行为从本质上阻止了不良资产为投资者购买相同的债券，这增加了不良资产投资者树立潜在支配地位或控制地位的难度。最后，对保荐人而言，最坏的情况是，目标公司不得不进行重组，而保荐人的股权头寸被抹去，其不良债务头寸可能会让其有办法保留一部分股权，并试图弥补早些时候的部分损失。

LBOs的一个主要好处是降低了代理成本。早期不良资产投资者之所以要公开持有"堕落天使"，是因为他们攻击的目标是无法组织起来保护其利益的股票类型公司。如今的游戏格局已发生了根本性变化，经验丰富、财力雄厚的PE收购公司试图创建和控制重组，从而向不良资产PE公司发起挑战。

不良私募股权投资前景

随着市场的成熟，定价会变得越来越有效，这增加了寻找风险调整过的正回报的难度。PE公司或其他公司的不良债务投资正进入这一演变阶段，尤其是在美国。在1990年的周期中，不良资产投资还处于起步阶段。在2000年周期，1990年周期时的状况已经变成了人们的回忆，但由于投资者缺乏经验和专用资本相对较少，市场仍处于相对低效状态。自2009年经济衰退以来，不良资产投资已经成熟。目前，承诺资本中累计待投现金数量远远多于投资机会。这些资本由数百名经验丰富的分析师组成的数十只专门基金所持有。尽管一些债券或贷款交易时的折价幅度并不大，但这些分析师还是对其中每一只的前景进行了仔细研究。这种关注力度和审查水平提高了定价效率，并加大了赚取盈余回报的难度。即便违约率的上升提供了更多不良投资机会，这种难度也可能进一步上升。

除了短期供需技术之外，中期环境似乎也颇具挑战性。自美联储2008年开始实施量化宽松政策以来，美国的利率一直处于历史低位，在此期间，越来越多的企业能够以相对较低的利率为其债务资本结构再融资。例如，据彭博社报道，2014年第一季度发行的CCC级债券的平均票面利率接近8.50%，与2004年同期相比低了近50%。此外，2017年前到期的投资级以下债券债务总额还不到所有此类未偿债务的75%。换句话说，内部现金流的利息支出负担较低，再融资风险敞口也较低。这些统计数据体现出高收益公司的债务资本结构负担达到了其历史上的最低水平。尽管近期油价下跌等基础市场发展可能对某些行业构成压力，但违约率仍可能在一段时间内保持在低位。

虽然美国市场效率较高，但欧洲市场和许多新兴经济体市场却并非如此。这些国家需进一步改革法律结构，以促进不良投资发展。这些新市场的发展可能为不良资产投资带来长达数十年的投资机会。

第三部分
私募股权的运作方式

第八章 私募股权的估值

引言

与其他投资类似,私募股权(PE)的买方应实际估计资产的价值,说服卖方同意一个有关该资产的不过分溢价的公平价格,并制订退资计划。本章重点关注 PE 估值问题,并为生成价值估计提供了清晰的蓝图。评估资产所需的是:(1) 了解资产的现金流轨迹;(2) 了解现金流的风险;(3) 了解收购方的资本成本。正确组合上述部分能使分析师更好地估值。资产的实际未来价值是未知的,这使得"估值"至关重要。由于不准确的现金流量预测、未了解资产的风险、宏观经济因素以及对公司资本成本的错误识别等多种因素,购买前的估值可能出现错误。

估值现金流已被广泛应用,但这并不是金融分析师评估 PE 目标的唯一方法。其他一些估值方法包括使用 EBITDA 倍数,即扣除利息和税前的收益加上折旧和摊销;或针对每个客户的某种价值衡量标准,如购买经纪业务时每个活跃账户交易的美元。历史数据的有限、新技术或产品市场的出现以及处理汇总或合并战略所带来的优势的不确定,使得产生合理准确的年度现金流量预测十分困难,在这种情况下,替代方法是有价值的。标准估值指南基于之前的交易,被普遍接受。例如,一些 PE 公司对其支付的最高金额设定了限制,如 EBITDA 的六倍。这些倍数使得退出策略的定义更加简单。在此示例中,可能计划是以 EBITDA 倍数的八倍退出。

现金流量计算

公司通过运营、投资和融资活动产生现金。现金流量的结构性分类是传统的,反映在现金流量表中,即会计师汇总流入和流出的现金流量。虽然一些金融分析师使用"净现金流",即现金流量表的期末价值,但大多数人使用更具体的现金流量指标。不用净现金流的一个原因是计算股权现金流和整个企业现金流很复杂。股权与企业现金流量之间的差异在于,前者只影响股东可获得的资金,而后者决定债务和股权可获得的现金流。由于 PE 公司通常购买整个企业,了解股权和企业现金流之间的差异在 PE 背景下尤为重要。

估值中的困难来自净收益,其由收入扣除债务利息后确定。如此调整是因为利息支付不是股权现金流的一部分,但它需要反映在企业现金流中。因此,在确定企业现金流量时,必须将扣除税金(利息支付是可扣除费用)的利息支出净额返还给现金流量。分析师不利用现金流量表来获取现金流量信息的第二个原因是资本支出,其需要在计算

"自由现金流"的过程中扣除，而它不属于报表的经营部分。相反，它们在现金流量表中属于投资类别。

最为人熟知但所提供的有用信息最少的现金流量指标为简单现金流量，如公式 8.1 所示。它结合了净收益加上折扣和摊销，通常被称为 Net Income 和非现金费用之和。SCF 是一种股权现金流量指标。与使用简单的净收益相比，SCF 是一个巨大的进步，因为它降低所需开支时无须降低公司现金仓位。由于其简单性，SCF 或许成了最常用的现金流量指标：

$$\text{简单现金流} = \text{净收益} + \text{折旧和摊销} \tag{8.1}$$

与企业整体简单现金流相对的概念是税后净营业利润。与 SCF 一样，NOPAT 的计算从净收益开始，但随后将扣除过税盾的利息支付额重新计入其中。例如，在税率为 40% 的情况下，从收入中扣除 1.00 美元的利息可以减少 0.40 美元的税收。因此，在这个例子中为计算 NOPAT 而返回到净利润中的金额并不是 1.00 美元的全额利息，因为 0.40 美元反映出的仅是较低的税收。无杠杆净收入（Unlevered Net Income, UNI）是将利息支付净额（扣除税收保护）加到净收益中产生的，如公式 8.2 所示：

$$\text{UNI} = \text{净收益} + (1 - \text{税率}) \times (\text{净利息支出}) \tag{8.2}$$

UNI 代表的是在无须承担利息义务的情况下公司所报告的净收益。也就是说，UNI 确定了股权和债务持有人的总回报，并且是一个比净收益更完整的概念。接着，UNI 中添加了递延税金的变化，得到的和等于 NOPAT，如公式 8.3 所示。公司的资产负债表中显示的递延税金被当作长期负债。由于财务报告上的折旧金额与税务报表中金额之间的差异，公司向股东提供的损益表报告了一些公司在当期实际未缴纳的税款，递延税金就是由此产生。NOPAT 等于 UNI 加上递延税金：

$$\text{NOPAT} = \text{UNI} + \Delta \text{递延税金} \tag{8.3}$$

其中，Δ 表示两个时间段之间的值的变化。

通过这些现金流量公式，引出了现金流量表中的经营活动现金流量（OACF）的概念。OACF 是简单现金流（SCF）和自由现金流（FCF）概念的延伸，而 FCF 是 NOPAT 的复杂版本。每一层复杂性都包括额外的现金流。为了得到 OACF，净流动资金（NWC）的数值可以通过 SCF 算出，如公式 8.4 所示：

$$\text{活动现金流} = \text{简单现金流} - \Delta \text{净流动资金} \tag{8.4}$$

即：$\text{OACF} = \text{SCF} - \Delta \text{NWC}$

FCF 从 NOPAT 开始计算，在其基础上增加折旧并减去资本支出（CAPEX）和 NWC 得到，如公式 8.5 所示：

$$\text{自由现金流} = \text{税后净营业利润} + \text{折旧} - \text{资本支出} - \Delta \text{净流动资金} \tag{8.5}$$

即：$\text{Free Cash Flow} = \text{NOPAT} + \text{Depreciation} - \text{CAPEX} - \Delta \text{NWC}$

在 PE 领域，FCF 通常是金融分析师用来衡量公司价值的关键现金流量指标。FCF 是一个衡量公司整体的指标。与基于股权的复杂现金流量指标 OACF 不同，FCF 包括净利息支付、资本支出和递延税金的变动对现金流量的影响，每一个因素都是重要的额外现金流元素，这解释了除特殊情况外，为什么 PE 公司往往倾向于不依赖 OACF。如果分析师需要在 SCF 和 NOPAT 之间进行选择，后者与 PE 公司的相关性更高。表 8.1 列出了各种现金流指标之间的关系。

因为他们正在收购整个企业，所以 PE 公司通常希望采用公司总现金流量衡量标准。财务分析师可以通过检查表 8.1 中的每个部分来决定是选择简单还是复杂的整体公司现金流量指标。

表 8.1 四大现金流的组成部分

组成部分	简单权益 SCF	复杂权益 OACF	简单整体 NOPAT	复杂整体 FCF
净收益	■	■	■	■
折旧	■	■		■
净利息减去税收			■	■
资本性支出				■
Δ递延税金			■	■
Δ应收账款		■		■
Δ存货		■		■
Δ预付费用		■		■
Δ应付账款		■		■

注：■表示包含的项目。分析师通常更喜欢复杂的计算，但在某些情况下，例如科技型初创企业，简单的方法就足够了，因为这些公司可能主要是股权融资、运营资本有限。然而，由于确定复杂现金流所需的财务信息不足，分析师可能会选择计算这些新成立公司的简单现金流量。

使用现金流量估值

与定价或估值往往基于有偏见的预期的股票市场不同，PE 公司根据未来现金流的情况来估计公司的价值，在收购前后对公司的前景进行严格和合理的评估。它们（PE 公司）通常会通过制定各种增加收入和降低成本的策略，将其如何改变未来现金流的估计纳入其计算中。这与试图拯救陷入困境公司的扭亏为盈公司类似，只是 PE 公司希望自己从扭亏为盈所做的努力中获得回报。

估值工作的第一步是制定详细分析的电子表格，以反映公司的损益和资产负债。从这些表格中，分析师可以估计未来的现金流量。这一阶段是 PE 公司之间差异的体现，因为每个公司的财务建模技能水平不同，对公司的增长率、成本结构和控制营运资金需求的效率都有不同的假设。另一个差异涉及低估和高估未来现金流量的预计成本。因为合作伙伴将直接承担损失，所以 PE 公司合作伙伴投入的资金越多，估计未来现金流量的预期成本就越高。对于一家只使用他人资金进行交易的 PE 公司来说，由于交易的价格将被低估，其未来现金流的成本将会上升。

为目标公司估值的下一步是确定投资的杠杆水平。更高的杠杆率导致更高的利息支付，从而减少股东可获得的净收益和可用现金流。由于过度负债是导致破产的因素之一，所以杠杆率也会增加投资风险。然而，更高的杠杆率增加了 PE 公司可获得的股本回报率（ROE）。假设理想的杠杆率所涉及的权衡并不是微妙的，而与贪婪和恐惧有关。贪婪推动私募股权公司使用更高的杠杆率,而恐惧抑制了这种冲动并使杠杆率保持在一个较低水平。

最后一步是决定投资的多少。虽然投资的价格通常是基于对投资现值的估计,但分析师应考虑其他因素,如在任何一项资产中,PE 基金的规模、期望持有基金的投资数量,以及合约规定的可投资基金比例等。

1946 年乔治·多里亚特成立美国研究与开发公司(美国最早的 PE 公司之一)时,几乎没有竞争,因此 PE 公司可以对资产进行安全、低价的竞标。但现在,情况已变。私募股权成长资本委员会报告称,美国目前有 2800 家 PE 公司。因此,资产价值的上涨降低了潜在买家的可能回报。由于这个原因,PE 公司需要采取转型或更新策略,以便从资产中获得比不进行收购时更高的回报。

这三个步骤构成了 PE 评估过程的核心:(1)分析建模;(2)杠杆优化;(3)定价。在某种程度上,这个过程更像是一门艺术,而不是一门科学,但 PE 投资成功的关键要素包括对目标公司所在行业的了解以及之前整合的三个步骤。通过前两个步骤的结合,即分析建模和杠杆优化,PE 公司建立了对目标公司投资现值的估计。将此与 PE 公司愿意支付的价格进行比较,可以估算出投资的收益率。或 PE 公司可以根据对投资现值的估计,采用最低预期值作为估算时的回报率,来进行其价格估算。也就是说,如果 PE 公司认为该投资的现值为 1 亿美元并希望获得 25% 的投资,那么该公司将为目标公司出价不高于 8000 万美元。

贴现现金流量估值

分析建模是指开发一个综合电子表格来提供有关目标公司未来收入、成本、资产和负债的详细信息。由于许多 PE 买家可能正在与目标公司进行讨论并签署了保密协议,他们通常会从了解目标公司的内部预测开始。PE 买家不依赖于目标公司的预测,而是将其作为自己分析的起点。从目标公司自身的电子表格开始的主要优势是它们包含了 PE 公司可能会遗漏的详细信息,如产品及收入和成本的详细信息、预期成本和新收入的日期,以及合同付款或法院判决等异常支出情况。

出于很多原因,PE 买方可能不同意目标公司的预测假设。因此,PE 公司创建了自己专有的一套预测方法。此预测的基本假设涉及市场份额和相关的收入增长率,长期合同终止时或预期的市场力量、可变利率和基于税收保护、使用决策和折旧费用差异的税收支付而引起的成本增加。

DCF 方法是最著名的财务公式,是由现值计算定义的。财务分析师可以使用该公式来评估简单项目、目标公司或任何确定的收入流。PE 公司是最有可能使用自由现金流量作为现金流量指标的公司,但如果它们喜欢不同的现金流量指标,可以用它替代 FCF 的公式。如公式 8.6 所示,DCF 公式使用适当的折现率将未来现金流量折回到现在:

$$\boxed{现值} = \sum_{t=1}^{n} \frac{FCF_t}{(1+r)^t} \qquad (8.6)$$

FCF = 特定年份的自由现金流量;t = 时间段;n = 详细预测的终端或去年;r = 贴现率。现值公式将年现金流量值简化为一个数字,即整个现金流量的现值。

在 PE 公司编制的详细预测中包含的年数没有固定规则,对未来五年的详细预测可能是最低要求。一些分析师尽可能地将详细预测的时间跨度延伸。重要的是预测跨越不同周期的时间范围、产品、资本设备和合同。例如，假设目标公司今年购买了数千个销售点终端，这些昂贵的资本货物需要每 10 年更换一次。在这种情况下，详细的预测应该包含至少 10 年，因此该预测包含了新的销售点终端的巨额资本支出。当然，目标公司及其现金流量很可能存在超出详细预测中描述的年限。为了将这些详细的预测现金流量纳入 PE 公司对目标公司价值的估计，财务分析通常会生成终值计算，以估算详细预测结束后的附加值。

当在详细的现金流量预测期结束后的几年内提供现金流量时，这些现金流量将通过为投资创造终值或总结价值而在现值公式中得到。这改变了基本现值公式，如公式 8.7 所示：

$$\boxed{现值} = \sum_{t=1}^{n} \frac{现金流_t}{(1+r)^t} + \frac{TV}{(1+r)^n} \qquad (8.7)$$

TV = 终端年份值。TV 通常将未来增长率估算值应用于公式 8.8 中所示的最后一年的现金流量预测来计算：

$$TV = \frac{(现金流_n)(1+g)}{(r-g)} \qquad (8.8)$$

其中，g = 假设超过 n 年的现金流增长率。

公式 8.8 隐藏了几个简单但重要的问题。一是为最终详细预测（即第 n 年）选择的年份，最终的详细年份应该是前几年的典型年份，代表未来的预期。例如，如果一项投资在第 n 年产生了 50 万美元现金流的超高回报，但每隔一年只有 10 万美元的现金流，那么如果把第 n 年的现金流当作典型，结果就会出现较大误差。如果将最后一个详细的年份作为预期的未来值存在误导性，那么用一个更典型且具有前瞻性的值替换公式 8.7 中的年份则是明智的。

二是 TV 应该从稳定的角度来确定。长期稳定状态意味着未来的资本支出和营运资本需求与未来的折旧水平完全匹配。如果不是这种情况，则应从（t_0）TV 中以现值为基础减去（增加）超额资本支出（折旧）。换句话说，在 TV 中展示的公司情况应该是自持的和完整的。这对于未来有重大投资周期的公司尤其重要。

三是假定的未来增长 g。g 值可能是年终详细预测 FCF 的增长率。选择它的优势在于它反映了对收入和成本的详细估计，同时考虑了宏观经济因素、行业竞争、技术因素和市场份额。如前所述，这种增长不应该存在较大偏差，而应该反映未来可能的增长率。另一种方法是，设定 g 值等于公司近期实际增长（如 5 年平均值）的一个合理的比率（如 80%）或该行业增长率的一小部分。

当 g 值超过估计的贴现率时，则会出现 TV 公式中计算的最终问题。发生这种情况时，公式将产生负值。显然，在所有未来的投资中，现值并不是负的。预测期必须长远到足以使现金流达到正值。此外，预测期必须达到公司处于生命周期稳定状态和成熟期的点，以使长期增长率低于贴现率。

资本成本

爱因斯坦认为"复合"是宇宙中最强大的力量。他的观点与现值计算有关，因为公式的分母是随时间复合的贴现率。现金流中，较早赚取的 1 美元比后赚取的 1 美元更有价值。到目前为止，r（贴现率）的微小变化对现值的影响可能相当大。这就是在公式中使用适当贴现率的一个非常重要的原因。

加权平均资本成本（the Weighted Average Cost of Capital，WACC）是在上述公式中最常见的一种贴现率。WACC 的计算方法是，通过各自在公司成本结构中的份额对税后债务和股权的独立成本进行加权。资本结构权重和每个组成部分税后成本的线性组合构成了 WACC，如公式 8.9 所示：

$$\text{WACC} = \left(\frac{E}{V} k_e\right) + \left(\frac{D}{E} k_d (1-T)\right) \tag{8.9}$$

其中，k_e = 权益成本；k_d = 以债务支付的利息美元衡量的债务成本；E = 权益的市场价值；D = 债务的市场价值；$V = E + D$；T = 税率。尽管确定资本股权成本的方式有多种，但在学术研究和实践中广泛应用的是资本资产定价模型（CAPM）。对于资本的权益成本，CAPM 建议的如公式 8.10 所示：

$$k_e = r_F + \beta(r_M - r_F) \tag{8.10}$$

其中，k_e = 权益成本；r_F = 无风险利率或无风险债务的成本，通常为 10 年期国债利率；r_M = 股票投资组合所需的回报率，称为市场投资组合；β = 公司的贝塔系数，通常根据对公司代表市场收益的标普 500 指数进行周期为 60 个月的回归来确定。如果目标公司没有上市，分析师可能会通过使用上市公司的 β 来估计适当的 β。

市场风险溢价（$r_M - r_F$）衡量的是相对于无风险政府债券，市场中所预期的更高回报。对市场风险溢价的估计可以多渠道获得，例如晨星公司在 2006 年收购的伊博森公司。对于上市公司而言，估计可以在 0 到 8% 之间，而许多分析师使用 5% 到 6% 的溢价。β，如公式 8.10 所示，关注与一般股票市场走势相关的公司风险，而不是与公司特定因素相关的风险。高 β 表明公司的股票在与整体股票市场相同的方向上涨或下跌，但其变动幅度更大。

经调整的现值

使用 WACC 作为贴现率的一个潜在问题是它假设公司的资本结构在未来保持不变，即使公司最终开始获得 FCF，其中一些可能用于减少其债务。APV 模型是 WACC 的替代方案，解决了资本结构可能随时间变化的事实，例如在高杠杆交易中，债务将随着时间的推移而减少。该方法是估计每个时期不同 WACC 的替代方法。APV 将现金流量的价值分为两部分，一部分来自本案例中收购目标公司的投资本身；另一部分来自项目融资的潜在增值效应。在没有财务杠杆的情况下，投资生产的现金流使用资产成本 k_a 进行贴现，其与 CAPM 相同，但 β 是针对无债务公司的。公式 8.11 将这种关系表示为无杠杆公司的成本：

$$k_u = r_F + \beta / \left(1 + \frac{D}{E}\right)(r_M - r_F) \tag{8.11}$$

其中，资产 $\beta = \beta_A = \beta / \left(1 + \frac{D}{E}\right)$。

资产 β 反映整个公司的风险，而股权 β 则衡量公司股权的风险。k_u 和 WACC 之间的差异不仅是因为它们依赖于不同的 β，而且因为 WACC 包含税盾，因此必须每年重新计算，而不包括税盾的 k_u 只需要计算一次。

APV 将来自融资的价值和来自税收保护的价值加在一起，使用这些反映价值实现机会的比率进行贴现。例如，盈利波动较大的公司可能会遇到净收益为负且无法获得融资回报的时期。在这种情况下，分析师会对债务融资获得的回报采用更高的贴现率。相反，一些分析师使用债务成本 k_d，因为这些现金流与持有债务有关。其他人使用来自投资和税盾的资产成本 k_a 来折现投资和税收保护带来的现金流。当 k_a 是贴现率时，该方法称为资本现金流量（CCF）方法。CCF 与使用 k_d 折扣的 APV 形成鲜明对比。由于 CCF 和 APV 之间的相似性，本章不再讨论 CCF。无论使用哪种贴现率，总现值都等于两部分的总和。

贴现现金流量的替代方案

虽然 DCF 是概念上一种合理且透明来估算公司价值的方法，但它依赖于对许多不确定变量的预测。因此通常将 DCF 估值与另一种方法进行比较以确保计算的合理性。评估 PE 投资的一种简单而相当准确的方法是使用一种基于倍数的估值技术，此方法有时称为相对估值或使用比较值，其通过将公司的价值与当前市场环境中类似公司的价值进行比较来估算公司的价值。该技术通常依赖于盈利指标 EBITDA，如公式 8.12 所示：

$$息税折旧摊销前利润 = 息税前利润 + 折旧和摊销 \qquad (8.12)$$

EBITDA 通过营业收入减去运营成本来确定。主营业务成本、销售、日常开支及行政费用以及折旧和摊销是经营成本的主要组成部分。在公式 8.12 的第二阶段，折旧和摊销——两个主要非现金支出——被计入 EBITDA，因为 PE 公司预计可以获得这些资金。EBITDA 是公司的整体数据，即企业价值与 EBITDA 之比估计的是总资产（债务和股本）的价值。而市盈率则估计股权价值（资产减去债务）。一些私募股权公司不是使用 EBITDA，而是根据销售额，自由现金流量或投资资本进行估值。

一般而言，财务分析师的估计是根据当前年度以及对未来 12 个月收入和成本变动的合理假设，估算出 EBITDA 未来一年的价值。然后，PE 公司将 EBITDA 估值乘以一个市盈率倍数，该倍数通常由私人股本经理确定，介于 3 倍（偏低）和 14 倍（偏高）之间。投资者为经历快速增长且利润率高于正常水平的公司支付更高的倍数。公开上市的公司所使用的倍数或许会更高，因为那些投资比私募领域吸引了更多有竞争力的公司竞标。该倍数还自发地计算货币的时间价值（即它将未来收益折回到现在）。收益倍数法有时也被称为相对价值法，因为倍数大小的基础通常是其他类似人为投资支付的价格，或者是市场上类似资产的平均倍数。

基于倍数的估值技术也受到了一些批评。最严厉的也许是，盈利倍增法只能估算一年的 EBITDA，而不是未来的收益。支持者认为，如果未来年度的收入不太可能达到与公式中使用的水平相似，则该方法将被终止。此外，该方法依赖于单一数值，其可以隐藏 EBITDA 中特定部分的问题，还依赖于对该倍数所基于的类似公司做出准确选择。

通过改善公司经营来影响价值

收购目标公司后，PE 公司经常试图通过聘请专业重组人士或采取扭亏为盈来提升其收购价值，从而将公司的业绩推向更高的水平。他们通常努力寻求改善管理，在公司内部灌输企业家精神，以期实现比先前管理层更高水平的增长和更低的成本。所面对的具体项目，可能包括薪酬政策、人力资源周转和招聘成本、信息技术投资、采购、生产效率、销售和营销工作、分销目标以及业绩不佳的任何其他部分。为了提高EBITDA和净利润率，他们努力通过增加收入和降低成本的方式来提高品牌影响力并改善客户态度。

在这些努力中会遇到的一个常见问题是被收购公司的员工可能会抵制变革。当员工接近退休年龄或者员工的薪酬/福利高于他们的工作效率时，这一现象尤其突出。努力使薪酬差距合理化可能会引起不满并破坏扭转局面的计划。也许说服现有员工支持公司重组的最好方式是为他们提供一致的激励措施，以便与那些争取利益最大化的人适当分享重组带来的回报。

在某些情况下，转变工作很容易，且能产生可观的收益。通常，这些收益来自可见的成本和裁员。改进销售工作可能需要更长时间，但当成功时，它可能比降低成本的努力更有价值。

因为在出售公司前，公司价值通常随EBITDA上升，所以改善目标的PE公司可以获利。在扭亏为盈之后，续约的公司可能会要求更高的EBITDA倍数，这也会提高售价。如果在PE公司发起变革后，公司的增长率有所上升，那么得到更高的倍数就可能是合理的。勒纳、哈代蒙和利蒙对PE公司作为积极投资者的相关问题提供了更详细的讨论。贡珀斯和勒纳提供了评估PE投资绩效的讨论。

全面的评估示例

前面的讨论可作为评估潜在PE投资价值的基础。使用的三种估值方法分别是DCF、APV和基于倍数的估值。与所有商业财务决策一样，对目标公司进行评估会存在不确定性。三种估值方法都有其优缺点，最终估值可以依据这些方法中的任意一种。为此，勒纳和威林厄对这些方法进行了更详细的讨论。

DCF方法

使用复杂的整体现金流FCF指标，FCF计算为EBITDA加折旧费用，减去总资本支出，减去NWC的变化。在预测期间（如5年）预测详细的现金流量，并在预测期间结束时计算终端（或期间）值。企业价值是预测期内自由现金流量的现值加上TV的现值，所有这些都折算回WACC中适合目标公司的现值。企业价值代表公司经营资产的价值，公司权益的价值按企业价值减去债务来计算。

APV方法

DCF方法隐含的假设是目标公司的资本结构在未来保持不变。这种假设在高杠杆交易中可能无效，因为此类交易中债务可能在最初很高，但将来会被偿还。APV方法也是一种DCF方法，但它将经营现金流量和利息支出的税盾视为两个单独的项目分别进行评估。企业价值是全股权公司（即全部采用权益进行融资的公司）未来现金流量的现值加上税收抵扣利息后的现值之和。芬斯特和吉尔森对 APV 方法进行了更详细的处理。

基于倍数的估值

财务分析师获取可比公司或交易的倍数，并将其应用于被评估目标公司的相关投入。企业价值与 EBITDA（EV/EBITDA）是 PE 交易的常用指标。分析师通常根据行业和业务的相似性、规模、风险和增长潜力来评估可比公司。可比公司的倍数可能是商贸或交易倍数。交易倍数是近期收购中为类似公司支付的 EV/EBITDA 倍数。如果 EV/EBITDA 不适合目标公司（如 EBITDA 为负数），则分析师可以使用其他指标，如客户数量或专利数量。另一个考虑因素是控制权溢价或流动性折扣。交易倍数不会考虑这些变量，而私营公司的交易倍数会。

第九章　私募股权的资本成本

引言

20世纪90年代末以来，出现了许多对私募股权（PE）基金的研究。随着共同基金的发展和对资产管理的日益重视，私募股权的数量不断增加，规模得到扩大。当前金融文献中的一个关键主题就是PE公司的资本成本。本章区分了不同类别和子类的PE公司：收购（BO）、合并、风险投资（VC）、孵化资本和夹层资本，还重点讨论了它们在估算PE资本成本时的差异以及获得计算所需数据的难易程度。在这种情况下，对资本成本的分析比对上市公司的分析更难。与对冲基金类似，PE不透明且流动性不足。这些特征直接影响潜在投资者的风险和资本成本的估算。

尽管PE的资本成本衡量方法与现代金融理论建立的标准范式没有明显差异，但二者之间仍存在一些细微差别。如PE财务报表的不透明性、非流动性以及其非系统性风险，这些因素都会影响债务成本的定义，并且放大风险。因为这些细微差别对PE资本成本的估计有着重要的影响，本章将这些因素也纳入了考虑范围。

因为关于PE的金融文献强调对绩效表现的分析研究，研究人员和哥特沙尔格在衡量资本成本时经常会忽略一些相关的问题。20世纪90年代末，一篇极具发展前景的重要文献研究了PE行业中的风险—收益关系。正如弗莱明（2010）在报告中提到的那样，绩效研究侧重于对PE公司和PE组合型基金（FOF）的研究。虽然内部收益率（IRR）是PE公司和组合型基金公认的衡量绩效的工具，但这种方法可能不是相关性最强的衡量方法。与其他资产管理公司相反，PE经理会调整现金流并寻找机会进行投资。正如弗莱明指出的那样，他们可以选择从基金分配中提取现金的时机。

一些其他的绩效衡量指标也是可用的。例如，在使用修正后的内部收益率时，假定现金流量被以其资本成本进行再投资。一些人将机会成本作为基准，使用标准普尔500指数等指数的回报率作为再投资率。容格维斯特和理查森建议使用盈利指数作为绩效衡量指标，即现金流入的现值除以初始资金流出量。通过这种方法，一些分析师用无风险利率对资金流出量进行贴现，用标准普尔500指数等市场指数的回报率对现金流入量进行折现。卡普兰和斯格尔将公共市场等价物（PME）作为绩效指标。根据卡普兰和斯格尔的定义，PME将PE基金的投资与标准普尔500指数的投资进行比较。将标准普尔500指数的总回报率作为投资率，再把在投资率下进行投资的基金流出价值与按相同利率投资的流入价值进行比较。与标准普尔500指数的回报相比，PE基金的表现更佳，这一点可以用PME大于1来说明。

主要问题是 PE 回报（不论调整后的还是未调整的）对投资者是否具有吸引力。关于市场调整后回报的研究得出了不同的结论。正如琼斯和罗德-克罗夫，容格维斯特和理查森（2003），勒纳，斯格尔和旺苏威，以及法利普和哥特沙尔格（2009）报告的那样，PE 基金和公共股权产生的 IRR 是相似的。然而，很难就公共股权与私募股权的长期表现得出结论，VC 和 BOs 都存在此问题。莫斯科维茨和维辛-约根森（2002）表示，PE 的回报率并不高于公共股权回报率。通过关注美国的 BOs，格罗和哥特沙尔格（2011）在研究中报告了相互矛盾的发现。

根据容格维斯特和理查森的研究，相对于 PME，PE 基金产生 5% 至 8% 的超额回报。为了补偿投资者持有 10 年的非流动性投资，PE 基金的超额价值为投资资本现值的 24%。他们发现不同 PE 基金投资组合的平均 β 系数为 1.08，略高于市场投资组合。在标准普尔 500 指数回报为 14.1% 的情况下，PE 基金投资组合的 IRR 回报率为 21.83%。法利普和哥特沙尔格（2009）发现 PE 基金的业绩比标准普尔 500 指数低 3% 左右（扣除估计每年约 6% 的费用）。当他们根据风险调整回报时，二者业绩间的差距从 3% 增加到 6%。根据琼斯和罗德-克罗夫的研究，考虑非系统性风险在 PE 估值中的作用时，PE 基金不会产生正 α 值。BOs 的非系统性风险与更高的回报存在正相关关系。通过考察 BOs 的非系统性风险，格罗和哥特沙尔格强调，相对于更多元化的投资组合来说，BOs 的夏普比率更高。

科克伦研究 VC 是否与公开交易证券的行为相同。他估算 VC 项目的风险和回报，并纠正其选择偏差。偏差是由在样本期结束时仍就属于私有的项目产生的。因此，他使用最大似然估计，将平均对数收益率的估计值从 108% 降低到 15%，并将对数市场模型的截距从 92% 降低到 7%。科克伦的报告称，选择偏差的矫正显著降低了最初观察到的高平均回报率。最后，他将 VC 与规模较小的纳斯达克股票进行比较，发现在同一观察期内 VC 的平均对数收益率非常高，且波动性和 α 指数也很高。

卡普兰和斯格尔建议使用 PME 方法对 PE 交易进行基准测试。尽管各基金间存在重要的异质性，但它们表明 PE 基金的平均收益（扣除费用后）与标准普尔 500 指数的平均收益相似。VC 基金的业绩优于标准普尔 500 指数，而 BO 的回报则明显低于标准普尔 500 指数的回报。

格罗和哥特沙尔格提出了一项关于 BOs 资本成本的大规模分析，该分析对操作风险、杠杆风险和杠杆成本等因素进行了修正。数据表明，这些公司的平均资本成本低于标准普尔 500 指数成分股公司。使用涵盖 85% 美国 BO 基金筹集资金的数据库，希格森和斯塔克发现 BO 基金自 1980 年以来表现一直优于标准普尔 500 指数。格罗和哥特沙尔格也发现驱动超额回报的是前十分之一而非前四分之一的基金的业绩。结果表明，过去 30 年的绝对回报率在下降。

哈里斯、詹金森和卡普兰分析了不同类型 PE 基金的绩效，研究结果显示，BO 基金的表现每年超过公共股本 3%。BO 基金的年回报率比公共股权高出 3%。VC 基金在 20 世纪 90 年代表现优于公共股权，而在 21 世纪初表现不及公共股权。

比希纳和斯塔克引入了一种新的计量经济学方法来评估非流动资产的系统风险和异常收益。他们的估计与 2.5 到 3.1 的贝塔系数是一致的。在这种情况下，系统性风险的成本显著高于先前估计和通常假设的价格。在调整了高昂的管理费和附带权益之后，他们报告说 BO 基金的 α 值略微为负，但与零没有统计学意义上的差异。VC 的净 α 值仍为正值，范围为 2% 至 5%。当比希纳和斯塔克使用法玛-弗伦奇全美股票市场指数时，报告了一个更低的市场指数——约为 2.4，而 BO 和 VC 基金的 α 指数均为正值。

资产定价模型与私募股权成本

在风险回报环境中，正如马柯维茨（1952）所定义的那样，资本成本与风险衡量直接相关。PE 资产定价模型类似于金融理论中提出的资产定价模型。分析师和研究人员使用单因子和多因子模型来分析 β 和 α 系数从而估计 PE 风险。

β 和 α 系数的估计显示了不同 PE 策略、时间段、市场基准和所使用的多因子模型之间的鲜明对比，由此可以得出几个重要的发现。对于 VC 基金，贡佩斯和勒纳发现 β 值为 1.08，这与容格维斯特和理查森的结论类似，而科克伦和迈特里克报告的估计值分别为 1.70 和 0.81。

PE 回报滞后，且受到非同步交易导致的流动性不足的影响。正如戴姆森首次报道共同基金时提到，这个陈旧的估值问题与收益的序列相关性有关。陈旧估值的主要影响是会低估风险、高估超额收益。此外，在存在测量误差的情况下，估值有统计偏差。琼斯和罗德-克罗夫认为，资产净值（NAV）这一指标是陈旧的。正如埃文斯、琼斯和罗德-克罗夫最近的报道，如果 NAV 以一周期滞后的时段平稳方式进行调整，则该问题类似于非同步交易问题。由戴姆森提出的一种调整方法可以在一定程度上用于纠正陈旧性，但有些困难。该问题的标准解决方案是使用滞后估计器。根据科克伦和迈特里克的报告，在资本资产定价模型框架中，VC 的 β 值分别为 2 和 1.38。

正如科克伦和法利普、佐洛所指出的那样，股权风险溢价是不稳定且随时间变化的。科克伦的结果显示，β 估计值随着时间的推移而从初始投资开始下降，对于风险投资基金来说尤其如此。此外，科克伦的研究表明，对于风险投资公司而言，成熟公司的风险低于初创公司。

使用 CAPM 作为资产定价模型开发的起点，PE 文献提供了各种多因子模型。法玛-弗伦奇三因子模型将规模（小减去大，规模因子 SMB）和价值（高减去低，价值因子 HML）纳入市场因子，并以此作为基准。滞后的市场溢价可用于解决数据滞后问题。卡普兰和鲁巴克，容格维斯特和理查森以及法利普和佐洛建议使用基于无杠杆行业 β 值的方法来估算 PE 基金的风险。最近，弗兰佐尼等人本着帕斯特和斯坦伯的精神引入流动性溢价，其定义是低流动性股票组合与高流动性股票组合之间的收益率差。他们发现两种股票组合在市场、价值和流动性方面存在显著差异，而在规模上无明显差异。使用四因子模型，可得的 α 值为零，流动性风险溢价约为 3%。

资产定价模型

使用夏普（1994），林特纳（1965）和莫辛（1966）开发的标准 CAPM 模型和包括法玛-弗伦奇模型、卡哈特（1997）模型、帕斯特和斯坦堡（2003）等在内的多因子模型确定资产价格。因此，我们使用最多五个风险因子来分解 PE 基金的收益：（1）市场因子（MKT）；（2）规模因子（SMB）；（3）价值因子（HML）；（4）动量因子（增加值减去减少值，UMD）；（5）流动性因子。公式9.1给出了标准的线性资产定价模型：

$$R_t = \alpha + \sum_{k=1}^{K} \beta_k \widetilde{F}_{kt} + e_t \tag{9.1}$$

其中，α 是一个常数项，定义为证券的异常收益，或詹森（Jensen）的 α（Jensen 1968），$\widetilde{F}_{kt}$ 是时期 t 中的因子 k，β_k 是因子 k 的延续，e_t 是残差特质风险。

数据

截至 2014 年 3 月，现有数据包含 58 只被纳入标普上市 PE 指数的公共基金和公司，每只基金和公司的回报均来自彭博社。根据标准普尔上市 PE 指数给出的交易类型描述，指数的组成分为四类，然后计算从 2000 年 1 月到 2012 年 12 月每个类别的等权数月度指数。

第一类（GRO）由 31 只基金和公司组成，主要投资于成长型资本和风险投资，也可能包括一些 BOs。第二类专门针对拥有 10 家基金或公司的 BOs。第三类仅包括 13 只基金或公司的夹层（MEZ）。第四类使用缩写 PE 将标准普尔上市 PE 指数中所有公共基金和公司计算出一个同等加权指数。

表 9.1 提供了计算该指数的描述性统计信息。统计数据包括市场溢价因子（MKT），规模因子（SMB），价值因子（HML），动量因子（UMD）和流动性因子（LIQ）五种风险因子。这些风险因子来自肯尼斯·弗兰奇的网站（French，2014）。帕斯特和斯坦堡描述的 LIQ 数据来自帕斯特（Pastor）网站。无风险指数（RF）是来自伊博森联合公司所提供的一个月短期国库券回报，可在肯尼斯·弗兰奇的网站上找到。

描述性统计数据显示出各类别之间存在鲜明对比。虽然同期增长和风险投资指数和 PE 指数在整个时期内都呈现负回报（分别为-0.53 和-0.41%），而收购指数和夹层指数则呈现正回报（分别为 0.30 和 0.21%）。分布的振幅很重要，最小回报率和最大回报率从 MEZ 的-49.16% 到 GRO 的 25.05%。这些结果应在同一时期与市场溢价（0.11%）和无风险利率（0.18%）进行比较。更有趣的是，收益分布的高阶矩分析表明，标准偏差范围为 7%（PE）到 7.69%（MEZ），同时负偏度范围为 -0.56（GRO）至 -0.26（MEZ），此外峰度范围为 1.98（GRO）到 12.59（MEZ）。这些统计数据突出了 PE 基金之间的重要差异。

用资本资产定价模型说明私募股权的风险

使用以普通最小二乘法（OLS）估计的 CAPM 并对 24 个月的观测值进行回归，针对每个计算的指数报告 β 值。风险是通过测量计算 β 的波动性来体现的。使用 2000 年 1 月至 2012 年 12 月的标准普尔 500 指数为基准。图 9.1 至图 9.4 显示了重要的对比结果。

表 9.1 描述性统计数据：从 2000 年 1 月到 2012 年 12 月（使用月度数据）

指数	平均数	标准差	偏度	峰度	最小值	最大值
增长指数（GRO）	−0.53	7.39	−0.56	1.98	−25.28	25.05
并购指数（BOs）	0.30	7.31	−1.62	5.59	−38.49	19.46
夹层指数（MEZ）	0.21	7.69	−2.06	12.59	−49.16	22.33
私募股权指数（PE）	−0.41	7.00	−1.13	4.10	−34.26	21.08
因子						
市场因子（MKT）	0.11	4.77	−0.51	0.57	−17.23	11.34
规模因子（SMB）	0.42	3.66	1.00	10.12	−16.39	22.02
价值因子（HML）	0.54	3.51	0.06	3.28	−12.68	13.87
无风险指数（RF）	0.18	0.17	0.62	−0.99	0.00	0.56
动量因子（UMD）	0.15	6.15	−1.50	8.05	−34.72	18.39
流动性因子（LIQ）	0.79	4.24	0.53	3.06	−10.14	21.01

注：此表提供各指数和因子的描述性统计信息。所有数据均以百分比表示。MKT=法玛-弗伦奇模型中的市场因子，SMB＝法玛-弗伦奇模型中的规模因子，HML＝法玛-弗伦奇模型中的价值因子，UMD＝卡哈特模型中的动量因子，LIQ＝帕斯特-斯坦堡模型中的流动性因子，RF＝无风险指数（可在肯尼斯·弗兰奇网站上获得），GLM 是格曼斯基等人的首字母缩写。PE 基金指数是根据标准普尔上市 PE 指数计算得出的，描述如下：GRO 指成长型资本和一些罕见的 BO；MEZ 指的是夹层；PE 指的是标准普尔上市 PE 指数计算的同比例加权指数。

如图 9.1 所示，全球范围内的增长指数（GRO）β 值高于标准普尔 500 指数，据此可以合理地与同期周期性股票进行比较。标准普尔 500 指数的 β 值在整个样本期的范围为 0.86 到 1.04。对于增长指数（GRO），β 值的范围为 2007 年全球金融危机初期的 0.77 到 2003 年底的 1.71 之间。除了 2007 年和 2011 年底这两个时期外，GRO 的 β 值均高于基准的 β 值。

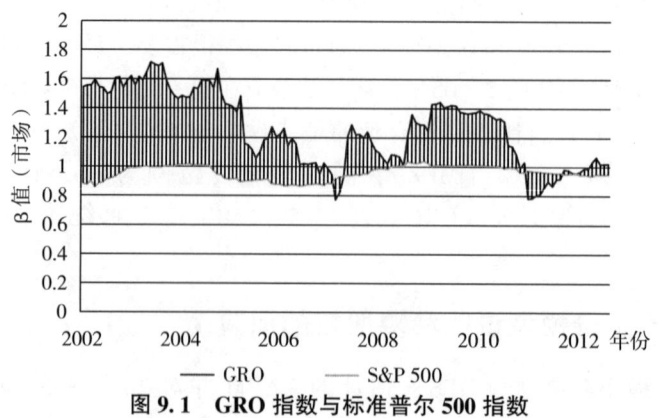

图 9.1 GRO 指数与标准普尔 500 指数

如图 9.2 所示，在全球金融危机之前夹层指数（MEZ）的贝塔系数出现低值，2002 年达到最低值−0.18，在这之后有所上升，并于 2010 年达到峰值 2.12。夹层基金在 2008

年之前被认为是防御型基金（β系数低于基准），在全球金融危机之后被视作侵略型基金（至少在我们的样本中情况确实如此）。

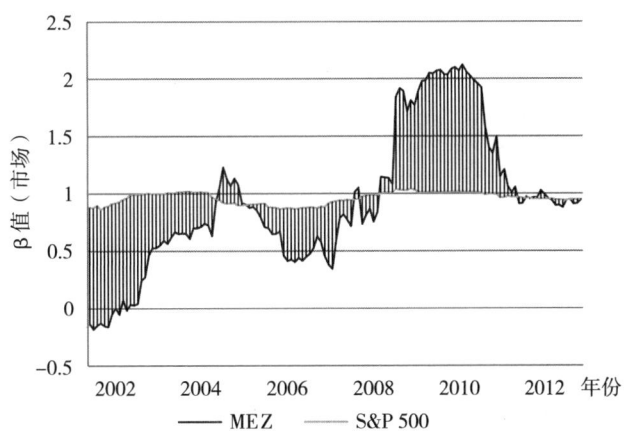

注：该图比较了 MEZ 指数与标准普尔 500 指数的 β 值。PE 基金的指数根据标准普尔上市 PE 指数计算，描述如下：MEZ = 夹层指数。

图 9.2 夹层指数（MEZ）与标普 500 指数

正如已说明的增长和风险投资指数（GRO）（见图 9.1），对于 BO 指数（见图 9.3），β 值高于标准普尔 500 指数。然而，BO 指数的走势却大不相同。从 2006 年底开始，BO 的 β 值持续高于标准普尔 500 指数。在第一阶段（从 2000 年到 2006 年），所产生的结果之间形成了鲜明对比（说明了波动性确实很重要）。从 2000 年到 2012 年，β 估计值最低值为 2005 年的 0.55，在 2008 年底达到最高值 1.92。

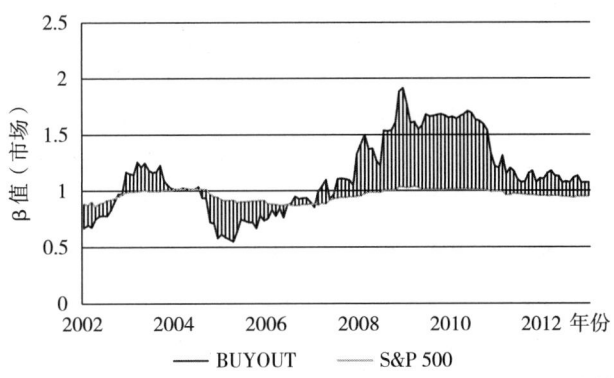

注：该图比较了 BO 指数与标准普尔 500 指数的 β 值。PE 基金的指数来自标准普尔上市 PE 指数。

图 9.3 β：BO 指数与标准普尔 500 指数

对于 PE 指数（见图 9.4），β 值往往大于 1，且高于标准普尔 500 指数的 β 值（其最大值为 1.64，最小值为 0.72）。这些结果证实了 PE 基金的相对侵略性。该发现与先前的文献一致。高 β 值及其波动性直接影响风险溢价。PE 固有的风险高于标准普尔 500 指数。所有条件都相同的情况下，这种程式化的事实导致股本成本增加，这反过来又增加了资本成本。风险的增加也会对债务成本的增长产生直接影响（正如金融文献所公认的那样，在所有条件相同的情况下，风险越高，债务成本越高）。

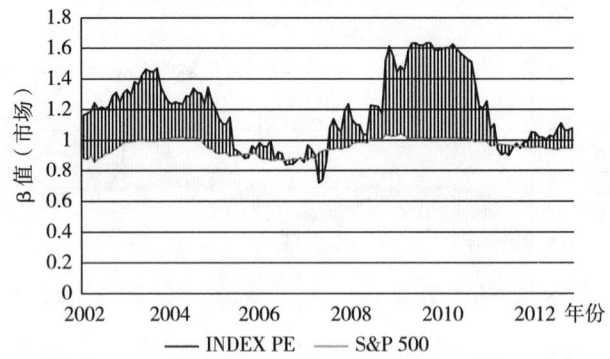

注：将PE指数的β与标准普尔500指数的β进行比较。PE基金的指数是根据标准普尔上市PE指数计算得出的，PE=标准普尔上市PE指数计算的等权重指数。

图9.4　Beta：PE指数与标准普尔500指数

下一节建议通过分解因子载荷或能够解释PE收益变化的风险来源来给风险定价。资产定价模型，特别是线性资产定价模型，受到变量误差（EIV）问题的困扰。在这种情况下，通过普通最小二乘法（OLS）回归得到的估计值存在偏差，这会影响对资本成本的估计。这就需要使用工具变量来纠正这种偏差。因此，本文提出了基于IV的调整方法。也可以使用一般的矩量法，但其主要缺点是选择的IV具有相关性。

变量误差和线性资产定价模型

修正EIV对于准确估算资产定价模型非常重要。正如金融和计量经济学文献所提出的那样，多因子资产定价模型的主要问题是使用观测因子FKt而不是（通常不可观测）真实因子F~kt。科恩和拉西科特以及卡迈克尔和科恩的报告称，在线性资产定价模型中，EIV会导致参数估计偏差和不一致以及残差和回归量之间的偏相关。这里，通常的解决方案是使用工具变量IV。

正如达格奈，卡迈克尔和科恩，科恩和胡纳以及博德森，科恩和胡纳所发现的那样，高矩估计量是非常准确的，很适合用来估计线性资产定价模型。本章假设真正的未观测变量是非高斯的，测量误差是正态分布的。如戴维森和麦金农所述，达格奈的高阶估计量是通过两步人工回归生成和应用的。首先，EIVs的估计值 $\hat{W}$ 被计算为 k OLS 回归的残差，其中观测因子F作为因变量，而工具变量被计算为回归量（F的高阶矩用于定义EIV的估计，例如F-F=W，F~，估计真实因素）。

其次，在动态资产定价方程9.2中，将EIV的估计值作为额外的回归因子添加，如式9.2所示：

$$R_t = \alpha_t^{HM} + \sum_{k=1}^{K} \beta_{kt}^{HM} \cdot F_{kt} + \sum_{k=1}^{K} \psi_{kt} \cdot \hat{w}_{kt} + \varepsilon_t \tag{9.2}$$

指数HM代表达格奈的HME（以下简称DDHME）。使用德宾-吴-豪斯曼（以下简称 DWH）检验并在表 9.2 至表 9.6 中报告以检测和显示 EIV 的存在。

私募股权成本估算：实证结果

本节报告了前面描述的估计过程的主要实证结果，还分析了修正后的估计及其对权益成本估值的影响，从而分析了其对 PE 的资本成本的影响。

私募股权风险的分解

为了说明财务风险的分解及其对 PE 成本的影响，本文采用六种线性和标准资产定价模型进行检验。EIV 的修正系统应用于所有范式，正如 DWH 统计数据所报告的那样，因为 OLS 估计系统存在偏差，这种修正是必要且最相关的。通常，DWH 统计数据是具有统计意义的。由于 OLS 估计的资本成本会有偏差，因此需要对 EIV 进行修正。针对四个指标（GRO、BO、MEZ 和 PE）进行检验的六种线性资产定价模型分别为：

- 具有风险因子 MKT 的 CAPM。
- 根据帕斯特和斯坦堡（2003）的方法来增强 CAPM 以获取流动性溢价（LIQ）：MKT 和 LIQ。
- 标准的法玛-弗伦奇模型有三种溢价：MKT（市场溢价）、SMB（规模异常）和 HML（账面市值异常）。
- 卡哈特模型，是法玛-弗伦奇模型的扩展，具有动量因子 UMD，因此有四种溢价：MKT、SMB、HML 和 UMD。
- 将流动性溢价考虑在内的法玛-弗伦奇模型有四种溢价：MKT、SMB、HML 和 LIQ。
- 增强的卡哈特模型，其风险因子还包含了与流动性不足相关的五个方面：MKT、SMB、HML、UMD 和 LIQ。

这种财务风险分解对四个指数而言全部适用，结果显示其对 PE 基金的资本成本，特别是风险评估有显著的直接影响。

如前所述，对 EIV 或测量误差的必要修正提供了可用于计算 PE 预期成本的稳健估计。DWH 统计量在 0.01 水平上通常具有统计学意义。为突出结果的稳健性和准确性，表 9.2 至表 9.5 中的所有统计数据均采用标准矫正异方差计算。这些调整和修正是分析估计所需和必要的一步。本着同样的精神，本文还报告了 F 检验、DW 检验、施瓦茨准则和赤池信息准则，并且都证实了本章分析的模型范式的统计相关性。每个指数的分析如下：

增长指数（GRO）

图 9.2 报告了增长指数（GRO）的结果。所有模型范式的 $\bar{R}^2$ 都很高，从双因子（MKT 和流动性）的 0.75 到五因子模型（MKT、SMB、HML、UMD 和 LIQ）的 0.82。这一结果突出了特定模型选择的相关性，以解释 PE 基金收益率的变化。与异常回报相关的所有 α 估计值都是负的，且在 0.05 水平上显著，有时其在 0.01 水平上也显著。α 值的范围从 CAPM 的 -0.90% 到五因子模型的 -1.3%。根据这一符号为负的估计，计算出的增

长指数（GRO）在 2000 年 1 月至 2012 年 12 月的样本期间对投资者没有吸引力。它可能被卖空了。市场风险的 β 值高达 1.73 且具有高度统计显著性。成长型 PE 和 VC 的风险比市场风险更大。

使用标准线性资产定价模型，表 9.2 报告了不同因子载荷的风险分解，从而可以得出以下结论。最相关的资产定价模型是五因子模型。市场风险的 β 值仍然很高，具有统计显著性的估计值为 1.49。SMB 显示的规模效应和 UMD 显示的动量效应在 0.01 水平上均具有显著的统计意义，估计值分别为 0.47 和-0.28。在正常水平上，账面市值效应和流动性效应在统计上并不显著。结果清楚地表明，风险的主要来源是市场风险，其估计值从 1.49 到 1.73，具有较高的统计显著性。GRO 指数的流动性溢价为正，但在统计学意义上不显著。在计算 PE 和 VC 增长的资本成本时这些发现应该被考虑在内。

表 9.2　增长、风险资本和部分并购：增长指数（GRO）

$\bar{R}^2$	F	DW	SC	AIC	DWH	α	MKT	SMB	HML	UMD	LIQ
0.75	235.19	2.10	5.53	5.47	4.14**	-0.90	1.73				
						(-2.60)	(6.47)				
0.75	117.26	2.09	5.59	5.49	1.81	-1.00	1.66				0.14
						(-2.70)	(7.52)				(1.30)
0.77	89.55	2.03	5.54	5.40	2.39*	-1.10	1.56	0.24	0.22		
						(-2.55)	(8.83)	(1.05)	(0.79)		
0.82	90.94	1.86	5.35	5.17	3.78***	-1.23	1.52	0.51	0.33	-0.24	
						(-3.29)	(8.77)	(3.02)	(1.14)	(-3.23)	
0.77	67.44	1.99	5.59	5.41	2.04*	-1.26	1.55	0.22	0.21		0.23
						(-2.74)	(9.67)	(1.39)	(1.05)		(1.29)
0.82	73.66	1.84	5.39	5.17	3.18***	-1.30	1.49	0.47	0.25	-0.28	0.17
						(-3.04)	(8.33)	(3.33)	(1.11)	(-4.61)	(0.98)

注：α 以百分比表示。F 和 DW 分别是 Fisher 检验和 Durbin-Watson 检验的统计量。SC 和 AIC 分别是 Schwartz 准则和 Akaike 信息准则。DWH 是标准的 χq2，其中 q 是检测 EIVs 的调整变量数。DWH 检验是一种异方差检验稳健测试。所有 HME 统计量均采用怀特 H0 异方差一致协方差矩阵估计计算。t-统计数字在估计数下的括号内报告。MKT=法玛-弗伦奇市场因子，SMB=法玛-弗伦奇规模因子，HML=法玛-弗伦奇价值因子，UMD=动量因子，LIQ=帕斯特和斯坦堡流动性因子。*、**、*** 分别表示在 0.10、0.05 和 0.01 水平下显著。

收购指数（BO）

表 9.3 报告了并购指数（BO）的结果。对于所有资产定价模型规范，DWH 统计在 0.01 水平上具有统计显著性。同时 $\bar{R}^2$ 的值偏高，从 CAPM 的 0.62 到五因子模型的 0.71。对于流动性因子（LIQ）为-1.92%的增强的法玛-弗伦奇模型和流动性因子为-1.91%的五因子模型，所有 α 估计值均为负值，且在 0.01 水平上具有统计显著性。这清楚地说明在本次研究的时期内 GRO 指数表现不佳。

有助于解释 PE 回报变化的要点有三个。第一，与增长指数（GRO）相反，流动性溢价在 0.01 水平上具有统计显著性：双因子模型为 0.78，增强法玛-弗伦奇模型为

1.17，五因子模型为 1.16。第二，变化呈现正向趋势，但从未具有统计显著性。市场风险（β）估计值很高，从 CAPM 的 2.01 到五因子模型的 1.29。第三，规模因子（SMB）和账面市值因子（HML）在统计上总是显著的。这些结果突出了不同类别的 PE 之间的差异。将这些发现考虑在内可能有助于计算 PE 的准确资本成本。

夹层指数（MEZ）

表 9.4 报告了夹层指数（MEZ）的结果。如表 9.4 中的 DWH 统计数据所报告的那样，所有模型规范都需要对 EIV 进行矫正，以克服有偏差的 OLS 估计。$\bar{R}^2$ 的范围从 CAPM 的 0.37 到具有流动性溢价（LIQ）的增强法玛-弗伦奇模型的 0.68 不等。法玛-弗伦奇模型在 $\bar{R}^2$ 增加到 0.62 时的贡献具有相关性。如先前观察到的 GRO 指数和 BO 指数，对于增强的法玛-弗伦奇模型和五因子模型，所有 α 估计均为负值且在 0.10 水平上显著。对于这些范式，流动性溢价在 0.05 水平上具有统计显著性，分别为 1.30 和 1.22。动量因子在法玛-弗伦奇模型中没有统计学意义，而在五因子模型规范中它表现出 -0.23 的统计学显著值。而从法玛-弗伦奇模型的 2.39 到五因子模型的 1.4，账面市值因子在所有模型范式上都具有统计显著性。

风险因子加入后，市场风险的估计值从单因子模型（即 CAPM）的 1.51 降低到五因子模型的 0.87。上述分解可用于计算夹层策略的资本成本。

私募股权（PE）指数

表 9.5 报告了私募股权（PE）指数的结果。如前所述的其他指标，PE 指数的 DWH 统计值具有统计学意义，并且 $\bar{R}^2$ 值很高，从简单 CAPM 的 0.78 到五因子模型的 0.85。所有 α 估计值均为统计意义上的负值：从 CAPM 的 -0.8% 到增强的法玛-弗伦奇模型的 -1.73%（具有流动性溢价）。市场风险很高，在 0.01 水平上总是具有统计显著性，从 CAPM 的 1.84 到五因子模型的 1.4 不等。对于三种资产定价模型，流动性溢价具有统计显著性，从双因子模型中的 0.52 到增强的法玛-弗伦奇模型中的 0.71。这一发现表明，在计算 PE 的资本成本时应考虑流动性。SMB 和 HML 具有统计学意义（在五因子模型中）。动量效应不应该被忽略，并且在五因子模型中动量效应在 0.01 水平上是显著的。

这些发现为 PE 收益的分解提供了新的线索。在计算 PE 的资本成本时，应考虑对所检验的风险因子的精简和相关使用。

表 9.3 并购指数

$\bar{R}^2$	F	DW	SC	AIC	DWH	α	MKT	SMB	HML	UMD	LIQ
0.62	126.36	1.92	5.93	5.88	12.32***	-0.10	2.01				
						(-0.20)	(3.56)				
0.65	68.70	1.78	5.94	5.84	7.91***	-0.69	1.77				0.78
						(-1.18)	(4.72)				(3.56)
0.66	50.67	2.01	5.93	5.79	6.14***	-1.53	1.47	1.38	1.70		
						(-1.39)	(2.56)	(2.22)	(1.86)		
0.65	37.63	1.96	5.99	5.81	3.96***	-1.19	1.34	0.97	1.37	0.17	
						(-1.35)	(2.35)	(3.04)	(1.92)	(0.73)	

续表

$\bar{R}^2$	F	DW	SC	AIC	DWH	α	MKT	SMB	HML	UMD	LIQ
0.70	46.24	1.73	5.85	5.67	7.48***	−1.92	1.25	0.90	1.12		1.17
						(−2.79)	(5.23)	(3.56)	(3.69)		(6.91)
0.71	38.77	1.75	5.87	5.65	6.31***	−1.91	1.29	0.89	1.11	0.02	1.16
						(−2.56)	(4.70)	(3.72)	(3.18)	(0.16)	(5.28)

注：α 以百分比表示。F 和 DW 分别是 Fisher 检验和 Durbin-Watson 检验的统计量。SC 和 AIC 分别是 Schwartz 准则和 Akaike 信息准则。DWH 是标准的 χ_{q2}，其中 q 是检测 EIVs 的调整变量数。DWH 检验是一种异方差检验稳健测试。所有 HME 统计量均采用怀特 H0 异方差一致协方差矩阵估计计算。t-统计数字在估计数下的括号内报告。MKT＝法玛-弗伦奇模型中的市场因子，SMB＝法玛-弗伦奇模型中的规模因子，HML＝法玛-弗伦奇模型中的价值因子，UMD＝卡哈特模型中的动量因子，LIQ＝帕斯特-斯坦堡模型中的流动性因子。*、**、*** 分别表示在 0.10、0.05 和 0.01 水平下显著。

表9.4 夹层指数

$\bar{R}^2$	F	DW	SC	AIC	DWH	α	MKT	SMB	HML	UMD	LIQ
0.37	46.05	1.68	6.54	6.48	3.01*	−0.14	1.51				
						(−0.23)	(1.48)				
0.39	26.16	1.60	6.55	6.45	4.58***	−0.81	1.35				0.87
						(−0.84)	(1.67)				(1.46)
0.62	43.68	1.92	6.12	5.99	4.14***	−1.88	1.27	1.16	2.39		
						(−1.21)	(1.44)	(1.41)	(1.76)		
0.62	32.00	1.93	6.19	6.02	2.13*	−1.53	1.08	0.81	2.03	0.04	
						(−1.34)	(1.37)	(2.23)	(2.06)	(0.14)	
0.68	42.39	1.79	6.01	5.83	7.02***	−2.01	0.90	0.36	1.42		1.30
						(−1.77)	(1.91)	(0.88)	(2.41)		(2.22)
0.68	33.27	1.84	6.08	5.86	4.79***	−1.98	0.87	0.56	1.40	−0.23	1.22
						(−1.80)	(1.73)	(1.58)	(2.41)	(−1.67)	(2.06)

注：α 以百分比表示。F 和 DW 分别是 Fisher 检验和 Durbin-Watson 检验的统计量。SC 和 AIC 分别是 Schwartz 准则和 Akaike 信息准则。DWH 是标准的 χ_{q2}，其中 q 是检测 EIVs 的调整变量数。DWH 检验是一种异方差检验稳健测试。所有 HME 统计量均采用怀特 H0 异方差一致协方差矩阵估计计算。t-统计数字在估计数下的括号内报告。MKT＝法玛-弗伦奇模型中的市场因子，SMB＝法玛-弗伦奇模型中的规模因子，HML＝法玛-弗伦奇模型中的价值因子，UMD＝卡哈特模型中的动量因子，LIQ＝帕斯特-斯坦堡模型中的流动性因子。*、**、*** 分别表示在 0.10、0.05 和 0.01 水平下显著。

表9.5 私募股权指数

$\bar{R}^2$	F	DW	SC	AIC	DWH	α	MKT	SMB	HML	UMD	LIQ
0.78	275.28	1.90	5.30	5.24	10.51***	−0.80	1.84				
						(−2.20)	(5.13)				
0.79	145.99	1.78	5.31	5.21	6.58***	−1.20	1.68				0.52
						(−3.04)	(6.79)				(4.11)
0.80	101.85	1.96	5.32	5.19	2.79**	−1.44	1.55	0.56	0.82		
						(−2.39)	(5.20)	(1.46)	(1.76)		
0.83	95.29	1.85	5.20	5.02	2.65**	−1.35	1.45	0.55	0.72	−0.11	

续表

$\overline{R}^2$	F	DW	SC	AIC	DWH	α	MKT	SMB	HML	UMD	LIQ
						(−2.69)	(4.56)	(2.23)	(1.67)	(−0.85)	
0.82	87.38	1.75	5.27	5.09	4.59***	−1.73	1.44	0.31	0.54		0.71
						(−4.01)	(9.41)	(1.32)	(2.58)		(5.65)
0.85	88.51	1.64	5.12	4.91	3.86***	−1.72	1.40	0.49	0.53	−0.21	0.65
						(−4.38)	(6.80)	(2.22)	(2.07)	(−3.06)	(5.29)

注：α 以百分比表示。F 和 DW 分别是 Fisher 检验和 Durbin-Watson 检验的统计量。SC 和 AIC 分别是 Schwartz 准则和 Akaike 信息准则。DWH 是标准的 Xq2，其中 q 是检测 EIVs 的调整变量数。DWH 检验是一种异方差检验稳健测试。所有 HME 统计量均采用怀特 H0 异方差一致协方差矩阵估计计算。t-统计数字在估计数下的括号内报告。MKT=法玛-弗伦奇模型中的市场因子，SMB=法玛-弗伦奇模型中的规模因子，HML=法玛-弗伦奇模型中的价值因子，UMD=卡哈特模型中的动量因子，LIQ=帕斯特-斯坦堡模型中的流动性因子。*、**、***分别表示在 0.10、0.05 和 0.01 水平下显著。

非流动性与私募股权中的股本成本

PE 回报通常陈旧且缺乏流动性。为了解决这个问题，金融文献建议将 Dimson（1979）方法首次应用于共同基金或滞后估计。另一种选择是使用 Getmansky, Lo 和 Makarov 调整。正如在对冲基金行业中所观察到的那样（OKunev 和 White，2003；Getmansky 等，2004；Cavenaile，Coën 和 Hübner，2011）。通过序列相关性测量的流动性不足估计 PE 行业公认的风险。Cavenaile 等（2011）的研究表明，使用平滑的对冲基金回报显著低估了风险。为了补偿有偏差的估计，需要使用"真实"的非平滑回报的估计。表 9.6 报告了五因子模型和每个 PE 类别的调整结果。

如果不调整陈旧的估值问题，DWH 统计量对于 GRO、BO、MEZ 和 PE 系数具有统计显著性。四个指数的 R² 都很高，数值范围从 MEZ 的 0.64 到 PE 的 0.85。所有 α 估计值均为负值且具有统计显著性，从 GRO 的−1.51%到 BO 的−2.34%不等。这种未经过平滑处理的市场溢价测试结果更高，从 GRO 的 1.81 到 MEZ 的 1.0。这说明了陈旧估值的缺陷在计算 PE 资本成本方面的影响。SMB 和 HML 仍具有统计学意义，并证实了在上一节中的报告结果。UMD 对于 GRO（−0.32）和 PE（−0.26）具有统计学意义。BO（1.48），MEZ（1.45）和 PE（0.89）的流动性溢价很重要。这一发现在经验上证实了 Franzoni 等人报道的结果（2012）。因此，在计算 PE 的资本成本时应考虑流动性溢价。

第十章　私募股权的流动性问题：后金融危机的教训

引言

　　流动性是区分私募股权（PE）和公共股权的一个重要特征。阿米哈德和门德尔森（1986）带头撰写的学术文献显示，流动性对资产价格有重大影响。二人利用买卖价差作为衡量股票特定流动性的指标，记录了非流动性溢价。他们发现买卖差价每增加1%，年预期收益就增加2.4%。继阿米哈德和门德尔森之后，许多实证研究考察了特定资产流动性对股票绩效的影响。其中，布伦南和苏布拉马尼亚姆、布伦南、查迪亚和苏布拉马尼亚姆以及多特、耐克和拉德克利夫记录了预期股票收益与其他流动性指标之间的正相关关系。

　　包括帕斯特和斯坦堡、阿查里亚与佩德森、刘与贞高（2006）在内，近来越来越多的研究都强调了系统性流动风险在解释PE收益中的作用。这些研究表明，对市场总流动性更为敏感的证券存在更高的回报。正如阿查里亚和佩德森用"流动性效应的共性"一词描述的那样，这种关系尤其适用于特定资产流动性高的证券。

　　最近，人们开始关注对冲基金和PE等可相互替代的资产类别的流动性。研究人员在提到PE的异常高回报时，通常会以低流动性的补偿来解释。容格维斯特和理查森通过分析PE的现金流、风险和收益特性来解释这一现象。利用1981年至2001年间美国最大的有限合伙人（LPs）之一的数据，他们发现与上市公司相比，PE公司的超额回报率为5%至8%。通过计算，容格维斯特与理查森得出这十年间的风险调整溢价约24%，并将其归因于PE投资流动性不足的补偿。

　　在一项类似的研究中，卡明、弗莱明和施维恩巴赫（2005）分析了退出市场的流动性与风险投资（VC）之间的关系。卡明等（2005）发现风险资本家的投资类型取决于市场流动性，并得出结论，他们的研究结果与"缺乏流动性是风险资本家要求其投资获得更高回报的原因之一"的观点一致。这些结果也与之前贡佩斯和勒纳对VC的研究一致。无独有偶，迈特里克也称，由于PE面临较高的流动性风险，应适当调整收益。他利用VC收益指标，进行了时间序列回归，得出流动性风险每年有1%的溢价的结论。

　　2007—2008年的金融危机最初表现为系统流动性不足，对PE等非流动资产产生了巨大影响，这场危机后，PE流动性风险又重新受到了学者、从业者和政策制定者的关注。在危机爆发之前，廉价信贷尚可使用，许多投资者将PE作为有利可图的收益来源。特别是在2003年至2007年PE的黄金时期，PE投资的流动性很高，PE投资公司分配了大量现金，而LPs又将这些资金再投资到新的PE基金中。到2007年年中，PE行业管理着1万亿美元。然而，在2007年次贷泡沫破灭时，关注的焦点从"全球流动性过剩"转向了市场流动性不足和资金流动性不足。

私募股权的流动性风险

在金融经济学中，流动性可以指代许多不同但又相关的概念。例如，它可以指市场流动性（或资产流动性）和资金流动性（或现金流动性）。简单地讲，市场流动性是一种资产可以轻松转换成现金等可交换媒介的能力。资金流动性是交易者履行义务和在必要时筹集更多资金的能力。这两种类型的流动性以一种"流动性螺旋"的方式相互促进。关于PE投资，这两种类型的流动性风险在下文中均有涉及。

市场流动性风险

对于持续交易的金融资产，凯尔和哈里斯提出了资产流动性的四个相关维度：宽度、深度、即时性和弹性。宽度是指买卖价差。深度可以理解为给定价格下的成交量。即时性是指交易完成的速度。弹性是指大宗交易后，价格恢复到原来水平的速度。根据这四个维度，坎贝尔、罗和麦金莱将流动性定义为"快速（即时）、匿名并以低敏感度价格（弹性）购买或出售大量（广度和深度）证券的能力"。而卡明、弗莱明和施维恩巴赫指出，因PE交易不频繁，所以流动性的标准定义不适用于PE投资。

PE投资的市场流动性风险是指退出风险。也就是说，市场流动性风险是指被迫折价出售投资或被冻结在比预期时间更长的投资中的风险。这种风险主要是来源于PE基金主要的组织形式——有限合伙，期限通常为10年，也可能根据合伙协议的规定延长3年。PE基金经理被称为普通合伙人，他们将从LPs手中筹集的资金投资于选定的公司。一旦投资于有限合伙企业，资本将被长期锁定，几乎不可能在合同规定的投资期限前撤出资金。通常，合伙协议中的规定限制了所有权的转让，LPs无权执行公司的出售。只有在投资组合中的公司上市或由基金经理出售后才可进行分配。然后，收益以股权或现金的形式分配给LPs和GPs。PE倾向于成为买入和持有投资者的长期投资，其大部分收益来自退出交易后的资本收益。因此，PE投资者要求更高的回报，部分是为了补偿无法有效退出的风险。

根据勒纳和斯格尔提出的理论，流动性不足是PE投资的一个显著特征。他们将流动性不足建模作为一个选择变量，由GPs用来筛选潜在投资者，并吸引具有长期投资意愿的投资者。以下三个观察结果证明了他们的理论：第一，美国的PE投资者管理基金的权利有限；第二，大多数LPs更喜欢"退出而不是发声"，而且他们获得的有关某个PE基金业绩的信息只会影响他们在未来是否参与该公司基金的决定；第三，由于每个投资者都持有大量股份，这使已经缺乏流动性的合伙权益在转让上存在严格限制。

私募股权二级市场这一相对较新的概念使上述理论的发展受到了限制。二级市场是一个非正式市场，LPs可以出售其在PE基金或基金投资组合中的股份。然而，由于二级市场规模小、效率低，投资者仍面临流动性风险。由于PE基金的波动性低于公共股票，因此PE基金被估值的频率较低，资产净值（NAVs）可能无法反映实际市场状况。此外，对经济状况的信心、投资组合公司的预期业绩、退出市场的流动性、再融资信贷市场的流动性以及 GPs 的平均跟踪记录等因素可能会影响二级市场的价值。因此，二级市场的投资者可能不得不以远低于资产净值的价格出售其 PE 权益。

资金流动性风险

资金流动性有多种不同的解释。例如，德雷曼和尼古拉乌（2013）将资金流动性描述为快速清偿债务的能力，而布伦纳迈尔和佩德森（2009）则将资金流动性定义为在短时间内通过新贷款或资产销售筹集现金的能力。

PE 行业存在资金流动性风险是由其自身的制度特点所决定的。最明显的是，PE 在一开始并没有得到充分的资金支持。LPs 做出初始"资本承诺"，在需要时向基金提供一定量的资本，而不是一开始就全部投进去。上市后，只有一部分资本是可支付的。当 PE 公司决定投资选定的公司时，因 GPs 执行资本催缴要求，余额就会随着时间推移被提取。PE 投资者（LPs）有义务满足这些资本要求，否则其声誉和资金将遭受重创。

在 PE 投资的整个周期中，资本催缴要求的时间不可预测，这为 LPs 带来了资金流动性风险。而这些要求通常会在短时间内出现。例如，PE 投资者可能会在流动性紧张时被要求提供资金。当 LPs 获得现金涉及高机会成本和高流动性风险时，这些资本催缴要求就可能会被发起。

全球金融危机与私募股权

早在全球金融危机（GFC）之前，PE 就已成为金融市场上的一个主要特征。到了 20 世纪 90 年代末，机构投资者最常见的选择是寻求一种平衡的投资策略，即 60% 的股权和 40% 的固定收益。由于市场在 20 世纪 80 年代和 90 年代不断增长，经理们加大了股权的比重，允许投资者在保持多样化收益的同时增加 β 风险。

2000 年和 2001 年科技泡沫的破灭导致许多投资者寻找替代策略，从而催生了耶鲁大学开创的"捐赠模式"。捐赠模式的创新在于该模式将投资组合中大部分的资产分配给另类投资，尤其是对冲基金或 PE。捐赠模式基于以下前提：这些另类资产流动性不足，从而提供了传统资产类别中不可获得的非流动性溢价。此外，该模型还假设，另类资产与公共股权和固定收益证券的收益的相关性较低，从而使管理者能够控制风险并提供多元化收益。随着捐赠模式的普及，在 2007—2008 年金融危机前几年，机构投资者投资组合中的 PE 投资份额大幅增加。然而，当一些捐赠基金仍在这场危机中面临流动性问题时，投资者对该模型的假设提出了质疑。

金融危机是自大萧条以来最为严重的经济危机，对 PE 基金产生了多方面的影响。由于金融体系的信贷紧缩，该行业的整体业绩随着投资组合公司价值的下跌而急剧下降。弗里德曼指出，截至 2008 年 12 月 31 日，一年期 IRR 为 -27.6%。因此，历史上用于描述 PE 业绩的"J 曲线"发生了逆转。如图 10.1 所示，2005 年和 2006 年的基金损失了早期的收益。随后，随着市场条件的改善，回报率开始再次回升，形成了一种被称为"W 曲线"的模式。

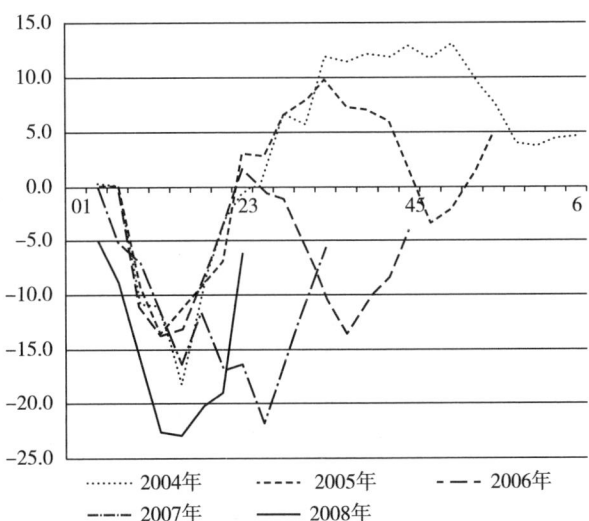

注：该图说明了由于 GFC 和 IRR 中产生的"W 曲线"模式导致的 PE 绩效下降。2005 年和 2006 年的基金损失了早期的收益，随后收益率回升。

图 10.1 按年份划分的年净内部收益率中值

[资料来源：Friedman（2010）]

金融危机还影响了 PE 行业的退出、投资和融资机会，同时也给基金经理和 PE 投资者带来了流动性压力。

全球金融危机期间的流动性问题

全球金融危机（GFC）对 PE 行业产生了严重的负面影响。在全球范围内，筹资急剧下降。如图 10.2 所示，2008 年全球 1435 家 PE 公司共筹集到 6880 亿美元，而 2009 年 948 家公司只筹集到 3200 亿美元。

金融危机在流动性方面影响了 PE 基金经理和 PE 投资者。在讨论这些影响之前，必须要对这场危机有一个基本了解。金融危机始于美国次级抵押贷款市场的信贷恶化。因此，最初出现的是信贷问题，而并非流动性问题。然而，市场流动性和资金流动性在这场危机的形成过程中起着至关重要的作用。与抵押贷款市场相关的证券估值不确定性迅速增加，导致这些工具的市场流动性下降。此外，对抵押贷款支持证券有大量敞口的金融机构资产负债表出现恶化，面临严重的潜在损失。因此，他们试图抛售资产以增大现金缓冲。这一行为导致资产价格进一步下跌，且导致螺旋式下降的出现。为了调整资产负债表，金融机构还减少了向借款人发放贷款，借款人中包括 PE 公司，这降低了他们的资金流动性。

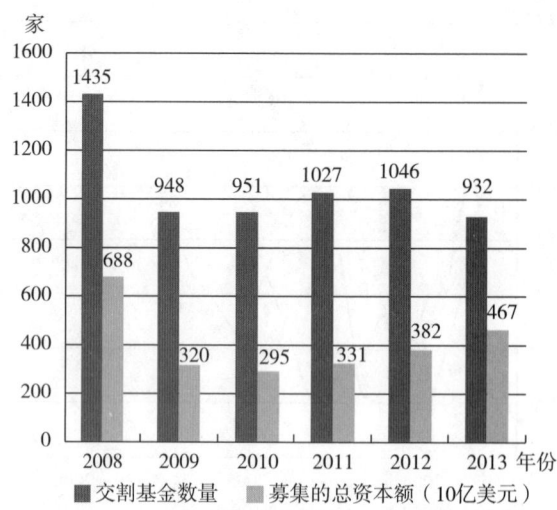

注：该图显示了2008年至2013年间基金经理担保的资本额以及基金数量。2008年全球1435家PE公司共筹集到6880亿美元，而2009年948家公司只筹集到3200亿美元。

图10.2　2008—2013年PE融资历史数据

[资料来源：Duong（2014）]

这些问题以不同的方式影响了PE中的GPs。PE投资的一个显著特征是其高杠杆率。这一特征尤其适用于并购（BOs）基金。由于PE公司通常借入短期或中期贷款，因此需要定期重新协商贷款。在金融危机期间，由于流动性下降影响了包括银行或其他金融机构等债务提供者在内的整个系统，基金经理难以为自己的投资进行再融资。因此，PE公司必须清算投资或接受更高的借贷成本。例如，由于BOs是杠杆率最高的交易，其份额从2008年的66%降至2009年的57%。

在投资者方面，金融危机也影响了许多LPs，尤其是那些基于捐赠模式的LPs，他们在对冲基金和PE等另类投资方面的风险敞口很高。由于资本催缴、分配减少和其他类型资产的暂停赎回，许多投资者面临着过度分配和流动性问题。

金融危机对投资组合构成的影响通常被描述为长期投资者面临的"分母效应"。一般来说，这些投资者按其所管理总资产的百分比来分配目标资产。由于其他资产类别（如公共股本）的价值下降，投资者在对冲基金或PE等另类投资中出现了虚假过度配置。许多LPs试图缓解这种不平衡，并减少他们对PE的接触。因此，试图出售其PE基金权益的LPs数量大幅增加。由于PE投资是非流动性的长期投资，有效退出十分困难。

因此，LPs的最佳选择是在PE二级市场出售其PE基金。庞大的卖家数量导致二级市场价格大幅下跌，从而对市场有效流动性产生负面影响。2009年上半年，交易额降至10亿美元至20亿美元之间，致使PE二级市场在年初暂时冻结。买卖双方的价格预期差距很大，而NAVs在调整标的公司业绩下降时的迟缓反应让问题更加突出。2009年年初，买卖差价大幅上升，达到了出价水平的85%。如前所述，为PE投资制定有效的退出策略非常困难。

PE投资另一个影响流动性的问题是GPs拥有要求投资者提供更多资金的专有权利。如图10.3所示，金融危机导致了退出活动数量的下降，这可以从2008年至2010年更低的资本分配情况中看出。在金融危机期间，面临流动性问题的 GPs 继续行使他们的资本催缴权，但数额略低。这些资本催缴需求进一步增加了 LPs 的流动性压力。为了能满足这些要求，并避免因违约而受到严厉惩罚，PE 投资者必须在市场价值较低时出售其投资组合中的其他资产。由于能够卖出更多流动资产的 LPs 将这些资金又重新分配给 PE 投资，投资者所持有的投资组合的流动性状况恶化。流动性风险对具有持续消耗流动性的支出目标的机构所造成的影响最为显著。除了这些支出目标之外，更多的资本催缴要求导致 LPs 面临主要流动性问题。

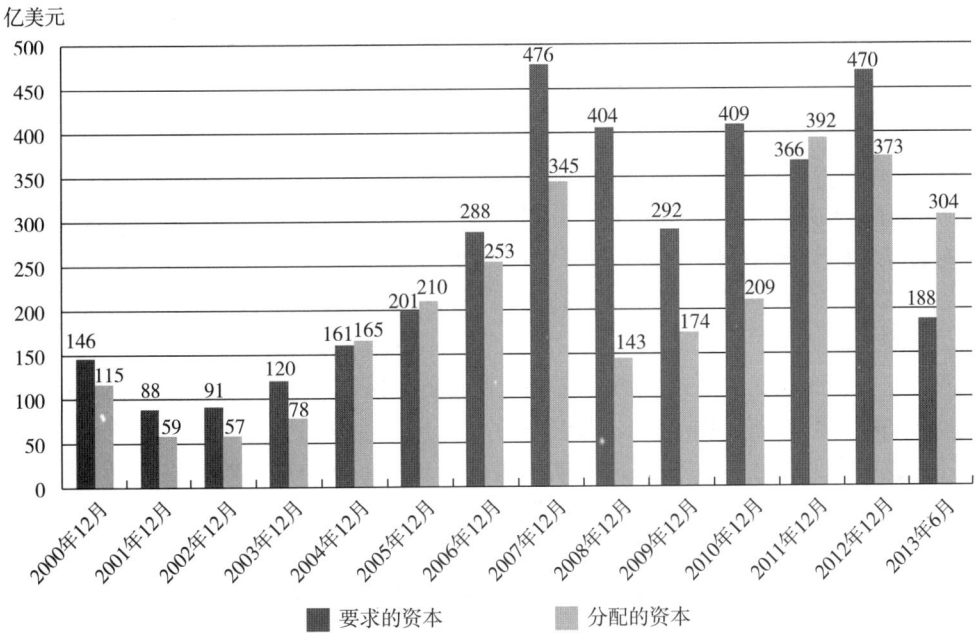

注：该图显示 2008 年至 2013 年，全球金融危机导致了分配下降。在此期间，GPs 行使资本催缴权，但金额略有下降。这种模式给 PE 投资者带来了流动性压力。

图 10.3　2000—2013 年 PE 的年度资本要求和分配金额

[资料来源：Duong（2014）]

在试图出售其 PE 投资的机构投资者中，美国大学捐赠基金尤为重要，因为 PE 在其投资组合中的份额有时高达管理总资产的 20%。管理哈佛大学捐赠基金的哈佛管理公司（Harvard Management Corporation，HMC）就是一个备受关注的例子。正如欧洲私募股权和风险投资协会（the European Private Equity and Venture Capital Association，EVCA）的一份报告所述，2008 年中期，HMC 总投资组合的 13% 由 PE 组成。在金融危机之前，哈佛大学三分之一的总运营收入来自 HMC 的贡献。基于 HMC 将通过 PE 投资收盘产生稳定的现金流的这一假设，哈佛大学甚至在进行招聘或扩张等决策时都依赖于 HMC。在全球金融危机期间，当退出市场关闭、分配大幅减少时，这一假设被证明是错误的。因此，为了履行对 PE 基金的承诺，HMC 不得不在一个衰退的市场上清算一些公共股权和固定收益投资。HMC 还决定在二级市场出售部分 PE 投资，并在资本市场发行债券，以抵抗流动性冲击。这种流动性风险迫使哈佛大学削减预算和裁减人员，一些管理人员面临失业或被迫提前退休。

另一个例子是加州公共雇员退休制度（the California Public Employees Retirement Systems, CalPERS），它是美国最大的养老基金，也是世界上最重要的 PE 投资者之一。在全球金融危机期间，出于在 PE 交易中心所承担的责任，CalPERS 面临着严重的流动性压力，不得不在不断下跌的市场中出售股权。其投资组合中的股权份额从 2007 年的 60% 下降到 2009 年的 44%。在金融危机期间，该基金损失了 700 亿美元。

近来的资产定价文献表明，相比于流动性较高期间，投资者倾向于在流动性较低期间从其资产中获得现金的分配。金融危机的发生明确地证明了这一观点。哈佛或 CalPERS 等大型 PE 投资商更愿意在 2008 年而不是 2006 年从其 PE 中获得现金分配。这些例子不仅说明了流动性的重要，也为投资者提供了更多的经验教训。

从全球金融危机中吸取的教训

全球金融危机的发生，让人们质疑捐赠模式的有效性。在这种模式下，PE 投资者通常根据均值—方差框架，如资本资产定价模型（Capital Asset Pricing Model, CAPM）将基金分配给 PE。该模型假设：只要资产不是完全正相关，投资者就可以分散投资中固有的非系统性风险。因此，不同资产类别的回报可以利用其系统性风险或 β 风险来解释。然而，金融危机表明，CAPM 的一些限制性假设不适用于 PE 投资。

首先，真正的 PE 不存在市场价格。由于缺乏市场交易平台，PE 的价值由经理人来决定。投资者可以通过 GPs 最近公布的指数或公开发行股票等代理性工具来获取价格信息。不过这些代理性工具往往在危机期间表现不佳。其次，CAPM 假设市场风险是静态的。全球金融危机揭示，整个系统的风险有可能增加，资产类别之间的相关性也可能增加。由于许多投资者试图在 2007 年、2008 年和 2009 年的短期内将其投资组合去杠杆化，PE 与其他资产类别之间的相关性远高于之前在捐赠模型中假设的相关性。因此，遵循捐赠模式的机构受到了流动性限制。PE 和其他资产在去杠杆化事件（如全球金融危机）期间的高度相关性使捐赠模型受到质疑。此外，当应用更实际的相关假设时，PE 的最佳分配低于捐赠模型的预测。全球金融危机表明，PE 和另类资产类别没有提供足够的风险分散，无法证明这种高分配是合理的。

全球金融危机发生之后，投资者意识到流动性是有代价的。在评估 PE 或其他资产类别的最佳分配时，他们还需要考虑到流动性风险。流动性危机是现代金融市场的产物。然而，由于流动性危机的固有特征和监管当局的行为，投资者相信金融市场会阻止流动性危机发展为系统性危机，因此产生了一种安全感。这种错误的安全感放大了金融危机的影响力。

投资者从全球金融危机中吸取的另一个教训是，他们应在其投资组合中同时保留非流动性投资和补充性流动性投资，以避免现金流短缺，并更加灵活地应对不断上升的系统性风险。尽管 LPs 认识到延长期限锁定资本的长期策略对于提高 PE 投资收益至关重要，但流动性问题也不容小觑。如今，投资者需要"分期"投资 PE，以便使所有投资的现金流供应与现金需求一致。

此外，投资者的选择更加谨慎，更加注重规避风险，会选择经验丰富且更有建树的 PE 基金经理。这导致了该行业的集中化，因为经验老到的基金经理自然会筹集更多的资金。如图 10.2 所示，2013 年的筹资额达到了自 2009 年以来的最高水平。然而，筹集这笔资金的基金数量实际上比前几年有所减少，表明 PE 基金的平均规模有所增加，大型基金经理的活动也增加了。

全球金融危机的发生突出了需要考虑到 PE 的具体特点，制定更有力、更有效的流动性风险管理工具和程序。除投资者预期外，监管预期也有所提高。因此，监管部门出台了新的规定。关于 PE 的主要法律规定有 2010 年 7 月 21 日在美国签署的《多德—弗兰克华尔街改革与消费者保护法案》（以下简称《多德—弗兰克法案》）和 2013 年 7 月 22 日生效的欧盟《另类投资基金管理人指令》（以下简称 AIFM 指令）。

从广义上讲，《多德—弗兰克法案》的目标是控制系统性风险，即由于传染效应，局部经济冲击可能导致整个金融体系变得不稳定。因此，如果 PE 基金被视为具有"系统重要性"，其经理人将受到包括流动性和杠杆要求在内的更高标准的约束。其他标准还包括全面风险管理、基于风险的增强资本、集中度限制和早期补救要求。

AIFM 指令主要是对对冲基金和 PE 基金这些另类投资基金的经理进行监管。流动性风险是该指令关注的一个重要方面，反映了危机期间赎回请求后流动性风险的增加。根据 AIFM 指令，除了低杠杆率的封闭式基金外，经理们必须为每一个另类投资基金采用适当的流动性管理程序。如安永的报告（2013）所述，他们应确保基金内投资的流动性状况符合义务，同时投资策略、流动性状况和赎回政策保持一致。经理们还需要在正常和特殊的流动性条件下进行压力测试，并向当局证明适当的流动性管理系统已经到位。

实证证据

正如前一节所讨论的证据，全球金融危机对 PE 行业产生了重大影响。然而，系统研究危机期间 PE 基金的学术研究数量仍然有限。由于此类资产不受披露要求的约束，难以获取近期可靠的数据。因此，任何估值和现金流数据都来源于 GPs 和 LPs 自发的报告。

在这些研究中，弗兰佐尼等（2012）利用金融危机前的数据，验证金融危机对 PE 的影响。作者研究了市场总流动性是否会影响 PE 的表现。他们应用帕斯特和斯坦堡（2003）的包括流动性风险等因子的四因子模型（其流动性测量是通过估计与给定数量相关的"回报逆转"效应来构建的）来分析 1975 年至 2006 年期间 7198 笔 BO 投资的数据。然后将这些流动性估计汇总以衡量市场流动性，并根据法玛-弗伦奇（1992）三因子模型的估算方法推导出"流动性 β 值"。

弗兰佐尼等（2012）发现 PE 回报取决于其对斯特-斯坦堡流动性风险因子的敞口，并报告了显著的流动性 β 值 0.64，这可转化为每年 3% 的流动性溢价。这一溢价是资本成本的一个重要组成部分，也是 PE 超额收益的一个主要原因。这些结果表明，PE 投资存在流动性风险，并且 PE 对投资者投资组合多元化的贡献低于早期研究的假设。作者进一步假设，市场总流动性与 PE 收益之间的关系是通过资金流动性来形成的。在全球金融危机等流动性较低的时期，GPs 可能难以为其高杠杆投资再融资，以至于不得不接受较高的借贷利率，从而导致 PE 投资者的回报率较低。换言之，PE 收益取决于金融机构的资本可用性（资金流动性），而资金流动性又取决于市场的整体流动性。作者还指出，如果 PE 投资者在金融危机期间损失巨大，那么这些损失产生的速度将较为缓慢，从而延长危机的持续时间。

在一项相关研究中，莱特拉（2012）使用了 1990 年至 2011 年间由两个独立运营的 LPs 提供的 119 项基金的数据。在业绩表现方面，作者发现，20 世纪初，PE 的业绩优于公共股权，但危机期间两者的关系发生了逆转。莱特拉认为，这种逆转可能是由于 PE 风险更高造成的。证据还表明，PE 基金在全球金融危机期间减少了投资活动，这表明 GPs 可能缺乏融资或是在规避风险。最后，在全球金融危机期间，退出活动也相应减少。莱特拉通过以下两个观察结果解释了这一发现。首先，作为主要退出渠道的并购（M&A）和首次公开发行（IPO）活动在全球金融危机（GFC）期间放缓。其次，由于市场价格低迷，一些 GPs 推迟出售其投资。这一配给假设也与卡普兰和斯格尔（2005）的研究结果相一致，他们在报告中提到在经济衰退期间退出收益较低。

罗宾逊和森索伊（2013）利用 1984 年至 2010 年间 837 项 VC 和 BO 基金的专有数据库进行研究。该数据集包括 PE 基金和投资者之间的季度现金流，并得出近 35000 只基金季度的观察结果。作者计算了卡普兰和斯格尔（2005）提及的公共市场等价物（public market equivalents，PMEs），其定义为 PE 基金分配的现值与资本赎回的现值之比，两者均以已实现的市场回报率贴现。PMEs 大于 1 表明该基金表现优于市场指数。结果显示，基于 15% 的净收益率，PE 基金尤其是 BO 基金的表现优于标准普尔 500 指数。作者还证明了 PE 投资的收益与广泛市场条件的变化相关。最后，罗宾逊和森索伊分析了 PE 现金流的流动性特征及其在全球金融危机中的表现。在全球金融危机还未发生的前提下，他们的证据表明，在市场状况良好时，PE 是流动性的一种来源；在市场估值较低时，流动性会适度下降。在全球金融危机和之后的经济衰退期间，不明原因的资本催缴要求大幅增加，分配大幅减少。罗宾逊和森索伊认为，全球金融危机导致 PE 基金出现了更大的异常流动性需求。

第十一章 私募股权投资组合管理：挑战、方法和实施

引言

设计并应用私募股权（PE）投资组合通常被描述为一门艺术，而不是科学。PE投资并不是很契合现代投资组合理论（MPT）基础上的标准风险回报框架，因为现代投资组合理论是以有效市场假说（EMH）为基础的。MPT依赖于一个高效的市场，在这个市场中，许多参与者不断为资产定价，投资者可以在合理的时间内以合理的价格买卖资产。

投资组合管理的关键是如何整合多个资产类别。由于PE环境具有极大的不确定性，寻找最佳解决方案是徒劳的，这时简单的方法往往比复杂的方法效果更好。市场实践很大程度上依赖于启发式方法，如将投资组合分为"核心"和"卫星"两部分。虽然这种方法违反了MPT的原则，但在更广泛的行为金融背景下是合理的。适应性市场假说（AMH）超越了EMH理论。尽管在PE中很少讨论AMH，但它提供了一个令人满意的框架，使核心—卫星策略与EMH保持一致。本章将详细讨论这些不同的框架。

设计一个成功的PE投资组合通常是为了在多元化和集中度之间找到平衡点，以及如何确保所持各种期权头寸之间高度独立。

什么是私募股权

私募股权指以一种制度化的方式持有未在交易所注册和上市的公司的股份。机构投资者通常专注于有组织的PE市场，要么直接投资，要么通过基金作为非上市工具进行投资。要了解PE投资就需了解这类资产的性质，尤其是表11.1所示的"私人持有"和"私募股权"之间的区别。

私人持有公司和公共市场同行一样，普遍具有相同的内在风险；因此，这类公司可以使用传统的投资组合管理技术。对这些资产进行估值是基于定期的主观评估。虽然无法提供特定私人持有资产的报价，但可假设金融市场中观察到的可比资产价格具有代表性，并且是量化投资组合模型的适当输入。不过，还需进行一些调整。例如，由于投资者对不易出售的资产要求较高的收益率，PE的非流动性则会通过适当的贴现率进行建模。由于所谓的评估价值效应，即资产价值仅由评估师定期评估，而很少由市场进行评估，时间序列评估往往低估了波动性。这种效应，也被称为滞后估值，往往伴随着时滞效应出现。例如，一个交易价格可能从100开始，中间历经大幅波动，而在月底还是以

100 结束。由于持续交易，该价格显示了其潜在波动性，而不像评估价格，估值为 100 的 "不变"估值在月初和月末各发生一次。

为了补偿滞后估价，可以将公开市场收益考虑在内，并通过重新添加波动性来调整推导出的方差。许多从业人员发现这些假设对于他们的投资方法是可以接受的，因此将 PE 视为一种更广泛的股权配置。

表 11.1 私人持有与私募股权的区别

私人持有	私募股权
通常买入持留	买入卖出
直接投资	通常通过有限合伙基金和共同投资进行投资
基于与公共市场同行的可比性作为价格代理的估价	现金流资产
风险	不确定性（如不可量化风险）
传统的投资组合管理技术	启发式和基于现金流的方法

注：此表显示私人持有资产与 PE 之间的差异。就其在公司资本结构中的作用而言，私人持有资产基本上与 PE 相同，但其非流动性明显较高。PE 资产具有独特的特征，远不止"非上市"这一简单的定义。PE 投资仅在干预阶段临时持有，并针对特定的三年至五年目标实施价值创造计划。

私募股权干预

PE 资产具有独特的特征，远不止"非上市"的简单定义。实质上，PE 是一种在研究不足或被忽视的市场中寻找套利机会的策略，这些市场中信息专有且竞争较少。PE 投资者可获得的超额利润可视为极端套利机会的一个功能。在定义 PE 时，投资只是暂时持有，并有一个预先计划的或合同规定的最长期限，以便实现有利可图的撤资。

PE 投资遵循一种"买入—卖出"的操作方式，即在干预阶段，投资组合公司可以避免受到不利的市场影响。在这一干预阶段，市场价值和市场风险并不完全符合实际，这要求 PE 投资者提高他们对风险的感知能力。这一框架与许多"买入持有"（也称"买入持留"）战略的做法相反。一些机构投资者，如主权财富基金、养老基金和公司，遵循 PE 投资模式并实施价值创造计划。然而，在干预阶段之后，投资者变得相当被动，所投资的公司是私人持有的，并且再次在与公开上市资产相同的市场环境中运营，而不是抛售。

中介

在直接投资和增加分配给 PE 资产类别的资本的过程中，存在着明确的限制。投资者别无选择，只能通过基金投资寻求中介。基金是私人组织的投资工具，并由专业经理人进行集中管理。PE 基金是作为合格投资者的代表而被组建的，不向公众开放。由于其结构特点，它们可以利用豁免条例，并合法地利用缺乏透明度带来的机会。PE 基金的结构通常是不对称的有限合伙关系，其中有限合伙人（LPs）放弃其管理业务的权利，以换取对合伙企业债务的有限责任。

虽然条款、条件以及投资者权利和义务长期以来都在特定的非标准合伙协议中协定，但近几十年来，有限合伙结构（或是各个司法管辖区使用的类似可比结构）已演变为一种准标准。基金的合同期限通常为 7~10 年。

基金经理的目标是在合伙企业清算之前或清算时完成所有的投资。通常情况下，一项条款的有效期为两年或三年。而承诺资金的很大一部分可能仍未被提取，并持留在 LP 手中。这些持留在 LP 手上的资金只会产生缺乏吸引力的公共市场收益，甚至是国库券收益，除非被投入其他易提取并满足资本要求的地方。

选择直接投资或是通过基金投资不仅仅取决于投资项目的规模，还取决于投资者希望通过在 PE 基金组合中合并更多公司来实现多元化的程度。对于专注于本地和后期公司的小型投资项目，直接投资是有利的。中等规模的投资项目需要增加对资金的承诺。对于一个大型投资项目，需要由共同投资取代单独交易，并由第三方基金经理协助采购、监控和运营投资组合公司。对于许多机构投资者来说，通过基金投资是一种经济有效的解决方案。

PE 作为现金流资产

直接投资可被作为"买入—卖出"或"买入—持有"模型，而 PE 基金的投资是"买入—卖出"模式，因为其基金结构是自清算型。"买入—卖出"的基金和 PE 资产可被视为"现金流资产"。现金流资产通常无法通过交易盈利或产生现金流，并且需要通过及时提供流动性来维持，因为与未提取承诺资金相关的机会成本需要显性或隐性的超额承诺策略。使可交易资产和现金流资产具有可比性，这涉及在现金流模型上来映射市场价格，或使用现金流模型确定公允价值从而假设会在市场上获得相同的价格。这给基于 MPT 的投资组合管理方法带来了麻烦，MPT 依赖于市场价格和在任何时间点进行交易的能力。

投资组合管理

MPT 基于马柯维茨得出的结论，即在任何给定的风险水平下，不完全或弱相关的资产可以以最大化收益的方式组合在一起。MPT 依赖于多元化的基本原则，并认为在有效市场中可以简单地做出分配选择。投资者选择合适的无风险资产以及符合其风险规避水平的市场组合。然后将税收考虑和其他投资限制囊括在内，可以对这种方法进行调整。

有影响力的想法

自马柯维茨提出 MPT 以来，这一强有力的想法主导了投资组合设计。要应用 MPT，收益必须定义为市场价格从一个时期的开始到结束的相对变化。为了找到一个符合平均收益和风险投资目标的投资组合，投资者需输入所有被考虑的资产收益之间的预期均值、预期标准差和预期相关性，以确定有效的资产配置。基于 MPT 的模型也许适用于公开交易的工具，但对于 PE 而言，传统收益的概念并不能轻易界定。无法从历史数据可靠地估计均值、标准差和相关性，这对于预测预期收益至关重要。此外，MPT 许多关键的基本假设，如正态分布收益，都没有得到满足。实证证据表明，PE 投资的收益率通常并不是正态分布的。另外，PE 收益的非正态性要比在公开交易市场上观察到的非正态性大得多。

满足而不是优化

可以说，MPT 的主要吸引力在于其基于少量输入实现的优化，并提供了一个有效边界，即投资组合在给定风险水平下给出最高收益或给定收益水平下给出最低风险的一条线。只要一个单项资产收益与投资组合中其他资产的风险水平不同，那么它的风险水平就不重要。MPT 的基本概念不涉及单项资产。而重要的是每项资产如何根据投资组合中的其他资产价格的变动而改变价格。PE 的实际应用与建立"最优"的投资组合的理念不一致，因为投资者主要依靠他们的选择经验技能，该技能胜过一切其他的考虑因素。

尽管 MPT 强大的数学工具在金融领域具有重要意义，但其在 PE 中却难以应用。在 PE 领域中，精确计算所需的高质量数据根本不存在。与有限合伙基金投资相关的风险需要基于定性和定量共同数据建模。实际上，PE 投资组合管理的关键在于"令人满意"，这一术语由西蒙提出，与最优决策形成了对比。投资者依靠启发式方法寻找可用的替代方案，直至找到一个可接受的解决方案为止。

挑战

讨论与 PE 投资组合管理相关的挑战需要考虑下列 RRTTLLU 中的内容。除了投资期限、税收和费用、流动性、法律问题和独特环境等投资限制之外，投资者通常根据投资目标的收益和风险设计投资组合。

收益

在 MPT 中，收益被定义为市场价格从一个时期的开始到结束的相对变化值，同时考虑了该时期内的现金流情况。然而，PE 与金融市场存在着矛盾。金融市场有着丰富的历史信息，并且依赖于高精确度和频繁更新的数据。而 PE 的信息库有限，投资没有市场价格，因此投资者依赖估值数据等代用指标。与公开市场估值相比，PE 估值并不频繁（通常按季度评估），主要参考专家评估或者是偶尔参考投资相关的第三方交易。

衡量收益还取决于投资组合公司在基金里是被直接持有还是属于基金的一部分。不过，有关公司直接持有 PE 投资的信息难以获取。与基金的业绩相关的数据可从商业数据库中获得，但通常都是汇总的信息，没有单独的现金流信息。投入资本的总值倍数（the total value to paid-in，TVPI），也称为货币乘数，是衡量基金业绩的一种方法。TVPI 的局限性在于它无法提供有关投资期限的信息。基金的内部收益率（IRR）是最常用的业绩指标，但它的缺点众所周知：不符合交易资产的收益概念，也不能总是全面地反映情况。

失真（如基金年收益的 J 曲线模式）加剧了这种混乱。在 J 曲线模式中，计算出的回报率在早期往往很低，给人留下基金业绩不好的印象。然而，这是一种错觉。因为公司首先按成本估值，然后推导出固定成本，表现不佳的公司很快就会被清算，或者价值被减记。几年后，随着投资组合公司估值的增加（例如，新一轮融资等第三方交易），以及其他公司通过 IPO 或出售获得成功退出，这种趋势将发生逆转。基金年度收益 J 曲线模式在一开始会显示高于正常水平的年度收益状况，然后在基金生命周期结束前再次趋于平稳。然而，基金真实的表现通常更稳定，没有那么极端。这就引发一个问题：这样的回报是否真的能够补偿所涉及的风险？

最后，正确（但不一定精确）的评估和全面的考虑是有效风险建模的基石。要计算有效收益，不仅要检查投入资本，还需审核用于 PE 投资的所有其他资源的收益。值得注意的是：目前尚不完全了解这些基金未动用承诺资金的作用。有关承诺风险的学术研究仍处于起步阶段。衡量一个基金组合的业绩时，无论投资者在任何给定时间点是否有足够的流动性，都应考虑到包括未履行的承诺在内的 PE 用到的所有资源。

风险

在时间序列的基础上对风险进行类似于公共股本的建模，这具有明显的优势，即该框架运用机构投资者和监管机构的风险管理部门熟悉的方式处理风险。这一过程看似简单而又具吸引力，因为人们认为季度收益很容易与公共指数相比较。使用时间序列估值可能看起来简单，但随之而来的是技术复杂性。就算采用历史风险数据确定组合优化的预期风险的办法也行不通，其原因与测量收益中讨论的原因类似。

投资者通常使用风险价值作为确定其整体经济和监管资本充足率以及衡量交易风险的基础。如果没有市场价格，很难将这一概念应用于 PE。此外，非金融公司发现，VaR 很难应用于风险管理，因为非金融公司的价值主要以固定资产的实际投资形式存在，难以轻易变现。工业企业将现金流风险（CFAR）视为更为相关的风险敞口衡量标准。CFAR 是指在给定置信水平的给定时间段内，由于潜在风险因素的变化，实际现金流与某一设定水平（如预算账目）之间的最大偏差。因此，欧洲 PE 和风险投资协会（EVCA）的风险测量指南表明，基于现金流情景计算的 VAR 可以作为评估 PE 相关风险的有用方法（EVCA，2013）。

投资期限

PE 在结构上被归类为非流动性资产，为机构投资者带来补偿风险溢价。为了获得收益，它们必须有一个负债表，允许它们将资本锁定至少 10 年。例如，大规模的大学捐赠基金有能力维持长期投资期限，这使得它们有能力承担 PE 流动性不足的风险。然而，支付政策和相关的流动性限制可能会要求采取一个更为保守的投资策略。与大学捐赠基金类似，主权财富基金和家族办公室（即管理家族财富的基金）能够控制其负债，这使得它们在投资非流动性资产时具有更大的灵活性。保险公司需要对它们的资产负债管理（ALM）保持谨慎——当试图优化风险和回报之间的平衡时，要兼顾资产和负债。

税务

税务问题会影响最优投资组合的设计。许多长期导向的机构，如养老金计划、基金会和捐赠基金，是 PE 基金最重要的资本来源。从历史上看，由于在 PE 投资中大部分收入来自出售投资组合公司而非股息和利息，根据《国内税收法》，PE 投资者在美国的免税地位一直是他们投资PE的催化剂。对于投资者而言，免税待遇具有更大的灵活性，使他们关注于总回报上，而不是当前收入。税收和监管要求还推动有限合伙结构基金实现税收透明度的额外目标（比如，投资者被视为直接投资于标的投资组合公司）。在许多国家，PE的税务问题正日益受到讨论，若其发生变化则可能对资产配置产生不利影响。

流动性

投资者的流动性是另一个制约投资组合构成的因素。事实上，不可预见的流动性需求是短期投资者的一个特征。养老基金和人寿保险公司可以将部分长期负债与在类似时间范围内到期的资产相匹配。相比之下，非人寿保险公司则有年度续约周期和更少的可预测赔付支出。因此，不可能对PE进行大规模分配。银行也受到类似的限制。为使PE更易定价从而更适合短期导向的投资战略，人们曾做过许多提高其流动性的尝试，但都没有取得很大的成效。相反，这些尝试往往适得其反，带来了PE投资中技术上（如有限合伙制结构）已成功克服的问题：无法为极端不确定性定价，以及投资者缺乏成功所必需的长期承诺。

法律问题

法律问题也会影响投资组合的设计。最明显的是一项法规可以限制对非流动性资产和不可出售资产的分配，但反过来又使另类资产投资对不受监管的机构更具吸引力。近年来，监管加强和趋同使得漏洞关闭，套利范围缩小，PE投资变得更加困难。在美国，这一趋势也适用于非营利组织，这些组织历来被认为基本上不受到监管。《机构基金统一审慎管理法案》和《萨班斯—奥克斯利法案》的颁布创造了一个更加复杂和限制更紧的环境。

监管以及人们对监管的看法都使PE分配陷入了恶性循环。许多人认为是资产类别的风险性导致分配微不足道。因此，投资者很少在风险建模方面投入精力。他们使用的工具虽然很简单，但往往却具有误导性，从而进一步加强了他们对风险的感知度。这些问题涉及如何在GPs与LPs之间建立基金管理公司或合同义务。法律问题因国家而异，关于美国和欧洲PE的监管发展可以参考第三章的内容。

独特的环境

独特的环境也推动了PE的分配。维持预先设定的目标投资分配水平是任何机构投资者审慎机制的重要组成部分。分配目标的许多定义存在的问题是，它们在很大程度上忽视了PE的非流动性。事实上，对于非上市资产，"大甩卖"的心态是有问题的。因为市场可能会瘫痪，导致资产无论以什么价格都无法出售。这种情况可能会在公共市场低迷时期产生问题，流动资产的价格会随着整体投资组合的价值减少而下降。由于将投资组合总价值作为分母以确定PE在总投资组合中的占比，因此尽管PE的价值保持不变，但其份额可能会违背设定的阈值。这种所谓的分母效应也可能发生在PE估值处于升值的时期，从而出现由内部规章制度引起的违约。要解决这类违约问题，投资者可能会被迫出售一些股份，通常损失惨重。其他投资限制来自与投资者利益相关方的自我限制，主要是所谓的环境、社会和管治（ESG）方面的限制。例如，禁止在酒、烟草、色情、赌博或军火等行业投资。由于监管和机构特别的限制以及偏好，投资组合构成往往偏离机构投资者的理想情况。

私募股权配置

资产配置显示了投资于最优PE组合的资产类别。许多研究表明，资产分配是投资绩效的主要驱动力，而在资产类别里特定资产所提供的附加值较小。其基本理由是资产类别在不同的市场和经济条件下会有不同的表现。因此，资产类别的多样化有时被称为金融市场上"唯一免费的午餐"。

朴素法

斯文森、弗雷泽·桑普森和科尼利厄斯讨论了如何将PE嵌入更广泛的资产配置中。近年来，耶鲁模式、捐赠投资模式引起了学术界和从业者的广泛关注。根据斯文森的说法，尽管它是一种简单又稳健的方式，这个模型也包含了MPT的原理。它基于低相关性资产类别的多样化，以便实现风险调整后的收益的最大化。耶鲁模式本质上是一种朴素多样化方法，即将一个投资组合大致分为五到六个大致相等的部分，并将每个部分投资于不同的资产类别。投资组合应定期按资产类别的初始权重进行再平衡。这种朴素多样化方法考虑到，长期导向资产的风险与收益之间的关系无法有效量化。通过再平衡，理论上投资者将在二级市场价格高、折扣低时出售PE头寸，并低价买入（比如，在资金短缺且投资组合公司能够以具有吸引力的价格收购时承诺投资基金）。对固定收益和大宗商品等预期收益较低的资产类别的不利股权导向是该模型的关键部分。这种模式的新颖之处在于，流动性需要规避而非寻求，因为它的代价很高但回报率较低，而且与更传统的投资组合相比，它对包括PE在内的另类资产类别的风险敞口相对较高。然而，斯文森没有深入指导如何构建PE投资组合。

背景风险

在实践中，PE这类非流动性资产类别的分配并不像朴素分配法那么简单。它们通常由投资者的支付政策和流动性限制决定。迪莫克表示，如果一个经济主体被赋予了非交易性的风险（如背景风险），即使所有的风险源都是独立的，这也会降低其对其他风险的偏好。市场的不完善会对投资组合选择产生较大影响。面对背景风险，投资者应选择最优的投资组合，以最好地对冲其个人风险。迪莫克研究了大学捐赠基金的背景风险，他将其定义为大学非金融收入的波动性。他的研究结果有力地支持了背景风险驱动捐赠基金投资组合构成的假设。迪莫克建议捐赠基金管理者选择能够降低大学实体（包括其捐赠基金和非投资业务）整体风险的投资组合。

理论上，大学有无限的生命周期，因此其捐赠投资策略不应过度规避风险。然而，捐赠基金也需要定期的现金流入，以满足大学的运营需求。同样的观点也适用于基金会和家族办公室（即为家族管理投资和信托的私人公司）。基金会可以减少拨款，不过博物馆或学校要依靠捐赠来填补预算。收入风险较大或负债资产比率较高的大学往往避免使用风险投资（VC）等另类资产。公立大学则更多地投资于固定收益，因为它们的资金主要是国家或地方政府通过公共手段筹集的。所以，一些人可能会认为，这些大学是从外部获得捐赠的。研究导向的大学需要比文理学院持有更安全的投资组合，因为它们的资金需求更高且更不稳定。因此，它们的捐赠基金具有更高的流动性需求。

私募股权投资组合管理框架

投资组合经理如何管理 PE 资产的投资组合？关于这一点，市场实践基于探索启发。MPT 的许多假设并不适用于"买入—卖出"PE 资产，这就迫使经理考虑其他框架，如行为金融理论或适应性市场假说。

行为金融理论

"核心—卫星"规则中反映的分层投资组合在行为金融学领域是有意义的，行为金融学还考虑了投资过程中人的行为（如厌恶损失），这对分配投资组合资产很重要。MPT 只考虑收益、风险以及相关性，将分层投资组合视为次优投资组合。"核心—卫星"方法旨在增强风险控制和降低成本。例如，投资组合可以分为两层。"核心"投资组合由优质基金组成，这些基金可以筹集大量资本，预计将产生可预测的基准收益。"卫星"投资组合采用非主流的利基战略基金（如新兴市场、新团队和专业基金）。"核心—卫星"策略为投资者认为可以更好地控制风险或愿意承担更多风险的领域提供了一个具有针对性的控制框架。

对于那些既想要实现投资组合多样化，同时又不想牺牲主动管理策略所带来的更高收益的机构来说，该策略可能是有效的。它的另一个优势是可以灵活地定制投资组合以满足特定的投资目标与偏好。它还为针对和控制那些投资者认为可以更好地控制风险或愿意承担更多风险的领域提供了一个框架。"核心"与"卫星"的区别在于投资者的关注点和专业度。一些人将 VC 视为"卫星"，而另一些人则将 BO 和 VC 相平衡的组合视为"核心"。最后，这种方法还允许将更多的时间用于"风险"更小且预计会产生更高回报的"卫星"组合，并用于缩短"核心"组合的时间。

行为模型运用社会、认知和情感因素来解读投资决策，并主要关注市场参与者的理性界限（如自私和自我控制）。这有助于解释分层金字塔投资组合———一个小规模私人投资者常用的组合。小规模私人投资者并不是按照 MPT 的规定那样把投资组合看作一个整体，而是把它们看作多层次资产结构中的不同层次。在资产层次结构中，不同层次的资产与特定的目标相关联，对风险的态度也因层而异。

然而，对下面这些问题行为金融模型并没有给出令人满意的解释。比如，如果投资者能以更便宜的价格通过更多传统的资产配置来达到同样的效果，那么他们为什么要在分配 PE 的过程中保护自己的下行风险呢？"核心—卫星"也被称为"核心与探险"策略，因此它似乎更接近 AMH 提出的概念，而不是行为金融的理论。

适应性市场假说

AMH 源于对冲基金,是为了调和许多对冲基金存在的理由——套利,和假设套利无可能的 EMH 之间的矛盾。AMH 解决了对冲基金将市场低效作为转瞬即逝的机会加以利用的问题。一些敏锐的对冲基金投资者可能是第一个发现这些机会的人,并在一个时间窗口内获利。不过最终其他投资者也发现了市场低效,靠其获利就不复存在了。为了在这场游戏中保持领先地位,对冲基金经理需要不断留意新的低效之处。然而,即使经理有着出色的业绩记录,这也不能保证他能够再次觅到良机,事实上许多经理人都没能梅开二度。

AMH 接受进化原则,使得对冲基金经理在具有极端不确定性的变化环境中能蓬勃发展。AMH 假设市场参与者会犯错误,但也会从中学习和成长。竞争驱动适应和创新,自然选择塑造市场生态,而进化决定了市场动态。市场中确实存在投机机会,但会随着时间推移出现和消失,因此不断寻求新机会并抓住新的机遇才是生存的关键。不断做出与环境相悖决定的投资者最终会被市场淘汰。AMH 是由罗与穆勒提出的一个相对较新的框架,他们认为该理论的实际实施比在 EMH 框架下的投资更难。他们在对冲基金的背景下提出论点,对冲基金是金融界的"加拉帕戈斯群岛",与 PE 不同,它在一个近乎有效的市场中运作。学术界正在努力调和 AMH 和 EMH 等一些理论框架。

由于 PE 的发展速度比对冲基金要慢得多,因此其潜在动力更难以察觉。不过,可观察到的结构显然支持罗的假设。以长期视角关注捐赠基金以及家族办公室等参与者可以发现,发展过程是可见的。虽然该行业正在尝试其他结构、条款和条件,但上述因素并不总能奏效。今天的最佳方案明天就可能被淘汰。当然,这种情况出现的速度肯定没有对冲行业令人惊奇的变化速度快。在 PE 行业,虽然具有相同的动力,但发展要慢得多。

私募股权投资组合的应用

成功的 PE 投资在很大程度上取决于既不高效也不受监管的市场信息优势。情报和网络构成了投资战略的基础;这个市场的不透明性使得基于保密和专有见解的方法变得可行。PE 投资组合管理必须知道如何最好地寻找机会,并先于竞争者敲定最佳方案。市场非高效时的确存在机会,但这些机会只是暂时的,并且不一定能根据历史数据被确定。一旦市场成熟,数据触手可得,利用市场低效的机会往往已荡然无存,投资者只能寄希望于获得风险或流动性不足的溢价。

对于投资组合的构成,投资者需要在求稳和探索之间,或是在多样化和集中之间找到一种平衡。投资者通过多样化进行探索,并通过建立集中的投资组合或增加对具有特定潜力的利基市场的分配来进行开发。

多元化管理

对于私人投资而言,PE 投资具有高风险的观点可能是正确的。然而,对于精心挑选且多样化的投资组合,其回报的标准差小于直观预期。多元化在不确定和变化的环境中保护了投资组合，但资产数量的增加限制了投资组合潜在的收益范围，而这一范围收敛于市场的平均表现。投资者也可以反其道而行之，不采取多元化的策略，利用集中原则来实现增长。这种做法让人们不禁发问：最佳多元化组合是否存在？在经济利好PE的时期，投资者是否应该集中投资组合？多元化能在多大程度上应对外汇相关风险？最后，投资者如何确保PE资产之间有足够的独立性，从而真正实现多元化效应？

多元化水平

确定最佳多元化水平并非易事。如图11.1所示，对于PE基金的投资组合，魏迪格与马托内发现，只要20~30个头寸就能实现最大的多元化收益。多元化程度取决于投资者的选择技巧和整个PE投资组合的目标收益。对自己能力充满信心、能抓住获得高于目标收益机会的投资者应将目标放在包含最佳机会的集中投资组合上。

若是投资者对自己的选择技巧没有把握，但对PE资产类别持乐观态度，那么所有可利用的机会都应保证高于目标收益的平均收益。这种观点当然是合理的，至少暂时在蓬勃发展的利基市场是这样的，高度多元化的投资组合可为业绩低于目标的产品提供保护。

在许多情况下，二者均不能被假定。投资者如何在对自己识别赢家的能力没有信心且平均回报率可能不够高的情况下应对高度不确定性？然而许多国家的VC市场就是这种情况。要构建这样一个多元化的投资组合通常成本高昂。因此，投资者需要研究如何扩大正面影响（如通过"实物期权"）。

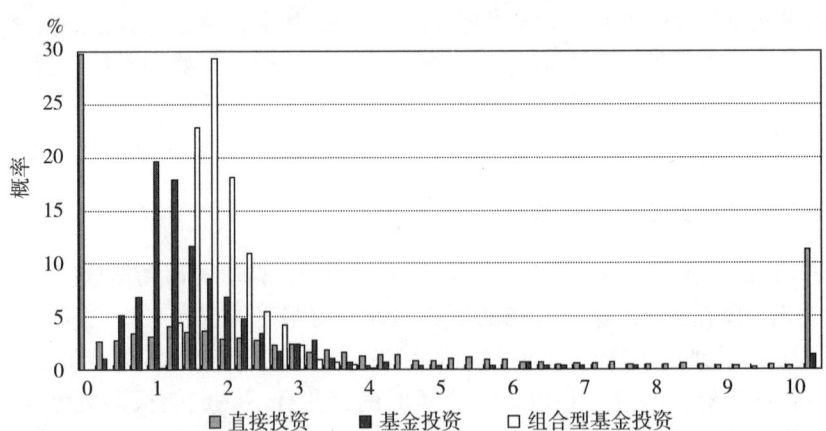

注：柱状图显示了三种不同VC投资类型的多重收益分布，包括直接投资、基金投资和组合型基金投资。虽然直接投资会带来全盘损失，但也会带来极端收益。而基金投资和组合型基金投资的分配更加常规，没有极端的翻倍现象。

图11.1　风险投资的风险概况：直接投资、基金投资和组合型基金投资

[资料来源：Weidig 与 Mathonet（2004）]

市场时机

在讨论多元化与集中化时，每种情况下都有独特且适合的市场时机。市场时机的选择是利用市场周期性的分配策略的一部分。这是通过观察PE业绩在不同年份间表现出的显著差异得出的结论。图11.2显示了1990年至2000年全球VC和PE投资的平均基金业绩。20世纪90年代的盛衰周期代表了每一年的极端平均收益率，范围从个位数到20%以上。

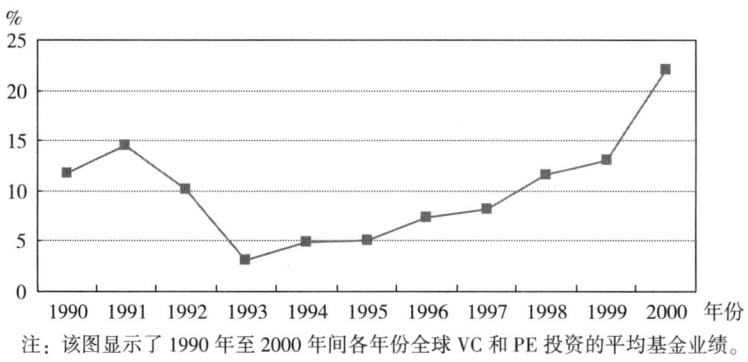

注：该图显示了1990年至2000年间各年份全球VC和PE投资的平均基金业绩。

图11.2　1990年至2000年各年份的平均基金业绩

许多从业者认为市场时机是一种失败的策略，因为没有证据表明大型机构可以不断地在低位时进入市场，在高位时退出市场。行之有效的方法是在整个投资年份中持续投资固定的金额，这将导致对PE市场起伏的逆周期敞口。与同行相比，投资经理在繁荣时期投资较少，而会在其他年份大胆投资。尽管这一策略是正确的，但作为先驱，投资经理人可能会感到更多的主观风险。

外汇

随着PE逐渐发展成为国际资产类别，投资者越来越容易受到汇率变动的影响。因此，货币决策需明确地纳入投资组合管理过程。在PE中，不确定性不仅关系到外汇汇率，还关系到现金流的数量和时间，但这些因素之间彼此独立，没有相互关联。

理论上，对冲工具是可以定制的，但在实践中由于成本高昂，没有人选择这样做。投资者更倾向于依靠自然对冲保值（比如，通过分散投资来降低投资风险的技术，至少在某种程度上抵消了初始风险）。在这种情况下，通过模拟现金流特征以及尝试达到目标风险状况，投资组合已经提前完成设计。在许多情况下，任何形式的对冲可能都是不可取的。实际上，外汇可以视作构成PE投资组合的几种资产之一。投资于不同的货币可能有利于投资组合的风险和收益以及其流动性状况。

减少相互依赖

关于怎样的多元化才有意义的问题也取决于所选头寸的相关性。相关性是投资组合优化的基础。寻求多元化的投资者寻求的资产通常与他们投资组合中的其他资产的表现不同。理论上，相关性可以通过历史收益数据测量，即可以以这些数据作为参考来预测相关性。但对于PE来讲，就不能用这种方法测量相关性，因为近似收益的数据点太少，无法进行分析。即使是最丰富的相关数据（如季度净资产值和每日现金流）也会因滞后估价和机械的估价规则而不够充分，从而导致自相关过高。

不过，PE投资组合需要针对低相关性进行设计。经验表明，在不同年份里，PE拥有明显不同的业绩水平。投资组合类似于人类人口的年龄金字塔，如果时间维度受到忽略就会表现出不平衡：由 50%的男性和 50%的女性组成的人口似乎达到了良好的平衡，但一个严重的问题是，如果这其中女性在 90 岁以上，而男性都低于 10 岁，它就是不平衡的。为资产选择的标签是无关紧要的，因此以独立风险维度对 PE 投资进行适当分类是管理多元化的重要工具。在一定程度的主观性下，这一目标是有可能被实现的。

理想情况下，即使面临经济压力，投资组合在所有风险维度上仍能保持多样化。实现这一目标的工具是聚类分析，该方法广泛应用于医学、营销和经济学等不同的研究领域。它被用于将相似的对象分为相对同质的组（或独立的风险维度），或将不同的对象分为不同的组。这项技术不能大规模应用于 PE，因为该技术对其结果的解释过于主观。在大多数情况下，考虑到所处的不同压力水平，一个投资组合倾向于形成子投资组合集群（投资组合不能被视为至少部分独立）。

压力水平是两个资产在其分类中被视为独立的最小距离。例如，对于"基金经理"和"投资年份"不同，但其他方面都相同的两只基金而言，它们的距离为 2。如果距离低于设定的压力水平，可认为一只基金在另一只基金的范围内，并且二者在同一个集群中。理想情况下，投资组合在所有风险维度上都是多样化的，并且随着压力水平的增加而逐渐闭塞，从而允许投资者为成本较低的多样化承担相同的风险。

实施

即使明确了广泛的多元化方法，关于实际操作的问题仍然存在。投资者通常根据自身的专业知识和约束条件自上而下或自下而上地构建 PE 投资组合。

自上而下和自下而上的方法

自上而下的方法是通过确定分配范围，然后寻找适合这些分配的机会来构建整体投资组合。它优先考虑选定的行业、国家、趋势和年份，而不是个人资产。采用自上而下方法的投资者通常强调其投资组合的整体构成。不过，一些人对自上而下的方法于 PE 市场是否有用持怀疑态度。除了与确定分配权重相关的问题外，自上而下方法的主要缺点是这些范围在实际中并不可能严格遵守。在投资基金时，要找到足够数量的出色经理人来填补每个预先确定的子类分配的空白是很困难的。事实上，通常特定的行业里只有一两名优秀的基金经理，而他们每三年或四年才会筹集一次资金。

自下而上的方法则侧重于筛选所有的投资机会，以质量为首要标准，不考虑行业、地域多元化等影响较小的因素。首先是确定合适的投资，然后分析机会，以便根据吸引力对其进行排名。自下而上的方法有其自身的魅力所在，可以说是最广泛使用的方法。它具有直观的吸引力，易于理解，同时因其只依赖于排名，所以也很稳健。然而，这种方法也存在问题。由于它是机会主义的，自下而上的方法会导致投资组合不平衡，从而带来比预期更多的风险。

在实践中，自下而上和自上而下的方法通常是相辅相成的，大多数投资者会将这两种方法相结合使用。投资者不会仅仅为了完成目标配置而考虑非最低质量的资产。同样，即使是对自己的选择技能深信不疑的投资者也会意识到有效多元化的重要性。自下而上的方法在 LPs 具有更强选择技能的时期可能会更具代表性，然而这在今天不太可能奏效。

监管与再平衡

投资组合的设计至关重要，投资者还需要通过总结并监测投资组合的关键指标来对其实施和发展进行监管。例如，魏迪格与格拉本瓦特提出了以下衡量指标：总回撤率、总资产净值、各行业的总风险敞口、不同阶段、地理区域和单个团队、平均生命周期、总体和子投资组合的绩效，以及不同年份、地区或行业等多元化措施。大多数指标仅用于报告，而其他指标诸如多样化措施等可用于决定应投资哪些新的 PE。例如，如果生物技术子投资期尚未结束便早于预期退出市场，那么该投资组合就缺乏生物技术风险敞口，这种状况下应利用更多的生物技术股进行再平衡。如果有机会，投资者也可以进行二次购买。对 PE 投资组合未来的回撤率和退出进行建模对于了解短期和长期流动性需求很重要。

积极的投资组合管理

对于非流动性资产类别，投资组合再平衡是不切实际的。有时，投资者需要退出 PE 市场（此类情况比如改变投资策略，应对监管变化，释放基金的部分资本以支持监管资本）。若投资者被迫在衰退的二级市场进行交易，退出成本会变得很高。机械管理的投资组合分配规则可能过于简单化，甚至会与 MPT 产生矛盾，MPT 不会假定通过这种可能导致巨额亏损的不良销售来实现再平衡。这些规则通常会产生意想不到的不良结果。

相反，PE 投资组合在很大程度上需要提前完成设计并且按照设计进行操作：大多数的投资组合管理得到改善是由于投资组合设计进行了改良。此外，投资者需要不断监管并模拟其现有的 PE 投资组合未来的发展，以了解资产类别对其更广泛的投资组合的影响，从而进行现金流管理，并决定未来私人投资的性质。投资者也许会有一个目标分配，不过灵活的分配方式允许带宽，在带宽范围里偏离目标分配是可容忍的，这有助于避免或至少减轻分母效应。

PE 的退出方式主要包括让基金到期或等待所有标的公司退出。这一过程可能会花上数年的时间，因此投资者需要有足够长的投资期限，并且不能轻易地将投资转入或转出 PE 资产类别。

展望

最初，很少有投资者涉足基本上未得到充分开发的私募股权市场，但这个市场提供了丰富的机会。在这种情况下，访问和尽职调查至关重要。现在，大环境的竞争日趋激烈，传统的工具往往不能带来期望的结果。资本流入资产类别的增加在很大程度上削弱了机构对 PE 投资的了解以及评估技能的提升。研究证据表明，PE 的平均收益率表现一般，但仍有许多投资者高估自身能力，这在行为金融学中被称为过度自信偏差。这也被称为乌比冈湖谬论，乌比冈湖是一个虚构的小镇，那里所有的孩子都长得高于平均水平。投资者切不可依赖这种高于平均水平的选择技能，要另寻他法来加大成功的概率，比如改善投资组合管理。

在PE领域，投资环境通常具有极度不确定性，同时，由于该类资产的非流动性，决策往往是不可逆转的。但事实上，资产类别在极度不确定的环境中也会蓬勃发展。不确定性不是障碍，而是新机遇持续不断的源泉和创新的引擎。在不确定的情况下做孤注一掷的决定是有风险的，但投资者至少可以做好准备，在不确定的结果发生时进行应对。如实物期权法认识到了推迟投资决策和不断学习的重要性。

在涉及高度不确定性、管理灵活性和事前信息不完整的情况下，实物期权是有用的。虽然共同投资、二级交易和附属基金是PE市场的既定组成部分，但在现实中很少有人认识到这一点。例如，共同投资往往被视为降低成本的一种方式。有限合伙人通常拒绝支付费用，而基金经理为获得共同投资机会只收取很少或不收取任何费用，并且也不要求附带权益，只收取交易费用，不作抵消。然而，若认为所有的共同投资交易都不收取费用，不要附带收益，那就大错特错了。实际上，一些有限合伙人通过支付所谓的"推广费"来鼓励普通合伙人，"推广费"包括共同投资的附带收益和年度管理费。

基金投资组合实际上是一种多元化策略，共同投资和购买现有投资（所谓的二级投资）允许投资组合和有限合伙人集中在高度多元化的一级基金项目中。这样可以扩大他们预期在周期阶段具有高于平均水平上行潜力行业的敞口。共同投资还可以解决筹资周期不一定与行业趋势一致的问题。然而，由于PE投资者仍然倾向于低估实物期权框架创造价值的能力，它仍然是一个相对较新的范式，其潜力很少得到充分的体现。

第十二章 私募股权在首次公开发行中的作用
——以风险投资公司为例

引言

　　风险投资（VC）主要为初创阶段的公司提供资金。在发达国家与发展中国家，VC都是经济增长的关键驱动力。亚马逊、星巴克和推特等上市公司的家喻户晓一定程度上是因为 VC 公司在其成立之初给予了支持。由于 VC 影响非常大，有时一些被投资公司在上市前就已价值数十亿美元。例如，VC 支持的优步（Uber Technologies Inc.）在 2014 年 6 月估值就已达到 182 亿美元。VC 公司并非长期投资者，而旨在一旦获得预期回报就退出公司。

　　VC 公司常见的退出策略包括首次公开发行（IPO）、交易出售（即收购）、管理层收购（MBO）、二次融资（即再融资）以及清算（即注销）。近年来，最常见的退出策略是出售（Preqin，2014）。然而，由于出色的表现，IPO 长期以来一直是 VC 退出的标准。

　　由于奥巴马政府于 2012 年 4 月 5 日通过的《促进初创企业融资法案》（以下简称 JOBS 法案）降低了 IPO 对于新兴成长企业的上市要求，同时 2007—2008 年金融危机后市场情况得到改善，IPO 有望重新成为 VCs 最倾向的退出方式。随着 JOBS 法案出台，一些人预测，私营企业将获得限制更少且成本更低的公共资金。初创企业和小型企业利用法案中的"众筹"条款更容易获得资金。众筹是利用大量个人小额捐款为新项目或风险投资融资的形式。JOBS 法案还将企业在美国证券交易委员会（SEC）注册时的股东人数上限从 500 人提高到 2000 人，这使得企业能够在未上市时进一步发展并避免过早上市。此外，JOBS 法案的 IPO 准入条款规定，新兴成长企业（上个财政年度总收入不足 10 亿美元的企业）在上市五年内可减少公开募股的信息披露。因此，该法案可能会帮助规模较小的公司募集资金，同时促成更多的 IPO。

　　本章的目的是探讨 VC 在 IPO 中的重要作用。现有文献介绍了 VC 的三种不同作用：认证、抑价发行和监管。这三种作用都会影响 IPO 的结果。VC 参与 IPO 交易被认为是风险投资家对企业的认证。这表明，一家公司可能会通过公开上市寻求额外融资，同时给潜在投资者注入信心。

　　在关于 IPO 的研究中，另一重要问题是在证券交易所发行的新股抑价程度，这涉及新上市公司的首日收益。新上市公司和机构投资者更愿意获得较高的首日回报率，以预示公司前景向好，从而增强投资者的信心。相比之下，金融化程度较高的 VC 公司可能不喜欢高度抑价，因为他们将无法获得较高的金融收益。

风险投资的第三个重要作用是监管投资。研究表明，VCs 有动机监管创业者，以削弱信息不对称，并为新公司里相对缺乏经验的管理团队提供支持。然而，要更深入地了解 VCs 在 IPO 中的作用，需要考察不同参与者（如企业家、首席投资银行家、VC 公司和投资者）之间的利益和互动。有时，VCs 的利益冲突可能会影响 IPO 的结构和结果。因此，这一章的重点包括利益冲突和 VC 公司在 IPO 中的作用。

利益冲突

由 VC 支持的 IPO 有四个可能产生利益冲突的不同经济代理人。(1) 企业家；(2) 首席投资银行家；(3) VC 公司；(4) 投资者。企业家希望公司成功，而首席投资银行家努力促成交易成功；VC 公司意在最大限度提高公司售价，在公共资本市场筹集资金，使得退出获利更多，而投资者则寻求将价格降到最低以增加回报。

VCs 的利益冲突源于其是财务投资者而非战略投资者。VC 公司希望在 IPO 中尽可能高价退出，并不希望因为抑价发行而"把钱留在桌上"。此外，相比于企业家，VCs 通常倾向于筹集资金并展示回报而希望让公司更早上市，以便筹集后续资金。而企业家希望花费更长时间，并对上市与否犹豫不决，因为他们不喜欢面对严格的公众监督。此外，还可能存在委托代理问题。企业家可以被认为是这些组织的代理人，他们通常掌握一些企业内部信息，这是作为投资者的风险投资家可能不知道的信息。这可能导致企业家投入过多或不足而产生代理成本。

在 VC 支持的 IPO 中，另一个利益冲突是，主承销商也是在 IPO 之前拥有公司所有权的 VC 合伙人。例如，2009 年达乐公司的 IPO 中，该交易主要承销商的 PE 也参与了投资。尽管摩根大通作为独立承销商加入能够满足全美证券交易商协会第 2720 条规定的要求，但仅一家独立投行的存在并不能完全缓解这种从属关系所带来的潜在利益冲突。

研究人员对投资银行和 VCs 间的利益冲突进行了研究。有证据表明，相关联的投资银行和 VCs 能够利用买方和投资者的疏忽，正确预见此类冲突，并据此为证券定价。第一个发现与克罗兹纳和拉詹（1994）的天真投资者假说相一致，该假说认为投资者在投资时不考虑利益冲突或过往业绩。第二个发现与其理性贴现假说相一致，该假说认为投资者有足够的理性来正确预测这种利益冲突并对价格进行折现。

贡佩斯和勒纳实证检验了该关联的效果并区分了这两种假设。他们从 IPO 发行特征、发行后长期表现、抑价发行以及内部利益冲突的信息敏感性这四个方面进行实证分析，所得证据有力地支持了理性折现假说。

后来的几篇实证论文得出了相反结果并支持了天真投资者假说。例如，李和马苏利斯使用 1993—2000 年 1500 个 VC 支持的 IPO 样本，发现投资银行家的 VC 显著降低了 IPO 抑价程度。这个结果与天真投资者假说和认证假说一致。除美国之外，包括法国、日本和意大利在内，一些研究者也提供了类似的支持天真投资者假说的结果。然而，研究表明，对于经验老到的投资者，尤其是机构投资者，他们更喜欢较低的发行价，因为这类投资出售时回报更高。

虽然在 VC 支持的 IPO 中，有关利益冲突的若干问题仍未解决，但其在 IPO 中发挥的重要作用仍不容忽视。VC 的专业性、权威性，以及在 IPO 前、中、后的经济影响都是至关重要的。

风险投资在首次公开发行中的作用

继詹森发表一篇颇具影响的论文后，几项研究检验了 VCs 在管理、指导和治理其投资的公司方面所发挥的积极作用。詹森指出了 VCs 在 IPO 中的三个作用：认证、抑价发行和监管。

认证

VC 参与一家公司的投资通常会向其他潜在投资者发出该公司合法合规的信号，从而为创业者筹集更多资金，这种现象被称为认证假说。麦金森和维斯通过对 1983—1987 年 VC 支持的 IPO 和非 VC 支持的 IPO 进行比较研究，率先验证了这一假设。他们指出，VC 对一家公司投资起到了认证作用，降低了上市的总成本。那哈塔通过分析 VC 在 1991—2001 年的情况同样得出，被声誉更高的 VC 公司（即累计支持 IPO 份额更多的 VC 公司）支持的公司在 IPO 时成功退出的可能性更高，上市速度更快，并且资产产出率更高。

切利库尔特、塞维利尔和希瓦达萨尼发现，即使上市很久之后，任命 VC 董事进入公司董事会也会带来积极的公告回报和更好的经营业绩。这一发现证实了优质 VCs 能发挥信号作用。正如阿克洛夫和斯宾塞的模型所证，有效的信号成本应该足够高，以至于信誉欠佳的 VC 公司无法复制它。考虑到与知名风险投资家合作的潜在好处，初创公司可能更愿意接受知名 VC 公司的投资。许提供了类似于信号模型的实证证据，表明企业家愿意通过接受折价来获得声誉更好的 VC。许的研究结果进一步证明，风险投资不仅为初创企业提供资金支持，而且还提供额外服务，如信息网络和管理经验。初创公司愿意为这种额外支持埋单。

接下来将讨论一些反对认证假说而支持贡佩斯逐名假说的证据。逐名假说指出，由于缺少过往业绩，新 VC 公司更倾向于采取代价高昂的行动，比如推动被投资公司提前上市，以表明其能够成功投资。由此，VC 支持的 IPO 比非 VC 支持的 IPO 可能经历更高程度的抑价，并更多出现在业绩记录较少的新 VC 公司中。

贡佩斯研究了 1978—1987 年 433 个 VC 支持的 IPO 样本，发现由年轻 VC 公司入股的企业比知名和老牌 VC 公司入股的企业定价更低。李和瓦哈尔利用 1980—2000 年 6413 个 IPO 样本，在控制 VC 内生性后发现首日收益与未来融资间存在正相关关系，从而支持了逐名假说。

尽管 VCs 在 IPO 中认证作用仍有争议，但认证假说似乎对声誉良好的 VCs 表现出更强的适用性。反之，由于通常更积极地将一家公司上市并愿意在 IPO 中接受折价，对于信誉较差或业绩较差的 VCs，更多人支持逐名假设。

抑价发行

VCs 在抑价发行方面发挥着另一重要作用。研究者将抑价发行作为认证效果存在与否和程度高低的一个指标。要充分理解 VCs 在 IPO 抑价发行中的作用，就需要理解抑价发行以及其出现在 IPO 中的原因。

关于 IPO 的文献界定了与 IPO 股票发行相关的三种基本成本：（1）承销价差，即发行人获得的收益与募集总额间的差额；（2）实付费用，包括投资银行费用、法律费用、会计费用、印刷费用、备案费用等；（3）抑价发行的隐性成本，即由于抑价发行所带来的潜在损失额。

抑价发行由新上市公司在 IPO 首日收盘时所获得的回报来定义。研究人员观察了美国和其他金融市场的抑价发行现象。IPO 抑价调查结果显示，1960—2013 年，美国股市首日平均回报率为 16.9%。

目前的文献对 IPO 抑价现象提供了多种解释。一些模型假设 IPO 存在信息不对称。例如，洛克假设一些投资者比其他投资者（包括发行公司甚至承销银行）更了解要约的真实内在价值。在这种假设下，知情的投资者比不知情投资者更有优势，从而把不知情投资者置于难赢之地。

其他人则认为，发行公司比投资者更了解未来现金流的现值或风险。因此，公司可能会使用低价作为其质量的表示，或将自己与低质量公司区分开来。假设外部投资者难以辨别公司质量，高质量公司可能会用低价来彰显自身。他们的抑价程度可能比低质量公司高，更高的成本使得那些质量低劣的公司难以进行模仿，从而将二者区分开来。伊博森首先在关于 IPO 信号的文献中指出发行者抑价是为了给投资者留下好印象。后来，艾伦和福尔哈伯、格林布拉特、黄和韦尔奇也为这一理论作出了贡献。虽然这些研究提出的理论模型具有不同的假设和设定，但其预测是相似的，即 IPO 抑价发行会引起投资者更大的兴趣。因此，低价新股随后能够帮助新上市公司通过发行高价的季度股票来筹集更多的资金。这些模型表明，IPO 公司在决定 IPO 价格和股票发行数量时，通常采用多重发行策略。韦尔奇的研究进一步表明，低价策略主要适用于高质量公司，而低质量公司模仿这种策略的成本可能很高。

一些研究人员对 IPO 抑价给出了制度性的解释。其中一种说法为，承销商在公司上市时提供的服务之一就是使 IPO 价格稳定。包括美国在内的许多国家，投资银行家使价格稳定是合法的并且是普遍现象。

洛格和伊博森最早给出的另一制度性解释是，公司故意低估自己的股价，以减少未来股东对其股票上市后表现失望而提起诉讼的可能性。其他研究反驳了这一解释，并提供了来自国际金融市场的证据，在这些市场中，公司在不存在巨大的被起诉风险时仍自行抑价发行。

IPO 抑价的第三个制度性解释是，持有员工股票期权的经理人享有税收优势。其论点是，在美国，员工股票期权的持有者分两步缴税。首先，他们根据执行价格和行使期权时的市场公允价格缴纳所得税。然后，最终卖出股票时，他们要为市场公允价和销售价之间的差额缴纳资本利得税。由于资本利得税可以延期征收，且低于所得税，持有员工股票期权的经理人有动机将市场公允价尽可能地压低，从而倾向于抑价发行。塔兰托的结果与该论点相一致。

这类文献的另一个分支从行为学层面研究抑价发行。流传最广的是韦尔奇的信息级联论。韦尔奇指出，投资者的投资决策是有序的，这意味着他们忽视自己的私人信息，认为早期投资者拥有更好的信息而追随他们的行动。根据韦尔奇的理论，早期的 IPO 投资者有更大的权利要求抑价发行来换取他们对 IPO 的担保，这样就开启了一个正向的连锁反应。IPO 抑价的另一种行为解释涉及"发行市场热点期"。根据伊博森和谢弗的研究，发行市场热点期是指新股的平均第一个月的表现（或售后表现）异常好的时期。

在某些特定时期，所有 IPO 的平均回报率都比其他时期高得多。例如，里特指出，在 1980 年 1 月和之后的 15 个月中，美国所有 IPO 的平均回报率为 48.4%，而 1977—1982 年的其余时间仅为 16.3%。另一个热门时期是 20 世纪 90 年代的互联网泡沫期间。这一现象可以归因于那些时期的普遍市场情绪。最后，拉夫兰和里特结合前景理论和心理会计理论认为，在首日回报丰厚的前提下发行股票，公司不会对抑价感到失望，因为他们将财富损失归咎于定价偏低，而将财富收益归咎于在售后市场价格飙升时留存股票。这种自满行为也对承销商有利，因为投资者在当前和未来都有可能被分配到低价股票。

接下来的问题是：VCs 在抑价发行中发挥了什么作用？公司上市意味着所有权和控制权的分离。有时候这对公司的原所有者或企业家来说是一个艰难的现实。尽管希望在公开股票市场筹集资金，但所有者可能难以放弃部分控制权。根据格罗斯曼和哈特的研究，初期所有者倾向于抑价以使需求过剩，使他们能够对投资者进行定量配给，所有权分布更广泛，从而降低敌意收购威胁。

然而，VCs 更倾向于降低抑价程度，以缓解信息不对称，避免公开发行时定价过低。巴里、马斯卡雷拉、皮维和维苏彭斯研究了 1978—1987 年 VC 支持的 IPO。他们的研究显示，IPO 抑价水平会随着 VCs 所占股份的增多、VC 公司在拟上市公司中董事会工作的时间增长、VC 公司的年龄、此前主要风险投资者对公司上市的经验以及 VC 公司的股权结构情况而降低。这两项研究都提供了令人信服的证据，表明市场对 VC 支持的 IPO 有认可反应。

其他研究发现，VCs 支持和顶级投行支持的 IPO 抑价更加明显。例如，克劳斯研究了 VC 在德国金融市场抑价发行中的作用。他对 1997 年 3 月至 2001 年 5 月在德国纽尔市场上市的 124 家 VC 入股公司和 184 家非 VC 入股公司进行了比较研究。结果显示，拥有顶级承销商的 VC 入股公司的定价低于非 VC 入股的同行。拉夫兰和里特分析了 1980—2003 年的 IPO，证明 VC 支持的 IPO 首日平均回报率显著高于非 VC 支持的 IPO。具体来说，从 1980—1989 年，VC 支持的 IPO 首日平均回报率为 8%，而非 VC 支持的 IPO 首日平均回报率为 7.1%。这种差异在连续的几个时期中会更明显。其中，最大的差异出现在 1999—2000 年互联网泡沫的顶峰时期，当时 VC 支持的 IPO 首日平均回报率为 82.2%，而非 VC 支持的 IPO 首日平均回报率仅为 38.5%。

奥托雷、博尔顿、斯玛特和祖特对 1998—2008 年在 37 个国家内 10783 个 IPO 进行分析。他们发现，发达市场中 VC 支持了约 21% 的 IPO，而新兴金融市场中这一比例仅为 5%。他们进一步证实了拉夫兰和里特的结论，如果 IPO 是 VC 支持的，那么初始回报率会相对高出 10.4% 到 11.2%。

另一项基于安永所做调查的最新研究，咨询了机构投资者对 PE 和 VC 支持的 IPO 的看法。安永对全球 300 多家机构投资者进行调查后得出的结论是，机构投资者对 PE 和

VC 支持的 IPO 有不同的看法。42% 的机构投资者认为 PE 和 VC 支持的 IPO 更昂贵，而 28% 的机构投资者认为它们的定价合理，没有折价。剩下的 30% 认为 PE 和 VC 支持的 IPO 相对便宜（即价格更低）。

调查还询问了机构投资者对 PE 和 VC 支持的 IPO 与非前述两类支持的 IPO 上市后表现的看法。所得回复中 40% 机构投资者认为 PE 和 VC 支持的 IPO 比非前述两类支持的 IPO 表现得更好；30% 的机构投资者认为后者表现得更好；其余 30% 认为，PE 或 VC 支持的 IPO 和非前述两类 IPO 在上市后的表现没有区别。对于全球各地对 PE 和 VC 支持的 IPO 创造价值的看法存在地区差异方面，安永的报告发现：对于 PE 或 VC 为 IPO 带来的价值，各地区看法的差异相当惊人。而与另一个快速增长地区中东和非洲的投资者形成鲜明对比的是，中美洲和南美洲的投资者表现得更为积极。在 PE 和 VC 行业的诞生地北美洲，很少有投资者期待股价在上市后会表现得更好。

因此，关于 VCs 对 IPO 抑价的影响的争论仍在继续。目前的研究还没有对这个重要问题进行完全探索。VC 支持的 IPO 抑价的结果因研究时间和地域不同而有差异。随着 JOBS 法案的通过，IPO 的数量预计将上升。因此，研究者们应该重新审视这个问题。

监管

由于信息不对称会导致逆向选择和道德风险等代理成本产生，VCs 需要持续监管自己的投资。考虑到企业家是公司的内部人士，他们通常比 VCs 拥有更多的信息，并可以利用这些信息为自己谋利。因此，VCs 有强烈的动机来监管企业家的行为。很多文献都与 VCs 的监管角色有关。

戈尔曼和萨尔曼通过 1984 年对 100 位 VCs 进行问卷调查发现了 VCs 具有监管作用的间接证据。调查询问了 VCs 花费于其所投公司上的时间及时间分配方式。研究结果显示，风险投资家通常每年会花费 80 小时在现场，30 小时进行电话交流。这些发现可能是第一个表明 VCs 也扮演着活跃的监管者的调查证据。巴里等人在随后的一项研究中，考察了 1978—1987 年 VC 支持的 IPO，发现 VCs 在他们支持的 IPO 公司中起监管作用的证据。

勒纳对 VCs 的监管作用也提出了类似的观点。他发现 VCs 的董事会代表数量会在首席执行官更替期间增加。他的论点是，如果 VCs 具有监管作用，那么在最需要监管的时候，VCs 的董事代表就会增加。贡佩斯通过对 794 家 VC 入股的公司随机抽样，发现随着预期代理成本的增加，VCs 也增加了监管的频率。罗比和赖特强调了传统企业融资和 VC 的关键区别，即在传统的公司财务理论中，股东监督管理层是被动或间接的，而在 VC 中，VCs 的监管是主动和直接的。卡普兰和斯特隆伯格也记录了 VCs 监管和咨询作用的直接证据。他们发现，VCs 不仅在投资一家特定的公司之前培养和监督管理团队，而且还会在投资后继续监管。样本中过半的 VCs 希望在高管聘用方面拥有话语权。

在之后的实证研究中，贝克和贡佩斯证明了 VC 支持的 IPO 与董事会中独立外部董事的比例之间的正相关关系，这反过来进一步增强了监管。布恩、菲尔德、卡尔波夫和拉希亚也得到了相似结果，IPO 期间 VC 的存在对上市 10 年后的董事会独立性仍有显著影响。坎贝尔和弗莱也发现了有力证据表明 VC 入股的公司在 IPO 期间有更好的治理结构，这使得 IPO 当年及四年后其监管水平都更高。此外，在 IPO 过程中，高质量 VC 入股的公司比低质量 VC 入股的公司拥有更高的监管水平，前者在薪酬设计中使用的股权激励比例也更高。

霍希伯格研究了 IPO 前 VC 参与对 IPO 后一段时间的治理路径的影响。利用商用数据和手工收集的数据源，并选择模型框架，她进行了三组不同的测试来比较 VC 入股和非 VC 入股的公司。她发现，VC 入股的公司拥有更独立的董事会结构、更低的管理层收入水平，以及对采纳股东意见具有更积极的市场反应，从而证实了 VC 公司的监管作用。

研究 VCs 作用的一个主要挑战是内生性。有人可能会说，VCs 倾向于系统地投资于某一家公司。因此，在这样的研究中建立因果关系是没有意义的。伯恩斯坦、吉鲁和汤森试图通过使用 VC 参与的外生变量来规避这个问题，这好比由于引入了新的航线，减少了 VC 资金到达被投资公司的时间。利用这种巧妙的经验设计，他们证明该时间的减少降低了监管成本，从而导致 VCs 更多的参与和监管，进一步提高了 IPO 积极创新的可能性。

VCs 在 IPO 前、后和期间的监管作用已经被认可。快速发展的全球化、技术进步和创新极大地降低了监管成本。

第十三章 私募股权的退出策略

引言

私募股权（PE）是一种中长期的金融投资，通常作为对不在交易所上市的公司的股权回报。然而，私募股权基金本身有时也会上市。私募基金的普通合伙人（GPs）面临着四步任务：（1）筛选投资机会；（2）利用有限合伙人（LPs）提供的资金投资；（3）管理资产组合以创造价值；（4）获取价值以便通过退出对其进行分配。

作为资产管理公司，PE公司代表金融合作伙伴识别和评估潜在投资机会。其中PE交易的资金利用有限合伙人提供的股本，某些情况下也利用从银行筹集的债务资金。随后普通合伙人积极管理控股期间（通常为10年）的投资，改善运营以增加公司的价值。投资者可以通过二次收购、将投资组合公司出售给其他投资者或首次公开发行（IPO，即投资组合公司首次在公开证券交易所上市）这些方式退出交易获得回报。

金融经济学研究PE退出活动时应考虑信息不对称和风险管理。这有助于解释选择特定退出途径或为避免任何GPs责任而使用保险担保的背后原因。

全球范围内的退出活动

退出活动的目的是将PE基金的价值转移给投资者。除破产外，PE公司通常每年参与上千起退出事件。普瑞奇的报告称，2013年内有总价值3030亿美元的1348家PE退出了公司。图13.1显示了2013年全球范围内的退出业务数量。

图13.2按区域列出了全球范围内通过回购PE退出的数量。北美洲和欧洲是PE退出和估值最活跃的地区。由于亚洲新兴经济体（主要是中国）的暂时衰退，亚太地区在退出活动中所占的比重增大，稳定性也增强。

第十三章　私募股权的退出策略

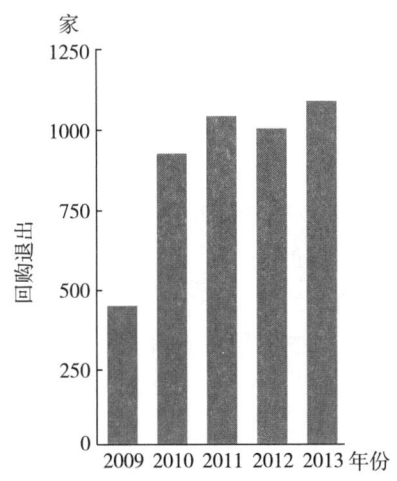

注：此图按年份（横轴）显示了全球收购退出的数量（纵轴）。
图 13.1　2009—2013 年全球并购退出数量
［资料来源：Bain 和 Company（2014）］

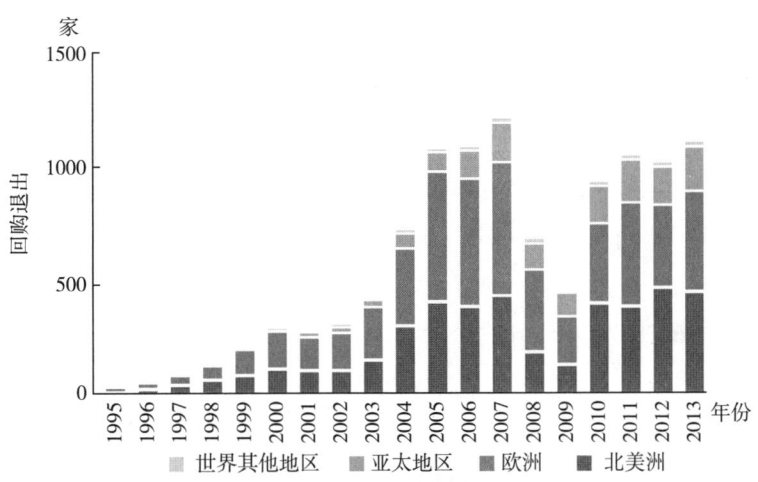

注：划分区域时以经济区为代表，主要是北美洲、欧洲和包括太平洋在内的亚洲。
图 13.2　1995—2013 年全球回购支持基金退出区域数量（纵轴）按年度划分（横轴）
［资料来源：Bain 和 Company（2014）］

退出前的价值创造

PE 公司收购企业的目的是以高于其最初投资时的股本价值退出。PE 投资者期望用高内部收益率（IRR）来补偿他们投资的低流动性。为了提高股本回报率，GPs 通常使用债务工具作为杠杆。例如，杠杆收购（LBO）即为管理者借钱购买一家公司。PE 基金经理对潜在退出倍数做出关键假设，该倍数通常是未扣除利息、税项、折旧及摊销的利润（EBITDA）、市盈率（PER）及目标公司预计将承担的最大债务数额。实际上，凯泽和韦斯塔普指出："PE 公司经常引导管理层将现金流作为最重要的业绩指标。"经理们主要使用三种方法来增加PE基金可实现的退出价值：自由现金流（FCF）的创造、EBITDA/盈利增长和多重扩张。

自由现金流量产生

管理层可以首先用FCF偿还债务以增加公司的股权价值。FCF代表了公司在投入用于维持基础资产的及生产所需的资金后能够产生的现金：FCF越大，理论上公司的价值越高。PE公司也试图增加投资组合公司的成长和利润，从而增加各个投资组合公司产生的FCF量，以便退出时获得更高的价值。

息税折旧摊销前利润/盈利增长

增加EBITDA（或利润）的方法包括提高销量、降低管理费用或提高毛利率。当EBITDA倍数在支付的时间内（即从投资进入到退出）都是固定的，EBITDA越高，目标公司能够使股东积累的价值越高。例如，以6倍EBITDA收购目标公司，并以相同的倍数退出，EBITDA将直接影响退出价格。如果EBITDA从4000万美元增长到5000万美元，那么退出时的估值为3亿美元（6×5000万美元），而进入时的估值为2.4亿美元（6×4000万美元），即PE基金的价值将增加6000万美元。

多重扩张

估值倍数（如EBITDA或市盈率）与市场环境、公司增长前景、经营业绩和竞争环境有关。因此，PE公司可能会试图测定其投资组合公司的宏观环境和增长轨迹以便以高于初始价格的倍数出售。理想情况下，PE基金经理应在市值倍数低于正常水平时买入公司，并在市值倍数高于正常水平时将其卖出。管理层也需要在投资期间通过将公司经营所涵盖的组合变得更有吸引力来增加公司的退出倍数，通常通过关注高收益业务使其有可能以一个高于PE公司所要求的EBITDA/市盈率被出售。无论选择何种方法，退出活动都意味着PE公司为了将所产生的价值转移给目标收购方而出售金融工具。

金融工具的种类

PE基金经理投资于不同的金融工具。在退出时，金融工具应在被出售前即时反映价值创造。管理者通常使用以下工具：

权益股代表所有权权益，具有表决权，是PE基金使用的主要金融工具。优先股使投资者获得固定股息，通常不带有投票权，但在清算时有权优先于普通股参与资产分配。

混合工具包括可转换债券、可交换债券和可赎回债券等证券。

认股权证是一种长期看涨期权，持股人有权在到期日前或当日以固定的执行价格购买发行公司的基础股票。

存托凭证是银行针对在外国注册的公司的股票发行的证券，如美国存托凭证（ADRs），但其以投资方货币计价。

除了这些工具外，PE基金还可以直接或通过其投资组合公司，使用包括债券、票据等债务证券，固定或浮动利率支付的款项，或者银行和股东贷款作为杠杆，来管理投资回报率。出售或持有这些证券（主要是股票）需要通过不同的退出途径。

传统的退出路径

波瓦利认为,PE 投资的传统退出途径是出售、二次收购和 IPO。退出可以是完全的,也可以是部分的。近来的退出数据表明,股息资本重组并不是以上三种之外的另一种退出方法。

图 13.3 显示了在 1995 年至 2013 年间 PE 基金选择的不同退出策略的演变情况。在退出交易中,出售占了一半以上,其次是二次收购(投资者与投资者之间),最少的是 IPO。

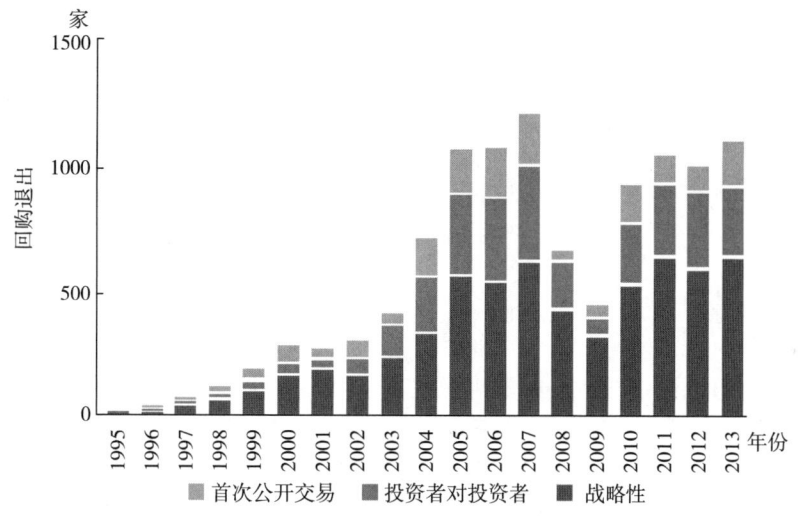

注:图中按年份划分的 PE 基金按传统渠道[如出售(战略性)、二次收购(投资者—投资者)和 IPO]退出的数量。

图 13.3　1995—2013 年全球各渠道回购退出数量

此外,数据显示,退出活动对经济状况敏感度高。例如,2007 年至 2008 年的金融危机影响了退出的数量和退出策略的选择,该段时间很少有 IPO 的实施。随着投资组合公司破产情况出现而来的退出策略是注销股权,而究竟是完全注销或是部分注销取决于资本削减水平。资本削减是由法院监管的分配资本以及留存收益的过程。部分资本注销可以是股票价值的赎回和注销,也可以是股票面值的减少。

图 13.4 从退出数量和货币量两个角度展示了近期 PE 基金的退出类型在全球范围内的演变。出售和二次收购(向另一家 GP 销售)是最突出的退出策略。在 2007 年至 2008 年的金融危机期间,退出数量和全球范围内的退出价值都有所下降,同时重组活动有所增加。重组可以包括进行管理变革以降低成本或关闭无盈利的部门来增加经营现金流。重组通常发生在出售、合并或 IPO 之前。

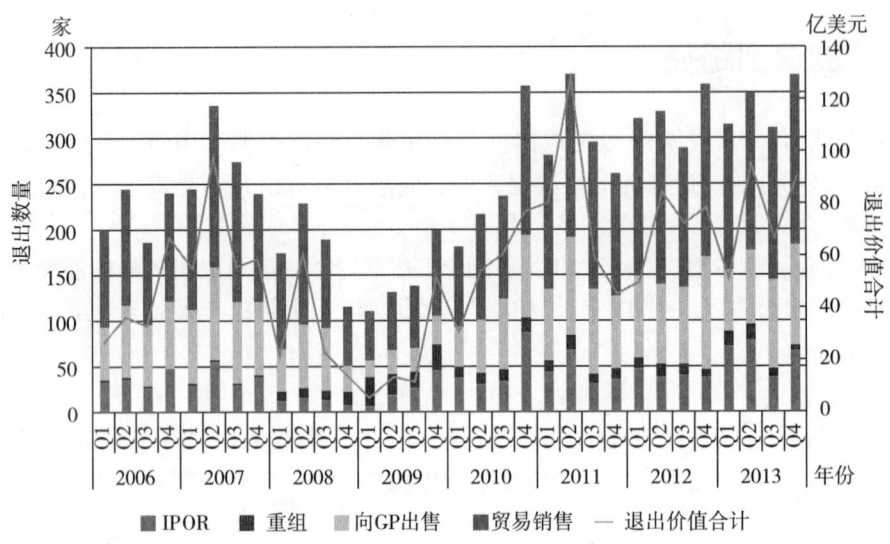

注：这张图显示了PE基金退出类型的数目（左轴）和量级（右轴）。

图13.4　2006年至2013年的PE基金退出类型

贸易出售

金融投资者可以通过与战略收购者的交易来实现投资组合公司的收益。战略买家通常是非PE公司，无论其收购动机是否涉及市场增长、专利、创新产品或协同效应都符合买家的战略利益。收购者可以是投资组合公司本身，它们从PE公司或基金回购自己的股票。买方倾向于长期持有收购以便在其所属行业拥有更大的竞争优势和市场份额。即由于买方希望从目标公司获得更高的未来经营现金流，从而为其支付更高的现值，它们通常同意支付嵌入目标价格的战略期权的价值。因此，交易出售通常寻求最高的销售价格以使PE供应商即时拥有流动性。交易出售的另一个好处是，与单一买家进行的谈判使得交易过程更快、更有效率，并且不像IPO等公开交易一样受到监管限制。出于这些原因，出售给战略买家通常是PE投资者退出的优先选择。

然而，出售存在着潜在困难。例如，公司管理层可能会因为自身被替换的风险而拒绝交易。此外，出售使投资组合公司面临在谈判过程中泄露机密商业信息的风险。

战略出售的一个例子是科赫工业和高盛从CVC资本合伙人有限公司手中收购弗林特集团一案。CVC资本合伙人有限公司是一家管理股权投资组合的PE公司。这个PE公司投资组合的一部分涉及对一家电脑油墨和图像传输产品制造商——弗林特集团（隶属德国和卢森堡）的投资。2012年6月11日，一份报告指出，CVC希望出售弗林特集团。2014年4月8日的一份报告显示，科赫工业公司和高盛集团的PE部门即将达成协议，将从CVC手中收购弗林特集团。根据2014年4月10日的一份声明，科赫工业的子公司科赫股权发展有限公司和高盛的商业银行部门将通过一个新成立的实体从CVC提供咨询的基金手中收购弗林特集团100%的股权。这笔30亿美元的交易预计将于2014年下半年完成。

该战略销售的合理性在于目标公司有能力提供未来价值。2014年4月10日，高盛商业银行部门企业股权投资主管马蒂亚斯·希伯表示：

我们相信，弗林特集团处于独特的地位，能抓住其印刷包装市场的增长的机会，同时继续受益于其印刷媒体业务的强劲且充满弹性的表现。随着资本结构显著改善，弗林特集团最适合实施其宏大的增长计划以进一步加强其市场领先地位。

首次公开发行

IPO是公司股票首次在股票市场上市的方式。这一策略为PE公司提供了通过出售其投资组合中某家公司的股票实施退出的途径。对于私募股权提供商来说，IPO是一种受欢迎的退出途径。当股票市场"看涨"时，这种方法很可能使卖方实现其投资的最高回报。在这种环境下IPO适合于大型投资组合公司或表现优异的公司。然而，由于法律限制和市场监管规则，如来自美国证券交易委员会和法国市场管理局金融家的监管要求和限制，IPO往往涉及高昂的交易成本。

此外，如果PE基金希望完全退出投资组合公司，潜在公众投资者可能会认为这种完全退出是对该公司未来前景缺乏信心。并且，IPO的条款可能在锁定期内禁止财务投资人退出部分或全部头寸。同时，IPO折价的可能性意味着潜在机会成本。这些因素使IPO实施的过程耗时长且成本高。

二次收购

一家金融投资者将投资组合公司出售给其他金融投资者的收购交易被称为二次收购，亦称投资人对投资人的收购。该交易可能会被杠杆化，也可能不会被杠杆化。选择这种退出途径可能由于投资者和当前的管理团队相信，随着投资组合公司进入下一个发展阶段，更大的金融投资者可以为其增加价值。或者，金融投资者可能会在公司已达到其最低投资期限，且已在其初始投资中创造了较高的回报率时；又或对接近交易日，可能使其丧失调用被称为"干粉"①的未投资资金这一能力感到担忧时，决定把公司卖给另一个金融投资者。将投资组合出售给另一家PE公司的其他潜在优势包括增加销售结构灵活性。例如，投资人可以保留部分所有权，使公司能够以长期增长的目标继续开展业务。部分所有权可以缩短交易的周期，这已成为PE公司的特权。

有时，当某公司尚未准备好进行交易出售或IPO，但PE公司不再愿意或无法继续为企业融资时，将该公司出售给另一家认为其有发展潜力的PE公司或许是一种低成本的解决方案。该方法也可用于解决支持公司的PE投资者与公司管理层之间的冲突。二次收购的优势在于它提供了一个即时和彻底的退出途径，且执行速度比出售或IPO更快。

二次收购的一个例证是阿瑞斯战略管理公司及安大略教师养老金计划（AOT）出售了AOT寝具超级控股有限公司的多数股权一事。Ares PE集团通过5只股票基金管理着一个股票投资组合。该投资组合包括美国民族责任有限公司和霍夫曼地产公司的股权。2012年6月8日，阿瑞斯战略管理有限责任公司和安大略教师退休金计划的董事会聘请

---

① "干粉"指已经募集但尚未投资的资金。

了巴克莱集团调查国家有限责任公司。2012 年 8 月 5 日，一个新的 PE 公司——艾迪温特国际公司同意收购 AOT BHC 的多数所有权。AOT 保留了对公司的所有权。这笔于 2012 年 10 月完成的交易最初价值约 30 亿美元。艾迪温特公司的董事总经理史蒂文·柯林斯表示："我们未来的战略是继续发展业务，确保 Serta 和席梦思寝具公司继续专注于提供高品质床垫，帮助人们睡得更好。"

杠杆股息资本重组

股息分配给股东是公司分享利润的传统方式。如果公司的资本被划分为不同的股票类别，公司只能向特定类别的股东分配股息。此类特定类别的股票可以从 PE 投资开始发行，通过支付股息为投资者提供一种部分退出的途径。杠杆资本重组是 PE 投资公司的一种部分退出方式，其目的在于通过发行新债券向私人投资者或股东支付特别股息。通常来说筹集资金的公司出售股权的另一种途径是向银行借款或发行债券，而筹集的资金将用于从投资者手中回购公司股票，这种方法是出售公司股权的另一种选择。

例如，2010 年，德国柔性包装制造商诺德尼亚国际股份公司发行了 2.8 亿欧元的债券，除了用于对现有债务再融资，这些债券还支付给了它的赞助商——PE 公司橡树资本付 1950 亿欧元股息。自 2006 年获得多数股权以来，这种方式使该 PE 公司获得的现金已经超过了其在投资组合公司的投资额。

杠杆股息资本重组的主要优势在于，PE 基金仍部分控制着目标公司部分股权。与其他退出途径相比，它仍能获得付款和可能的税收优惠。然而，这样的退出路径可能导致过度杠杆化，并最终可能导致财务困境并增加相关的代理成本。杠杆增加限制了投资组合公司的经营灵活性，并会影响其价值：灵活性受限可能减少公司在研究和开发方面的支出或导致公司错过新的投资机会，这也会降低公司的价值。

IPO 作为 PE 公司的一种退出途径

具有增长机会的高利润投资组合公司很好地适应了 PE 支持的 IPO 市场。然而，通过其权益记录来评估的公司的质量并不是最终决定公司选择 IPO 退出的唯一因素，经济和市场环境也非常重要，并且 IPO 渠道似乎是在回报有限合伙人时的最有利可图的退出方案。

PE 支持的首次公开募股市场的前景

据 Zephyr 数据库（2014），从 2005 年 1 月到 2014 年 6 月，有 543 宗 PE 支持的 IPO（包括部分退出和全部退出）完成于全球一级市场，共计 1975 亿美元。通过 IPO 退出的决定是周期性的并受市场情绪推动。

首次公开发行的过程

由于时机至关重要，通常 PE 公司提前很久为 IPO 做好准备。IPO 通常需要五个步骤，在公司董事会决定启动 IPO 后该过程会持续 6~12 个月。

- 第一步是选择包括会计师、独立审计师和法律顾问等在内的外部合作伙伴，他们将协助审查公司的治理和结构使其满足上市标准。
- 第二步，这些外部合作伙伴进行尽职调查，同时承销商进行首次股票估值并根据相关研究和宣传指南（可能还有金融传播机构的帮助）起草上市招股说明书和通知等文件。
- 第三步，首次公开募股（IPO）候选者向财务主管部门申请开始注册程序并提交招股说明书和注册表。说明书披露了有关该公司的商业和财务信息及其前景，同时揭示了未来投资者可能面临的主要风险，还向潜在投资者介绍了有关该业务本身的信息，如股票种类、发行价和业务时间表。
- 第四步，财务主管部门批准后，公司公开宣布 IPO，举行预上市路演并确定股价区间。
- 第五步，IPO 候选者举行小组陈述会议和一对一会议来销售股票，同时承销商评估股票需求并通过累计投标方式确定股票价格。在向公众或机构投资者或二者同时出售股份后，这家公司就公开上市了。

公司发起 IPO 有三个主要原因。第一，通过 IPO，公司获得了潜在客户、供应商、投资者和其他第三方的关注。第二，上市通过提供长期资本和多样化的金融资源（如股票、可转换债券和直接债券）为公司增长提供资金。第三，IPO 是股东出售其股权并全部或部分退出公司的一种方式。风险投资家或 PE 基金可能是这些现存股东之一。

支持将 IPO 作为退出途径的论点

PE 指的是对早期阶段的公司投资或为成熟公司融资。前者是风险投资（VC），后者是收购（BO）投资。这两种类型的 PE 基金为目标公司提供融资并为其提供运营和战略知识。目标公司可以利用 PE 基金经理的专业知识网获益。PE 基金试图以最低价格收购目标公司的部分股权，并以最高溢价出售。这一过程周期越短回报率就越高。

卡明和约翰以 1991 年至 2004 年的北美 VC 投资为样本，其报告称从首次投资到 IPO 的平均时间为 2.45 年至 2.95 年。这个持续时间是风险投资家向投资组合公司提供的预期边际增加值和相关预期边际成本的函数。

阿吉翁、博尔顿和梯若尔指出了风投退出的三个动机：第一，风投将退出视为在若干年后奖励有限合伙人的一种方式；第二，由于资金有限，他们无力为投资组合公司进行后期融资；第三，风投不具备管理这些成熟公司的能力。

不同的退出方式选择并存：IPO、出售、二次销售和注销。高、瑞特和朱量化研究 1990 年至 2012 年间 IPO 和出售的比例，并指出在 20 世纪 90 年代初，IPO 是美国市场上最常见的退出策略（70% 为风投退出）；但到了世纪之交，出售增长成为最常见的退出策略（80% 为风投退出）。自那以后，IPO 趋势走低，只有不到 20% 的风投采用这种策略退出。他们认为，这一趋势是技术变革步伐加快的结果，也由于通过出售而非 IPO 能更好地满足企业实现规模经济的要求。

尽管如此，IPO 渠道似乎是退出投资最有利可图的方式。史密斯、佩德斯和萨特发现，虽然出售这种方式也很重要，但 IPO 是解释美国风投基金业绩的关键因素。事实上出售对基金内部收益率（IRR）的贡献估计约为 IPO 的四分之三。

施密特、史蒂芬和萨博使用一个全球范围的更成熟的投资组合公司数据集进行研究获得了相同结果。PE 公司在 1990 年至 2005 年间通过 IPO 出售了诸如管理层收购（MBOs），外部管理层收购（MBIs）和杠杆收购（LBOs）这些收购投资。他们指出，IPO 在经常被使用的投资工具中排名第二，仅次于出售给战略投资者或另一家 PE 基金，但高于注销。IPO 是获利最多的退出渠道，其 IRR 为 111%，而出售 IRR 为 49%，而注销 IRR 为-100%。施密特等人认为，随着持股时间的延长以及良好的经济和市场环境，通过 IPO 或出售来退出的可能性会增加。在良好的经济条件下，通过 IPO 渠道的退出提高了实现的 IRR。

卡明和麦金塔指出了部分退出与完全退出的不同。完全退出指的是在 IPO 一年内出售风险投资家的全部持股，而部分退出指只出售其持股的一部分，并假设风险投资家和公众投资者之间的信息不对称程度越高，其选择部分退出的可能性就越大。所有权保留程度代表着公司的基本质量。通过出售部分股权，风险投资家表示该公司仍有增长潜力。该研究结果支持了其在加拿大市场的不对称性假说，但在美国市场则不成立。

施密特等人研究了影响做出通过 IPO 退出决定的因素。他们的结论是，其主要决定因素是股票持有期和股票市场环境。持有期限越长，通过 IPO 而非注销实施退出的可能性就越大。

对于在 IPO 当日那些由风投支持的公司，根据麦金森和维斯的研究，在美国股票市场上，风投支持的 IPO 比非风投支持的抑价程度更低。该结果与 VC 的监控和认证作用相一致——降低风险并降低企业和潜在投资者之间的信息不对称性。然而，巴里、穆斯卡雷拉和皮维在报告中称，只有经验丰富的风投才会持有较低的抑价。此外，布拉德利和约旦发现，风投支持的 IPO 的初始抑价低于非风投支持的 IPO，尤其是在"热衷发行"时期。"年轻的风投基金可能会寻求尽早让风险企业上市来建立自己的声望——即使因为风险估值过低而降低回报——以吸引新的金融资源"。这一逐名假设似乎在一级市场的活跃时期得到了证实。

选择退出途径的影响因素

在决定采取哪种退出战略时，投资者应该考虑几个变量：（1）宏观经济前景；（2）其他资产类别相对的 PE 投资业绩；（3）股票市场处于看涨还是看跌；（4）PE 投资者的担保（偿付债务和杠杆收购融资）；（5）PE 投资者的质量（如投资基金，PE 公司的普通合伙人，有限合伙人）。

宏观经济条件

宏观经济状况影响退出活动，并在很大程度上决定了资产剥离的市场时机。由于投资者对高风险证券的偏好，不断发展的公开股票市场为 IPO 提供了便利，而持续的低利率和宽松的债券市场环境促进了杠杆股息资本重组或利用杠杆进行的二次收购。在信贷紧缩时期，银行可能不愿意向潜在收购方提供融资，这减少了 PE 公司退出的可能性。

法律、税收和监管环境也在退出途径决策中发挥了作用。通常,将公司出售给战略买家是最理想的选择,因为战略买家通常比金融买家支付得更多。由于高价出售股票的可能性,一些人认为 IPO 是一种理想的退出方式。然而,在实现其流动性之前,卖方必须等待 IPO 完成以及随后的"锁定期"终止。双方的信息不对称阻碍了卖方与战略买家的谈判。也就是说,潜在收购者担心卖方违约(特别是在税收或财务报表方面)。

使用声明和保证保险

作为资产卖方,PE 公司可能会因其自身或目标公司的声明和保证不够准确而面临高昂负债,目标公司的买方可能无法挽回损失,而卖方可能被迫退还部分购买款项。防止这种情况发生的方法之一是在交易合同中增加补偿条款:卖方频繁支付定金作为对其合同义务的担保。由于这个过程是昂贵的,采用第三方保证不失为一个有效的解决方案。

代理和担保(R&W)保险有助于保护参与 PE 交易的买方和卖方,特别是在退出交易中,如出售、二次收购或 IPO。保险公司通过保险经纪人为声明和保证中存在的不确定性提供财务保障。作为固定保费的交换,保险单中可能减少对卖方应计利润、准备金或债务性抵押品的要求。因此,买方也获得保护,即免受因卖方违反声明和保证(如税收和财务报表)而造成的损失,而无须承担卖方无力支付赔偿要求的风险。在实践中,保单可以按照承保金额来安排,保费在债务责任限额的 2% 到 7% 之间,免赔额通常在交易价值的 1% 到 4% 之间。

通过购买 R&W 保险,PE 公司扮演了资产供应商的角色,减少双方的赔偿义务。因此,目标公司的卖方和收购者可以轻松自信地完成交易。这是越来越多地被用于 PE 交易的 R&W 保险的主要优势。从卖方的角度看,这种"干净退出"对持有期的 PE 经理和拥有关注 IRR 的投资者的卖方尤其有吸引力。

金融经济学的方法

从理论模型和实证研究的角度来看,金融经济学方法对企业风险管理的研究是迄今为止最为丰富的。该方法分析财务结构与企业价值、代理成本、信息不对称成本或利益相关者行为的相关性,后来还扩展到风险管理领域。

信息不对称与优序融资理论

詹森和麦克林认为,信息不对称带来的困境增加了不知情方的成本。卡普兰和斯特伦贝格在 PE 领域中发现了 GP 和投资组合公司之间的信息不对称。梅特里克和雅司答则发现 GPs 和 LPs 之间存在不对称。

一个重要的问题是,是否存在特定的退出途径能够比任何其他路径创造更多的价值。穆勒和瓦斯康塞洛斯研究上市 PE 公司的数据发现,公司的退出途径似乎会影响他们的市场价值。PE 行业的退出可以用来改善公司治理。根据优序融资理论的论点,他们发现与通常回报相比,IPO 带来的超额回报额最高,其次是出售和二次收购。

风控理论

这种风险管理方法保证了对冲可以降低现金流的波动性从而降低企业价值波动性。企业风险管理的基本原理是由对企业的财务决策是否影响其价值的不同情况的讨论推导而来的，此外它还包括更好的偿债能力、累进的税率、较低的预期破产成本、有担保的内部融资以及信息不对称方面的比较优势。对冲活动的结果应该是包括对冲溢价在内的更高的公司价值。

之前的理论是否适用于 PE 公司可以通过对退出交易的分析（比较有无使用 R&W 保险来进行资产剥离的两种情况）来解决。一个需要进一步研究的重要问题是包括使用此类保险合同在内的退出途径是否比同等的未投保交易回报更高。

为了对不同的退出策略统一概述，表 13.1 给出了最受欢迎的策略以及每种策略的主要预期优势和有利经济条件。例如，若卖方和收购者之间存在信息不对称程度低则交易成本小，故而作为企业对企业的直接谈判，出售成为一种简单的退出方式。此外，战略型买家所期望的目标协同效应和现金流增长能够为此产生的内在价值支付溢价，从而使卖方的价格更高。

表 13.1 退出途径概览

退出途径	主要目标	支持条件
贸易出售		
PE 基金将目标公司出售给战略买家，包括目标公司本身的回购	·易于退出：企业与企业的议价 ·出口成本低 ·包含在销售价格中的战略期权价值	·买方支付高 EBITDA 或收益的能力 ·卖方和收购者之间的信息不对称程度较低
二次收购		
PE 基金将目标公司卖给另一只基金	·获得杠杆 ·减少"干粉" ·避免低价抛售	·目标公司无力回购 ·销售结构的灵活性
首次公开发行（IPO）		
PE 基金通过正规交易所向投资者出售目标公司	·对高回报的期望 ·向投资者展示 GP 成功管理投资的能力	·牛市 ·如果 PE 基金利用杠杆收购目标公司，就会面临偿还债务的压力
股息资本重组		
目标公司发行新债券（其中包括私募股权基金本身）作为向股东支付的特别股息	·利润返给有限合伙人 ·或多或少地收回初始投资金额 ·通过部分退出保持对投资组合公司的控制	·低利率 ·股息税低于资本利得税

第四部分

绩效与测评

第十四章　私募股权的投资回报：跨国的证据

引言

对一些人来说，"私募股权"（PE）一词让人想起了电影《好人寥寥》里的场景，凯文·贝肯饰演的海军陆战队检察官在开场白中说，"他将用老规矩的故事让你惊讶，用官方听起来像红色规则的术语让你眼花缭乱"。用堪比赛达考试（SAT）的词汇来解释，这个问题的答案将会是：对于金融行业来说，私募股权就像"红色规则"对海军陆战队一样。事实上私募股权没有任何神秘存在，该术语通常指的是投资者以私有化为目的购买上市公司，提高公司经营业绩后将其出售以获取利润。还可以指投资者为年轻公司提供资金，促进公司发展后再将其出售以获得利润。

卡普兰和施沙尔认为，标准 PE 基金与封闭式共同基金的运作方式非常类似。不过 PE 投资期限很短（通常为 10 年，最多可延长至 13 年），且投资者是有限合伙人（LPs）。普通合伙人（GPs）则负责基金的资金募集和资产管理（如选择投资和退出时间）。据卡普兰和斯特隆伯格的研究显示：GPs 通常贡献 1% 以上的筹集资金，而这些投入将会通过以下三种方式获得丰厚的补偿：(1) 年度管理费，这是用于交易的资本的函数；(2) 所获利润的一部分，通常称为附带权益；(3) 交易监督及选择相关的费用。

那么问题就变成了：除去费用和风险之外，PE 基金产生的投资回报又是否足以补偿 LPs（投资者）与其投资相关的流动性不足？往往是大型的长期负债管理公司，例如保险公司、银行、养老基金以及最近为其资产配置的大学捐赠基金，资产匹配问题较少，但从理论上讲，漫长的锁定期也会带来一定的损失。

全球对私募股权投资越发关注

艾森曼和肯德尔将风险投资（VC）描述为"对私营、高增长潜力公司的长期实践型股票投资"。风险投资家作为专业的投资者，不仅入股新建立的公司，还会积极参与公司管理。VC 通常分阶段进行，包括前期融资（种子基金被认为是风险最大、潜在利润最高的投资）到风险较小、投资回报较低的后期融资。艾森曼和肯德尔将 PE 视为非 VC 交易，具体包括收购、买进、合并和许多其他类型的交易。VC 与 PE 投资的主要区别在于，PE 基金的目标不在于简单地将一款初始产品推向市场，而是瞄准了那些需要金融工程或变更所有权来提高运营效率的公司。探论 PE 时，非 VC 交易通常被称为收购（BO），其中大多数是公众对私人的收购。

PE 于 1976 年在美国成立，当时科尔伯格、克拉维斯和罗伯茨成立了他们的同名公司，并于 1979 年购买了他们的第一家公司。毫不奇怪，美国是私募股权投资的中心。事实上，1981 年的《公司法》改变了法律，使得 PE 在欧洲变得合法。对于进行收购的欧洲公司，规则有所不同，例如"特定资金"要求和禁止目标公司帮助收购公司的一般限制。这种限制使得收购公司无法使用被收购公司的资产为收购获得资金的能力受到阻碍或受到极大限制。这严重制约了欧洲的杠杆收购市场。尽管如此，包括英国在内的欧洲已经成长为第二大 PE 市场。根据卡普兰和斯特伦贝格的说法，2000 年至 2004 年，西欧在私募股权交易中的份额比美国更大，分别为 48.9% 和 43.7%。

在欧洲，作为许多公司总部的英国是最大的市场，表现出巨大的资本深度。萨默发现了 1990 年至 2009 年在欧洲完成的 40682 笔交易中，其中英国、法国、德国和荷兰在该列表中占据主导地位。这些已完成的交易占任何特定年份私募股权交易的 60% 至 70%。值得注意的是，据伊马德丁和施维恩巴赫的研究，欧洲 PE 基金中 25% 的资金来自北美洲，特别是那些在欧洲当地设有分部（如保险公司的分支机构）的投资者。艾森曼和肯德尔通过对跨境交易的分类来探索这种分布，他们发现 VC 交易的跨境参与率在 20 世纪 90 年代仅为 15%，后来攀升至 40%。

北美洲或泛欧洲的重心开始转移。克洛诺夫斯基发现 2000 年到 2011 年间，新兴市场的 PE 基金额就高达 3188 亿美元。新兴市场，尤其是所谓的金砖四国（巴西、俄罗斯、印度和中国），在世界人口和 GDP 的占比越来越大。2012 年底，金砖四国占据全球 GDP 的 21%，人口为全球人口的 43%。就 PE 在金砖国家市场（巴西、俄罗斯、印度和中国）的发展而言，印度的 PE 投资在 GDP 中的占比为 0.32%，排名第一；中国以 0.13% 位居第二；巴西以 0.07% 位居第三；俄罗斯以 0.02% 排在最后。而美国和英国的占比分别为 0.30% 和 0.32%，由此可见许多机构投资者仍专注于发达市场。

从 2001 年到 2009 年，PE 基金在中国筹集了 318 亿美元，在巴西筹集了 311 亿美元，在印度筹集了 233 亿美元，在俄罗斯筹集了 109 亿美元。中印两国的 PE 发展情况相似，伊波利托将中印的 PE 增长率的差异归因于为印度工人提供更有针对性的教育机会以及更发达的制度和监管环境，这促进了股票市场的增长。金砖四国市场在新兴市场领域占据主导地位，但其他地区的 PE 市场也出现增长。根据克洛诺夫斯基的数据，2009 年新兴市场的 PE 基金筹集了 226 亿美元，是 2001 年筹集的 65 亿美元的三倍多。以南非为例，PE 基金的筹资额同比增长近 35%，从 2011 年的 12.9 亿美元增长至 2012 年的 16.5 亿美元，管理的 PE 基金总额达 145 亿美元。2002 年到 2011 年，中东和北非的年均 PE 投资为 12 亿美元。

私募股权投资回报的文献综述

讨论 PE 的投资回报可能更为复杂。卡明和华尔兹将 PE 的投资回报分为未实现或部分实现投资、完全实现投资。为什么要做出这样的区分？完全实现的回报被称为退出，并基于完整的 PE 周期。收购（BO）基金的退出策略通常是 PTP 交易，即在运营和财务改善后对公司进行处置。通常采用 IPO 的形式，也可将公司出售给其他私人投资者。未实现或部分实现投资表明企业仍试图提高价值,也可能是通过资产出售或其他金融工程为投资者提供了部分回报。对于未实现投资,GP确定的估值可能无法实现。赖特、雷纳布格、西蒙斯和斯科尔斯注意到英国出现了未实现投资的趋势。据他们对1985—2005年12267宗收购交易的分析,有12%的企业进入了破产保护程序。虽然有担保的债权人能收回约60%的投资,但赖特等人未能明确股权投资者的资产回收率,这些回收率被假定为可以忽略不计。

卡明和华尔兹使用的数据集样本周期是从1976年到2003年。他们公布了完全实现投资或退出的内部收益率(IRR)中位数如下:英国(24.1%)、美国(13.8%)、法国(12.4%)、德国(15.4%)、瑞士(35.5%)以及瑞典(21.4%)。每个国家同一时期的平均IRR都要高一些。但一些国家的公司样本太少,将导致最终数值的偏差。如瑞士和瑞典分别有12家和27家公司报告了业绩,这些数值可能因幸存者偏差而具有误导性。退出可看作是成功投资的表现,而未实现或者部分实现投资中更有可能出现失败案例。

科克伦意识到了这一点,并试图纠正这种系统性偏差导致的结果,即"选择偏差"。尽管他的研究着眼于VC基金,但其研究成果也适用于PE。科克伦从市场模型中发现了负截距,意味着管理表现不佳。他指出这些结果与纳斯达克最小股票的业绩表现相似。他还计算了VC项目而非VC基金的回报,由于计算的是费用总额,VC基金投资者获得的回报会低一些。法利波和哥特沙尔格纠正了系统性公布错误,纳入了选择偏差并重新计算绩效和α系数。扣除管理费后得出的结果显示每年的PE基金α系数约为−3%,这也验证了Cochrane的研究成果。

克洛诺夫斯基指出,2010年前金砖国家市场PE的5年年均回报率为12.8%,拉丁美洲和加勒比群岛PE的5年平均年回报率为11.9%,相比之下,美国和西欧的5年年均回报率分别为9.2%和11.8%。从长期来看,金砖国家、美国和西欧的10年年均回报率分别为7.7%、7.4%和14.8%。从2001年到2010年的10年间,俄罗斯的年化回报率为14%,同期波兰PE的年化回报率为15.6%。科克伦以及法利波和哥特沙尔格等人认为以上数据都是基于退出这一种情况,故得出的回报率存在选择偏差。

尽管存在选择偏差问题,但PE绩效的准确评估还会受到其他因素的影响。卡普兰、森索伊和斯特伦贝格检验了两大最常用数据库的准确性。虽然主要关注于VC基金,但他们得出的结论是:实质性问题主要在信息收集方式上,即数据主要来源于公司的自我公布。另外,风险调整的缺失也是影响精准测评的一大因素。法利波和哥特沙尔格指出,BO基金通常使用大量杠杆,这可能会引发风险状况。小型成长期公司就面临着类似的问题。因此,考虑到这种投资类型固有的高系统风险,假设市场风险等于1是不合适的。更正这一偏差后,他们计算出BO基金的盈利性指数为0.75。盈利性指数低于1说明绩效低于基准水平。法利波和哥特沙尔格将标准普尔500指数作为基准,与其他修正一样,风险调整后每年的α系数为−6%。与标准普尔500指数相比,以欧盟为重心的基金都表现欠佳,无论用于评估收益的货币是什么(美元或欧元)。

大量文献讨论了跨越多个资产类别的多样化投资所带来的好处。本章中的PE投资不应被视作一种资产类别,PE和VC也不是独立存在的资产类别。在任何传统的资产配置计划中,PE都只是股票的替代品。尽管PE基金被视为一种"选择性"投资,但PE基金代表着公司的所有权,通过改善经营业绩或财务结构来创造或提升公司价值。这一分类表明,考虑投资 PE 基金的投资者应比较 PE 基金与传统股票投资的预期风险和投资回报。

卡普兰和施沙尔用风险经济学数据集来计算 PE 基金扣除费用后的回报。他们采用的样本是 164 只在 10 年至 13 年的投资期限内得到有效清算的 BO 基金。计算回报和规模时假设权重相等,一般结果不会改变:扣除费用后的 PE 基金表现不及公共股票。

为避免计算非流动性投资回报,迪勒和卡塞尔对成熟的欧洲 PE 基金进行了研究,并得出了同样的结论:扣除费用后的绩效仍低于市场基准。具体而言,使用风险经济学数据集计算得出 1980 年至 2003 年间,VC 基金的平均超额 IRR(将超额 IRR 与相应基准指数进行比较)为-2.27%。BO 基金的平均超额 IRR 为 3.37%。然而,VC 和 BO 基金的超额 IRR 中值始终为负(分别为-4.17%和-0.77%)。卡普兰和施沙尔及法利波和哥特沙尔格都指出,尽管 PE 在费用总额上的表现略优于公共股票,但对投资者而言,只有扣除费用后的表现才重要。

德里森、林和法利波研究的数据集与迪勒和卡塞尔相同。他们发现 IRR 处于动态时,费用总额和扣除费用后的绩效都得出了明显的异常负值,二者的 α 系数分别为-12%和-8.5%。德里森等人指出:"风险调整使得 VC 基金的 α 系数为负,一些偶然的证据表明投资者低估了风险。"

特定国家对私募股权投资的吸引力

若不重新审视推动 PE 投资的因素,就无法全面讨论各国 PE 的全球回报。通过考察 PE 投资基金的流动状况,可以发现各国投资间存在很大差异。美国、加拿大和英国吸引的 PE 投资较多,而意大利、希腊和西班牙等国吸引的投资较少。

格罗、海因里希和利泽重点关注投资的六大因素,即经济活动、运转良好的资本市场、税收、公司治理和投资者保护、社会环境、创业机会。他们研究并发布的"VC 和 PE 国家吸引力指数"囊括了从各个渠道收集而来的 42 个数据项,衡量了各国对 PE 投资者的吸引力。为获取经济活动情况,格罗等人考量了 GDP、一般价格水平和外国直接投资净额等变量。衡量资本市场实力时使用了 IPO 数量、股票市值、企业并购活动等变量。用最高边际税率及所得税与资本利得税率间的差额来分析税收结构。以世界银行公司治理指标来衡量投资者保护情况。人与社会环境的构建通过教育、劳动和犯罪统计数据来计量。创业机会则考虑了 R&D 投入、人均企业数量和创业负担等变量。吸引力指数从 0 到 100,使用因子分析来计算推动指数值因素的相对权重。

全球私募股权投资活动数据

全球 PE 的交易地点非常重要。表 14.1 为普瑞奇数据研究机构发布的 2006—2013 年交易数据。分析这些数据时需联系有关吸引力指数的讨论。回想一下,加拿大和美国主导着前两个吸引力的位置。不出所料,研究 2006 年至 2010 年的数据时发现大多数年份中都有近 50%的交易发生在北美地区,接着是欧洲和亚洲,然后才是其他国家和地区。

交易数据证实了吸引力指数在辨别投资者实际投资的市场和国家方面的价值。

表 14.1 2006 年至 2013 年各地区 PE 背书的 BO 交易总价值

年份	北美洲 （10 亿美元）	欧洲 （10 亿美元）	亚洲 （10 亿美元）	其他国家和地区 （10 亿美元）
2006	450	179	18	23
2007	421	190	28	23
2008	87	79	19	8
2009	51	29	22	4
2010	123	74	19	14
2011	128	96	25	17
2012	156	70	27	11
2013	171	74	19	9

从 2006—2013 年每个地区的 BO 比例和水平来看，出现的第一大趋势是：2008 年 BO 活动大幅下降，标志着金融危机的开始。北美洲交易额从 2006 年的 4500 亿美元降至 2009 年的 510 亿美元，降幅达 88.6%。与此同时，欧洲和世界其他地区（亚洲除外）也经历了类似的百分比下降，而亚洲的 PE 交易却增加了 10 亿美元。考察整个分析期间交易活动下降的一种有效方法，是将每年各地的 BO 比例与 2006 年的 PE 收购交易初始值相比较。通过这种研究方式得出的数据表明，亚洲在 2007—2008 年金融危机中表现出了惊人的适应能力，而北美洲、欧洲和世界其他地区的交易价值水平都只有 2006 年的 40% 左右。不过这只是各区域与初始值的对比情况，并未考虑到分析期内各地区可能会出现 PE 收购交易的增长。

要想解释行业间的增长，就需要掌控各地区在年交易总额中的比例。如果没有这种控制，就很难辨别交易活动的实际比例在哪里发生变化。

考察这一时期各地理区域的活动比例而非水平，可以发现这些比例在 2013 年恢复到 2006 年开始时的水平。北美洲 2006 年 BO 交易额占全球总额的 77.0%，到 2013 年却降到 62.6%。2006 年，欧洲创造了全球 PE、BO 总价值的 26.7%，到 2013 年，该值略增加至 27.0%。和之前用 2006 年初始值进行比较的情况一样，亚洲 2013 年的 BO 活动比 2006 年更活跃：比例从 2006 年的 2.7% 增加到 2013 年的 7.0%。

全球上市 PE 的历史表现

全球自我公布的 PE 回报普遍存在数据偏差、不一致等情况，一些国家和地区甚至会出现数据缺失。因此，本节核实了可查证且易获取的指数数据，并通过使用两项上市 PE 指数来代表纯 PE 投资回报，从而扩展了以往的数据分析。这两大指数分别是全球上市 PE 指数和 Power Shares 全球上市 PE 股指数 ETF。尽管将这些数据纳入全球上市 PE 研究的弊大于利，其他全球 PE 指数和交易所交易基金也可作为参考。例如，Proshares 全球上市 PE 投资组合 ETF（PEX）从 2013 年 2 月 26 日才开始交易。标准普尔 I-sharesPE 指数中的 68% 与投资于美国公司的资产有关。即使排除了这些全球公认的指数，接下来的回报分析也须以某些限制和注意事项为前提。第一，每个指数公布的投资权重始于 2014 年 3 月 31 日，展现了合理范围内的历史权重，但可能无法代表每个指数中各行业的历史权重。虽然可以追踪各行业每一项指数投资的历史权重，但这并无益于 PE 投资回报的讨论。第二，这两个指数都在美国、加拿大和欧洲大量投资，例如，没有一个广为人知的全球上市 PE 股 ETF 或指数将超过 15% 的基金投资于美国、加拿大和欧洲以外的地区。回想一下，根据吸引力指数，美国和加拿大被评为最具吸引力的 PE 投资地区，前 20 大最具吸引力的投资地区也主要是欧洲国家。第三，2008 年之前的数据难以获取，因此分析时间涵盖了经济崩溃的 2008 年和股市复苏的 2009 年、2012 年，因此，在解释分析结果时应考虑到这一点。第四，上市 PE 是对 PE 投资回报的粗略估计，但如前所述这些数据很难获取也难以验证。

红石全球上市私募股权指数（GLPEI）

红石全球上市 PE 指数是一个基准指数，旨在追踪全球私募股权公司的投资回报表现。该指数于 2007 年 9 月 28 日开始追踪全球 PE 回报，由专门从事上市 PE 和其他私募资产投资的资产管理公司红石资本构建。

该指数旨在跟踪在全球任何国家认可的交易所公开交易的私募股权公司的表现。这些公司向私营企业投资、贷款或提供服务。该指数由 40~75 家上市公司组成，代表了对私募股权公司的多元化敞口。指数的证券每季度根据修改后的市值权重进行选择和重新平衡。

截至 2014 年 3 月 31 日，按全球地区划分的 PE 活动细分为：北美洲和加拿大为 44.2%，欧洲为 42.2%，远东亚洲和日本为 9.2%，南美洲为 0.5%，其他地区为 3.4%。该指数大量投资于受欧美回报影响较大的发达 PE 市场。

截至 2014 年 3 月 31 日，该指数已涵盖多个行业：工业 21.7%，金融服务 18.0%，非必需消费品 15.6%，信息技术 10.9%，医疗行业 9%，能源 5.9%，必需消费品 4.4%，材料 2.9%，电信 2.1%，公共事业 0.7%，其余比例分布于其他行业。就投资阶段来讲，61.3% 的投资为后期投资，31.5% 为中期投资，7.1% 为前期投资。

PowerShares 全球上市 PE 投资组合（PSP）

PowerShares 全球上市 PE 投资组合是一种基于红石全球上市 PE 指数（GLPEI）的 ETF，虽然 GLPE 代表了不考虑市场影响成本、其他交易成本或税收的真实指数的回报，但 PSP 的回报准确地反映了投资者将实现的回报。PSP 基于 GLPE；PSP 持有 GLPE 所持股权的不同比例。它被包含在本研究中，因为 PSP 还捕获了发达的全球上市 PE 的回报。

截至 2014 年 3 月 31 日，PSP 基金在各国的分配如下：美国 39.70%，英国 15.45%，法国 8.80%，加拿大 5.97%，瑞士 4.84%，其余 20.0% 的投资分布于瑞典、比利时、中国香港、日本和马耳他等。虽然 PSP 与 GLPE 指数权重相似，但并不完全相同，各行业的权重也有所不同：金融行业在 PSP 的投资组合中占 75.68%，非必需消费品占 11.58%，其余比例分布于其他行业。同样，与 GLPE 指数一样，PSP 应被视为已上市发达全球市场 PE 回报的代表。

PE 投资指数的比较

PE 投资回报的比较分析已扩展到其他几种投资资产类别，以下是对每个比较组的讨论。

标准普尔 500 指数

标准普尔 500 指数是全球最受认可的美国股票指数之一，记录着美国 500 家上市公司的股票情况。这里用标准普尔 500 指数代表美国股市的整体回报。

MSCI 全球指数

摩根士丹利资本国际（MSCI）全球指数由全球 1612 家公司组成，包括发展中市场但不包括发展中国家和新兴经济体的股票。

MSCI 欧洲指数

摩根士丹利资本国际（MSCI）欧洲指数涵盖了欧洲 15 个发达市场的大中型股票。

标普高盛商品指数

标普高盛商品指数是大宗商品市场投资的基准，也是衡量大宗商品长期表现的指标。它包括对石油在内的广泛商品的投资，其权重为 80%，是迄今为止权重最大的商品、金属、农产品和牲畜，其权重最低，为 3%。

富时 EPRA/NAREIT 全球房地产指数

富时 EPRA/NAREIT 全球房地产指数旨在反映全球符合条件的上市房地产股票的总体趋势。该指数投资于少数发达国家和新兴国家的房地产、重大建筑工程和住宅建筑类公司。

全球上市 PE 的投资回报分析

回报数据始于金融市场动荡时期。GLPE 和 PSP 在 2008 年都损失了超过 60% 的价值，又在 2009 年和 2010 年挽回了部分损失。六年间 GLPE 总回报率为 6.40%，PSP 为 -44.62%。在 7 项估值指标中，PSP 表现最差，GLPE 排名第三。然而这些计算并未考虑每个指数的内在风险。评估风险需要计算每天的投资回报，以及每个指数的标准差及其逆变系数。逆变系数等于标准差（风险的计量单位）除以固定时间内的平均回报。然而这项研究关注的是逆变系数的倒数，因为倒数衡量的是投资者每单位风险能获得多少回报。本质上，调查期间的每个平均每日回报除以平均每日标准偏差，这是在分析窗口中估计的。逆变系数的倒数越大，每单位风险所带来的回报就越多。研究期间内标准普尔 500 指数风险调整后的日回报率最高，达到 0.018，而 GLPE 以 0.011 排名第二。和之前讨论的预期一样，PSP 以 -0.004 的逆变系数排倒数第二。PSP 看似低于平均水平的表现大多受金融类股的大幅超权重的影响。XLF 是跟踪美国金融公司业绩表现的 ETF，对其进行快速检查后发现，XLF 还没有恢复到 2008 年 1 月 1 日的水平。追踪全球金融企业表现的安硕全球金融 ETF（IXG）也远低于 2008 年 1 月 1 日的水平。

全球 PE 在投资多元化中的重要作用

这项研究评估了 GLPE、PSP 等几项指标日回报率间的相关系数，来探究 PE 在投资多元化中发挥的重要作用。

值得注意的是，GPE 和 PSP 的日回报率与标普 500 指数的整体相关性很高（分别为 0.695 和 0.870）。GLPE 的日回报率与 MSCI 全球指数的日回报率（0.826）及 MSCI 欧洲指数的日回报率（0.765）之间也存在着较高的整体相关性。但 MSCI 欧洲指数的回报率与 PSP 的相关性并不高。标普高盛商品指数与 GLPE 和 PSP 之间存在一定的相关性，而富时房地产指数的回报与 PSP 的正相关性高于与 GLPE 的正相关。有趣的是，GLPE 与 PSP 的相关系数为 0.781，低于 GLPE 与 MSCI 全球指数的相关系数 0.826。几乎在所有情况下，2008 年的相关性都低于后来几年，同样，在几乎所有情况下，最高相关性出现在 2011 年。这主要是因为 2008 年出现了经济危机，而 2009 年到 2012 年的经济不断复苏。

总体而言，由于 PSP 和 GLPE 之间的相关性不等于 1，就存在投资组合多样化的机会。尽管如此，股票指数与 GLPE、PSP 的投资回报之间的相关性要高得多。这可能是因为回报系列是由上市 PE 投资回报生成的，而这些 PE 交易本身的回报率，可能与上市 PE 回报率大不相同。正如前面所说，PE 交易和机会高度集中在美国、加拿大和欧洲地区，且大多数交易的投资回报并未公开。

第十五章 私募股权的基准偏差

引言

投资管理人通常需要提供一份显示更高投资回报的业绩记录,以吸引更多投资者。风险调整后的回报率有时会考虑预期收益的稳定性。

共同基金和对冲基金通常是开放式基金,需不断筹集投资资金。私募股权投资(PE)公司通常采用期限为10年且可延长至12年的封闭式基金。因此PE公司需在短期融资期间内,向潜在投资者交出一份漂亮的业绩报告。

若参考之前成功的基金,PE公司后续的基金筹集会变得更加容易。这同时适用于收购(BO)基金和风险投资(VC)基金。对投资者而言,PE公司的成功比总资产类别的整体表现更具价值。若是PE公司募集的第一只基金,或是之前的基金都表现平平,那么总资产类别的整体表现则更具参考意义。

无论哪种情况,投资者都应注意潜在的基准偏差。以总投资回报为基础或与基准进行比较时,PE公司自身的历史表现可能更具参考价值,但还应考虑基准与资产类别和投资方式的相关性。将PE作为资产类别与公开股票市场进行比较时,也要留意相关性问题。从风险和流动性的角度来看,所选股票市场指数是否具有可比性?如果不能进行比较,那么是否能对该指数进行调整以提供更合适的基准?

过去20年里,研究人员发表了对PE整体表现的调查结果。一些研究表明PE的表现优于公开市场,但也有研究显示PE表现不如公开市场,或是发现二者表现差异极小。

对标到最高基金回报率(α)的PE基金或其他投资基金是极具吸引力的选择。为得出可靠的业绩分析,选择正确的基准并进行相应调整至关重要,还需测量相应投资期间内的业绩表现。从资本催缴之日起进行简单的业绩测量,未必能反映投资者的预期。投资者一旦做出承诺就必须保证资金的供给。忽略承诺日期和催缴日期之间的机会成本将夸大PE绩效。

找到合适的数据和基准

如何找到合适的分析数据是绩效测评面临的第一大挑战。要想分析某一资产类别的绩效,就应区分投资方式有所不同的BO和VC公司。分析人员可从公司管理者、投资者或公共数据库收集数据。而测量相对绩效就要找到反映资产类别风险状况和投资回报的相应基准。

收购（BO）与风险投资（VC）

私募股权投资（PE）指的是投资管理人购买、控制或部分控制公司股份，并积极促进公司发展。将 BO 和 VC 视为同类资产，将淡化二者间的差异。

BO 公司通常是 PE 公司杠杆融资的成熟公司。而 VC 公司则是债务有限的初创企业。VC 公司根据其发展阶段的不同可分为四类：种子公司、初创公司、早期公司和扩展公司。

VC 基金管理人通常为其投资组合公司提供咨询，而 BO 基金管理人则更直接地参与管理。此外，BO 基金在整个预计持有期内都有稳定的融资结构。而 VC 基金在退出前会经历更多的融资周期，所以通常会在限定时间内注入新的资金。

找到相关的数据

分析人员可从投资管理人、普通合伙人（GP）、有限合伙人（LP）、投资者或广泛的 PE 数据库中收集数据。源于 GP 的数据是直接获取的一手数据，通常是有待调整的总费用。GPs 对于公布 LP 净收益数据不感兴趣；甚至还可能限制 LPs 向第三方提供此类信息。源自 LP 的数据已扣除了费用。许多 LPs 投资了数只 PE 基金，能向研究人员和分析人员提供来自不同基金的数据。永奎斯特和理查森分析 1981—2001 年募集资金的绩效时所采用的数据仅源自一位 LP。虽然该 LPs 的投资分散于不同基金，但其投资的基金未必能代表整个 PE 行业。

勒纳等人发现不同机构的投资绩效存在显著差异，如捐赠基金的投资回报远高于投资顾问和银行。这主要是因为捐赠基金能更好地预测后续的基金绩效，因此在同一合作关系中进行再投资的情况更少，而决定再投资的基金业绩也更好。这些发现表明，捐赠基金能比其他投资者更好地利用他们作为内部投资者所获得的信息。

仅使用来自一位普通合伙人的数据也会产生偏差。卡普兰和施沙尔发现，有经验的 GP 的投资绩效更好。只统计来自经验丰富的 GP 的数据将夸大 PE 的绩效表现。此外，从 GP 或 LP 处收集数据比较麻烦，一方面是因为他们不愿意与外界分享数据，另一方面是因为其数据结构间可能存在不同。数据收集的一大捷径是从含有大量 PE 公司信息的大型数据库中进行收集。最著名的大型 PE 数据库：汤森路透 VentureXpert、普瑞奇、剑桥协会、CEPRES 和 Capital IQ。

找到正确的基准

PE 绩效测评通常是相对于公开股票市场展开的。相对绩效分析大多以标准普尔 500 指数为基准，资本资产定价模型的 β 系数假定为 1，然而 PE 投资组合中很少出现这种情况。永奎斯特和理查森估算了以标准普尔 500 指数和纳斯达克综合指数为基准的超额 IRR。根据 1981—1993 年筹集的 73 只基金，以标准普尔 500 指数为基准的平均超额 IRR 为 8.06%，以纳斯达克综合指数为基准的平均超额 IRR 为 6.28%。

德里森、林和法利波估算了以标准普尔 500 指数和纳斯达克综合指数为基准的 VC 绩效。以标准普尔 500 指数为基准时的 β 系数为 3.21，α 系数为 -1.24，表明相关性较低。

以纳斯达克综合指数为基准时的 β 系数下降到 1.55，而 α 系数增加到-0.55。这些研究表明纳斯达克综合指数比标准普尔 500 指数更适合做 VC 基金的基准。

迄今为止，研究人员一直专注于相对于公开股票的 PE 绩效测评。将 PE 视作一种资产类别进行测评时，该研究倒也切实可行。但若是想测评整个 PE 领域下的某一只 PE 基金绩效，则最好采用 PE 业绩指标。

测评方法

最常见的绩效测评方法是采用货币加权 IRR。而 GPs 提及成功交易时通常谈论的是倍数，来表示投资期间的投资增长，即所谓的实收资本总价值（TVPI）。IRR 和 TVPI 都很难与适用公开股票的时间加权测评方法进行比较。有了公开市场等价物，可通过模拟与 PE 投资相关现金流的时间和规模，计算出 PE 的货币加权回报率指标。

内部收益率（IRR）

IRR 是测评投资回报最常用的方法。投资者可通过展示年回报率的 IRR 来比较投入资本和投资期限的绩效。早期的 PE 绩效研究在计算 IRR 时采纳了已实现和未实现收益。而近年的研究通常会忽略未实现收益，因其只是可受操控的估算。

将 IRR 作为 PE 绩效测评指标受到的最大质疑是将假设所有现金流都会按 IRR 进行再投资。该假设在计算公开股票市场指数的回报率时是成立的，因为所有股票在整个计算期间都在投资人手上，且股息可再投资到该指数的股票。然而这种方法却不适用于 PE 投资，具体论证如下。

当投资者投资共同基金时将预支全部投资金额，而在 PE 基金中，只有在 GP 为某一投资项目催缴投资时，投资者才分期缴纳投资金额。GP 在退出投资时不会将收益进行再投资，而是将其返还给投资者。因此，尽管共同基金投资者在整个承诺期内已完成了全部投资，但 LP 可随 BO 项目的进行而增加投资，也可随撤资收益的返还而减少投资。

PE 投资的 IRR 是指以较少金额和在较短期限进行投资的回报，而非投资者承诺的金额和期限。例如，若返还的投资须在第二年以 2% 的无风险利率进行再投资，则两年 20% 的 IRR 比一年 30% 的 IRR 更有利。同样，如果剩下的 50 美元仅以 2% 的无风险利率进行返还，那么以 20% 利率投资 100 美元比以 30% 利率投资 50 美元更为明智。

永奎斯特和理查森发现使用 IRR 测评存在两大问题。首先，IRR 假定早期分配可再用于基金 IRR 的投资，但这样会减弱相对绩效上的差异。其次，他们认为资本流出应与流入有所区分，以更低的比率进行贴现；否则相较于现金流的真实风险状况，IRR 将过高估计投资绩效。

作为替代方案，永奎斯特和理查森建议计算事后净现值。资本流出适用无风险利率贴现的已实现现金流，资本流入适用资本成本贴现的已实现现金流。采用相同期限的国债回报率贴现流入资金流，用总体市场的预期回报率贴现流出资金流。

虽然 PE 投资者仅在承诺期的部分时段投入部分承诺资本，但是投资者须持有充足现金以备将来的催缴。此外，返还资金很可能不会再以特定金额投资于类似的 PE 基金。总承诺资本的回报率取决于投资速度、投资金额和持有期限。永奎斯特和理查森对1981—1993年间筹集的73只完成清算的基金进行了分析，发现投资速度在第一年、第二年和第三年后，分别为16%、36%及57%。六年后将有90%的承诺资本用于投资。因此，测评进行中的PE基金绩效的挑战在于，投资的实现发生在基金后期。他们认为对PE和公开股票进行比较需分析对应时间段内的两种投资，这意味着股市投资须与PE基金的入资同步进行。

实收资本总价值（TVPI）

TVPI衡量的是投资回报的倍数。所有的现金流出（投资）和流入（分配）都会分别贴现。TVPI是这两种现金流价值间的关系，可分为两部分：（1）反映已实现收益的投入资本分红率；（2）测量未实现收益的实收资本。GPs通常采用TVPI进行绩效测评。但这种测评方式忽略了货币的时间价值，不适用于相对绩效测评。

公共市场等价物（PME）

朗和尼克尔斯主张，由于私人市场投资基金的IRR只是在特定时间段内大于标准普尔500指数的总回报率，所以该投资表现未必优于股票指数。问题是IRR间的比较并未考虑现金流的时间选择。他们最后得出结论：将私人市场投资与公开市场指数进行比较时，需采用反映相关现金流时间和数量的分析方法。

朗和尼克尔斯引入了指数回报率比较，后称之为PME，来测量相对于公开股票指数绩效的私人投资绩效。计算IRC需要两个步骤：（1）确定私人投资现金流的IRR；（2）计算投资于股票指数的相同现金流的最终价值或资产净值（NAV）。现金流出投资于指数，而现金流入则从指数投资中进行分红。超额IRR（即私人投资现金流的IRR减去投资于股票指数的相同现金流的IRR）反映私人投资的相对表现。该方法存在一个弊端：股票下跌时，现金流入可能导致模拟指数投资组合得出负NAV，将短期股票投资组合作为PE投资的基准比较。

为避免这种情况，鲁维内斯提出将PME+作为绩效测评方法。他认为不该把投资所得的全部收益进行分配，只分配一定比例的收益将不会导致NAV为负。这种做法存在的问题是：这两种投资组合的现金流并不完全匹配。

卡普兰和施沙尔提出了基于TVPI指标的PME。所有现金流出和流入都分别贴现到标准普尔500指数。PME被定义为两种现金流价值间的关系，反映了相对于标准普尔500指数的投资组合绩效。PME大于1时，投资组合表现优于股票指数；小于1则投资组合表现不如股票指数。用PME来估算746只基金的相对表现，最终得出结论：BO基金的PME为0.97，VC基金为0.96，二者表现都不如公开股票市场。

莫泽和菲奥里采用的PE绩效测评方法与前人稍有不同，称为相对复合回报率（RCR）。RCR也将已承诺但未催缴的资本纳入计算范围，并假设分配投资于现金，而非股票指数。因此计算RCR时，全部承诺资本都将用于投资。估算PE投资绩效时，假设催缴资本投资于特定的投资组合公司，而未催缴资本和分配按无风险利率投资于现金。股票指数的绩效计算基于和承诺资本相当的投入资本。最终得出的RCR等于PE投资的终值除以股票指数的终值。和 PME 相同，RCR 大于 1 意味着 PE 表现优于公开股票，小于 1 则情况相反。

PME 和 RCR 的优势在于，它们衡量的都是整个投资期间的固定回报率。短期投资在短时间内可能会带来高 IRR。采用"快速转手"策略的 PE 基金在 PME 和 RCR 上的排名可能低于 IRR。

风险及流动性调整

只有在风险和流动性同等时，才能衡量一项资产相对于基准的绩效表现。若基准的风险低于资产风险，则资产的 α 系数过高。基准资产的流动性高于资产时，情况也是如此。因此应考虑这些差异，从而修正资产或基准绩效。

风险计算需不断地估值。如果基准是股票指数，风险计算就不成问题。单只 PE 通常不能提供可靠的市场价值。

风险调整

绩效分析通常基于 PE 样本投资组合 β 系数为 1 这一假定，即假设 PE 投资组合与基准公开股票指数的风险情况相同。永奎斯特和理查森及卡普兰和施沙尔基于这一假设展开了分析。

PE 公司通常有更大的杠杆，所以风险会更大。卡普兰和施沙尔认为：如果 PE 基金的 β 系数高于 1，说明 PE 公司可能低估了市场风险。格罗和哥特沙尔格估计，BO 基金的平均债务股本比在投资时为 2.94，退出时为 1.28。

永奎斯特和理查森用行业 β 系数来调整商业风险。他们采用 1989 年至 1994 年估算的行业股权 β 系数，在 48 个行业集团中分别选定了一个投资组合公司。但由于缺乏 PE 公司的杠杆数据，无法对杠杆进行修正。他们分析了与相关行业的平均水平相比，投资组合公司的股本应减少多少才能实现零风险调整的超额表现。最后得出的结论是：只要 BO 基金使用的股本不低于参考行业中的企业所使用股本的 47.6%，就能创造超额收益。

哥特沙尔格、法利波和佐洛也对商业风险进行了思考。他们将债务股本比设为 3 得出初始股权 β 系数来计算杠杆风险。格罗和哥特沙尔格分析了 1984 年至 2004 年间，美国 41 只后期私募基金完成的 133 笔 PE 交易，调整了商业风险和杠杆风险。通过比较 116 组（至少 3 家公司为 1 组）的公开市场情况来衡量商业风险。用 PE 交易的资本结构来确定杠杆风险，通常由于债务偿还而出现杠杆减少的情况。在了解每个投资组合公司进入和退出时的风险后，他们假设杠杆呈线性变化。格罗和哥特沙尔格还假定注销交易在整个持有期间内呈恒定杠杆。为了达到相应的杠杆水平，他们还假设在无风险利率的情况下，借贷可以无限量地进行。引入 3% 的恒定信用利差并不会显著改变最终的 α 系数。

格罗和哥特沙尔格创建了一种模拟策略。在标准普尔 500 指数投资组合中投入等量资金，并用借来的资金进行杠杆作用，以获得同等的系统性风险敞口。他们每年都会调整模拟策略的系统性风险，直到投资退出，以确保风险均等。因此，PE 交易和模拟策略代表了两种风险相同的现金流。通过对两种策略的 IRR 进行回归分析，比较两种策略的绩效表现。他们从回归的截距中得到詹森指数，给出了风险调整后的绩效测评。尽管如此，格罗和哥特沙尔格还是认为 PE 应被视作具有自身风险或者回报率的独立资产类别，因为其投资很难通过流动的公开交易证券进行跟踪。无论在哪种情况下，PE 收益与模拟策略之间的相关系数从不会高于 0.26。

法利波和佐洛计算出的 β 系数与永奎斯特和理查森得出的结果类似。对于每只基金，他们都是根据每个投资组合公司的行业及其杠杆来估计投资的 β 系数。他们假设杠杆进入时的债务股本比为 3，退出时下降为行业平均杠杆率。虽然各基金的平均 β 值与基金 β 值并不相同，但可以将其视为一项指标。估算得出的 VC 的 β 系数为 1.7，BO 的 β 系数为 1.6；但是他们并未发现系统性风险是基金绩效的驱动因素。虽然 β 系数与绩效呈正相关，但这种关系在统计学上并不显著。因此，假设 β 系数为 1 将过高估计投资绩效。

法利波和哥特沙尔格使用相同的行业匹配方法发现平均 β 系数为 1.3，他们用这个值来调整贴现率。因此，平均 TVPI 从 0.99 下降到 0.84。但他们没有考虑到公开股票和 PE 之间的杠杆差异。

罗宾逊和森索伊发现 β 系数和相对绩效之间存在高度的凸关联。从 0 到 1 将 BO 基金期限内的超额绩效估值从 57% 下调至 18%。将 β 系数更改为 1.5 可使得超额绩效降低到 12%。类似的结论也适用于 VC 基金。

德里森等将模拟基金定义为标普 500 指数的杠杆头寸。他们提出哪个模拟基金的 β 系数（即杠杆）能最好地模拟 PE 基金这一问题。模拟基金应具有与 PE 基金相同的现金流。也就是说现实中投资者无论何时调用资金，都会有相同金额的资金投入模拟基金中，投资者无论何时获得收益分配，模拟基金都将支出相同的金额。

流动性调整

公开股票可在股票交易所进行交易，因此具有流动性，但 PE 不具备这一特性。因此 PE 的预期回报率应该更高，以弥补流动性不足而产生的成本。永奎斯特和理查森发现 PE 与标准普尔 500 指数相比存在超额回报率，他们认为部分超额回报率应被视为对 PE 流动性不足的补偿。

弗兰佐尼、诺瓦克和法利波发现，PE 投资表面上的高绩效，很大程度上可解释为对回报率所面临的不同风险因素的补偿，而流动性风险是风险溢价的一大重要来源。他们认为市场流动性与 PE 收益之间的关系反映了融资流动性对 PE 绩效的影响。无条件流动性风险溢价预计每年约为 3%，总风险溢价约 18%。

索伦森、王和汪发现 PE 流动性不足会产生巨大成本。PE 的部分风险由流动的公开交易资产构成，因此具有系统性风险的标准风险溢价。风险的剩余部分由于流动性不足而不含有市场因素，因此投资者需要约为 1.5% 流动性风险溢价。

长期存在的定价问题

如前所述，投资风险通常由预期回报率的波动来衡量。由于公开上市股票在股票交易所有市场报价，故对其进行风险测评相对容易。PE 投资的价值通常由 GP 按季度估计，不一定反映真实的市场价格。

回归分析中使用的两项投资回报率之间的测量区间发生偏差时，就会出现定价问题。对交易量小的股票或者非交易股票和流动股票或者股票指数进行回归分析时，就会出现这一问题。得出的结果会低估 β 系数，而高估 α 系数。该问题可通过观察滞后 β 效应来解决。由于 PE 公司的估值是在滞后于股市的基础上进行调整，因此上市公司和私营公司之间的完整相关性也应包括滞后相关性。

埃默里在风险经济学数据基础上分析了 PE 收益间的相关性，以及 1986 年至 2001 年美国主要股票指数收益。他发现 BO 的季度收益与标普 500 指数的相关性最大，而 VC 的季度收益与纳斯达克综合指数的相关性最大。但公共收益难以说明私人收益的变动。纳斯达克综合指数解释了 35% 的风险资本回报率变动，而标准普尔 500 指数不能说明 BO 回报率的变动。但如果将滞后的公共收益计算在内，VC 或者纳斯达克综合指数的解释力将上升到 56%，而 BO 或者标准普尔 500 指数的解释力将上升到 10%。

伍德沃德解决了长期存在的定价问题，纳入了领先的和滞后的市场收益值以及同期收益，并对计算所得系数求和以求得正确的 β 系数。对于单独交易的股票，两天的领先收益加两天的滞后收益通常足以反映公开股票与整体市场收益间的真正相关性。

长期存在的定价问题在 PE 中更为突出，因为 GPs 只对他们投资组合中的公司进行季度评估。伍德沃德对风投基金和 BO 基金进行了区分，风投基金的估值通常基于特定公司的最后一轮融资，而 BO 基金的估值则基于公司未来的预期收益。这给了 GPs 很大的数据公布自由。

安森发现在长达四个滞后季度期间内，PE 收益和时间顺序有很大关联，这表明之前的收益情况对当前的 PE 收益有一定的影响。他将剑桥协会 1986 年至 2013 年的美国 PE 指数与罗素 1000 指数和罗素 2000 指数进行了对比，以排除资本化范围或规模效应因素影响。使用罗素 1000 指数单周期模型得出的 β 系数为 0.4%，α 系数为 2.6%，而使用多周期模型得出的 β 系数翻倍至 0.8%，α 系数降到 1.9%。采用罗素 2000 指数也得出了类似的结果。结果表明：长期存在的定价效应低估了 β 系数，高估了 α 系数。

估值所面临的挑战

虽然各国会计原则的差别不断减少，但估值方法仍然存在差异。永奎斯特和理查森发现：尤其是那些首次担任基金管理人，在估值时会显得格外好胜，不会记录表现不佳的公司，甚至会夸大公司价值，特别是在公司的困难时期。

伍德沃德发现价值上升激励着 VC 的 GPs 筹集新一轮的资金，这样他们就可以更高的价格达成交易。从而有机会提高整个投资组合的估值，因为最近交易的倍数在整体估值中占有很高的权重。GPs 在市场下跌时可能会推迟一轮筹资，尽量拖延时间，避免以较低价值达成交易。

卡普兰和施沙尔在基金清算前不依赖于测量的期中 IRR，认为那是基于基金管理人的主观估值。但一旦基金期满，他们在计算总绩效前就会将全部剩余价值转换为现金等价物。

会计准则和法律框架是影响普通合伙人公布行为的重要因素。卡明和华尔兹发现，在法律环境薄弱、会计准则监管较少的国家，平均未实现 IRR 显著较高。法利波和哥特沙尔格发现，成熟基金公布的会计价值大多表现为僵尸投资（即不能产生足够收益倍数的自我维持型投资）。因此，他们选择在绩效评估前注销所有剩余价值。

公司以往的估值是根据投资的购买成本来计算的，然后再记下可回收价值是否低于成本。如果进行了新一轮融资、资本重组或再次注资，则进行再次调整。自 2006 年以来，行业公认会计原则要求投资组合公司以公允价值进行记录（即对现值进行调整）。GPs 在确定公允价值方面仍存在一定的考量余地，他们可以采用贴现现金流估值、收益倍数和期权定价模型，还可以通过流动性贴现和控制溢价对价值进行调整。

安森指出新的会计制度并未对滞后 β 效应产生重大影响。他测试了变化前的滞后 β（1986—2007 年）和变化后的滞后 β（2008—2013 年）之间是否存在差异。他的研究结果显示：GPs 在市场低迷时会迅速下调其投资组合价格（β 系数为 1.05），在市场兴盛时却只是将价格缓慢上调（β 系数为 0.86）。安森认为之所以存在这种现象，是由于 LPs 对 GPs 的监控，前者希望后者在估值上持保守态度。

德里森等构建了一个计量经济学模型来估算最终的市场价值。从模型中发现清算基金的市场价值接近 NAV。而超过标准清算期限（10 年）的非清算基金估值仅占其自我公布 NAV 的 30%。

上述结果表明，有不同的方法可以解释最终的 NAV 计算。卡普兰和施沙尔假设最终的 NAV 反映了市场价值。而德里森等则认为 NAV 占公布价值的 30%。法利波和哥特沙尔格则假定成熟基金的最终 NAV 不具有研究价值。

衡量费用总额还是净额

绩效可用费用总额或净额来测评。来自 GPs 的数据通常是费用总额，而 LPs 提供的数据则是净额。采用哪一项测量数据取决于分析目的。如果想要衡量 GPs 在创造价值时有多么成功，那么采用费用总额更为合适，因为这里的收益分配并不重要。如果关注的焦点是投资者的资产配置，则最好采用 LPs 提供的费用净额。

GPs 会实行两项标准费用：管理费和附带权益，也就是累计绩效费用。管理费通常是承诺资本的 2%，直到所有资本都用于投资，再加上投入资本的 2%。只要收益超过 8%，附带权益通常是收益的 20%。一些 PE 公司还会收取交易费和（或）监管费。

卡普兰和施沙尔发现，PE 基金中 BO 基金的 PME 为 0.97，VC 基金的 PME 为 0.96，表现不如标准普尔 500 指数费用净额。因此在费用总额的基础上，PME 一定是正数。根据法利波和哥特沙尔格的研究，费用每年将使 α 系数减少 6.79%，从 2.96% 降到 −3.83%。他们指出投资者可能对绩效存有认知偏差，因为他们在集资过程中只公布了绩效总额。

索伦森等发现，基金管理人必须创造足够的价值来支付高成本的管理费用和附带权益。在没有杠杆的情况下，损益平衡的 α 系数是每年 1.5%。假设债务股本比为 3，损益平衡的 α 系数将降到 1% 左右。

样本选择偏差

因样本不具有代表性而影响绩效结果,这就说明样本存在选择偏差。有几大因素会影响到测评的绩效。如果这些因素在样本中的表现与在总体中的表现不同,则需要修正选择偏差。在 PE 样本中,最常见的选择偏差是幸存者偏差、年份偏差、基金规模偏差、更新频率偏差以及管理者或投资者的技能偏差。

幸存者偏差

数据提供者必须依赖于自愿公布,因为 GPs 和 LPs 没有向他们公布的义务。根据格罗哥和特沙尔格以及哈里斯等的研究,自愿公布可能导致幸存者偏差,因为绩效表现差的公司将停止公布数据。自愿公布还可能导致回填偏差,也就是说公布人不是从基金成立之初就如实公布基金绩效,而是在建立了良好的业绩记录后再进行公布。

卡普兰和施沙尔从汤森路透 VentureXpert 数据库中选取 746 只基金作为样本,发现 PE 基金的净收益几乎与标准普尔 500 指数持平,而其中 BO 基金的表现略差。他们仅选取了不再活跃的基金作为样本,这些基金是在过去 6 个季度内完成正式清算或没有现金流活动的基金。希格森和斯图克批判了这种样本选择方式。他们发现采用上述方法将使得样本中出现有截断数据的基金,从而导致采样中过多选取了不完整的基金,同时还会剔除现金流活动较少的成熟基金。这种方法将会降低最终得出的数值,并低估 PE 基金的绩效。

年份偏差

尽管 PE 基金和公开股票市场的关系非常密切,但 PE 收益具有很明显的周期性。从历史结果来看,20 世纪 80 年代上半叶、90 年代上半叶和 21 世纪前五年(年份)间筹集到的资金,其收益要高得多,而每个十年末期的收益表现往往不佳。这里所说的年份指的是 PE 公司开始投资的年份。由于 PE 公司的业绩通常是根据其年份来衡量,因此 PE 公司开始投资的年份显得格外重要。

过去 30 年间出现了两大趋势:(1)绝对回报呈下降趋势;(2)根据汤森路透 VentureXpert、Preqin 和剑桥协会的数据显示,绩效之间的差异减少。其主要原因:与汤森路透 VentureXpert 相比,Preqin 和剑桥协会在 20 世纪 90 年代中期前所掌握的基金数据数量相对有限。

哈里斯等基于这三大数据库,对每个年份 PE 基金的 IRR 中值进行了估算。1981 年到 1996 年间,VC 回报率稳步上升,但由于互联网泡沫的破裂,VC 回报率从 1998 年起降至零左右。BO 基金整体表现较好,但在整个投资期间内也呈现出下降趋势。

绩效表现取决于年份。繁荣时期由于 GPs 给公司的出价过高,推出的基金往往表现不佳。永奎斯特和理查森详细说明了资金流入是超额 IRR 唯一重要的决定因素。基金年份内筹集的资金越多,该基金的后续表现就越差,因为这将导致更多的基金参与交易争夺。

卡普兰和施沙尔发现，行业表现良好的兴盛期过后，更有可能开始新的合作关系。但繁荣时期筹集的资金，以及在繁荣时期建立的合作关系，都不太可能筹集到后续基金，也就表明这些基金可能表现不佳。

法利波和佐洛以及杰加迪西，克劳斯尔和波莱特发现PE的绩效具有顺周期性。在投资期内，投资业绩普遍伴随着平均国内生产总值（GDP）的增长而增长，且伴随着此期间平均利率的下降而下降。但莫泽和菲奥雷发现，当大量资金分配于BOs时，投资PE更具吸引力，因为这段时期恰好是股票市场的高峰期。由于BO基金通常在股市疲软时回报率较高，因此在股市见顶时BO基金的表现优于股市。莫泽和菲奥雷发现，与股市表现相比，年份对PE的影响更大。无论是绝对值还是相对于标准普尔500指数，VC基金的最佳年份都是1993年至1997年。VC基金1999—2006年的绝对值表现最差，而与标准普尔500指数相比，VC基金2002—2006年表现最差。对于BO基金而言，2004—2006年的绝对绩效最差。与标准普尔500指数相比时，1992—1995年表现最差，而1999—2002年表现最佳。

规模偏差

很多学者都发现了规模偏差。例如，卡普兰和施沙尔以及法利波和哥特沙尔格发现，大型基金的总回报率高于小型基金。莫泽和菲奥雷比较了BO和VC基金等权重指数和规模加权指数的绩效。他们发现两种投资的规模加权指数的表现都优于等权重指数，这就表明大型基金的表现优于小型基金。德里森等也得出了同样的结论。他们发现α系数和规模之间不存在任何关联，但β系数和规模之间呈明显的正相关关系。因此，大型基金回报率更高是因为其面临的风险更大，而不是因为更高的异常绩效。

更新偏差

如果GP不再向投资者公布收益分配情况，那么即使基金已经得到清算，剩余价值（RV）也将保持不变。因此，如果剩余价值被注销或实际价值低于公布价值，则最终会出现估值过高的结果。如果剩余的公司价值超过公布价值，或退出时的价值高于剩余价值，则又会使得绩效估值过低。

法利波和哥特沙尔格公布了852只基金中462只的剩余价值。由于期限已超过10年，所有基金都应进行清算。这些基金公布的总剩余价值占总投资金额的43%。注销剩余价值而不是将剩余价值看作是正确的估值，能将TVPI从1.01降到0.94，总共降低了0.07。

斯图克通过分析汤森路透VentureXpert数据库来识别腐败的迹象。他发现约有40%的基金在活跃期内的某个时间点停止数据更新。这些基金的数据记录出现了截断，剩余价值数值只是简单地向前推移并保持不变。以下三大原因可以解释为何基金管理人不再公布绩效结果：绩效不佳，信息共享政策的变化，或者是可忽略的最后付款。

技能偏差

使用来自同一GP或LP公布的回报率也可能因学习效应而出现选择偏差。在寻找和开发目标方面，GPs 可能拥有高于平均水平的技能。LPs 可能比其他投资者更会挑选最成功的 PE 基金。这些技能是通过多年经验获得的，因此技能对投资选择能力的影响被看作是学习效应。

永奎斯特和理查森以及法利波和佐洛发现，规模小且缺乏经验的基金业绩明显表现较差。尽管如此，这类基金还是能够找到投资者，这是因为：（1）经验不足的投资者只能接触到这类基金；（2）一些基金给投资者提供了最大的潜在额外商业好处（即咨询服务和债务承销或股票发行）。

卡普兰和施沙尔发现有很多兄弟基金（即同一 GP 经营下，有很多前期投资资金的基金）产生的回报率更高。GPs 若持有表现优于行业的基金，那么他的下一只基金的表现也很可能会超过行业水平。基金表现不佳的 GPs 也有很大的概率会重蹈覆辙。因此他们认为存在一定的学习效应，好的管理人往往会随着经验的积累而提高自己的投资技能。

法利波和哥特沙尔格进一步分析了卡普兰和施沙尔的样本，但修正了样本的选择。他们的研究显示，属于某一特定绩效指标的基金，其下一只基金归属同一指标的概率超过 40%。GP 对学习效应缺乏共识。如果这种效应真的存在，后续基金顺序越靠后，其绩效表现越好。然而现有的证据却显示出相互矛盾的结果。例如贡珀斯和勒纳，卡普兰和施沙尔，法利波和佐洛，艾格纳、阿尔布雷希特、贝施拉格、弗里德里希、卡列普斯基和扎格斯特发现 PE 管理人连续投资的基金绩效间存在很大的关联。而莫泽和菲奥雷发现同一家 PE 公司连续投资的基金绩效之间并不存在任何关联。

异常值和加权

绩效测评最常用的方法是基于价值加权计算平均绩效。这种方法与计算标准普尔 500 指数等股票指数时使用的方法相对应。使用平均值存在一个弊端：异常值可能会产生过大的影响。极少的异常值就能改变平均值，导致测评失去意义。这个问题可以通过使用中值来避免，中值是计算标准绩效的更好指标。如果少数大型基金主导总的测评，价值加权测评也可能导致结果偏差。莫泽和菲奥雷在他们的 PE 基金样本中发现平均年 IRR 为 8.5%，而中值仅为 3.2%。

要想对所有的 PE 投资回报进行测评，价值加权就是首选方法，因为价值加权显示了总投入资本的平均回报。但想要衡量管理人创造绩效的平均能力，那么计算等权重则更有意义，因为等权重显示的是管理人的平均表现。卡普兰和施沙尔估算得出：采用价值加权计算时，1980—2001 年的 PME 为 1.05（绩效表现良好）。而采用等权重计算时却只有 0.96（绩效表现不佳）。

第十六章　持续性回报：寻找一流的经理人

引言

尽管过去的优异业绩并不能保证未来的丰厚利润，但卡普兰和施沙尔早期在该领域的研究表明，前后的私募股权投资（PE）基金在收益上存在惊人的强相关性。先前的基金中最优秀的基金经理往往会再次出现在一流的经理人名单中，他们后来从事的基金既有并购基金也有风险投资。与 PE 不同，没有任何证据表明共同基金具有持续性高收益。

表现最优和表现最差的 PE 之间，业绩存在很大差异。根据另类资产数据库 Preqin 的收益系列数据，以内部收益率计算，1984 年至 2004 年间表现最优的基金和表现最差的基金之间利差接近 2000 个基点。因此，基金经理的选择将会造成收益的差距，最好的基金可以带来超过股市长期收益率，最差的基金甚至可能无法回本。投资者能否跑赢股市长期收益在很大程度上取决于基金的选择以及能否找到一流的普通合伙人（GPs）。

最近的实证研究对之前有关持续性高收益的研究结果提出了质疑。例如哈里斯、詹金森、卡普兰和斯图克分析 2000 年后的数据发现，BO 基金业绩的持续性有所下降。事实上，仍有许多投资者对"最优秀的经理人"这一标签十分在意，也有越来越多的基金经理为自己贴上这一标签。然而这些一流的经理人过去的表现是否能证明投资者的再投资是合理的？过去优异的表现是否预示着未来的业绩会更好？本章对 PE 收益持续性的实证证据进行了评估，以此来鉴别未来最优秀的 PE 基金经理。

私募股权投资回报衡量标准

评估 PE 基金的回报持续性并将合作的 GPs 划分为四个不同等级，首先对回报要有充分的衡量标准，其次对 PE 的回报进行评估需要考虑到该资产类别的具体特征。

资产类别特征

投资者，即有限合伙人（LPs），在 PE 基金成立时就向其投入一定数量的资金。GPs 寻找投资组合公司进行投资，并在需要时从 LPs 处筹集资金，其金额最高可达 LPs 承诺金额的总数。当发生撤资时，GP 减去相关费用后将收益分配给 LPs。就其性质而言，这些现金流的时间在事前是未知的。一只基金的寿命一般为 10 年，但如果 GPs 和 LPs 都同意，其寿命通常可以延长两年或更久。尽管 2007 年至 2008 年的金融危机之后出现了大量二级交易，但 PE 基金的股权是不可交易的。

GPs 自行报告反映持续投资价值的季度净资产值（Net Asset Values，NAV），以便 LPs 了解其投资的价值（如投资组合公司）。由于投资组合公司不公开交易，客观地衡量 NAV 变得困难，估值也可能受到基金经理的战略估值决策的影响。通常情况下，投资组合公司在收购后的头几年仍按成本价估值，然后再通过公开市场比较以倍数的形式估值。要做到客观地衡量回报，其理想方法是不依赖于 NAV。为避免此问题，一些研究使用了不同方法——通过仅从 BO 的历史现金流来推断其报告的回报率。

用于衡量回报的主要实践方法包括计算现金倍数和 IRR。鉴于现金回报和以 IRR 计算的局限性，学术界发展出了一种被称为公开市场等价的方法，将 PE 投资的结果与上市公司进行比较。

现金倍数

现金倍数是指投资总额的回报率，其常见变形被称为投入资本分红率，所考察的是返还给 LPs 的资本与最初投入的资金比例。还有一种方法是使用返还给 LPs 的资本和基金持有的 NAV 的现值与最初提供的基金比率，也称为投入资本总值倍数。根据这些指标，投资者可以对当年（也称投资年）推出的基金进行比较。

利用倍数进行衡量有利有弊。作为一种常见的业绩衡量手段，它相对来说容易操作且直观易懂，但也可能引起潜在的误导结果。与其他大多数回报率指标一样，倍数是不按年进行计算的。此外，该方法不考虑货币的时间价值，因为现金倍数是完全基于绝对值计算的。因此，仅使用倍数来评估 PE 的业绩可能会被误导。

内部收益率（IRR）

BO 的投资过程与封闭式基金等其他资产类别大有不同。BO 的资本投入历时数年，基金的后续分配在规模和频率上也都不规律。与开放式投资工具不同，PE 基金是典型的封闭式基金，GP 绝对地掌控着固定的资金池以及相关的投资过程。因此，GPs 主要是在投资和撤资时机上创造价值，这一点在计算回报时应该考虑进来。

由于现金回报不能反映现金流的时间价值，以此来评估 GP 的业绩被看作是一种不恰当且孤立的回报归因法，因而考虑到了基金管理人投资和撤资时机的价值加权回报衡量法更受青睐。尽管 IRR 作为衡量法也存在不足，但已成为行业的评判标准。

IRR 作为一种价值加权的回报衡量法，利用了基金的现金流入和流出进行计算，它对应考虑了不同进入点和退出点投资者的总体回报率。如公式（16.1）所示，IRR 是促使所有现金流净现值为零的利率：

$$NPV = \sum_{t=0}^{N} \frac{CF_t}{(1+IRR)^t} \tag{16.1}$$

其中，N 代表基金的生命周期，CF_t 代表在时间段 t 内所累计的现金流量。计算 IRR 存在着几点不足和限制。在计算 IRR 时，GPs 必须对所涉及的未实现现金流（即 NAVs）进行预估。由于对未来现金流量预估的不确定性，在基金成立的最初几年里 NAV 的计算是不可信的。此外，还应考虑到早期确认并减记的管理费、投资成本和表现不佳的投资。它们在早期都对 IRR 产生了负面影响。也正是由于这些原因，GPs 过去常常以成本来衡量投资价值。引入公允价值会计准则使情况有所缓解。GP 现在以 NPV 报告他们的投资，其结果是使估值与公开交易的公司更加一致。

公开市场等价物（PME）

公开市场等价物（PME 概念出现于 20 世纪 90 年代中期），至今仍被广泛引用。PME 指数为与时间加权收益相关的基准问题提供了一个简单的解决方案。尼克尔斯和朗建议通过创建一个 PME 的模拟投资组合（如美国标准普尔 500 指数）来评估收购资本的机会成本。这些投资的设计复制了收购的时机和系统性的风险。选择基准指数需要谨慎，因为只有总回报指数才对分析有意义。将标准普尔 500 指数作为基准而忽略股息支付，可能会使 PME 指标下降几个百分点，从而歪曲比较结果。

PME 法始于下述问题：如果投资者以现值向 PE 基金投资 1 美元，那么投资者必须在给定的公开市场指数上投资多少美元，才能产生现金流等价的投资，最终获得相同的终期财富？PME 利用在 PE 投资和给定的公共市场基准中再投资中间现金流中获得的终期财富比率与在基准中投资相同资金所获得的终期财富作比较，以此解决前面提到的问题。如此，就可以对所有可用资金进行绩效排名。对 PME 的定义如公式（16.2）所示：

$$PME = \frac{\sum_{t=1}^{N} cf_t \prod_{i=t+1}^{N}(1+R_{l_i})}{\prod_{t=1}^{N}(1+R_{l_t})}. \tag{16.2}$$

卡普兰和施沙尔有关 PE 回报持续性的论文影响深远，二人利用 PME 对业绩进行计算，并以实例作为概念的基础。

PME 大于 1 的基金表现优于标准普尔 500 指数（除去所有费用）。例如，某 PE 在 1997 年 3 月投资 5000 万美元，在 2000 年 3 月实现 1 亿美元，则将产生 26% 的年 IRR。然而，对 LP 来说，投资标准普尔 500 指数可能会更好，因为同时段内，标准普尔 500 指数中的 5000 万美元将增长到 1.035 亿美元。这项投资的 PME 指标 0.97（或 1/1.035）反映出 PE 投资的表现将逊于标准普尔 500 指数。又或者说，某 PE 基金在 2000 年 3 月投资 5000 万美元，并在 2003 年 3 月实现 5000 万美元，则其产生的 IRR 为零。然而，这种情况下 LP 投资 PE 可能会更好，因为如果投资于标准普尔 500 指数的话，该时段内 5000 万美元将跌损至 2950 万美元。该投资的公开等价物指标为 1.69（或 5000/2950），反映出 PE 投资的表现优于标准普尔 500 指数。

尽管 PME 指标主要基于现金流，但在基金尚未完全清算、NAV 在时间间隔结束时不等于零的情况下，PME 指标仍在一定程度上依赖于 NAV。在这些情况下，基准测试过程实际上减少了指数跟踪基金的最终余额与 PE 的 NAV 进行比较的情况，同时更加强调了后者的数值，间接地依赖了"PE 投资者可以立即以该价值退出基金"的假设。这就是为什么分析人员通常使用 PME 指标来衡量成熟基金的业绩，其中未清算 NAV 只占总分配额的一小部分。

PME 指标并不复杂，它可以作为一种回报衡量法来规避与 IRR 相关的问题。由于 IRR 用现金流而不是实际回报进行计算，因此只有在贴现率和再投资率固定不变且相同这一极端假设下，IRR 才能转化为回报率。固定不变的再投资率显然是一个不切实际的假设，这使得投资者很难使用 IRR 作为回报衡量的指标。具体来说，就 PE 基金投资而言，相对于风险等价的公开市场投资的终期财富，LP 可能有兴趣了解投资的终期财富。显然，IRR 并不能回答这个问题。就这一点来说，PME 指标提供了一种比较以及对基金进行排名的方法。

然而，使用 PME 指标有一些缺点，比如在财务杠杆和系统性风险上缺乏代表性。一般来说，研究使用的是未调整杠杆率和系统性风险的公开市场基准，因为数据来源缺乏广泛的交易层面数据。要充分调整财务杠杆和系统风险就需要大量的交易数据。

私募股权投资基金回报的持续性

许多 LPs 在决定 PE 投资时仍对回报最高的基金给予密切关注。人们通常根据基金回报的四分位排名对其进行分类。因此，对投资者来说，找到最佳经理人并投资他们的基金成了重要标准。但是，是否要选择过去的赢家作为现在的经理人，再次投资这些基金是否真的有利可图？过去的表现能否代表未来的业绩？相关的学术研究越来越多，显示了有关回报和绩效持续性的综合证据。

什么是第一四分位基金

第一四分位基金是指同行业中前 25% 业绩最佳的基金。也即，当一只基金开始发行时，收益排当年前 25% 的就是第一四分位基金。后 25%~50% 所代表的是第二四分位基金，最后 25% 所代表的也就是业绩最差的基金。如果基金的收益不能保持，则不论经理人之前所管理的基金处于哪一个四分位段，其后续基金都有大约 25% 的概率出现在任何给定的四分位排名。该方面的学术研究主要是基于现金倍数、IRRs 和 PMEs 来衡量业绩。

四分位数持续性的证明

卡普兰和施沙尔最先发现了 PE 和 VC 基金回报的持续性，随后的几项研究利用不同的数据源证实了他们的结论。然而，之后的研究结果却纷杂不一。例如，哈里斯等人研究表明，2000 年以后 BO 基金业绩的持续性严重下跌，这与一些业绩不高的基金有关，相比其他基金，这些 BO 基金往往会重蹈覆辙。

关于收益持续性的初步实证证据

卡普兰和施沙尔调查了 1980 年至 2001 年间的 764 只 PE 基金，对其收益、持续性以及资金流进行了研究。结果表明，PE 基金的平均回报率（扣除费用）大致与标普 500 指数持平，过去与未来的高回报率之间具有相关性。相比之下，哈特、伯克和唐克斯研究发现，表现最差的共同基金具有持续性，而表现较好的则没有。

然而，之前排在第一四分位基金的经理人会因为其之后的 BO 或 VC 基金再次跻身一流经理人行列。卡普兰和施沙尔的研究表明，持续性是 GP 技能异质性和人力资本可扩展性有限的结果。但令人不解的是，为什么这些 GP 能力超群却不能收取更高费用。后来格洛德和格林，霍希伯格、永奎斯特和维辛-约根森，以及马尔克斯、南达与亚武兹等的研究都在尝试解释这种现象。

为什么投资者们不配置资金直至持续性消失？为什么基金不调整其费用直至持续性消失？卡普兰和施沙尔总结认为，这是由于最好的基金会自愿限制自身规模。这一观点可能与伯克和唐克斯的共同基金模型有关。投资者了解经理人的技能，在业绩良好的情况下，他们希望配置更多资金，使一流基金的预期业绩与其他基金持平。当基金规模限制时，就会产生持续性。

霍希伯格等认为，现任投资者掌握着关于基金经理能力的软信息，他们可以此"制约"基金经理。如果投资者不向后续基金进行二次投资，则其他投资者会认为这些软信息是负面的，就将减少对新成立基金的配置。因此，VC公司需要给现任投资者支付租金，他们通过限制其规模来支付租金，从而提供高预期回报。在格洛德和格林看来，基金经理可能不会被软信息所"制约"，而是被他们投资策略的信息所"制约"。基金经理需要向现有投资者支付租金，从而创造持续性。

卡普兰和施沙尔关于持续性的发现引发了进一步的研究，即了解先前的和之后的PE基金业绩之间的关系。康纳实证研究了VC公司的回报持续性。某第一四分位段基金之后的VC有44%的可能以99%的置信水平再次位于第一四分位排名中。第一四分位段基金的后续基金还有71%的可能比同一年份的中位数基金表现要好。此外，处于末端四分位段上的基金有48%的可能再次处于末端四分位排名（置信度达99%），有68%的可能低于中位数基金。这些结果表明不论表现好的还是表现差的VC基金都有很强的持续性。鲁维内斯还表示，最好的PE整体回报具有显著的持续性和强大的幸存者偏差，连续获益的基金与首次获益的基金相比没有优势。

寻找一流经理人

许多PE投资者在选择GP时仍采用传统的理论原理，即重点关注以前的基金回报，以此作为预测未来业绩的一种手段。然而，只看基金的收益来选择经理人也有其自身的局限性。

第一四分位方法的局限性

对选定的GPs实施基于收益持续性假设的投资方法有几项现实局限性。第一，由于评判标准不明确，在对最佳业绩下定义时存在一定的灵活性。第二，PE公司通常会在之前的基金收益得到准确计算之前筹集到后续资金。采用全面尽职调查流程可以提供GP成功和失败因素的最佳见解，并让投资者获得寻找到第一四分位经理人的最佳机会。

第一四分位的分类

如前所述，第一四分位基金是同类中排在前25%的最优基金。然而，市场上有太多基金声称其业绩最佳。其中一个原因是，除分类本身外，对第一四分位的定义有不同的解释。例如，最佳业绩无法被准确定义，但可以参考现金倍数，IRR，PME或其他绩效指标。其他值得探究的问题包括：要考虑哪些基金、什么是"同行"和地理区域。因此，当GPs宣布其业绩最优时，投资者需保持谨慎，以免受操纵。

王和康纳表示，根据确定前四分之一表现的两种主要指标（IRR 和成本倍数），只有 84%被列为第一四分位的基金可以声称在两种指标上都是最好的。因此，超过 25%的基金声称自己的排名是处于第一四分位的：其中既包括在两项指标上都处于第一四分位的基金，也包括那些仅基于 IRR 或倍数处于第一四分位的基金。

此外，基金可能在其整个生命周期中不断变更四分位排名。正如博伊德所说，自称第一四分位的基金可能是在某一时间点，而不是持续的评级。她的研究结果表明，64%的基金在其生命周期中的某个时刻会有列于第一四分位的业绩。

亨德肖特研究发现持有最佳业绩记录的 GP 也具有相应最优秀的能力。利用贝叶斯方法，亨德肖特从收益持续性推断出优于其他方法的能力。随着时间的推移，由于机会会降低收益持续性，管理者能力的改变会增加收益持续性。任何既定资产类别中的业绩持续性水平都揭示了管理能力在投资收益中所起的作用。亨德肖特发现，要想在 80%的置信水平上跻身"能力最强的四分位"，需要在 3~4 只基金中获得最佳业绩。

事前绩效评估

业绩较好和较差的基金持续性差异很大，这导致许多 LP 专注于投资过去位于第一四分位段的后续基金。实施这项战略具有缺点：通常要等数年才知道 PE 投资的结果。另外，基金经理按成本持有其投资组合，除非后续融资出现问题。因此，PE 经理人通常在准确衡量前一只基金的收益前就开始筹集下一只基金。

PE 公司筹集后续基金的时间平均为三年后；15%的公司为一年后，22%的公司为两年后。这意味着，投资者需预测一只基金在运营几年后的最终表现以处理好这种关系，但这是很难实现的。

弗里德曼的研究表明，根据在投资第四年的观察，有 50%处于第一四分位段的 BO 基金实际是在该段位收盘的。对于 VC 来说，价值会更高，有 60%会达到第一四分位。在这些处于第一四分位的基金中，43%在其后续基金中能保持良好的表现。弗里德曼利用贝叶斯定理表明，基于第四年投资生涯的观察结果来看，31%的 BO 基金会被归为处于第一四分位（VC 为 33%），在后续基金中，它们也可能复制前期基金成功的经验，列于第一四分位。这些结果表明，鉴于事前随机选择到第一四分位经理人的概率为 25%，仅基于先前的业绩对经理进行评估有局限性。

如果后续基金的筹款期发生在第一四分位基金收盘后的两三年，那么能够保持同等收益的可能性会进一步下降。因此，根据业绩再投资的决定需要基于更成熟的更早一代基金。而钟发现，第二只或前只基金的业绩可能会对未来业绩产生误导。

鉴于投资者在必须决定下一投资前无法明确判定第一四分位基金业绩，鲁维内斯得出结论认为，进行尽职调查（包括正确理解过去收益的驱动因素），远比四分位分类本身重要。了解经理人如何、为何取得卓越业绩以及未来是否可能再次成功对于投资的决策来说至关重要。因此，彻底的尽职调查在 LPs 的再次决策中起着核心作用。

尽职调查的作用

成功的尽职调查需要了解影响投资组合公司成败的因素。与 GPs、合伙投资人以及投资组合公司的首席执行官进行沟通或许是最好的方法。而敏感性分析也是一个重要的工具，可以洞察特定投资的表现是向上还是向下倾斜。通过分析，投资者能够了解投资组合的表现在多大程度上依赖于一次特殊的成功或失败。对团队投资战略和理论的尽职调查进一步增加了私募备忘录和其他营销材料的深度。与 GPs 和内部人员直接交流可能会揭示专业领域、团队内部的局限性以及公司内部的整体动态。最后,潜在投资者应对当前和过去的 LP、前公司员工、投资组合公司的首席执行官、贷方和顾问进行参考检查,以进一步验证公司的能力并确定某一需要关注的领域。这种深入的筛选过程非常注重尽职调查而不是过去的业绩,它更容易捕捉到特定战略的成功,给予投资者警告或危险信号。

这种方法对新兴基金经理纳入 PE 投资组合有一定影响。投资者通常不认可这些经理人,最常见的理由就是缺乏业绩积累。鉴于之前的讨论将过去的业绩作为未来成功的有限指标,新兴经理人不应仅仅基于此被排除在外。通过谨慎的尽职调查,选择高素质新经理人,可能会有效实现最优业绩,同时使投资组合多元化。早期就支持成功的新经理人,以后还可能会获得超额认购的基金。

总而言之,投资者要进行全面的尽职调查,如此才能成功地评估 PE 投资。如果 LP 忽视了这一点,仅依靠投资业绩来选择 GP,则很容易忽视新兴的一流经理人。

第十七章 私募股权的尽职调查

引言

PE 是指不在任何证券交易所上市的公司的股权资本。PE 公司、天使投资人或风险投资公司通常会对私募股权进行投资。虽然每一类投资者因各自的目的和偏好有不同的投资策略,但每一类投资者都要为目标公司的扩张或对其在所有权、运营或管理上的调整提供资金。

尽职调查是指理性的投资者在调查潜在投资的过程中应当尽职尽责、明智审慎。它有助于投资者在签订合同前了解公司所有的重要事实,从而防止对交易双方造成不必要的伤害。尽职调查意味着确保当事方从其支付的交易中得到它所期望的结果。它要求对债务、所有未决诉讼、长期客户协议、租约、雇佣合同或该公司已经签订并在未来需要进行支付的所有此类合同有充分的了解。萨尔曼认为,与其说尽职调查是一门科学,不如说是一门艺术,详细的分析可以让投资者识别出那些在意外压力下可能业绩不佳或亏损的基金。

洛扎认为,尽职调查是公司制定战略、构建知识产权和商业交易结构时必不可少的过程。哥特沙尔格和克里特讨论了选择 PE 经理时的不同标准以及这些经理人创造 PE 投资组合业绩的效率。LP 在挑选潜在的 PE 公司进行投资时,尽职调查尤其适用。

拉姆和齐锡杜讨论了尽职调查对于股票估值的重要性。他们指出,适当的尽职调查可以在投资前为投资者提供更可信的公司信息。这一举措反过来可能会减少股票的抑价。

私募股权投资的成长

尽职调查对 PE 的意义和重要性

商业环境的不断变化日益凸显出尽职调查的重要性。根据盖伊、基欧和平库斯的研究,2000 年 PE 投资占全球股票市值的 1.5%,2012 年则增长到 3.9% 左右。PE 市场的增长速度和幅度提高了在签订投资合同前进行彻底尽职调查的重要性。

PE 有两种合作伙伴:LP 与 GP。大多数 PE 为有限合伙制,并受到有限合伙协议所规定的条款及条件的限制。GP 从 LP 处筹集资本,这些 LP 主要包括高净值个人和机构投资者,如养老基金、保险公司和基金会。

结构合理的尽职调查是进行所有投资决策的第一步。从 LP 的角度来看,尽职调查通过对潜在的 GP 合伙人进行全面分析,以管理投资以及确定市场上最有利可图的基金是非常重要的。从 GP 的角度来看,进行尽职调查的主要目的是认清目标公司的风险和收益状况。因此,在所有的 PE 合约中,都是 LP 对 GP 进行尽职调查,而 GP 在进行投资时也会对目标公司进行尽职调查。

LP 对 GP 的尽职调查

在 PE 中,LP 只是被动的投资者,他们通过向 GP 提供资金来助其实现投资策略并从中获得利益和回报。GP 的大部分投资来自 LP。因此,LP 在拿自己或客户的钱冒险之前,会对 GP 进行尽职调查,以确保双方利益一致。正如伊顿、哈洛兰、麦克阿瑟和瓦尔玛所说,LP 最看重的是 GP 过去的表现,这可以作为他们未来预期的指标。

在选择 GP 前,LP 进行尽职调查时应考虑以下事项:

- 寻找管理团队。LP 应查明管理团队过去所进行的合作,并以此判断其经验、采购机会、创造回报的能力及人际关系网络等方面的水平。LP 的主要关注点在于确定 GP 共同完成了多少交易。尽管一家 PE 公司可能拥有强劲的历史回报率,但团队人员的变动可能会改变其承担风险的意愿。
- 寻找交易项目。评估 PE 团队的一个重要因素是交易流的可预测性和质量。LP 需要确定 GP 是否有足够的能力在竞争环境中与其他买家竞争而不用支付过高的费用。
- 失败的经历。在进行选择之前,LP 应对 GP 进行严格的尽职调查和访谈以了解其过去失败的经历以及其自身对过去错误和失败的反思,以避免今后再犯类似的错误。了解团队内不同成员的观点有助于 LP 明确团队的实力,并确保 GP 不会因为之前的失败而互相指责,或责怪任何已经离开的成员。
- 基金的其他投资方。确定是否有其他投资者向 GP 提供资金以证实投资的有效性,这一点十分重要。
- 运作技能。LP 应考虑 GP 与投资组合公司的管理团队所建立的创造价值的伙伴关系。
- 环境、社会和公司治理因素。LP 应将有关 ESG 整合与投资组合公司风险管理的问题纳入其正式的尽职调查过程。此外,他们还应明确 GP 是否有 ESG 相关方针、方针的内容以及该如何执行。了解 GP 如何处理与 ESG 相关的机遇和风险十分重要,因为他们的行为应该与 LP 的 ESG 方针保持一致。ESG 方针同样影响着 LP 的决策和所有权过程。如果 ESG 问题在签署交易协议之前没有解决,那么后期再去解决或许会很困难。

GP 进行的尽职调查

一旦 LP 找到了 GP,GP 的主要责任就是在投资之前进行彻底的尽职调查。尽职调查有助于 PE 公司更好地了解他们正在考虑投资的公司。作为基金经理,GP 对基金投资的来源、分析和监控负有全部责任。

参与收购过程的各方

阿舍斯特强调了以下各方在收购过程中的作用:

- 管理团队。管理团队由几名经理人组成,他们为收购提供战略决策,直至收购完成。二级经理人根据交易规模支持核心管理团队。

- PE 资金提供者。交易通常允许一名或多名高管来代表 PE 资金提供者，PE 资金提供者在交易谈判中起着核心作用。
- 管理层的律师。管理层的律师负责起草合同条款，并就与投资相关的问题向管理人员提出建议。在较小规模的管理层收购中，这些律师可能还会代表公司进行谈判。在规模较大的收购中，这些律师要确保与收购目标相关的合同不会给管理层带来麻烦。
- PE 资金提供者的律师。PE 资金提供者的律师负责核实交易的所有内容和细节。他们负责准备和协商交易股权部分的相关文件，并与管理层律师召开会议讨论合同。在合同签署前，PE 资金提供者的律师要确保尽职调查得到妥善执行。
- 银行。一家或多家银行可能以优先债务的形式为公司融资，在资不抵债时，这种债务通常排在其他所有债务之前。
- 银行的律师。银行律师审查尽职调查报告、收购协议条款以及卖方对所有担保的披露。当时机合适时，他们会起草银行文件。
- 会计。PE 资金提供者通常会指派一名会计对目标公司做出详细的报告，并对业务计划和管理层的财务预测进行审查。如果收购过程成为竞争性拍卖，卖方通常会指定一个会计团队，以获取有关目标公司详细的供应商尽职调查报告，之后与中标人和相关银行讨论报告。
- 投资银行家。在 PE 交易开始时，相关双方包括管理团队及其律师、PE 资金提供者（包括 PE 公司、风险资本、天使投资人或其他投资方）及其律师、管理层会计以及为税务和结构性问题提供咨询的银行家。在大规模的收购活动中，PE 资金提供者通常会任命一位投资银行家对交易进行管理。这位银行家还就销售收益及交易融资问题分别向卖方和银行提出战略性建议。
- 环境审计师。PE 资金提供者要求环境审计师对目标进行环境风险评估，旨在确保目标公司遵守相关环境法。卖方的环境审计人员还可向中标者和融资银行提供环境风险评估。

收购融资

PE 公司会同时使用股权和债务来对目标公司进行收购。由于收购需要大量投资，所以无论采取哪种方法尽职调查都很重要。任何谨慎的买家都不应该在没有对目标公司进行事先调查的情况下进行投资。考虑到大量投资涉及的风险，所有为交易提供资金的公司都应对交易进行彻底的尽职调查。

交易可以通过多种方式融资，但通常是股权和债务。债务融资在收购融资中占的比重通常最大。PE 融资的股权来源是银行、保险公司、养老基金、政府机构和个人等，主要债务来源是银行以担保贷款形式融资的优先担保债务。由于融资存在风险，因此无论通过哪种渠道进行融资，尽职调查都十分重要。

尽职调查的步骤和结构框架

尽职调查的步骤

进行尽职调查是为了减少投资的不确定性并证实所提出的假设，这些假设明确了公司在签订 PE 合同时将面临的基本问题，同时有助于公司对这些问题进行优先处理。尽职调查的过程应该包括对组织、业务、财务、物流、技术、公司战略以及目标相关的其他方面的了解。复杂的问题应被转化为简明的专业用语，以方便对尽职调查的所有利益相关方的理解。

尽职调查的四个阶段

- 规划阶段。该阶段尽职调查团队应了解项目的技术细节和所涉范围，明确目标，并考虑资源的可用性。此外还要考虑目标公司的财务、竞争、管理团队和组织文化、基础设施、责任结构以及业务的可持续性。GP 应确保团队成员拥有项目成功所需的背景、技能和兴趣。尽职调查需要多个合作伙伴进行整合和沟通，因此团队应对其共同目标有所了解。
- 收集数据阶段。在了解基本要求后，接下来就是收集业务数据，包括与公司相关的关键产品和影响因素。可行的信息源包括互联网、竞争对手、数据库、供应商、客户、行业协会、利益相关者或与公司相关的人。可以根据可用信息和所需信息的类型进行主要和次要搜索。
- 数据分析阶段。这一阶段包括分析已收集的数据并根据关键因素得出结论，例如公司每个业务职能的个体战略、市场增长潜力、监管限制、基础设施要求和技术复杂性（由于技术的复杂性，实施特定项目需要提前很久）。
- 出具报告。尽职调查小组在收集了数据并做了实际考察后会准备最后的陈述报告，这些是决策和谈判过程中必不可少的要素。

尽职调查流程的结构框架

根据安德的研究，尽职调查框架的第一步是自上而下对不同类型的 PE 细分市场和区域的吸引力进行评估。评估标准应包括以下因素：某一特定市场的投资机会、既定资本的需求和供应、基金管理公司的种类和质量、进入和退出价格以及未来的发展。了解基金经理的投资策略对于确定 PE 投资对投资者总投资组合的吸引力也很重要。

结构化的调查过程、经过验证的评估框架和经验丰富的团队是尽职调查成功的基础。有效的 PE 尽职调查还要求以下几个方面：（1）深入了解以往的基金投资情况和绩效，以及基金经理的过往业绩；（2）投资项目团队的实力和凝聚力；（3）就投资风险向经验丰富的资深专业人士进行咨询。

通过尽职调查，企业可以把握目标所有者和管理者的可信度，并剔除利润较低的公司。交易完成后，确定合适的战略方向有助于提高业绩和建立公司价值。确定目标的最佳和最简单的方法可能是以下几个：
- 选择合适的行业。要找到合适的行业就要衡量其在市场上的吸引力，以及明确公司的规模、增长率、进入和退出的难易程度。
- 找到合适的细分行业。在这个过程中，要重点关注前景最好的细分市场以及该细分市场所在的区域。
- 确定潜在目标公司。应注意识别公司的相对市场份额、新的行业趋势、收益波动性和新利润等因素。确定目标公司后，最后一步是对目标公司进行尽职调查。尽职调查为是否继续进行交易提供了必要的信息。

进行彻底的尽职调查

根据沙夫曼的研究，某一家公司或许看起来很有吸引力，但忽视尽职调查发出的危险信号可能会导致投资出现问题，而这些问题远远超过任何未来可能的收益。因此，通过深入分析目标公司过去、现在和预期的业绩，进行彻底的尽职调查可以将风险降至最低，并将投资机会最大化。彻底的尽职调查包括了解与目标相关的各个方面，它可以提供有用的信息，如目标公司的财务报表、战略手段、信息技术、人力资源和运营情况。

尽职调查的种类

进行PE尽职调查有一定的难度，因为投资者决策所需的相关数据和材料往往难以获取。因此，无论是公开获取的信息还是从次要来源得到的最佳信息，谨慎的投资者必须对投资做出明智的决定。图17.1概述了PE所需的各类尽职调查在最后敲定合同之前投资者应该加以考虑。

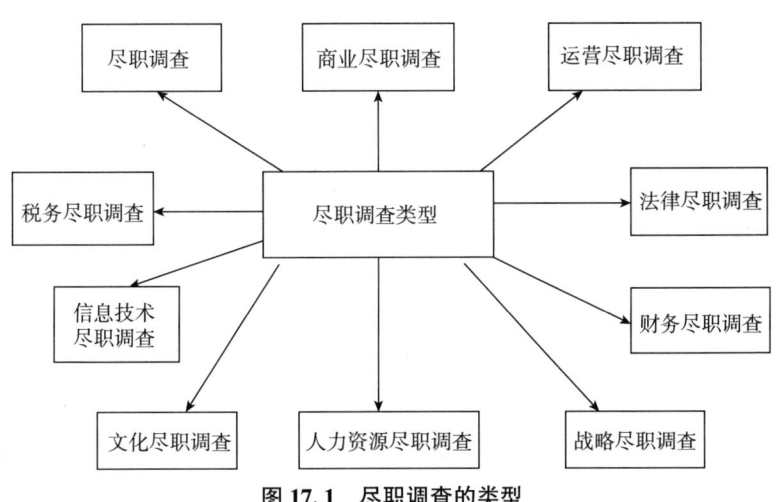

图17.1 尽职调查的类型

商业尽职调查

商业尽职调查是获取相关公司买家和供应商信息的过程。它还包括了解影响具体某一公司业绩的因素,其中有三个主要因素,分别是市场表现、该公司所在行业的驱动力以及监管改革。投资者选择 PE 是为了获取利润,如果忽视相关因素,则可能造成损失。例如,如果公司经营的行业被供应商的议价能力控制时,生产成本可能会根据市场条件、行业动态和产品需求而上升。在这种情况下,当供应商使用他们的议价能力时,利润就可能下降。此外,当更换公司的成本对客户来说较低时,他们就可以压低产品价格,这种情况下公司的收入就会减少。

PE 投资者要对目标公司预期业绩和当前业绩的基础数据有信心,同时要了解环境和市场状况。商业尽职调查有助于明确市场或竞争条件的变化如何影响特定公司的价值。市场变化可能是由新技术、新趋势、新买家或新客户、新的地域市场以及法律和法规引起的。商业尽职调查也有助于加强对息税前利润预测的认识,与实际结果相比,这些预测可能过高。此外,PE 公司可以对有关新产品、客户或市场成功的假设进行验证。商业尽职调查时要评估以下关键因素:

• 行业吸引力。包括评估公司的市场规模、增长预测、驱动市场的基本盈利能力因素以及对公司未来发展的预测。

• 目标公司定位。这个因素需要识别出有助于在行业中创造价值的因素以及可持续市场的可能性。

• 创造价值的机会。这一点涉及识别有助于降低成本和增加公司收入并整合业务活动的机会。

• 退出策略。包括确定退出策略和预期的持有期。

进行商业尽职调查需要对公司的外部分析与目标公司的竞争地位进行比较,包括评估目标公司的战略和审查公司未来的增长计划。有时可以通过采访客户来了解他们的看法。商业尽职调查通过分析市场趋势、规模和增长潜力,以及他们对目标公司实现预测结果的能力的影响来帮助在 PE 交易中做出明智的决策。

运营尽职调查

运营尽职调查是指收集特定目标公司运作信息的过程,包括对选定的关键业务领域进行深入分析和评估,例如通过对目标公司收入和净利润潜力的分析与评估,进而评估其短期价值。这一过程还有助于发现欺诈行为。毕马威会计师事务所的一份报告提到,最近出现的一些丑闻使对投资经理进行运营尽职调查变得愈加重要。这些丑闻引起了广泛关注,其中就包括伯纳德·麦道夫操纵的庞氏骗局以及韦弗宏固定收益基金有限公司,前者被认为是美国历史上规模最大的金融欺诈案,后者其基金董事具有严重的疏忽行为。

运营尽职调查的重点是审查公司的非投资相关运营风险。最常见的运营风险主要出现在以下方面:(1)现金管理;(2)法规法律遵从性;(3)交易对手管理;(4)后台运作;(5)贸易经营;(6)估值方针;(7)灾难恢复;(8)信息技术。

有效的运营尽职调查通过更深入地理解业务流程和功能,增强投资者的决策能力,降低风险。PE 公司也可寻求专业顾问的指导,他们可就公司的效益和效率提出意见,还可以根据行业基准审查管理层的绩效目标。

法律尽职调查

法律尽职调查主要是评估未来可能对公司造成影响的法律风险。这些法律风险可能与目标公司的企业地位、合同、资产、知识产权、证券，甚至目标公司的雇佣人员有关。法律因素往往与财务和税收因素同等重要。尽职调查的法律策略要求在税收减免和各委员会的审批机制方面做出各种投资决策。它还包括对与基金及其投资组合各伙伴相关的协议条款进行彻查。在 PE 基金中，与 GP 的谈判过程以及 LP 的角色也是尽职调查法律策略的一部分。

法律尽职调查还需明确投资经理人在其同行中的地位。除基金管理人的资质和治理结构外，查明与该基金及其投资组合有关的各种法律也属于这一范畴。回报尽职调查涉及基金经理的业绩记录和推荐人。风险尽职调查涉及不同层面的风险缓解和在不同阶段，特别是在退出时进行投资所涉及的各个方面。相应地，应清楚了解对现有就业条件的法律分析，以界定拟议的交易的法律影响，并预测可能的负担。清楚了解信息的背景和时间以及对员工及其义务的了解也很重要。

法律尽职调查有助于在交易的初始阶段识别并避免法律和监管上的陷阱。这种形式的尽职调查通常发生在谈判过程中，由一名法律专业人士帮助起草交易合同及对双方都至关重要的相关文件。

进行法律尽职调查的原因主要有以下几点。

- 加深对交易的了解。法律尽职调查提供的目标公司相关信息使买家能将购买结构化，同时促进双方在谈判时能顺畅沟通。
- 对目标公司进行估值。买家可以根据在法律尽职调查过程中获取的信息决定付给目标公司的金额。买家还应对目标公司财务报表中提供的价值指标进行彻查。PE 公司应该有能力识别低估潜在负债的警告信号、公司作为当事人的诉讼、员工福利和劳工安排、任何有利于公司的保单，或赔偿条款规定的权利或义务。此外，任何过去针对公司、其附属实体以及其现任和前任团队成员的刑事或行政诉讼或调查都应予以查明。
- 起草相关文件。在法律尽职调查期间收集的信息有助于协议的起草和谈判。如果是这样，任何交割前的承诺和交割后的赔偿都可以妥善解决。协议同时还强调了在合同存续期间的例外情况以及另一方的期望。

法律尽职调查的关键问题：（1）发现公司存在的一切重大法律问题；（2）了解影响目标公司盈利能力的主要法律驱动因素；（3）确定如何通过尽职调查过程创造价值；（4）帮助充分处理尽职调查结果，这些结果影响着交易结构和合同；（5）识别交易完成时可能存在的障碍，无论这些障碍是合同方面、监管方面还是其他方面的。

在进行法律尽职调查时，PE 公司应考虑以下因素：（1）目标公司可见的主要法律风险；（2）法律和合规管理的质量；（3）目标公司可能面临的任何潜在的突发事件或需要定期支付的款项；（4）议价选择的要领或范围；（5）商业秘密，以及在最终交易之前需要解决的所有合同或监管障碍。在执行交易的同时，准确起草公司法律文件并使交易顺利完成也很重要。

战略尽职调查

战略尽职调查有助于解释各公司未来现金流量的变化，通过这些现金流可以确定目标公司的价值，由此也可以看出一个公司的市场地位。从这个意义上来讲，市场地位涉及公司的规模，与之最接近的、正努力向同一目标市场销售产品和服务的潜在竞争对手，以及通过考虑公司规模来影响公司的驱动力。PE投资者在对公司的市场地位进行评估之后，可以对公司未来的现金流进行评估，从而确定公司的现值和股权。

PE公司应保持交易自律，以此决定是继续进行一项新交易，还是从现有交易中撤资。PE公司要关注新领域，新市场甚至新型交易的增长和多元化。根据哈丁和麦克阿瑟的观点，提前制定一个强有力且明确的交易论点并集中精力进行自下而上的分析至关重要。每项PE交易的最终目的都是创造价值。

当公司寻求全球扩张的机会时，就会产生跨境交易。然而，跨境交易不仅可能面临监管和法律问题，还可能面临复杂的文化差异。PE公司应该制定相关的策略，使来自不同文化和国家的人能进行有效合作。因此，为确保跨境交易中的各方能实现战略一致，有必要进行战略尽职调查。这一过程需要了解目标公司的战略规划过程，以便更好地把握战略尽职调查。

只有当一项交易能够提高其现有业务的战略地位或对其核心竞争力作出贡献时，PE公司才应该参与此交易。决定一项交易是否可行需回答以下问题。

- 制定战略。为完成公司或业务部门的战略是否需要进行交易？
- 寻找目标公司。从行业吸引力和可得性来看，谁才是最佳候选人？
- 进行尽职调查。选定的目标公司能否满足投资者的战略目标？
- 目标估值。交易能否以合适的价格进行？
- 合并。PE公司能否在交易完成后重构其规划，以获取交易的全部价值？

战略规划可从企业或业务单元级别两个角度来看。从企业的角度来看，战略规划意味着进行正确的业务组合。从业务部门层面来看，战略规划意味着使目标公司成为行业中的佼佼者。战略规划需要评估目标的战略地位，以获得最大利益。这个过程需要进行4C分析，即通过对成本、客户、竞争对手和能力的分析来评估一个企业的全部潜力。即使交易顺利完成，如果PE公司未能将自己的战略目标与产生和执行交易的过程相结合，也可能无法创造股东的全部价值。在跨境交易中，由于对外国市场可能缺乏了解，因而存在更多的复杂性。法律、文化、经济、科技和政治因素共同推动了某一国家及产品的潜在市场渗透水平。

财务尽职调查

财务尽职调查主要侧重于深入研究获取收益的质量以及资产经营的质量，并找出潜在的未披露负债和可能增加投资风险的事项。在进行财务尽职调查时，应注意以下事项。

- 通过分辨目标公司的会计政策是激进的还是保守的来评估其盈利质量，同时对公司的账目以及被普遍接受的会计准则进行审查，并报告监管机构的合规情况。
- 识别关键业务驱动因素，包括盈利趋势。

- 确定风险的集中程度。
- 审查资产负债表内外的资产和负债。
- 审查现金流、营运资本变动、资本收支情况。

采用综合财务尽职调查法，需要一个由行业专家，市场和环境分析师，税务专家，员工福利顾问，精算师和科技商业智能专家组成的多学科团队来调查公司及其财务状况。这些专家还帮助确定市场上可行的投资机会，以及发掘实现更高盈利的新方法。尽管价值的创造者因投资而异，但管理技术、正向现金流、市场主导地位、技术和产品领先地位以及客户群等重要因素是不变的。

一旦明确了以上这些因素，调查团队就可以对如何最好地执行交易提出建议。

人力资源尽职调查

企业花费了大量的时间来收集目标公司的财务、运营和商业信息，有时却忽视了PE交易中与人相关的问题。人力资源尽职调查包括了解组织文化以及公司员工的角色、职责、能力和态度。里默和桑安德烈斯认为，人力资源是指目标公司的管理团队以及更广泛的员工人才库。

为确保工作的顺利进行，合同双方都应该对员工的需求和期望有所了解。在没有进行人力资源尽职调查的情况下就进行交易可能会导致人才流失。遗憾的是，由于人类行为和心理难以预测，要识别并鉴定出与人力资源相关的风险具有挑战性。

文化尽职调查

文化尽职调查是在交易的最初阶段对不同公司的文化进行评估、阐释、理解和描绘的过程。这种尽职调查有助于评估公司安全健康的状态和可持续性，有助于更好地把握公司的未来。避免文化陷阱需要适当的尽职调查和企业文化扫描。如果文化尽职调查报告发现了文化差异，那么就应该找到一个通用的方法来减少这些差异。

由于现金的大量注入，近年来国际PE行业的发展引起了人们的极大兴趣。PE公司经理的一个主要关注点应该是找到文化中的相似之处并加以利用，同时探索文化差异以减轻相关风险。PE公司应意识到，交易不仅涉及财务问题，还涉及两种不同组织文化的冲突。对于跨境交易来说，有必要理解不同的民族文化及其影响。在许多情况下，交易失败是因为不同组织实体之间的相关文化问题没有得到很好的处理或被给予必要的关注。

对工作环境的看法因个人、组织或国家而异。这些认知会影响人们对不同情况的反应，并影响他们的决策过程。当PE公司进行投资时，不研究各自文化的异同，就无法确保财务上的效益。PE公司的顾问和监管者在投资前需要了解文化问题，即使投资完成后，研究也应继续。

组织文化通常表现为两种：团体文化和民族文化。团体文化指的是一套非正式的价值观、规范和信仰，它们控制着一个组织中的人和群体之间以及与组织外的人之间的互动方式。组织中的大多数成员都有一套共同的价值观和态度，这些价值观和态度塑造了员工的工作行为、对形势的感知和反应。因此，人们在组织中做出的决定很大程度上取决于他们的价值观和态度。这些价值观和态度由组织中较年长的成员传递给年轻成员并持久流传下来。如果两家公司之间没有互补的文化，那么个人价值观可能会成为交易执行过程中的一大挑战。企业文化对决策、沟通、冲突管理、绩效管理和团队合作等重要过程有着深刻的影响。企业深厚的历史被深深铭刻在员工心中，在塑造组织文化方面也发挥着非常重要的作用。因此，企业文化很难与企业分离开来，除非两个企业文化的互补性被充分研究并得到证明，否则交易可能会失败。

民族文化是影响PE公司交易成败的另一重要因素。霍夫斯塔德和明科夫认为，民族文化可以通过六个维度来理解。

- 权利距离。民族文化属性描述了一个社会受到机构和组织中权利分配不均的程度。
- 个人主义与集体主义。一个国家更愿意以个人而不是团体成员的身份行事的程度。
- 男性与女性。独断主义和物质主义在多大程度上反映了社会价值观。
- 不确定性规避。一个社会在多大程度上受到不确定和模棱两可的情况的威胁，同时要试图避开这些情况。
- 长期导向。一个社会强调未来、节约和坚持的程度。
- 放纵与自我约束。社会成员试图控制冲动和欲望的程度。

霍夫斯塔德等人将国家聚焦在这六个维度上。在国际交易中，要了解两个企业所属国家的民族文化，以便对工作进行指导。企业往往无法评估其民族文化的相似性和差异性，这使得企业在投资后很难应对不同的文化。民族文化属性很少被拿来比较和对比，这导致国际交易失败的概率较高。事先了解企业文化和国家文化的双重性，可以促使PE公司更加谨慎和系统化，同时具备确保平稳运作和更高投资回报的能力，但要实现这一目标未来还有很长的路要走。文化尽职调查可以帮助了解目标公司的文化优势和劣势。推动公司发展的基本价值观和文化因素包括忠诚、重要员工的参与度以及员工之间的相互尊重和理解。在进行文化尽职调查的同时，PE公司还应明确并优先考虑这些因素未来可能发生的改进或改变。

信息技术尽职调查

目标公司的信息技术（IT）环境（包括其业务应用程序和组织基础设施）对于PE交易的成功至关重要。然而，管理层经常低估其对公司风险状况的影响。在进行信息技术尽职调查时，团队应审查IT运营和资本预算、息税折旧摊销前利润预测以及IT技术部门的业务要求、功能和服务。这有助于为公司推荐适当的信息技术投资额。

下一步是审查当前和计划的信息技术项目和投资。这一步需要对项目进行优先排序，估算支出金额，并分析IT项目渠道及其对资本支出的影响。

信息技术尽职调查的一部分涉及对技术环境和架构的审查，该审查应侧重于公司IT相关的运营和财务风险及机遇。其过程包括彻底评估IT资产是否能够按业务增长预测进行扩展。信息技术尽职调查的另一个方面是评估IT基础设施和网络技术，这需要评估核心IT资产的稳定性，以确定是否需要升级以及灾难恢复能力的充分性。最后一步是审查IT组织，评估IT领导者和关键资源的能力，然后提出制订过渡计划的建议。

税务尽职调查

税务尽职调查是对公司当前和未来税务责任的调查。调查小组应由经验丰富的税务专业人士组成，他们在整个交易生命周期内为企业和PE买家提供税务方面的咨询。税务尽职调查旨在辨别和了解潜在的交易破坏因素，并评估驱动因素以及与买方有共同利益的其他因素。调查小组应审查目标公司的历史税务概况，税务规划和税务申报历史，并由此找出潜在的风险和机会。其他需要审查的领域包括纳税人资不抵债或破产时的税收抵免额、信贷和奖励、高管薪酬、采购协议和披露清单。在跨境交易中，必须特别注意了解适用的跨境税率和目标的税收状况，以避免任何未来的困境。

特殊尽职调查

部分与目标公司相关的信息并不容易获取，而所谓的特殊尽职调查就是找出这些信息。例如，应在特别尽职调查过程中对涉及目标的任何现有或潜在的有新闻价值的事件（包括不适当的政治影响）进行审查。

尽职调查是一个有技术性且耗时的过程，在调查时要十分精确。在对目标进行分析时，每一点信息都是至关重要的。

尽职调查过程依赖于不同的独立分析。图17.2总结了完整的尽职调查过程。

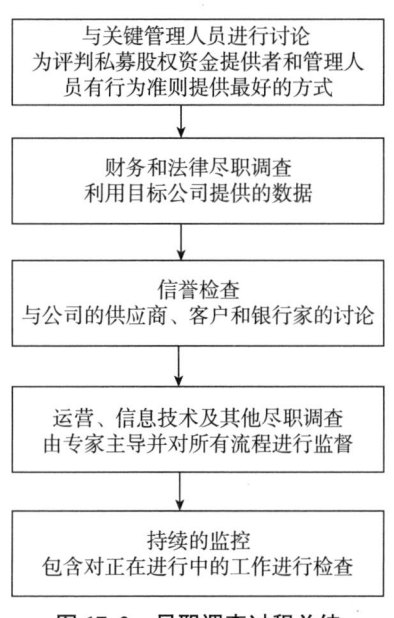

图 17.2　尽职调查过程总结

尽职调查面临的挑战

当前尽职调查面临的挑战

由于交易竞争日益激烈，在下述情况中，尽职调查就变成了一种让步博弈：

- 当交易产生的价值被侵蚀时；
- 当交易成本大幅增加时；
- 当PE公司必须同意其在理想情况下不会考虑的条款和条件时，例如对目标公司管理和运营中的有限话语权。

进行尽职调查的团队各不相同，例如，进行财务尽职调查的团队就可能与进行技术或法律尽职调查的团队不一样。而团队之间如果缺少有效的沟通，交易经理在处理某一团队所强调的问题时就可能存在困难。PE公司与目标公司接触渠道的有限性为尽职调查带来了挑战。因此，当PE投资者难以获取信息时，他们需要重新定义尽职调查，以便对目标公司的业务有现实的认识。

恶劣的公司治理环境加上日趋激烈的市场投资竞争，使得PE资金提供者能够操纵被投资公司的财务状况。如果投资组合公司在尽职调查过程中接收到的信息是虚假的或有误导性，那么就会无法发现欺诈和错误。正因为如此，PE投资者往往对目标公司缺乏真正的了解。

LP在进行尽职调查时面临的挑战

LP所面临的一个最大的挑战就是缺乏公开可用的数据。他们通常必须建立一个数据库，并依靠外部资源获取信息，而外部资源通常是有限的。LP应向GP了解其从事过的每只基金的详细信息，特别是在缺少针对单只基金的评级机构、标准文件或全面公布的措施的情况下。尽管如此，尽职调查的进行影响着交易的所有参与方。

第五部分

私募股权：运用和结构

第十八章 机构投资者和私募股权

引言

捐赠基金、基金会、养老基金、保险公司等机构投资者都将私募股权投资作为组合投资的一部分。机构投资者通常会将特定数额的 PE 投资作为其总体投资的一部分。而大多数机构投资者是间接通过 PE 基金而非直接进行 PE 投资来实现这一投资行为的。成功的 PE 投资管理需要选择合适的 PE 公司来实施、管理 PE 投资并使其成功退出。搜索成本以及投资者的制度结构将会影响 PE 投资的选择。

美国研究与开发公司（ARD）是第一家现代化的 PE 公司，最初是一只公开交易的封闭式基金，主要面向个人市场。这种配置主要是由于投资者最初并不喜欢这种类型的基金。风险投资产业是广义 PE 概念中的一个分支。在 20 世纪六七十年代，风险资本每年募集的资金不超过数亿美元。1978 年资本利得税税率的下降，1979 年美国劳工部对养老金投资规则的重新定义，都推动了 PE 的发展。在这些政策之后不到十年的时间里，由于养老金计划等机构投资者投资的推动，私募股权的年度担保大幅增加。承诺资本是指投资者对 PE 投资的承诺金额，但未必完全用于投资。承诺资本会随着时间的推移而"缩小"。当 GP 确定一项新投资并使用部分承诺资本来进行投资时，就会发出提款或资本请求。

过去 20 年，PE 市场取得了巨大的发展。从 1991 年到 2013 年，交易数量由 200 笔上升到 2410 笔，总值由 75 亿美元增加到 4550 亿美元，相当于 20% 的年增长率。PE 市场的年化总值相当于美国股市市值的 2.4%。图 18.1 显示了自 2004 年以来每年的交易总量和投资总额（以 10 亿美元为单位）。2007 年，PE 资本投入达到峰值 5330 亿美元，但由于 2007 年至 2008 年的全球金融危机，PE 交易额随后大幅下降。然而，2010 年以来，该行业形势已经开始回温。到 2013 年底，交易额已接近 2007 年创造的纪录。2013 年，机构投资者重返 PE 基金市场，交易额达 2008 年以来最高值。

2013 年，投资者在美国 PE 基金中投入了 1621.9 亿美元，包括收购（BO）、行业聚焦型的多元化 PE 基金、重组、不良债权和实物资产基金 BO 基金投入为 741.7 亿美元，其中 45% 来自五家公司：阿波罗全球管理公司，贝恩资本，凯雷投资集团，科尔伯格·克拉维斯·罗伯茨投资集团以及银湖资本。PE 基金的大部分资金来自被称为合格投资者的富裕个人投资者，以及捐赠基金、基金会、养老基金和保险公司。它们共同构成了 PE 市场中的机构投资者。

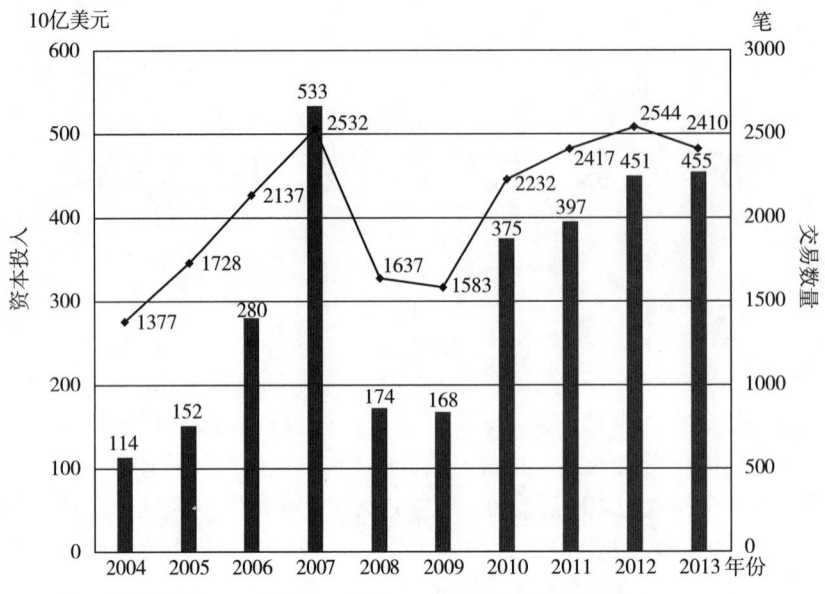

注：此图显示了 2004 年至 2013 年间，PE 交易的数量和投资额。

图 18.1 2004 年至 2013 年的私募股权交易流量

[资料来源：PitchBook（2013）]

市场观察家将 PE 市场的崛起归因于其相对于公开交易公司的卓越表现。哈里斯、詹金森、卡普兰发现，美国 BO 基金和 VC 基金在一轮生命周期中的表现高出标准普尔 500 指数 20% 至 27%，相当于年均差异约 3%。贝利也报告了 5 年、10 年和 25 年期的 PE 的年度投资回报——截至 2012 年 9 月 30 日，年化投资回报分别为 6.55%、13.71% 和 13.10%。相比之下，标准普尔 500 指数的年化回报率分别为 1.05%、8.10% 和 8.61%。

PE 是一类不在公共交易所交易的股权资本。表 18.1 显示了私募股权和公共股权的对比特点。斯托威尔提出 PE 需包括以下内容：

- 杠杆收购（LBO）。通过购买小部分持有大量债务的投资者的股权收购一个成熟的公司。
- 风险投资（VC）。对不太成熟的私人公司进行股权投资，为企业提供资金来推动其初步发展。
- 夹层资本。使用债务或优先股进行投资，对公司不具有投票的控制权利。
- 增长资本。投资于需要注入资本进行扩张的成熟公司。

表 18.1 私募股权与公共股权对比

特点	私募股权	公共股权
信息可利用性	被投资公司信息不公开	美国证监会要求被投资公司信息向投资者公开
与管理层的关系	与管理层关系通常比较活跃	除了一些较为激进的投资者，一般来说与管理层的关系中处于被动地位

续表

特点	私募股权	公共股权
ROC	由于运营变化，ROC 可能需要多年才能完全收回，较为长期	投资回报通常是短期的，但如果投资者采取买入并持有策略，则投资回报可能为长期
核心优势	PE 公司不用对股东负责，同时不用向美国证监会上交披露声明	上市公司进行公开披露可以利用广泛的投资者投资新的扩建项目
董事会	董事会提供战略策略和想法，更加具体而非宏观	董事会主要权力在于监督执行团队，更加宏观而非具体
管理层薪酬	管理层的薪酬来源于将公司出售给公众或其他战略买家	管理层的薪酬是 AUM 的回报
资本配置	只要确定了新的机会，资本就被进一步配置	资本总是完全投入

在 PE 中，GP 提供资本及专业管理知识，依靠管理费用作为固定收入。相反，LP 通过基金来提供资本，并且投资合同通常限定为 10 年到 12 年。

金融机构包括银行、信托公司、保险公司、储蓄和贷款机构等企业，以及专门从事资金投资和管理的投资公司。金融机构介于证券发行人（公司）和证券的最终所有者（投资者）之间。金融机构也是金融中介，包括银行、投资公司（养老金，共同基金，对冲基金和 PE）、保险公司和信用合作社。

大多数机构投资者是通过基金而非直接参与 PE 投资。进入、管理和退出直接 PE 投资通常需要相关经验和专业知识，而这正是许多机构投资者缺乏的。PE 的宣传机构 PEGCC 认为自 20 世纪 80 年代以来，在 PE 基金中，养老金的投资量和规模大大增长，成为 2001 年至 2011 年间 PE 投资的最大资本来源。PE 的投入资本中近 43% 来自养老基金，其中又有 30% 来自公共养老基金。此外，捐赠基金和基金会贡献了 19% 的资本。威尔希尔咨询公司的博纳费德、弗雷斯蒂、沃克得出的报告显示，国家养老金计划分配给 PE 的资本比例从 2001 年的 3.9% 增加到 2011 年的 8.2%，增幅不止一倍。

萨尔曼认为，拥有共同组织结构的基金通常会进行 PE 投资。根据阿克塞尔森、斯特隆伯格、魏斯巴赫的说法，这些基金在成立之初就会提高股本，然后在需要新的投资时筹集额外的资金。通常这些额外资金是债务，特别是当投资可以通过抵押获得担保时，比如在收购中。这些基金通常以有限合伙企业为组织形式，由 LP 提供大部分资本，GP 制定投资决策，并获得收益的很大一部分（通常为 20%）。之所以采用此类结构，是由于 GP 擅长判别和管理有可能盈利的投资。然而，GP 不得不依赖 LP 来提供外部资本并以此为有利可图的商机进行融资。

私募股权结构

投资经理，也称为发起人，通常在特定行业、领域或地理区域设立私募基金，为更具风险的投资机会筹集资金。私募股权基金可以被视为"盲池"，在这个"盲池"中，被动投资者承诺随着时间的推移进行资本投资。这些被动投资者依靠基金的发起人来采购、收购、管理和撤资。基金发起人之所以愿意承担这项任务，是因为除了参与基金投资产生的利润分配外,他们还可以收取高额管理费。

相比之下,通过获取未对公众开放的投资组合,PE投资者意图获得较高的投资回报率。PE基金有多种类型。例如,VC基金投资处于早期发展阶段的公司;成长权益基金通常投资处在发展后期的预上市公司;BO基金通常会收购公司的控股权,计划在未来将所控公司上市;不良基金通常以大额折扣投资于公司的债权证券,投资对象一般是正在经历财务困境的公司。图18.2显示了PE基金的结构,涉及以下内容:

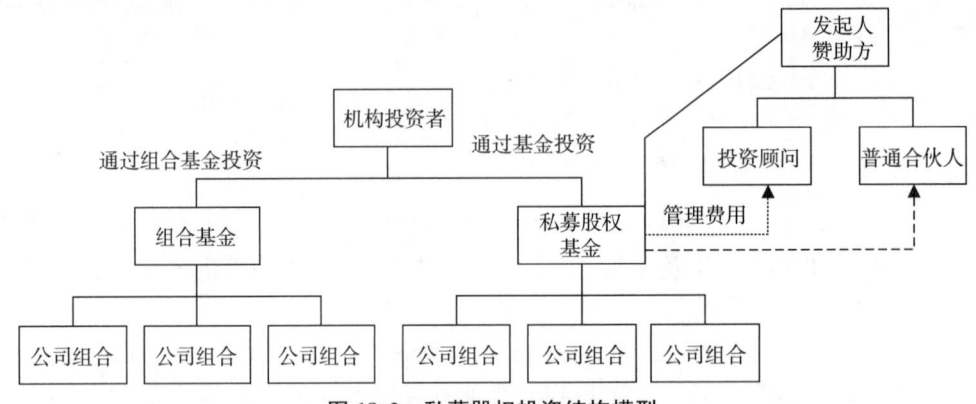

图18.2 私募股权投资结构模型

- 基金本身或作为组合基金(基金的基金)都是直接运作的资金池。机构投资者或私人投资者从基金中获得利益,进而重新投资于公司组合。
- GP具有代表投资行为的法律权利。
- 管理公司或投资顾问担任该基金的顾问角色。

机构投资者有两种主要方式来进行投资。第一,他们可以将自己的PE基金投向那些专门识别、投资、管理和获取私人公司投资的公司。第二,机构投资者可投资于专门投资PE基金投资组合的母基金。在这两种情况下,投资者承诺当拿下新的投资机会时PE基金将会调用资本。因此,投资者承诺的金额和基金实际投资金额可能会随着时间的推移而有所不同。容格维斯特和理查森的研究表明,需要3年至6年的时间来完成投资这些资金,而需要8年到10年的时间投资的内部回报率(IRR)才可能会为正。Ljungqvist和Richardson还表明,投资率取决于潜在的市场状况(即可利用的投资机会)与公司之间的竞争(即PE基金的发起水平)。融资成本也会影响收购。正如高石和亚力山大认为的那样,对资本回撤率和分配率的预期也会影响投资者向PE公司投入资金的决定。

图18.2显示了一个程式化的PE投资结构模型。模型展示了机构投资者如何通过对基金的直接投资和对组合基金的投资来获得PE。

PE基金通常是有限合伙企业或有限责任公司的形式。美国政府将这些有限合伙企业或LLCs定义为不需要缴纳企业所得税的"豁免"证券。该基金的收益将发放给合伙人,在投资者层面只征税一次。LP和LLCs成员只被允许进行资本投资。机构投资者(LP)和基金管理人(GP)之间的合伙协议结构包含对参与规则做出具体规定的契约条款。卡明将契约条款概述如下:

- 包括目标公司发展阶段在内的投资委托说明。

- 投资活动的限制，如投资期限限制、拟投资股本金额限制以及对地理风险敞口的审慎限制。
- 对融资的限制，如最高借款额、两名经理人之间的跨基金投资和资本再投资。
- 投资者权利，如撤换经理、报告和会计以及投资者在咨询委员会中的代表权。
- 基金自身经济条件，如管理费（通常为投入基金的资本1%至3%）和绩效费（通常为扣除资本回报后利润的20%至30%，但基金必须达到最低回报率，一般为每年8%至10%）。

贡珀斯和勒纳对这些契约及其经济动机进行了更深入的阐述。限制这些基金对一家公司的投资额度是为了确保GP不会在没有产生良好收益的机会上再投资。这些限制旨在避免行为金融学中的"盈亏平衡效应（在亏损后，投资者倾向于接受双倍下注或零下注的风险主张）"。只有在LP收回投资后，GP才能获得利润份额。这相当于GP的看涨期权，他们可以通过增加投资组合中的风险赌注而获得不成比例的收益。这一限制通常表示为，可投资于任何一家公司的资本投资与本基金的最大百分比，或者指基金资产现值的百分比。此外，因为GP持有看涨期权，他们可能会利用债务增加投资组合的风险性。增加经过投资组合的方差或标准偏差衡量的风险可以提高看涨期权的价值。合伙协议通常会限制借入资金，并将债务限定在承诺资本的一定百分比之内，或限制债务的到期日，以确保所有借款都是短期的。

PE中的GP可以同时管理多只基金，可能诱发投机行为，例如，利用第二只基金所筹集的资金来挽救先前资金的不良投资。因此，后期基金的合伙协议通常规定基金的咨询委员会审查此类投资，或者这些投资需经由大多数或绝大多数LP的批准。最后，利润再投资也可能需要LP和咨询委员会的批准。在承诺资本投入一段时间或一定比例后，这种再投资可能会被禁止。

限制性契约也禁止GP将个人资金投入PE所投资的公司。此外，由于担心GP股份的减持可能会降低他们监督LP投资的动机，GP也被限制出售其合伙权益。契约可能禁止出售PE权益，或要求大多数或绝大多数LP批准才能出售。在PE基金投资一定比例的承诺基金前或在特定的设定日期前，契约还可能禁止GP融资。最后，任何新的GP都会受到限制，以防止管理质量下降。新GP的加入可能需要咨询委员会和LP批准。契约还将为给定投资类别中资本或资产价值的投入设定一个固定的百分比。此限制的设定是由于担心GP会收到不适当的大额补偿。LP试图限制投资于公共证券的PE金额。

契约可以减少PE中固有的委托代理冲突。基金经理通过与投资组合的风格保持一致来确保投资质量。PE的薪酬结构可以缓解一些固有的委托代理冲突。贡珀斯和勒纳描述了两种主要模型——学习模型和信号模型。在学习模型中，无论是风险资本家还是投资者，对PE的潜力最初都持着怀疑态度。在早期，PE并非没有明确的绩效薪酬激励机制。通过确立优先级和保持良好的业绩记录，无论是要选择有吸引力的投资或是为投资组合增值，PE管理人都能保持日后筹集更多资金的能力。对其声誉方面的担忧会导致小型和新生公司的薪酬绩效规定较低。一旦GP建立了声誉，就需要明确的激励薪酬，以减少委托人和代理人之间目标的分歧。

相比之下，信号模型表明，PE经理了解自己的能力，而投资者却不了解。因此，基金具有更高的绩效薪酬敏感度和更低的基本薪酬，以便向投资者表明该基金正在缓解委托与代理之间的冲突。具有较强能力的 PE 基金管理人员试图通过接受风险较高的绩效薪酬结构来从同类基金中脱颖而出。贡珀斯和勒纳的研究结果显示，通过利用声誉作为一家 PE 公司的年龄和规模的替代，成熟的基金的薪酬对绩效的敏感度明显高于其他基金，而且波动性也更大。老牌公司和大型企业的基本薪酬也较低，绩效和薪酬敏感度无明显关系。

私募股权中机构投资者的行为

关于机构投资者在 PE 投资中行为的文献很少。衡量此类行为的一种方法是考察对冲基金和共同基金等其他股票资产类别。巴伯和奥登的研究表明，与个人投资者不同，机构投资者不会出现注意力引导型的购买（即在高成交量交易日充当净买家）。尽管个人投资者在卖出时面临经济和自身行为两方面的障碍，但通常不会卖空，而对冲基金等机构投资者通常会卖空。与个人投资者相比，机构投资者的投资组合中持有的股票数量也更多，所以即使不通过卖空，他们在卖出股票时也拥有更多选择。此外，对比个人投资者，机构投资者对其关注度更高，受到的时间限制更少，比大多数个人投资者投入更多时间研究股票。机构可以将股票搜索范围限制在特定领域或基于特定标准，从而减少搜寻过程中关注度的需求。PE 的机构投资者也是如此，他们不受时间或资源限制。

格林布拉特、蒂特曼和沃默斯表示，从定义上看共同基金属于机构投资者，他们同时买卖相同的股票，类似于"羊群"效应。他们也是短线投资者，虽然没有系统地抛售近期表现不佳的股票，但是他们会买入近期表现良好的股票。通常来说，采取短线策略的基金会有显著的超预期的表现。购买近期表现良好的基金的趋势与绩效有正向关系。然而，显示出羊群效应的基金并没有出色的表现，并且当对购买近期表现良好的股票的任何趋势进行控制时，基金也会被控制。因此，在对未来成功起决定作用方面，短期投资者比羊群效应更有影响力。然而，研究表明，机构投资者的羊群效应行为正在增加。因为投资于 PE 比从过去的投资中撤资要容易得多，所以共同基金羊群效应的制度惯性会持续存在于 PE 中。

机构投资者不同于个人投资者，他们拥有更大的投资组合和更多的可用资源。不同机构之间存在系统性差异。机构投资者的组织结构更复杂，投资目标也更明确。这些差异对投资组合配置方面的决策影响巨大，从而影响投资回报。施莱弗与毗瑟尼认为，投资者和中介之间的信息不对称限制了套利，从而影响了资产配置策略和投资组合的最终收益。

勒纳、施沙尔和旺苏威提出，观察者和实际操作者认为，PE 投资者的投资标准和经验积累存在很大的差异。勒纳等概述了一个大型捐赠基金经理的观点：处于前沿的（捐赠基金）从更广泛的机会集中进行选择。通过考虑主流以外的选择，投资者更有可能在下一个大赢家进入大萧条时期前就发现它。通过评估不具有必备机构特征的经理人，投资者可能会发现一个极具积极性与吸引力的合作伙伴群体。在标准制度规范的外围运作增加了成功的机会。与捐赠基金不同，其他组织的机构投资者可能缺乏对资产类别的清晰理解。不合适的激励结构、不恰当的人力资源安排和相互冲突的目标会导致它们无法选择适当的资产类别进行投资。

卡明认为，机构投资者更倾向于联合投资以分散风险。机构投资者也可能会干预公司治理，以降低代理成本。PE 领域的机构投资者对公司的影响，往往与公开持有型股票的活跃持股者类似。机构投资者主要通过 PE 基金投资于 PE。这种偏好与获得 PE 可能带来的丰厚回报的愿望同时又希望能降低可能的代理成本有关。有限合伙企业的治理结构有助于基金经理关注长期绩效。

对私募股权进行机构投资的决定因素

任何私营公司的所有权都是集中的（如股东们并非分散的），这种集中使所有者有足够的控制权来进行监督和规范管理。在这种情况下，代理问题的本质由传统的管理层和股东之间的目标分歧转变为有控制权与没有控制权的所有者之间的冲突。

伊斯特布鲁克和费舍尔认为，私人控股公司的投资者主要担心他们的利益被控股股东剥夺。因为法律禁止他们拥有控制权并参与决策，所以对少数股东侵占利益的担心对这类机构投资者来说是很重要的。甚至在公开上市的公司中机构投资者仍担心其利益被侵占。这个问题在私有企业中更加严重，与上市公司不同，他们在对管理层不满时也无权清算自己的投资。而对 PE 监管的缺乏使情况更加复杂。

机构投资者可以使用多种方式来缓解 PE 中固有的代理问题。帕加诺和罗尔以及本内森和沃尔芬认为，为了消除中小投资者会被拒之门外的现象，PE 经理应该分散权力，使任何一群投资者都不能对决策施加单边控制。尼尔森认为，另一种降低这种潜在风险的方法是投资于有系统管理机制的公司，使公司的运营对小股东更加透明，避免投资于那些不采取积极措施降低代理成本的 PE，以确保中小股东不必担心控股股东侵占利益。

另一个可以降低代理成本的因素是社会关系（LP 与 GP 的社会交往与个人私交）。科内利和戈德赖希认为，在对公司证券进行定价和分销时，投资银行会利用它们与机构投资者的良好关系。容格维斯特、马斯顿和威廉指出，投资银行倾向于与其有长期关系的银行共同承销证券。PE 公司通常与其他 PE 公司联合投资，而不是单独进行投资。一旦进行投资，PE 公司就会利用其专业关系网络、专利律师和投资银行家来帮助他们的目标公司取得成功。霍克伯格、永奎斯特和卢认为，PE 更加重视专业网络和业务关系，并且不太依赖于公平交易。也就是说，PE 公司的交易取决于他们在专业圈中认识的人，而不一定是为了增加股东价值。联合关系影响 PE 公司选择有前途的公司和培育投资的能力，从而为这些公司增加价值。相比公平交易中的信息交换，通过专业网络和业务关系进行的信息交换往往更多地泄露私人信息。此外，利用专业网络和业务关系进行的信息交换可以提高公司的交易效率。如果机构投资者与 GP 有直接的社会关系，他们更有可能成为 PE 中的 LP。

当专业网络获得信任时，代理成本会进一步降低。随着信任度的提高，不确定性和风险也会降低。弗莱堡和格里什尼克认为，直接和间接的专业网络会影响 LP 的投资决策。社会关系不仅促进 LP 与 GP 之间的信息传递，同时通过在二者之间建立信任，从而消除信息不对称，进一步降低代理成本。社会关系也通过维持资本声誉影响 PE 的投资决策。

多元化通常是机构投资者投资 PE 的原因。如果 PE 与公共股本的相关性较低，多元化带来的好处就会增加。法利普和佐洛发现 PE 基金的业绩与经济周期和股市收益正相关。莫斯科维茨和维辛·约根森发现，从 1963 年到 1999 年，公共股权和 PE 的账面权益回报之间存在 0.7 的相关性。因此，由于多元化要求 PE 与其他机构投资组合之间保持较低的相关性，其潜在好处并不像人们所吹捧的那么多。尽管如此，尼尔森认为，如果市场提供了公共股权市场无法提供的投资机会，机构投资者仍应认真考虑 PE。换句话说，机构投资者在投资 PE 时应该小心谨慎。只有透明度高至足以降低代理成本，并且投资机会带来了公共股权市场无法提供的多样化收益时，他们才应考虑 PE。

影响 PE 机构投资者策略的另一个因素涉及承诺和再承诺。通常，机构投资者通过"承诺"一定资本量来参与 PE 基金。基金管理人可以在一段时间内基于出现的机会自行决定调用这些投入资本。保留一些承诺资本不动是很常见的。经过几年的投资后，在所有承诺资本被投入之前，投资者可能会从撤资或分配中获得收益。通常，这些撤资或分配所得会被重新投入新的 PE 基金。迪扎瓦认为，PE 的现金流是不确定的，故而机构投资者无法控制，这可能会导致投资组合错配。现金流的不可预测性和市场的流动性不足可能会影响机构投资者的投资决策。如果承诺资本没有被完全利用，它们可能会对投资组合造成现金拖累。然而，如果机构投资者不仔细监控他们的资产配置，他们很容易因做出过多的承诺导致过度投资。由于机构投资者在调用资本时可能会出现现金短缺的局面，过度投资也会削弱投资组合的表现。

最后一个影响 PE 机构投资的因素是 PE 基金的机构隶属关系。根据其所属机构的不同，PE 基金可分为五大类：(1) 独立基金；(2) 隶属于银行的基金；(3) 隶属于保险公司的基金；(4) 实业公司子公司；(5) 由公共机构发起的基金。惠赫伯特发现，PE 基金的机构隶属关系与 PE 基金选择的投资领域关系不大。然而，基金经理对基金投资阶段和地理区域的选择很大程度上取决于其隶属的机构。隶属于银行的基金更喜欢投资于生命科学、生物技术和健康相关公司，同时也集中在国内投资上。由人寿保险公司和养老基金发起的基金对初创企业缺乏兴趣。此外，他们没有任何领域或特定的地理位置的偏好。企业支持的基金倾向于参与初创企业的风险投资，而不太愿意投资于成熟的公司。隶属于公司的基金的投资涉足各个领域，并倾向于全球投资。最后，由政府和公共组织发起的基金投资于后期的创业公司可能性较小。此外，他们倾向于投资高科技电子产品，并且往往局限于国内投资。

迈耶、斯科尔斯和亚菲调查了确定 PE 基金组成时 LP 的偏好。来自银行、养老基金和保险公司等金融机构的资金通常侧重于后期投资，特别是银行。相比之下，企业和个人投资者更关注早期 VC 基金。银行和政府投资者似乎更多地投资于国内活跃的基金，而保险行业、企业以及个人则倾向于投资涉及面更广的全球基金。从全球范围来看，PE 之间的差异似乎不明显，但机构的支持发挥着关键作用。

根据勒纳等的说法，捐赠基金的年回报率比银行、保险公司和养老基金等其他机构的回报率高出约 21%。此外，捐赠基金选择的后续基金可实现更高的平均 IRR，而银行的再投资能力最差。作为LP的机构投资者在评估基金质量和依据可用信息进行投资的能力上存在差异。投资者之间存在着经验积累水平的主要差异。尽管捐赠基金选择的基金总体来看表现优于其他类型的机构投资者所选择的基金，但目前尚不清楚这种情况是由于某个类型投资的普遍偏好，还是由于更好的资产配置的复杂性。因此，机构投资者在选择PE时面临两个不同的问题：他们如何确定对PE的偏好以及绩效应当如何根据选择的PE类型而产生变化。

机构投资者通过计算投资现金流的IRR来确定PE的表现。投资的双向性决定了基金经理的增值能力，从而影响基金的表现。投资者可以通过基金平均指数，将他们获得的回报与行业平均值进行比较。PrEQIn是根据投资者在私募股权投资组合中的实际投资额计算出的平均回报率。这些指数通常是PE对比的基准。

目前，分析师倾向于市场调整后的PE回报模型。卡明解释说，因为产生的回报可以投资到其他地方，尤其是公共市场，所以PE资本存在机会成本。但是市场调整后的PE指标回报模型将机会成本纳入回报评价中。容格维斯特和理查森提出盈利指数，该指数用无风险利率对流出量、流入量和市场指数利率进行折现。

养老基金占PE投资的一半以上。金融机构和捐赠基金合计共占全体投资者的五分之一。机构投资者通常使用PE基金间接投资私营公司。有时，银行和其他金融机构通过专属部门或业务部门直接投资于这些公司。

表18.2展示了机构投资者的金融资产。在美国，近三分之一的机构投资者是公共和企业养老基金。养老基金是为对公司有所贡献的雇员准备的投资信托机构。固定收益养老金计划强调投资于债券或其他适度通胀的资产。固定缴款计划通常包括股票和另类资产。了解机构投资者的总体情况非常重要，因为业内人士声称"机构投资者正在以惊人的速度向私募股权投资"。此外，62%现有的PE机构投资者预计在不久的将来会增加投资。因此，了解机构投资者的普遍行为可以帮助解释他们在PE中的作用。

表18.2 按国家划分机构投资者的金融资产　　　　　　　　单位：10亿美元

国家	保险公司	养老基金	共同基金	总资产	国民生产总值	资产占国民生产总值（%）
澳大利亚	241	556	700	1497	754	199
加拿大	391	550	491	1432	1269	112
欧元区	4665	1149	4308	10122	9304	109
日本	3243	997	470	4710	4367	107
英国	1979	1487	547	4013	2373	169
美国	5601	7306	8905	21812	13244	164
总计	16120	12045	15421	43586	31311	139

注：本表为各国家和地区机构投资者持有金融资产的市场价值。欧元区包括比利时、法国、德国、意大利、卢森堡、荷兰和西班牙。

表18.3展示了世界上规模最大的20个养老金计划。人寿保险通常提供退休福利，更类似于固定缴款养老金计划。美国保险公司将近40%的资产是股票（2011年全球金融

体系委员会)。对冲基金等投资公司也是一类机构投资者。投资公司与养老金的区别在于,它们不仅代表客户履行特定的储蓄功能,还能为股东带来回报。美国行业杂志《养老金和投资》以及咨询公司韬睿惠悦(2013)估计,截至2012年底,全球500强资产管理公司管理的资产总额为68万亿美元。北美的资产管理公司占了近52%的市场份额。根据布朗的观点,平均而言,养老基金投资于PE的份额从2000年的3%增加到2010年的8.8%。从2000年到2010年,十大公共养老基金向PE共支付了170亿美元的费用。了解养老金计划行业很重要,因为养老金计划向PE基金支付了数十亿美元的费用,这有时占PE基金融资的50%以上。养老金计划的资金不足正迫使其将目光转向利润丰厚的PE投资回报。

表18.3 全球最大退休基金   单位:百万美元

排名	基金	国家	总资产
1	日本政府养老投资基金	日本	1292003
2	全球政府养老基金	挪威	712606
3	荷兰政府和教育养老基金	荷兰	372860
4	韩国国民年金	韩国	368450
5	联邦退休储蓄	美国	325682
6	加州公务员退休基金	美国	244754
7	地方公务员养老金 1	日本	201443
8	中央公积金	新加坡	188430
9	加拿大养老金计划 1	加拿大	184425
10	全国社会保障	中国	177486
11	荷兰养老金 1	荷兰	177311
12	雇员公积金	马来西亚	175720
13	加州退休教师基金	美国	155739
14	纽约州共同退休基金	美国	150110
15	佛罗里达州管理委员会	美国	134345
16	纽约市员工退休基金	美国	132071
17	安大略省教师退休金计划	加拿大	130198
18	丹麦劳动市场补充养老保险	丹麦	129009
19	南非政府雇员养老基金	南非	122225
20	日本养老基金协会	日本	119199

注:此表显示最大的退休基金以百万美元排列。美国基金的数据来自2013年2月4日出版的《养老金和投资1000》;非美基金数据截至2012年12月31日。

在美国,立法允许银行和银行控股公司直接投资于PE。1953年的《小型企业法》允许银行设立子公司作为投资公司。1956年的《银行控股公司法》允许银行成为公司的股东,前提是其所有权不超过已发行的具有表决权股份的5%。1999年的《格雷姆—里奇—比利雷法案》允许银行设立可以直接投资于 PE 的金融控股公司，并规定持有期不超过 15 年。银行希望通过投资 PE 参与未来的 LBOs。这可能促使银行投资利润较低的 PE，以便有机会参与公司未来的银行业务需求。

捐赠基金和基金会也投资于 PE 基金，但比其他类型的机构投资者要少得多。基金会通常具有 5% 的最低支付要求，因此他们必须让符合条件的慈善支出等于或超过其价值的 5% 才能继续享有税收优惠。即使没有这些限制，捐赠基金的支付模式也与基金会相似。因此，捐赠基金和基金会必须每年在扣除所有费用后拥有至少 5% 的回报，以保持其资产基础。除了哈佛大学和耶鲁大学等大型捐赠基金之外，大多数基金会规模都很小，并且倾向于投资组合基金，即投资于私募股权基金组合的基金。在投资 PE 时，母基金采取有限合伙企业的形式。

机构投资者有三个投资 PE 的主要动机：（1）与投资者规模、类型和地点相关的搜索成本；（2）与投资者决策机制相关的特定人力资本；（3）追求尽快达到 PE 风险敞口水平的流动性时间偏好。

根据投资于非上市 PE 基金的公开交易组合型基金的市场价格，杰加迪什、克劳塞尔和波莱特研究了 PE 投资的风险和预期收益。结果表明，市场预计未上市 PE 基金的 LP 每年可获得约 0.5% 的正向超额收益。市场预计，上市 PE 基金将获得超额收益，但从统计上看，这些收益扣除费用后的回报率约为零。上市和非上市 PE 基金的市场贝塔系数都接近于 1。PE 基金的收益与信用利差呈负相关，与国内生产总值（GDP）的增长呈正相关。与上市公共股权相比，PE 投资的搜索成本也很高。机构投资者是否愿意承担此类搜索费用取决于投资者的规模。大多数小型机构没有时间或能力来确定优质 GP 并协商有利的有限合伙条款。

偏好 PE 的机构投资者通常会对人力资本进行必要的投资，以帮助他们在信息不对称的市场中鉴别投资。勒纳等人的研究表明，早期 PE 从业者会将资源用于建立具有专业技能和行业见解的团队来获得私人投资。因此，拥有一支专业的 PE 团队可以极大地帮助机构投资者选择 PE 投资。

将 PE 资本完全用于投资可能需要长达 10 年的时间。在发现新的投资机会后，PE 公司将在一段时间内减少或调用融资义务或承诺。因此，投资者在支付 10 年期的承诺资金时，每次被要求支付的金额并不一致。故而，投资者承诺的 PE 资金与实际投资额之间存在差异。贡珀斯和勒纳以及容格维斯特和理查森对 PE 基金的减少状况进行了建模，并表明 PE 基金融资义务的减少会根据可投资机会、交易竞争和融资成本而变化。PE 公司给予投资者的回报取决于公开金融市场和经济状况。高石和亚力山大表明，对减少的预期会影响机构投资者对资本承诺的决策。

第十九章 私募股权及其价值创造

引言

PE基金支持的私人公司，就像PE公司一样，是许多经济体系的主要参与者。自1990年以来，PE或"金融买家"发起的交易在全球M&A市场中占据越来越重要的一部分。在大多数欧洲国家，PE支持的交易总值约占公开交易公司累计市值的10%。在公司控制权市场中，金融买家是一股持续增长的力量。这股力量十分重要，因为公司控制市场是现代资本市场的一种重要机制。

杠杆是PE行业主要参与者成功的关键。在LBO中，专业投资公司通过债务收购一家公司，为交易融资（也称LBO模式）。从公司利益相关者的角度，杠杆是优化管理绩效的重要工具。吉森阐述了在公司金融领域备受争议的FCF理论。他发现管理人员将FCF再投资于石油行业的不良投资中，而不是将其返还给投资者。他的理论认为债务可以用来防止管理者浪费资源。因此许多学者认为债务是提高公司管理质量的工具。杠杆与公司管理质量之间的相互作用影响LBO基金的成功。

当交易的价值来源于现金流管理的改善、廉价收购或扭亏为盈的情况时，LBO模式的成功对交易起着重要作用。同时，通过降低代理成本和提高效率，LBOs成功地管理交易从而为投资者带来了良好的回报。杠杆是LBO模型的基石，也是已经取得的成功的必要工具。那么，即使其影响只是暂时的，继承这种商业模式的成功之处的机制是否在2007—2008年的金融危机中起了根本性的催化作用呢？

如果LBO交易中的价值创造是源于识别具有良好资产的能力，此类资产能够增长和提升现金流的潜力，则杠杆与其公司治理政策的有效性之间的相互作用也必须纳入分析范围。在此分析中，假设LBO交易的杠杆比率正在上升，并且现金流提升变缓。最初，这些趋势被有利的M&A趋势和低成本杠杆的使用所掩盖，这使得管理者和投资者都相信回报在提高。然而，一旦资产市场价格上涨的影响被中和后，LBO基金的绩效将会低于市场指数。

杠杆收购基金如何运作

LBO基金进入交易的时间范围有限，通常在3~10年。投资的资金来源有两个，一是LBO基金提供的股本股权，二是银行和机构投资者发行的金融债券（如优先债券，次级债券，夹层债券和可转换债券）。股权部分来自LBO基金与其投资者筹集的资金。

除初始财务估值外，另一个决定投资可行性的因素是杠杆是否最大化到目标公司能够安全地偿还债务的程度。这是因为交易融资组合中债务的比例越高，投资权益部分的 IRR 就越高。IRR 依赖于进入价值（由投资的股权部分表示）、资产退出价格对股权提供者的预期或实现收益，以及进入和退出之间的权益（如果有的话）流动。与那些长期旨在为股东创造价值的公司相反，LBO 基金在投资日就已经考虑了退出策略。

LBO 基金非常关注提高 IRR 的基本原理，其中包括以下因素：
- 在持有期间增加现金流量的能力；
- FCF 收益优化的可能（例如，加强营运资金管理，监管投资政策和优化税收支出）；
- 通过优先分配现金流来偿还收购金融债务，从而在持有期内减少收购负债的能力；
- 退出日的估值潜力；
- 使用期权和权证等先进的金融工具优化 IRR。

LBO 基金的 GPs 通常根据 AUM 获得报酬，但如果 IRR 超过特定阈值（即附带权益）时，还会根据价值创造分得奖励费。这种费用结构有助于调整股东和 GPs 利益之间的激励机制。PE 或 LBO 基金也按投资和管理基金的固定百分比获得报酬。在调整委托人（PE 基金的投资者）和代理人（管理基金的 GPs）之间的利益方面，一些人认为这种机制具有争议性。

杠杆收购和价值创造

吉森认为 LBOs 通过高杠杆和相关的强大激励来创造价值。与之相反，公司的特点往往是非股东管理层追求自身利益，他们倾向于现金流转移，而不愿承担足够的风险。根据吉森的 FCF 流量理论，增加监控和管理层持股为管理者提高经营业绩和产生现金流提供了一种激励。此外，高负债限制了经理人将自由现金消耗在浪费性投资上。

与吉森的观点一致，卡普兰提供的证据表明，通过大幅改善被收购公司的经营业绩，同时以高债务的形式而非其他形式重新进行现金分配，LBOs 和债务能够创造价值。相反，雷内博格、西蒙斯和莱特并不认为 FCF 是公转私交易的驱动因素。虽然有证据表明经营业绩有所提高，但有关 BO 目标价值增加的研究较少。

就会计和股票市场收益而言，与退出收购的表现相关的例子似乎仅限于那些通过 IPOs 退出的公司。此类研究为 Jensen 的 FCF 流量理论——增加杠杆和重组激励对杠杆收购公司的经营绩效具有积极的影响——提供了褒贬不一的支撑。赖特、威尔逊和罗比表示，BO 规模与短持有期限和高退出概率呈正相关。卡普兰发现了类似的情况，但他的研究只关注较大的 BO。

有关 BO 收益的研究要么关注大宗交易而非整个 BO 市场中有限的 IPOs 相关样本，要么关注基金绩效衡量指标。尼科西亚和莱特基于英国的样本进行了一项研究，分析了影响目标公司实现 BO 收益的因素。通过对 FCF 理论的检验，他们发现 LBOs 高于平均收益和其价值增长的情况与 LBOs 所产生的公司治理机制有关（特别是管理层持股）。他们的分析结果也表明,财务杠杆与 LBO 基金的价值创造没有线性关系;超过一定阈值后,IRR 会低于样本平均值。郭、霍奇基斯和宋确定了三个主要的价值创造来源:(1)平均而言,财务杠杆能让交易前价值增加两倍;(2)管理控制,特别是当董事会主席与首席执行官(CEO)不是同一个人时;(3)通过提高盈利能力或降低营运资本水平来增加现金流量。

基于研究证据,以下五个行为有助于在杠杆交易创造价值。第一,应降低管理层与股东之间的代理成本。成本可以通过杠杆的纪律效应等方式减少。吉森的 FCF 理论表明,负债的增加减少了管理层的可用现金,迫使管理者追求增值投资,这种追求导致因破产成本上升而重组公司。在财务激励和控制费用与投资方面加强控制和监督,也可以降低代理成本。此外,利用所有权激励管理层可以降低代理成本。第二,价值创造可以通过使用金融债务契约和剥离融资来降低债权人和股东之间的代理成本来实现。第三,选择被低估的收购目标可以带来更高的价值(特别是在公转私交易中)。第四,PE 基金可以从债务融资的税收保护中受益。第五,通过改进营运资本管理、投资监控和其他技术,最大化可用于偿还优先债务的现金流收益,从而提高经营效率、创造价值。

杠杆收购交易数据观察

为分析 LBO 及其财务特征,本研究包括人工收集的 1997 年至 2013 年期间欧洲 PE 发起的交易的数据,并使用横截面回归分析比较投资回报、已实现的投资、IRR 和价值创造。数据集使用来自不同欧洲数据库的可用数据、公开可用数据和 21 个欧洲 PE 机构共享的实际情况、已实现投资和退出事务的信息数据。数据有多个来源时,该数据集会对分析对象所用的数据进行交叉检查和协调。同时它对不同来源的数据进行定义的协调以产生同质数据库。数据样本还使用了 RLBO(通过 IPO 退出的 LBO)的公开数据。

样本分类基于以下的退出类型:(1)在公开市场上进行 IPO;(2)出售给战略(公司)买方,二级或三级 LBO;(3)破产;(4)如果贷方在债务清偿计划中控制目标公司,则通过重振基金进行收购。在有限的交易中(有可用信息或信息由 PE 公司提供时),样本包括收购后 CEO 和 CFO 关于特定关键管理绩效指标的人事变更信息,例如董事会规模和组成(内部、外部以及独立成员对比)。

在关键绩效指标和统计数据对比方面,战略买家发起交易样本,以反映 LBO 交易。以便使规模、行业、交易日期和地理位置尽可能与 LBO 发起的交易相匹配。这一基准是基于公开市场数据。在整个观察期内,建立基于上市公司的基准指数,旨在筛选和了解公司市场价格的高低变化对已实现的 LBO 基金 IRR 的影响。这一基准指数由每年的 500 家欧洲公司组成,除受合并、公开募股和退市的影响外,整个期间内该数量保持不变。分析样本为 687 家公司。

欧洲大陆杠杆收购的交易价值杠杆

通过比较进入时间（LBO）和退出时间（投资实现）之间的回报，研究者分析价值创造并研究影响这一变化的因素。这种对比使我们能够对 BO 成功加以衡量，并评估影响成功的因素的相对重要性。

企业价值（EV）与 EBITDA 倍数是衡量交易价值的主要指标。财务杠杆，税率差异和折旧政策不会影响 EBITDA。通过比较相应的平均 EV/EBITDA 倍数和每年的平均财务杠杆，将 LBO 发起的交易与战略交易进行比较。

我们可以发现一个趋势，即从 21 世纪头十年的中期开始，LBO 发起的交易的支付倍数大幅上升，高于战略交易的支付倍数。此外，此类增长似乎伴随着 PE（LBO）发起交易中杠杆率越来越高：财务杠杆与相对估值基准之间的相关系数高于 0.80。这一趋势的问题在于，当债务融资充裕且成本较低时，LBO 基金是否会滥用杠杆从而导致超额偿付。

从历史的角度看，LBO 基金的资产估值实践之所以达到不合理水平，是因为它们的可用债务成本低且数量众多。为理解杠杆对资产价格通胀的影响程度及其对 LBO 基金经济方面的影响，价值创造以及 IRR 将被进一步分为不同的因素来进行解释。

杠杆收购、价值创造和杠杆

这一部分将研究不同的价值创造手段与 LBOs 绩效之间的关系，包括企业价值和股权价值层面，以及交易绩效方面。除了 IRR 指标外，价值创造也可以通过经济增加值来衡量。EVA 的计算方法是将营业利润扣除用于产生收益的投入资本的所有费用成本。EVA 分析基于扣除投入资本的理论成本的 NOPAT 与当年的平均运用资本（CE）之间的比率。资本成本是资本的加权平均成本。资本成本是用全年平均市值作为权益权重，用一年内净金融债务平均水平来作为债务权重。对于所有非 LBO，交易价格即为市场价格。该分析基于交易的起始年份（进入年份）。

此次分析中选用的 LBO 价值创造的主要杠杆因素有：(1) 增强公司治理机制；(2) 提高现金流收益率；(3) 低于行业平均收购倍数（"廉价购买"）；(4) 如 FCF 理论中预测的杠杆的积极影响；(5) 交易成功的管理层激励（利益调整）；(6) 对照行业平均水平提高经营绩效；(7) 进入日和退出日之间行业 EV/EBITDA 的变化。为了衡量公司管理的影响，本次分析用累积评分指数创建虚拟变量。该指数涵盖了五种可能措施以应对公司管理变化：(1) CFO 或 CEO 人员变更；(2) 管理层的存在；(3) 外部董事会成员数量变化；(4) 董事会规模缩小；(5) 首席执行官和董事会主席人员的分离，即不为同一人。为进行横截面数据分析，通过相加五项标准的得分（0 或 1）计算指数的累积结果。基于结果，如果指数落在 [0-1] 范围内，索引值为-1，落在 [2-3] 范围内则为 0，落在 [4-5] 范围内则为 1。

分析表明，无论退出策略如何，按照金融理论，公司治理机制都是 PE 交易回报的主要价值创造手段。相比在上市公司，公司治理机制似乎在 LBOs 中扮演更重要的角色。这一观察结果在 1997 年至 2000 年、2001 年至 2004 年和 2008 年至 2010 年间的一般样本以及子样本中都有所体现。然而，退出交易量在 2005 年至 2007 年出现了明显的下降，期间公司治理机制也发生了变化。在同一时期（2005 年至 2007 年），这种杠杆对实现收益起着更重要的作用，而对 FCF 提高收益的作用则低于一般样本。同样，平均经营绩效改善也落后于全球平均水平。

这一发现表明，该时期债务增加，但经营绩效的改善低于平均水平。相反在 2005 年至 2007 年期间，建仓策略和行业 EV/EBITDA 变化的影响似乎最大，而"低于行业平均估值"的交易则较少出现。这一结果与 M&A 市场以及此期间市场价格的变动有关。最后，行业 EV/EBITDA 的有利变化会提升回报。此证据表明，在 2005 年至 2007 年的子集期间内，导致 LBO 基金成功运作的主要机制失败了。

在任何观察时期，三级 LBOs 的价值创造机制都与 2005 年至 2007 年间的 LBOs 相近。传统的价值创造机制似乎低于总样本平均值。此外，对杠杆以及进入和退出之间行业 EV/EBITDA 变化带来效益的依赖性也越发增强。这一结论是基于连续两次进行杠杆收购的公司有效地管理了营运资本和资本支出的观点。因此，金融投资人的讨价还价很少发生，无论是利用增加的财务杠杆的能力，还是建仓策略，都可以合理地解释此类投资。

在通过 IPO 退出的 LBOs 以及公转私交易中都有类似的趋势。IRR 主要的驱动因素有：（1）强化公司治理机制；（2）提升经营绩效；（3）"建仓策略"以及进入和退出倍数之间的有利变化。对于大多数此类交易，进入的倍数都低于行业平均水平，而当行业倍数相较进入时有所上升的情况下，基金才会在退出日获得收益。在解释数据面板中所列交易 EV/EBITDA 的因素时，也得出了类似的观察结果。对于整体样本，EV/EBITDA 变化（与进入倍数相对的退出倍数）是由多种因素造成的，包括管理、改善绩效和廉价购买。然而，在 2005 年至 2007 年间，所有这些因素似乎都消失了。在此期间，似乎只有杠杆和行业 EV/EBITDA 的变化才能解释退出倍数高于进入倍数的原因。

杠杆收购对于经营业绩的影响

除上文提及价值创造的分析外，另一个可能的分析角度是调查 LBO 基金对价值创造的影响。除查看基金的已实现收益，还可以研究其对运营统计数据和指标的影响。

针对 1980 年至 1986 年期间完成的 48 家上市公司的大型 MBOs，卡普兰基于公司经营业绩的分析，进行了其 BO 后的经营业绩调查。他的报告表明，在 BO 后的三年内，公司的营业收入增加，CAPEX 减少，净现金流增加。具体而言，根据行业变化调整后的运营收入在 BO 后的前两年保持不变，但在第三年开始增长。郭等人发现 PE 公司的经营业绩收益与上市基准公司的业绩持平，甚至超过后者。相比之下，莱斯利与奥耶发现，与上市公司相比，1996 年至 2004 年间，只有少数证据能表明 LBOs 的盈利能力或运营效率更高。勒纳、索伦森和斯特隆伯格提供的证据与经常被引用的观点相反，即 PE 有短期动机去揭示那些表明 BO 交易增加了长期创新的数据。

这一部分中的首个分析表明了 PE 所有权对关键经营业绩指标的直接影响。在战略交易中，交易前和交易后绩效差异是对营收增长和 EBITDA 最重要的因素。与战略交易相反，LBO 所有权的影响似乎对 EBITDA 增长、营运资本和资本支出比率最为重要。这一发现与基金使用的价值创造手段的论点是一致的，在前一部分中已得到证实：促进现金的产生主要通过提高盈利能力，优化现金产生周期和投资政策来实现。此外，正如查普曼与克莱恩所说，增长是在 LBO 交易中创造价值的关键因素。然而，2005 年至 2007 年期间，LBO 基金似乎不太重视现金管理，因为营运资本和资本支出比率的重要性远低于整体样本平均值。LBO 所有权对雇佣的影响在不同时期之间没有显著差异。这与上一部分关于价值创造手段分析的结果一致。

第二十章 薪酬结构

引言

私募股权基金通常持有期为10年左右，一般采用有限合伙的组织形式。其中，基金经理是GP（普通合伙人），投资者是LP（有限责任合伙人）。GP负责基金的日常管理，尽管他们通常通过有限责任公司（LLC）组建普通合伙企业以避免承担无限责任，但仍需对合伙企业的债务和义务承担个人责任。相比之下，LP的责任有限，并且不参与合伙企业的管理。从本质上讲，GP与LP关系会受到代理问题的困扰，因为LP无法密切监视GP的活动。因此，有限合伙协议中规定了各种条款，通过明确协定、融资流程和费用结构等各类条款，确保GP与LP权益一致。

私募股权基金的标准薪酬结构被称为"2-20"，其中"2"是指占承诺资本总额2%的管理费，"20"是指GP的附带权益为利润的20%。这种包括了大量远超于上市公司首席执行官通常的绩效薪酬敏感性的附带权益的结构，是PE基金成功的一个关键驱动因素。

私募股权基金的实际薪酬结构比2-20规则更加微妙和复杂。对如何计算、何时确认以及如何分配利润等问题，不同的有限合伙协议规定了不同的规则，其中许多细节条款都会经过GP和LP之间的激烈谈判。GP的预期薪酬和有效激励措施取决于基于协商的成文基金条款，不同的基金对这两个方面的规定各有不同。

私募股权基金的薪酬结构

本节考察了私募股权基金薪酬结构的三个主要部分。（1）管理费用；（2）附带权益；（3）交易级费用。

管理费用

LP按其投资的比例支付年度管理费用。管理费包括合伙企业的持续经营费用，如投资团队的工资、租金和其他与投资活动相关的成本。正如对管理费用的相关规定所隐含的，假设管理这些基金需要的资源更多，基金规模就会越大，从而大型的基金所需的绝对管理费用就会越多。

年度管理费百分比通常在1%~3%，并且按季度、半年或每年提前支付。管理费用基础可以是（1）承诺资本；（2）未缴承诺资本和当前投资的成本基础的组合；（3）净投资资本;(4)净资产价值,前两项管理费用通常适用于基金早期阶段。

在基金的整个生命周期中,管理费用百分比要么是固定的,要么是可变的。如果管理费可变,在投资期后(通常是基金成立后的前五年),基金会在其初始水平上降低管理费用级别。由于基金管理中存在规模效应,因此管理费用比例也随着基金规模的增加而降低。鉴于固定经常性费用不会因为筹措新基金而增加,因此费用比例也可能因为后至基金(即新基金)的成立而减少。例如,合伙企业不一定需要额外的办公空间来管理增添的基金。

投资金额较大的 LP 可以通过支付较低的管理费比例,从而享有更优惠的费用安排。因此,同一基金的不同投资者可能承担不同的管理费用比例。此外,所需监督和管理资源少的私募股权基金所需的管理费用比例也更低。例如,一般来说,收购基金比风险投资基金的管理费用比例低,基金的投资基金的收费也不像一般私募基金那样高。

私募股权基金有时会根据将要筹集的基金总额,制定不同的费用比例。例如,如果承诺资本低于 10 亿美元,费用比例可设为 2%,或者设为 1.5%。管理费通常是从基金早期的承诺资本或基金后期的投资收益中支付的。但是,除固定承诺资本外,支付给 GP 的管理费用也可以包括其他部分。当不同投资者按不同费用比例支付时,固定承诺资本尤其有用,因为在这种情况下,GP 之间计算利润分配会变得棘手。

管理费用基础也是可变的。它通常基于已承诺资本,或未缴承诺资本与 5 年投资期中未实现投资的成本基础的组合。接着将目光转向净投资资本——所有投资的成本基础减去实现投资的成本基础(即持续投资的成本基础)。其基本原理是管理费用补偿了持续运营基金相关的成本,该成本往往在基金运营后期会下降,因为 GP 在这一时期的关注点是通过销售、公开发行或者破产来处理现有投资,因此基金运营后期所需精力更少。

私募股权基金可以引入基于预算的管理费制度,其中,GP 定期提交其运营费用的计划预算,并在年度会议上获得 LP 或 LP 代表的批准。然而,这种方法的缺陷是将增加与预算规划相关的额外成本,并且对外公布敏感财务信息也会引发担忧。

LP 应了解,不同的管理费用基础可能带给 GP 不同的工作动力,LP 是需要为此付出成本的。例如,当承诺资本算作管理费用基础时,GP 就有动力去筹集数额更大(甚至是过大)的资金,但这样的薪酬结构可能会削弱未来的基金业绩,因为即使在撤资期间,不存在投资活动时,GP 也能收取管理费用。

占未缴承诺资本一定比例的管理费和未实现投资的成本基准可作为基础。鉴于这些清算投资不再需要监控和投资相关活动,这种计算方法将退出投资的基础费用从整体费用基础中扣除,虽然当 LLC 的资本供款有一部分用于支付开支(如管理费用)时其数目可能并不大,但其 LP 能有效地就收费事项付款。

净投资资本更好地反映了 GP 投资和监测活动的强度。然而,净投资资本很少在基金成立早期用作管理费基础,因为早期净投资资本最小,合伙企业通常没有足够的资金支持投资活动。在基金成立的之后几年,将净投资资本作为费用基准,能够激励 GP 推迟实现不良投资,从而使净投资资本和相关费用最大化。

虽然在 20 世纪 80 年代早期,基金使用资产净值作为收费基础,但这种做法几乎已退出了收购和风投行业。资产净值是对正在进行的投资组合公司(即合伙企业拥有的公司）的市场估值。因为当 GP 执行资产净值估值时，为了提高他们的费用收入或影响未来的资金筹集，他们可能高估投资组合公司的价值。

LP 应了解管理费结构的激励效应，他们与 GP 协商合同条款，以便更好地让自己与 GP 之间的权益一致，同时也要为 GP 提供合理的收入。显然，管理费用是 LP 和 GP 之间的敏感地带。过多的管理费用威胁着 LP 和 GP 之间的关系，尤其是当预期管理费高于预期附带权益（基于业绩的收入）时。相反，较低的薪酬会分散 GP 对基金运营本身的注意力，阻碍他们吸纳优秀的投资经理，降低他们的积极性。

附带权益

附带权益，也称为激励或代理佣金，是 GP 所获得的私募股权基金利润。附带权益是一种基于绩效的费用，用于协调 LP 的权益和 GP 的权益。这一薪酬结构成为 GP 的强有力的绩效性薪酬，这是私募基金成功的关键驱动力。大多数私募股权合伙协议规定附带权益为 20%。事实上，根据罗宾逊和森索伊的报告，超过九成的私募基金选择 20% 的附带权益。类似于管理费的情况，基金的基金（FOF）的附带权益低于一般基金，收购基金的附带权益低于风投基金。计算附带权益很复杂，LP 和 GP 就此会有激烈的磋商。事实上，利润分配方法和附带权益计算可以说是 LP 和 GP 所签订的有限合伙协议中的最重要规定。

不同的基金中，GP 得到的隐含激励性薪酬有很大差异，这取决于附带权益的详细条款，包括附带权益的规模、时间和计算方法。合伙企业应该决定如何计算利润，何时确认利润，以及如何在 LP 和 GP 之间分配利润，合作协议规定了合作伙伴之间支付优先级的规则，被称为"瀑布条款"。

在计算利润时，有一个问题是如何处理管理费用、组织费用以及其他收入或开销。合伙人应考虑这些管理费用和开销是否由基金支付，以及计算附带权益时，基金的利润是否应扣除这些管理费用和开销。组织费用是指筹集和成立基金的成本。

交易级费用

GP 经常从其投资组合公司收取费用，特别是在收购基金中。这些交易级费用也称为"辅助费用"或"投资组合公司费用"，包括交易费、监控费和合作终止费。这些费用是对 GP 提供给投资组合公司的广泛服务的补偿。在收购目标公司时，GP 会进行尽职调查，协商收购条款，并安排融资。也就是说，他们提供投资银行服务。他们还担任董事会成员，并继续为投资组合公司提供咨询服务并收取监管费用。当收购因目标公司的原因而失败时（如当目标公司接受来自第三方的更高报价），GP 有时会收到合作终止费。以此来看，合作终止费用是为了补偿 GP 为准备收购花费的时间和资源。

如果 GP 没有收到交易级费用，相应费用金额将算入投资组合公司的价值中，LP 的利润也将增长相应金额。在涉及合作终止费用的情况中，合作终止费并非由投资公司直接支付。然而，LP 必须承担放弃其他投资中的机会成本。因此，交易级费用是 GP 从有限合伙方获得的另一层补偿。

支付交易级费用的做法存在几个问题。第一，LP 已经支付管理费用以补偿 GP 参与各种活动以提高投资组合价值和提高基金业绩的努力。因此，交易级费用是多余的。第二，交易级别的费用增加了 GP 的固定部分补偿并削弱了 GP 和 LP 之间的权益一致性，因为如果 GP 获得交易级费用，这些费用将降低参与附带权益的可能性。第三，在所有费用条款中，交易级费用是最不透明的。有限合伙协议通常没有明确的合同条款来规定何时收取，收取数额以及将收取何种交易费用。美国证券交易委员会对此做法进行了密切调查。

如果 LP 没有进行充分监督，GP 可能有不正当地最大化交易级费用的动机。例如，GP 可以通过雇用与自己有关的服务公司（直接或间接）来收取交易级费用（特别是交易费和监控费），从而秘密地补偿自己。交易级费用应累计到基金，与 LP 共享，或用于抵消管理费（称为管理费减免或抵消）。管理费减免还有助于 GP 通过将普通收入（管理费）转换为资本收益（附带权益）来减轻税收负担。这是私募股权基金中最受争议的做法之一。

薪酬结构的决定因素

一些研究证明了薪酬结构与基金或市场特征之间的关系，它们的结果几乎没有矛盾。本节总结了贡珀斯和勒纳，罗宾逊和森索伊以及斯托夫和布朗的研究结果中记录的关系。一些行业调查也证实了这些研究的结果。

一般而言，无论是风险投资还是收购基金，其基金规模（承诺资本）和年龄（基金序号）与管理费（占基金规模的百分比）都呈负相关。此外，流入私募基金行业的资本与管理费正相关。然而，附带权益与流入该行业的资本并不明显相关，但它与基金规模和基金年龄正相关，尤其是对风险投资基金而言。

目前出现了几种模式。首先，管理费似乎比附带权益更具周期性，这意味着当 GP 具有更大的议价能力时（即当发生更大的资本流入时），GP 会争取更高的固定工资。其次，存续时间较短和规模较小的基金具有较高的管理费用和较少的附带权益（即较低的按业绩付费）。贡珀斯和勒纳认为这一现象与学习模式一致，即最初 LP 和 GP 不了解 GP 的能力，因此 GP 有更大的动力来努力建立声誉。然而，随着时间的推移，GP 声誉提高，需要通过更高的绩效薪酬来激励 GP 继续努力。因此，随着基金规模增大，经营年限累积，薪酬补偿方案会包括更大的可变成分（即附带权益）。对于风险投资基金而言，经验与绩效薪酬之间的正向关系似乎也比收购基金更强。这种不对称可能意味着在基金早期阶段风险资本家能力信息对外透明度较低，而风险资本基金相关的经验信息则更为丰富。

卡明与约翰对来自 17 个国家的 50 只私募基金进行了独特的跨国研究，该研究表明，国家的法律条件会影响薪酬结构。他们发现，法律环境较差的国家，管理费用更高，而附带权益较小。他们的解释如下：在法律条件差的国家，当信息环境不透明时，不利于评估 GP 的技能，将 GP 的薪酬建立在关于他们所做努力与个人能力的纷杂信息上并不可靠。因此，GP 更喜欢他们的大部分薪水是固定的。

在以前的研究中，审视薪酬结构与其他基金特征之间的关系时，一个重要缺失变量是 GP 的（事前）能力。因此，这些分析受到遗漏变量偏差的影响。为了解决这个问题，卡明与约翰研究了 GP 的个人特征与薪酬结构的关系。他们发现有证据表明，具有理科博士学位的 GP 拥有更高附带权益。

总体而言，私募行业的信息环境似乎很差。鉴于其投资的秘密性（尽职调查、选择和监控流程），长期投资眼光（基金启动很长时间后绩效才能兑现，并且对有关经理人信息的观察往往不频繁），以及缺乏二级市场（对基金经理技能进行经常性评估），薪酬合同已经演变为将私募市场的这些不完善之处考虑在内的形式。

GP 的激励规模

薪酬合同中的一个重要问题是，薪酬结构是否为管理人提供足够的动力，来为主体（LP）的权益做出努力。在私募股权基金的背景下，薪酬结构应该让 GP 与 LP 的权益保持一致，特别是 LP 总是希望 GP 的薪酬总体结构中，可变部分（如附带权益）比固定部分更大（如附带权益）。

梅特里克和安田对 GP 来自固定部分（如管理费和交易费）和可变部分（如附带权益和监控费）的预期收益进行了估计。根据对投资速度、波动性和退出时间的几个合理假设，他们表明固定部分的预期收入是可变部分的两倍。这一结果令人感到不安，并且与私募基金中的绩效薪酬可能并不充足的观点基本一致。

然而，基金条款带来的明确激励只是 GP 的全部激励措施的一部分。当 GP 管理基金时，他们关注的是筹集后续基金。当前和过去的表现会影响下一次筹款的能否成功和规模大小。如果 GP 可以筹集更多资金，那么他们来自未来基金总费用的固定部分预期收入将会增加。因此，这种间接和隐含的绩效薪酬也会激励 GP，然而以前的研究缺少对这种情况的分析。为弥补这一问题，钟、森索伊、斯特恩和韦斯巴赫估计了间接薪酬绩效的规模，并证明间接激励与来自附带权益的直接激励同样重要。根据这两项研究的结果，总薪资中，可变部分的预期薪资与固定部分中的薪资一样大。

薪酬和基金绩效的关系

LP 希望薪酬结构能激励 GP，以提高基金绩效。薪酬结构与基金业绩之间是否存在关系？贡珀斯和勒纳通过衡量首次公开募资规模与承诺资本的情况，对附带权益和基金业绩之间的关系进行研究，但他们并没有发现这两个变量之间存在正相关关系。类似地，罗宾逊和森索伊估计了各种薪酬构成部分与基金净收益之间的关系，没有发现事前绩效激励能产生较高的事后回报。

这些发现并不一定意味着基于绩效的薪资不是激励 GP 更加努力工作提高基金收益的重要因素。首先，薪酬结构与基金回报的关系是内生的。例如，在实证调查中，GP 的能力很难在经验性研究中进行衡量和控制。此外，对于其他激励调整机制，如契约和优先收益，也未予以考虑。这种缺失因素可能掩盖了预期的绩效薪酬对基金经理人的影响。

其次，正如两项研究的作者所主张的，薪酬结构可能处于平衡状态。贡珀斯和勒纳认为，学习模式并不一定意味着附带权益与绩效之间存在正相关，因为薪酬是根据市场中的有关经理人能力的信息来进行恰当构建的。例如，年轻的 GP 不需要大力度的绩效薪酬机制，因为他们有很强动机去为了声誉而努力工作。正如罗宾逊和森索伊所认为的，更高的绩效报酬可能会产生更高的总回报，但 GP 只是收取他们的努力所产生的所有经济租金。

薪酬和动机扭曲

有足够的证据表明，LP 和 GP 之间存在其他类型的权益冲突。例如，正如贡珀斯和勒纳所表明的，相比年长的风投合伙人，年轻的风投合伙人以更高的成本（即定价更低），并更早地将其投资组合公司上市，以建立声誉并促进新的融资。卡明与沃尔兹指出，私募基金有动机高估其现有投资的价值，以帮助其后续融资，尤其是在法律条件较弱和会计规则不太严格的国家。巴伯、安田和布朗也发现，私募基金经理在后续融资之前人为调整过报告的资产净值。

时序能动性和薪酬结构的未来

自 2007—2008 年金融危机以来，关于私募行业薪酬实践的争论一直很大。随着市场流动性影响着这些市场，在与 GP 谈判合同条款时，LP 已经获得了优势，尤其是私募基金的薪酬和开支受到更严格的审查时更是如此。目前管理费用和附带权益的使用已经有下降趋势，交易相关费用的披露更加透明。机构 LP 协会还发布了有限合伙协议指南，以提升 LP 的权益。

这一运动是否会显著改变私募股权基金的薪酬实践尚不明确。私募行业的特点是周期性盛衰交替。自成立以来，该行业经历了三次不同寻常的崩溃：第一次是在 20 世纪 90 年代初期（高收益债券市场的崩溃）；第二次是在 21 世纪初（互联网泡沫的破灭）；第三次是在 21 世纪（2007—2008 年金融危机）。每次经济崩溃都会对 GP 薪酬产生下行压力，随后其能够收取的薪酬恢复到崩溃前的水平（最近一次除外）。换句话说，薪酬似乎也是周期性的。罗宾逊和森索伊证明，LP 在萧条期间支付较低的管理费用。

如果历史可以作为指导，随着经济增长和集资活动增加，薪酬将恢复到 2008 年之前的水平。然而，其他有争议的基金条款（例如交易级费用和管理费减免）可以调整为对 LP 更有利的形式。例如，斯托夫和布朗表示，虽然基金条款自 2007 年以来一直保持相当稳定的状态，但更多 LP 优惠条款取得了进展，特别是在瀑布条款和交易级费用方面。

第二十一章 全球监管与道德框架

引言

　　私募股权投资（PE）基金遵循两种基本商业模式之一。在某些情况下，它们作为风险投资（VC）基金进行运作，向企业提供资金而不要求获得控制权，以换取企业在财务上取得成功时能够分到大部分利润。PE 基金更常见的角色是获得对企业（目标公司）的控制权，并且通常获得企业（目标公司）的全部所有权，因此 PE 基金可以重组企业并将其转售。所以，对 PE 基金的大部分监管是对企业收购的监管。监管事件主要涉及获得目标公司的控制权和消除目标公司的少数股权。

　　重组通常涉及重新定义目标公司的业务计划，减少或增加目标公司的劳动力，改变管理层和普通员工的薪酬，并利用目标公司提高其股本回报率。它还涉及处置目标公司的低效部署资产，并偶尔清算低效的目标公司，以释放其基础资产的内含价值。由于任何这些重组活动都会影响其他监管框架，如劳动和就业法、信贷市场管理机构或清算方面的公司规则，因此 PE 基金也会受到这些监管框架的约束。如果 PE 基金成功地使目标公司比收购和重组前更具生产力和效率，PE 基金可以私下或公开将目标转售给 PE 基金的投资者，并获得可观的利润。

　　监管干预在其运营的几个阶段影响 PE 基金：（1）集资为收购提供资金；（2）收购目标公司；（3）重组目标公司；（4）重组后转售目标公司。在收购阶段，监管的强度取决于目标公司所有权的分散程度。当一家封闭型控股企业的管理层由于企业需要资金而邀请 PE 基金提供资金并进行干预时，PE 基金就作为风险投资基金运作。在这种情况下，监管很宽松。PE 基金受邀进行干预，需要经过封闭型控股企业的所有者与基金公平磋商。当 PE 基金收购上市公司时，更严格的监管措施可以保护股东以及可能的其他利益相关者，如员工。当上市企业的现任管理人员反对收购时，许多监管障碍都会生效。通常，现有管理层的利益与股东的利益并不完全一致。为股东寻求最优价格可能与现有管理者保护自己的职位和薪酬或获得有利的离职补偿的愿望相冲突。尽管管理层对收购的批准消除了收购的障碍，但管理层对公司股东提出的有关收购的评估和建议可能不会改变进行严格监管来保护股东利益的必要性。

　　当 PE 基金未经上市公司管理层同意就收购上市公司时，立法机构会对媒体的关注做出反应，并且经常讨论加强 PE 基金监管的必要性。这种未经管理层同意的收购被称为"恶意收购"，这是一个有争议的话题，其伦理道德性引起了广泛讨论。一些评论家认为 PE 基金行业的活动对国民经济和投资公众都很有价值，因此支持有限的额外监管。这些评论员有时建议以更全面地披露每只基金的融资和目标的形式来提高透明度。例如，2006年丹麦一份评估PE基金行业监管需求的报告指出，PE基金对目标公司的收购使目标公司更有效率并且盈利更多，但由于增加使用债务及其可抵扣利息支付而使得税收收入减少。弗朗茨·明特费林为前德国联邦劳动和社会事务部部长兼社会民主党主席，他认为PE基金需要严格监管以保护公众。他将PE基金比作摧毁对国民经济至关重要的健康企业的"蝗虫群"，这一比拟在欧盟（EU）的学者和立法者之间继续引起共鸣。

历史上，对上市公司的恶意收购现象在美国根深蒂固。这些收购的监管是在美国法律之下发展和成熟起来的。因此，本章主要关注美国法律。在《AIFM指令》（2011）中，欧盟通过对包括PE基金在内的另类投资基金管理人提出相应的要求，解决了PE基金的职能问题，并发布了对PE基金和其投资活动进行有限监管的框架。

资本筹集与所得税的私募股权投资基金结构

PE基金通过向投资者提供基金的非管理权益来筹集股本。有限合伙制是PE基金最常见的实体选择。在有限合伙制中，有限合伙人（LP）股权投资者是被动的，基金发起人作为普通合伙人（GP）控制管理职能，并且根据基金的既定投资目标控制PE基金资产的投资。有限合伙制还提供税务透明度，以便LP和GP根据其在基金收入中的份额纳税，其中收入包括转售或联合投资潜在经营实体的预期实质收益，而基金本身不被征税。对税务透明实体的使用使基金经理能够以PE基金利润分成的形式获得其大部分管理薪酬——所谓的附带权益——这通常会产生能获得税收优惠的资本收益（美国的长期资本收益），而这些资本收益来自出售基础PE基金投资，而非来自普通、全额纳税的手续费收入。

最近，美国一家法院认为，某基金正在积极参与目标公司的经营业务。根据1974年《雇员退休收入保障法》（LP 太阳资本诉新英格兰货车司机和货车行业养老基金案，2013），该裁定使PE基金承担目标公司的负债。同样，丹麦的一项税收裁定将基金管理人员的常设机构的存在归咎于基金中的LP。这两项裁决对PE基金中被动投资者的税收和业务成果这两方面的持续可预测性都有不确定的影响。这些裁决可能会破坏从成功的PE基金投资中所获得的收益的有利资本收益特征，并可能使全部或部分收益在其目标公司所在国家被视为普通收入而征税。投资者的预期是仅在他们自己的居住国纳税（1986年《国内税收法典》，第875节）。

PE基金通过从机构贷方或银团债务工具借款来筹集债务资本，通常低于投资级的"垃圾"债券。使用大量债务的PE基金通常会在基金与目标公司之间插入一家全资中介公司（PE基金公司）作为直接收购载体。PE基金向PE基金公司提供权益资本，而PE基金公司为收购发行债券。PE基金公司可以依法与目标公司合并，从而将偿还收购债务的负担转移给目标公司。债务向目标公司的转移，利用目标公司自身的资产和未来收入来偿还收购债务，完成了杠杆收购（LBO）。

资本筹集的监管

PE 基金和 PE 基金公司的股权和债务权益均为证券，因此规范证券销售的法律适用于发行（SA）和转售权益。证券监管通常遵循披露模式，而不是对发行和转售权益施加质量或其他实质性限制。然而，基于披露的监管几乎都有实质性限制。

证券监管的披露模式假设，金融市场中财务成熟的参与者吸收信息，利用信息做出高效、理性的投资决策，并传播投资分析，以引导不那么成熟的投资者做出理性的投资决策。如果金融市场的专业参与者可以获得有关投资的所有重要信息，他们就可以评估这些信息并使市场能够正确地给投资机会定价。

由于 PE 基金将其资产投资于营业公司的股票，因此 PE 基金应该是投资公司，受投资公司监管条例的管辖。相反，法定豁免条款通知并限制了 PE 基金的投资者群体，使 PE 基金能够避免被分类为（受监管的）投资公司。投资公司监管条例对证券监管条例进行了补充，对投资公司的管理、运营和费用进行了实质性限制。

在披露不能保护投资公众或金融市场的情况下。即使在完全有效的资本市场中，实质性限制可以发挥更大的监管作用。对于共同基金等筹资工具中的股权投资，实质性限制制约了冒险行为和欺诈行为。在美国，立法对基金在任何单一投资中可能采取的头寸规模做出限制规定，严格限制基金可能产生的债务，并禁止卖空。相关法律禁止投资顾问接受基于结果的薪酬，因为基于结果的薪酬会导致投资顾问使基金的资产承担不必要的投资风险，以提高投资回报并产生更高的成果报酬。

股权资本

PE 基金从拥有大量收入或资产的专业投资者或合格投资者中筹集其股权资本。在美国，PE 基金可以避开其权益的登记要求，因为它们不会公开发行。更确切地说，按照《条例 D》的非公开证券的安全港规则，如果发行人仅向合格投资者出售其证券，则不进行公开发行。合格投资者包括大多数机构投资者、慈善机构、养老金计划以及净资产（不包括其个人住宅）超过 100 万美元的个人，或年收入超过 20 万美元的个人（已婚夫妇年收入需超过 30 万美元）。在颁布该规定时，美国证券交易委员会（SEC）将合格投资者视为不需要证券法广泛保护的个人和实体，因为合格投资者可以理解和评估投资风险，或聘请有能力的顾问来进行评估，具有议价能力，可以提出问题并从投资推动者那里得到答案，并且可以承担经济损失的风险。

尽管具有登记豁免权，PE 基金在所有其他方面仍受证券法的约束。他们必须披露所有可能对投资、保留或转售等决定有重大影响的信息，还必须披露可能因遗漏或错误陈述重大事实而承担的民事责任和刑事处罚。

那些只将其权益出售给合格买家的 PE 基金不是投资公司，合格买家包括投资至少 500 万美元的个人。因此，PE 基金不受 ICA 的监管，这允许他们在目标公司中担任控股职位并采用大量借贷杠杆。

基金管理人和薪酬

以投资公司和共同基金顾问为例，他们可能不会因为基金资产的资本增值收取激励费。激励费对PE基金管理人至关重要，而且根据只允许合格买家作为投资者的基金顾问获得豁免的规定，激励费是允许的。PE基金管理人除了收取基金资产价值1%~2%的年费外，还收取高达投资价值增值20%的激励费。在2010年《多德—弗兰克华尔街改革与消费者保护法案》出台之前，激励费豁免适用于无须向证券交易委员会注册的投资顾问，且大多数PE基金顾问无须注册。

《多德—弗兰克法案》现在要求大多数PE基金投资顾问进行注册。最近，监管立法侧重于过度杠杆与金融市场稳定性之间的关系，这一概念被称为系统性风险。《多德—弗兰克法案》要求顾问保留专门针对系统性风险的记录，并且根据沃尔克规则，禁止商业银行和他们的附属机构投资PE基金。沃尔克规则通过禁止银行投机性投资，对系统性风险施加了广泛的控制。同样，在2014年年中，德国财政部发布了提案，如果这一提案通过，将禁止德国保险公司和养老基金投资于另类基金，除非基金管理人受到欧洲经济区成员国的监管。

《AIFM指令》规定了在成员国运营的欧盟和非欧盟基金管理人的活动，并要求他们向国家当局注册。投资组合的经理必须根据《AIFM指令》管理风险。《AIFM指令》的附件II详细阐述了欧盟的一般薪酬建议并直接对激励薪酬问题做出规定。附件要求不少于50%的激励薪酬与被建议基金的利益相挂钩，确保经理参与持续的基金风险。另类投资基金应延迟支付至少40%的激励薪酬，以防止基金管理人因短暂价值增加而获得激励薪酬。相反，激励薪酬成为基金价值在其正常生命周期内增长的函数。生命周期激励薪酬与许多美国基金的做法形成对比，在美国基金中，当基金价值增加时管理人获得激励薪酬，但当基金价值下降时，基金不会收回或追回薪酬。相反，支付激励薪酬通常会固定基金价值，这被称为高水位线，在达到该高水位线之前，管理人不会再收到激励薪酬。

债务的发行

虽然证券法管制向公开市场发行的债务工具，但是金融法规而非证券法规禁止机构贷款人向单一借款人过度放贷。贷款限额可以保护公众所依赖的贷方的稳定性。对于完全担保的贷款，国家银行不得向借款超过贷款人未动用资本15%的借款人扩大信贷，也不得向未偿还贷款超过贷款人未动用资本10%的借款人扩大信贷。就PE基金收购大型上市公司来说，上市公司的贷款限额对通过向机构贷款人借款来为收购融资而言可谓一大挑战。

收购条例

虽然收购封闭型控股企业的大额头寸或控制权受到的监管很少，但PE基金对上市公司的收购已经促使美国联邦和州进行立法，也促使欧盟出台指令来监管此类收购。

封闭型控股企业的收购

对封闭型控股企业收购的监管很少。当 PE 基金作为风险投资基金运作时,它为企业提供融资,并且可以获得其投资资金的固定回报和企业未来盈利能力的份额。在这些情况下,PE 基金可能不会管理企业,由现有管理层继续经营企业。在某些情况下,PE 基金的管理者在企业发展过程中发挥咨询作用。

当 PE 基金获得一家封闭型控股公司的控制权时,前控股股东通常会因出售该公司的控制权而获得溢价。当控股股东出售其权益时,小股东享有的保护很少。由于小股东不出售其股票,因此证券法无关紧要。州法院制定的有限的决策法为小股东提供了一定的保护,以防买方在取得控股权后浪费或窃取公司资产。如果卖方罔顾后果地评估买方或要约,而对企业和小股东造成损害,法院就会对卖方施加责任。法院很少要求控股股东与小股东分享他们的机会和控制权溢价,正如法院在帕尔曼诉费尔德曼(1955)一案中所做的那样。

上市公司收购:恶意收购

当 PE 基金选择一家上市公司进行收购时,正式监管网络就开始发挥作用,该体系体现了美国 1968 年的《威廉姆斯法案》、欧盟的《收购指令》(2004 年)、欧盟成员国与《收购指令》一致的法律中,美国大多数州的各种反收购法规也开始生效。在美国国会通过《威廉姆斯法案》来监管恶意收购之前,证券法要求的正式披露程序仅适用于为了争夺投票控制权而展开的代理权的收购,以及目标股东以自身股份换取买家股份的交换要约。交换要约是将收购公司的股份公开发售给目标公司的股东。交换要约须遵守注册要求及其随附的披露要求。虽然一般反欺诈规则适用于现金购买目标股票,并且阻止买方根据有关发行人的非公开信息进行交易,但这些规则既不要求披露有关买方的非公开信息(因为买家不出售其股份),也不要求根据公开信息对目标公司进行分析。

《威廉姆斯法案》之前的恶意收购采用了 20 世纪 60 年代发展起来的三步收购模式。首先,PE 基金或其他收购方在市场上和私下协商的交易中购买了目标公司的头寸。其次,PE 基金对足够多的目标投票股份(有时是全部)进行要约收购,以使其能完成第三步。最后,目标公司与 PE 基金公司以标准或简短的形式进行合并。对于标准合并,该控制阈值介于 50% 和 67% 之间,取决于目标公司的合并状态。在某些州,以简单多数票赞成合并就足以完成合并。其他州对合并有绝对多数票赞成的要求,最常见的要求比例是三分之二。然而,如果合并公司之一拥有另一家合并公司至少 90% 的股份,则大多数州都允许不经股东投票进行简短合并。合并消除了目标公司中的小股东。小股东因其目标股份获得补偿,但无法阻止合并。如果小股东对价格不满意,他们可以诉诸州法律的评估权。由于法院依赖的估价技术很少能使价值最大化,因此估价往往不是一种令人满意的补救措施。

要约收购和监管平衡

当买方公开发出要约以特定价格和要约中的特定销售要求购买一定数量的股票时,

即可进行要约收购。由于要约股份给予收购方控制权,因此要约收购的价格通常高于当前交易市场的价格,因为它们包含了市场交易价格中通常不存在的部分控制权溢价。

《威廉姆斯法案》

在《威廉姆斯法案》生效前,要约收购往往是强制性的,因为股东只有很短的时间通过将自己的股份预付至要约名下来接受。一旦股东缴存买方想要购买的股票数量,该要约即完成。要约收购通常会在周五营业结束时发出,以期在现任管理层有机会做出回应之前完成。业内人士称这些收购为"周末特别收购"。即使要约没有立即完成,早期版本的《威廉姆斯法案》要求的不超过一周的短期接受期限,也让目标公司的管理层几乎没有机会在收购的情况下分析股票的价值。确定所提供的价格是否公平或其他买家是否愿意提供更高的价格通常很困难。

尽管有上述市场价格,但要约收购是强制性的,因为通常它们的价格低于所有公开发行的股票。股东未能接受要约可能会使股东损失高昂的要约收购价格。快速接受对于参与要约收购至关重要,因为要约在股东被买方收购了所需数量的股份时结束。如果买方没有收到足够股份的投标,他可以终止要约并返还所招标的股份,或提高额外股份的要约价格,并且无须向先前的卖家支付新的更高价格。在要约收购期间未被接受的股票,在合并步骤中将得到不太理想的对价——要么是金额较小,要么是包括长期低于市场等级债务的对价组合。此外,合并中剩余股份的不太理想的对价导致即使是消息灵通的股东也不会延迟接受要约。

《威廉姆斯法案》试图通过要求披露买方的意图和推迟收购,来平衡买方和目标企业现有管理层之间的利益。该法案使目标公司的管理层有机会对要约收购做出回应,向股东提出建议,并在某些情况下提出或寻求竞争性要约。

根据《威廉姆斯法案》,一旦收购方拥有目标公司5%以上的股份,就必须披露其对目标公司的实益所有权、收购资金来源以及其购买股份的意图。由于市场价格因为5%披露(买方有意收购目标公司的控制权)上涨,进一步的大量市场收购变得不切实际。要约收购对于控制股份的筹集至关重要。《威廉姆斯法案》通过要求要约保持开放20天,来削弱要约收购的强制性影响。在20天内,股东可以撤回已投标的要约股份。《威廉姆斯法案》还规定,买方在整个要约期内以相同的价格按比例接受要约股份。如果管理层制定或提出竞争性要约,早期要约人不受其要约约束,但可以接受竞争性要约。如果要约人提高价格以确保获得足够的股份,则每个要约的股东都会获得更高的价格。按比例接受要约股份规则迫使买方按照所有受要约的股东所投标的股份总数比例接受每份要约,从而消除了股东快速决定是否接受要约的压力。按比例接受要约股份规则鼓励出售股票的股东在认为要约将被超额认购时,投标比他们所持更多的股份。美国证券交易委员会(SEC)通过一项禁止这种做法的条例,以反对这种所谓的卖空式要约。

欧盟收购指令

在欧盟,《收购指令》(2004)旨在协调企业收购业务。该指令建立了类似于《威廉姆斯法案》的规则,使现任管理层有机会对要约收购做出回应,并让股东评估要约。然而,除了股东之外,该指令还向员工伸出援手,指令要求目标公司董事会传达要约人的披露信息和要约条款,使员工有机会对要约做出回应并行使国家法律赋予的任何权利。

要约必须维持开放至少持续两周。

不同于《威廉姆斯法案》将公司防御机制留给州法律，《收购指令》第 9 条禁止现任管理层启动反收购战略，除非是当未获得赞成的、同期股东投票的投标正在进行中时，现任管理层可以寻求竞争性收购要约。同样，《收购指令》第 11 条规定，在投标未决期间，除了股东同期投票通过的防御措施外，其他防御措施无效。此外，一旦收购方拥有目标公司 75% 的股份，收购方可以在短时间内召开股东大会，更换目标公司的董事会，即使目标公司的管理文件可能会延迟更换董事会。

公司合并：消除小股东

一旦收购方通过要约收购获得对美国一家目标公司的控制权，它可以通过将目标公司与 PE 基金公司合并来获得完全所有权。这种合并，通常是兼并，冻结了剩余目标股东的持续所有者权益。这些股东获得现金、存续公司的债务或现金和其目标股票的债务的组合。债务通常从属于通过借钱实施要约收购的债权人的债权，通常包括低于投资级的"垃圾"债券或短期债务。

股东通常对合并对价不满意，因为合并很少给予他们与先前要约收购一样多的每股现金。通过对合并持异议，小股东有权根据目标公司注册地的法律对其股份价值进行司法判定。但这种司法评估补救措施并不一定提供一个比收购方提供的合并对价更令人满意的价格。

特拉华州一直实行有利于管理层的公司法，因此包括 60% 以上的财富 500 强公司在内的上市公司都在特拉华州注册成立。由于公司众多，特拉华州的决策法在确定评估价值方面占主导地位。直到 1983 年，特拉华州都只使用有关评估的特拉华板块法。特拉华板块法要求评估师对市场价值、公开交易价格、主要基于账面价值（衡量历史成本）的资产价值和盈余价值进行加权，来确定异议股票的价格。没有明确的标准可用于加权这些因素，评估结果不具有前瞻性，因此评估确定的价值很少和买方对企业潜在价值的分析一致。

股东根据联邦证券法寻求补救措施，以阻止合并来提高他们的议价能力。然而，1977 年，在圣达菲公司诉格林（1977）案中，美国最高法院认为，因为没有联邦公司法，所以股东在证券法下不能获得联邦救济，这些法律是各州保留的。这一裁决似乎提醒特拉华州最高法院注意州对小股东的保护不足。在美国最高法院对圣达菲公司诉格林案做出判决的同一年，特拉华州最高法院在胜家公司诉玛格纳沃克斯公司案（1977）中指出，股东在恶意收购中的补救措施不再只是对其股份的评估。公司为了逼走小股东而进行的任何交易，即使是短期的合并，都需要有商业目的。在评估商业目的时，下级法院可以采取救济措施，以实现公平的结果，包括在适当情况下阻止或撤销合并。这种激进式救济的威胁使公司收购行业感到寒意。

在温伯格诉 UOP 公司（1983）一案中，特拉华州最高法院撤销了胜家公司诉玛格纳沃克斯公司（1977）案中所允许的开放式救济可能性。法院推翻了其关于任何消除剩余小股东的交易都需要商业目的的观点。相反，法院将注意力集中在评估上，确定特拉华板块法不适用于现代市场。特拉华州最高法院认为，下级州法院应该使用最能确定价值的方法，同时也要在评估中考虑到未来增长。使用包括前瞻性贴现现金流量估值在内的方法是合适的。在塞得等诉特艺集团（1996）案中，法院裁定，在收购的业务合并阶段，被迫退出的小股东有权获得反映要约收购及随之发生的控制权变更后目标公司价值增加的价值。因此，收购方对目标公司的商业计划可能会提升少数股权的价值。

在欧盟，《收购指令》第 5（4）条要求收购方的要约包括小股东的所有股份，收购价是收购方在出价之前的固定时期内支付的最高每股价格和包括其出价。国家法律规定该期限，该期限必须至少为投标前 6 个月，也可能长达 12 个月。一旦收购方的股权达到 90% 的阈值，收购方有权以公平的价格挤出所有剩余股东。国家法律可能将阈值设定为高达 95%。小股东有权让收购方以公平的价格购买其股份。《收购指令》第 5（4）条规定的自愿出价或强制要约，无论是从挤出市场的角度，还是从小股东的出售权利的角度，都是一个公平的价格。

企业收购防御："毒丸计划"问题

由于《威廉姆斯法案》给了管理层对要约收购做出回应和影响股东接受或拒绝要约的机会，管理人员制定了一系列私人防御性策略来防止不必要的收购。这些策略被称为"毒丸计划"，因为它们往往会降低目标公司的价值。"毒丸计划"阻止那些管理层认为不适当的或不适合的要约和收购者。

一些"毒丸计划"在收购前和收购后都改变了目标公司的资产负债表。其他的"毒丸计划"则限制和推迟了恶意收购方完成收购和重组目标公司的能力。"毒丸计划"单独或与政府反收购法规相结合，"毒丸计划"赋予现任管理层广泛的权力来选择有意收购方是否可能收购目标公司，以及当收购发生时，谁将是成功的有意收购方。"毒丸计划"和反收购法都阻止了恶意收购，因为它们可能会在不受欢迎的有意收购方收购了目标的大型企业或控制地位后影响公司交易。

拥有大量流动资产和少量债务的公司对杠杆收购具有吸引力，因为收购方可以在收购的合并步骤完成后利用目标公司的流动性来偿还其收购债务。使目标企业以溢价回购大量自身股份的防御型策略会减少任何现金头寸，并且通常需要大量借款来为回购提供资金。目标公司的债务限制了恶意收购方为收购借款的能力，因为已经背负债务的目标公司的还款能力受人质疑。在优尼科公司诉梅萨石油公司案（1985）中，特拉华州最高法院不仅允许股票回购防御策略，而且还允许目标公司将不欢迎的收购方排除在可能参与股票回购的股东类别之外。法院轻蔑地指出，有意收购方是著名的绿票讹诈犯，这个术语指的是某人购买公司的股份头寸再以溢价将头寸转售给该公司，以使管理层摆脱绿票讹诈犯对公司管理的干预。优尼科的决定包括对董事会保护股份制企业的主要义务的广泛讨论。法院指出，在此评估中，董事会除其他因素外，还应考虑收购"对股东以外的'利益相关者'的影响（即债权人、客户、员工甚至整个社会）"。尽管考虑"其他利益相关者"义务在特拉华州的判例法中并没有得到任何重要的体现，但它已经成为明尼苏达州反收购法和《AIFM 指令》中的一个因素。

将董事会成员任期结束的日期错开是防止恶意收购的另一种有效方法，因为它推迟了买方获得目标公司董事会控制权的时间。一种更激进的反收购方法是找到一个更理想的收购方——一个"白马骑士"——并通过提供高额分手费来鼓励那个收购方来调查收购目标。如果白马骑士在收购竞争中落败未能赢得目标公司，分手费将以现金形式支付给白马骑士，用于补偿其对目标公司进行评估并提出收购目标公司。管理层也可能向白马骑士提供一个选择，白马骑士可以以优惠的价格购买目标公司最理想的资产或业务线——其"皇冠之珠"。

收购方对防御策略的挑战未能获得特拉华州最高法院的支持，尽管"毒丸计划"会在收购竞争中可以打破平衡。在莫兰诉豪斯豪德国际公司（1985）案中，特拉华州最高法院驳回了对"毒丸计划"的质疑，该"毒丸计划"赋予当前股东在买方获得目标公司20%的股份或发出至少30%股份的要约收购时以低价购买买方权益的权利，即所谓的外翻权。

然而，在露华浓诉麦克安德鲁斯和福布斯公司（1985）案中，特拉华州最高法院裁定，一旦管理层决定出售目标公司，管理层必须平等对待所有的有意收购方。它必须允许所有潜在买家能够获取公司信息，并且不得偏向某个买方。为了偏袒某个买方而封锁"皇冠之珠"（即目标公司最核心的资产或业务线）和分手费是不允许的。股东得到的最佳财务报价决定了买方。

如果买方向目标公司提供足够有利的要约，现任管理层通过对公司董事会的控制，通常有权取消"毒丸计划"。虽然对股东的受托人义务限制了董事会在没有透彻分析的情况下接受要约，但是如果董事会已经尽职评估所有收购要约，那么商业判断法规往往会使董事会免于因不恰当的决定而承担责任。

在要约待决期间，欧盟的《收购指令》暂停收购防御的发起或实施。尽管公司董事会可以在遵守适用的国家法律及其对股东的义务的情况下组织公司，使其作为收购目标不具有吸引力，但董事会不能像美国公司那样在收购企图期间采取行动。因此，例如，维持公司的高负债不存在任何障碍，但公司可能不会为阻止未决的要约而增加借款。

州反收购法律

在制订"毒丸计划"的同时，美国各州通过颁布反收购法来监管公司收购和附随的PE基金。这些反收购法将收购竞争的优势转移给现任管理层，几乎消除了美国的恶意收购机会。在埃德加诉迈特公司（1982）案中，美国最高法院裁定早期反收购法规之一的《伊利诺伊州收购法》违宪。该伊利诺伊州法规适用于伊利诺伊州公司和州外公司，由于伊利诺伊州既不是公司注册州，也不是目标公司的主要办事处所在州，因此该法规对州际贸易造成了不可容忍的负担。然而，后来，在西迪斯公司诉美国动力公司（1987）案中，美国最高法院支持了《印第安纳州商业公司法》中的印第安纳州控制股份收购规定，反对《威廉姆斯法案》占据公司收购监管领域并优于印第安纳州法规的质疑。由于该法令仅适用于印第安纳州的公司，因此不会对州际贸易带来不可避免的负担。

自西迪斯公司案（1987）裁决以来，大多数州都颁布了某种形式的反收购法。公司控制权的变更可能会触发这些法规的各种限制性条款，包括限制收购方对所收购股份的投票权，推迟与收购方或关联方的任何企业合并，或要求收购方以溢价购买所有股份。

特拉华州的反收购法推迟了企业合并,除非收购方在获得控制权之前获得董事会的同意,或者收购方拥有目标公司至少 85% 的股份,或者在获得控制权后,董事会和三分之二的股东投票批准合并。三分之二的股东投票要求在许多其他州是常见的绝对多数要求。特拉华州的反收购法尚未经过检验,因为特拉华州公司的管理层通常依靠"毒丸计划"来阻止收购。

根据大多数反收购法规,当管理层认为收购对现有股东足够有利时,董事会可以消除企业合并的障碍。董事会有受托人义务,为了股东的最佳权益来评估收购要约。然而,明尼苏达州法律授权董事在评估任何收购要约时考虑包括员工和整个社区在内的其他利益相关者的利益,但这可能会牺牲股东的利益。

国家法律之下的《AIFM 指令》、收购和私募股权投资基金

《AIFM 指令》要求成员国指定一个主管部门,该主管部门按照《AIFM 指令》注册另类投资基金管理人(AIFMs)。成员国必须对基金和管理人规定最低资本要求,并确保 AIFMs 符合各种运营标准,以公平管理各基金。AIFMs 必须执行风险管理以及投资组合管理,并设置与基金运营一致的杠杆水平。该指令要求 AIFMs 每年向投资者披露管理基金的情况,包括所有费用,并且必须向国家主管部门报告财务信息,特别是有关基金杠杆使用情况的财务信息。

成员国必须向股东和员工施加披露要求,因为 PE 基金对非上市公司的所有权达到了特定水平。《收购指令》已经要求上市公司披露信息。对 PE 基金的收购活动来说,最重要的是,如果在收购控制权后,分配损害了公司资本,则应当暂停分配和股票赎回 24 个月。这一限制可能会阻止对上市公司和私营公司的一些收购,因为收购方只能使用目标公司的累积利润来偿还其收购债务。这一限制类似于某些州的反收购法。一位评论员将分配限制描述为"相当良性",但认为它在基金与其管理人之间造成了潜在的利益冲突。通过限制一些快速的收购重组,该指令保护了某些"其他利益相关者",尤其是依赖于企业持续且未减少的运营的劳动力。

《AIFM 指令》预计每个欧盟成员国将发布与该指令一致的规则。成员国将使用自己的监管机构来执行这些规则。在 PE 基金活动量仅次于美国的英国,金融服务管理局对所有涉及证券和财务管理的活动进行监管。在其法定权力下,它发布了与《AIFM 指令》一致的有关 PE 基金及其管理人的规则。

《威廉姆斯法案》《收购指令》、"毒丸计划"以及反收购法的影响

通过拒绝对"毒丸计划"和反收购法的挑战,法院对收购和 PE 基金的活动进行监管。在大多数情况下,PE 基金必须避免恶意收购活动。与现任管理层谈判通常会给股东带来一个比收购方支付价格更有利的价格,并改善公司信息报告。

另外,消除恶意收购威胁会巩固管理层的地位,增加高管的激励薪酬,降低综合生产力水平,减少高管和董事会成员面对的以股权形式出现的企业风险。比较《AIFM 指令》附件所反映的关于薪酬激励的观点,通过拥有自己基金的权益来分担风险的高管更符合风险管理流程。在为特定的有意收购者消除收购障碍时,现任管理层通过控制董事

会和公司通讯，可能很容易（而且经常会）为自己获取利益。

通过消除要约收购的强制性质，《威廉姆斯法案》和欧盟的《收购指令》为管理层提供了一个对要约收购做出回应和为股东寻求更好价格的机会。《收购指令》与特拉华州最高法院在露华浓诉麦克安德鲁斯和福布斯公司（1985）案中的裁决一样，侧重于确保股东的所有股份都能获得公平的价格。"毒丸计划"、反收购法以及《AIFM 指令》中的 24 个月的资本减值和分配暂停，似乎赋予现任管理层过多收购事务上的权力，使管理者能够为自己攫取部分公司价值。现任管理层利用其权力阻止收购仍是一个严重的道德问题。如果目标公司仅仅成为竞购的对象，股东是否会获得更好的价格往往是不清楚的。

重组被收购公司

一旦 PE 基金完成收购，它可能会着手重组目标公司。由于目标公司不再公开交易，PE 基金将停止提交证券法要求的公开报告，并将目标公司从其股票交易的任何交易所退市。控制权的变更可能会触发公司持有的许可证下的监管合规要求。同样，PE 基金可能不得不重新签署谈判合同和借款协议。对员工产生影响的经营活动的变化可能需要遵守工会合同，并需要管理劳工关系的机构进行干预。许多受监管行业将要求 PE 基金与该行业的监管机构合作。

被收购公司的处置

在对被收购公司进行重组时，PE 基金可能会增加公司的债务，取代经常向现任管理层支付高额离职金的核心管理层，改变普通员工的薪酬结构，搬迁总部，并处置部署效率低下的公司资产。收购前的上市公司可能成为私营公司，通常由 PE 基金全资拥有。

处置可能涉及出售给一些与目标企业享有协同效应的其他企业，从而使合并具有吸引力。在这种情况下，对处置的监管是最小的。PE 基金管理人员与买方企业协商出售价格，然后出售投资组合公司。根据 PE 基金组织条款的规定，PE 基金将出售收益分配给投资者，或者持有收益以提供资金给另一次收购。

PE 基金可以出售投资组合公司，以换取收购公司的股份。通常，这种类型的出售将是一种递延税款的公司重组。由于 PE 基金通常是税收透明的，因此可以将买方股份以不征税的方式分配给投资者。如果买方是上市公司，而 PE 基金获得的股份与公开市场上的股票类别相同，投资者可以将收购公司的股份（可能受交易限制）出售到市场上，而不需要根据证券法对具体的股票进行登记。

另一种做法是，PE 基金可以公开发行投资组合公司的所有权。PE 基金将根据公开发行所在国的证券法对目标公司的股份进行登记。在美国，要求注册涉及正式披露经美国证券交易委员会批准的招股说明书。PE 基金可以保留部分股份，并将这些保留的股份与公开发行的收益一起分配给 PE 基金的投资者，这种分配是一种不征税的分配方式。

道德框架

前面使用的"蝗虫群"类比,构建了人们对 PE 基金行业和企业收购的基本伦理关注。有些人认为 PE 基金是掠夺性的,因为它们收购了成功运营的企业,并以牺牲企业、员工和社会的利益为代价,利用被收购的企业为 PE 基金的投资者获取暴利。暴利的出现是因为 PE 基金剥夺了企业的流动资产,并使其背负债务,使得企业变得虚弱,在经济低迷时期很容易倒闭。PE 基金缺乏与社区和工人的联系或承诺。PE 基金一旦控制目标公司,可能会出售或停止企业盈利不足的部分,而不考虑工人失业和对其所在社区至关重要的企业的损失。如果 PE 基金能够获得可接受的利润,那么 PE 基金可以无情地处置生产率较低的资产,甚至清算企业。它们就像一群蝗虫一样,只是在它们的道路上留下了垃圾——失业、空置的企业结构,以及失去了赖以生存的企业的社区。

其他人则认为,PE 基金的收购是有益的。PE 基金暴露了低效率管理,根除了低效的经济行为。所有权和控制权的变更通常会使企业更加盈利,并创造就业机会,尽管薪酬水平可能低于收购前。收购后经济活动的改善总体上是有利的,但可能对某些利益相关者产生不利影响。收购还可以提高现有股东的价值,因为他们获取了部分市场交易无法带来的控制权溢价,而且通常还能从 PE 基金对企业的商业计划中获得部分 PE 基金的溢价。在竞争性收购环境中,目标企业及其股东从收购中获得经济利益,而不是收购方。

第六部分
私募股权的发展趋势

第二十二章 私人投资公开股票

引言

近 10 年来,私人投资公开股票(PIPE)已经成为重要的融资渠道,尤其是对于信息不对称程度高和经营绩效不佳的公司而言。1995 年至 2012 年,美国共发生了超过 16000 次私人投资公开股票发行(已完成或已经签署最终协议),筹资超过 4000 亿美元。

私人投资公开股票市场概述

PIPE 证券通常根据《条例 D》发行,该条例规定,只要卖家遵守一系列上市要求,上市公司无须公开注册就能私下向合格投资者发行股票。根据《条例 D》第 501 条规则,以下投资者可视为合格投资者:银行;经纪人或经销商;保险公司;注册投资公司或企业发展公司;小型商业投资公司;养老基金;发行方的董事、执行官或普通合伙人;企业;有限责任公司;以及总资产超过 500 万美元(不是为了收购所发行证券这一特定目的)的信托或合伙企业。合格投资者还包括最近两年内个人净资产或夫妻共同净资产超过 100 万美元,或者是个人收入超过 20 万美元或夫妻共同收入超过 30 万美元的任何自然人;以及所有股权所有者均为合格投资者的任何实体。PIPE 市场的主要投资者——对冲基金、风险投资(VC)基金和私募股权投资(PE)基金——都至少符合其中一个标准,但通常是最后一个。

根据《条例 D》发行的证券,在二级市场上出售之前,发行人必须向 SEC 提交一份转售登记声明。在 PIPE 交易结束后,发行人准备并向 SEC 提交一份转售登记声明。与传统的私人配售相比,PIPE 发行不依赖于 SEC 的审核流程,这使得 PIPE 发行成为一种时效性机制,难以支付 SEC 登记费用的小公司通过该时效性机制可以筹集资金。但是,在 SEC 宣布登记声明生效之前,投资者不能转售所购证券。

PIPE 市场之所以备受青睐,是因为它解决了一个重要的匹配问题:那些效益不佳、急需外部融资的小型公司可使用 PIPE 与对冲基金、PE 基金或其他拟投资于公开交易证券的投资者进行匹配。PIPE 的优点之一在于,发行甚至可以在发行人向 SEC 提交转售登记声明之前完成,从而使发行方能更快地获得公司迫切需要的现金。PIPE 的另一个优点是,PIPE 使用的金融合同模板允许有多个状态依存条款,这些条款可以进行精细定制,以满足给定投资者的特定需求。

如表 22.1 和图 22.1 所示，1995 年到 2012 年，PIPE 市场上的交易从 114 笔增长到 1000 笔左右。筹集资金总额从 13 亿美元增至 460 亿美元，增长 35 倍。平均发行量从 1200 万美元增至 4700 万美元，翻了两番。2008 年，PIPE 市场筹集的资金总额达 808 亿美元，规模可与同年筹集资金 880 亿美元的股权再融资（SEO）市场相媲美。越来越多的公司在使用 PIPE 筹集股权资本。例如，2007 年就有超过 1000 家上市公司发行了 PIPE。总体而言，PIPE 市场已成为美国上市公司的重要融资方式。

表 22.1 1995—2012 年私人投资公开股票市场的规模

年份	PIPE 交易数量	筹集资金总额（10 亿美元）	平均发行规模（百万美元）
1995	114	1.33	11.67
1996	306	4.13	13.50
1997	456	4.88	10.70
1998	440	3.17	7.20
1999	691	10.62	15.37
2000	1255	28.21	22.48
2001	1036	17.38	16.78
2002	755	12.87	17.05
2003	880	12.03	13.67
2004	1286	14.78	11.49
2005	1325	18.74	14.14
2006	1348	24.72	18.34
2007	1391	58.89	42.34
2008	1018	80.80	79.37
2009	1026	29.96	29.20
2010	1202	9.85	33.15
2011	1026	38.10	37.13
2012	979	45.97	46.96
总计	16534	446.43	27.00

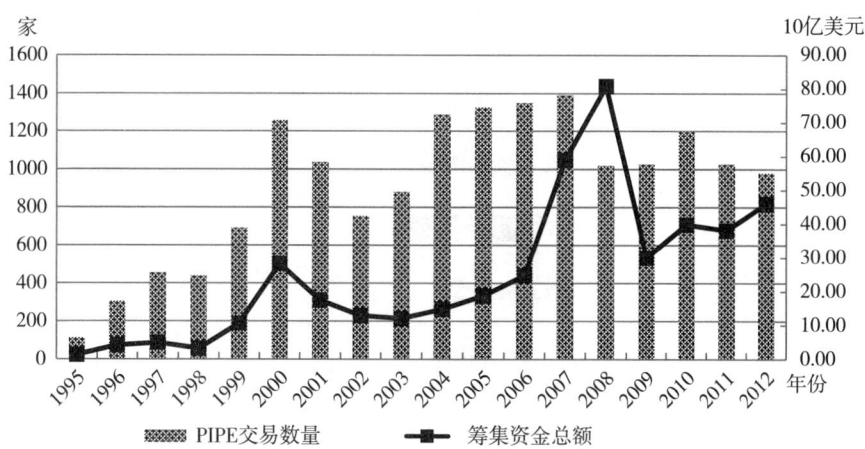

注：该图为1995年至2012年美国市场上的PIPE交易数量以及通过PIPE筹集资金的总额。

图22.1　私人投资公开股票市场的规模

医疗保健公司对PIPE尤为青睐。如表22.2和图22.2所示，医疗保健公司的PIPE交易量为4562笔，约占市场总额的28%。金融领域一直在大量使用PIPE，尤其在2007—2008年金融危机期间及之后。1995年到2012年，金融公司共筹集资金1640亿美元，平均发行量为1.28亿美元。

表22.2　私人投资公开股票的行业分布

行业	PIPE交易数量	筹集资金总额（十亿美元）	平均发行规模（百万美元）
非周期性消费（医疗保健）	4562	68.57	15.03
通信	2681	55.22	20.60
工业	1844	25.96	14.08
科技	1837	22.95	12.49
能源	1308	52.35	40.02
金融	1277	163.75	128.23
其他	1944	35.37	18.19

PIPE交易涵盖的证券种类繁多。交易数量最大、筹集资金总额最多的为PIPE普通股。在1995年至2012年期间的16000多笔PIPE交易中，普通股占比约50%。可转换优先股占PIPE交易总量的18%，所筹资金占筹集资金总额的28%。

在选择发行人时，结构化权益能使上市公司通过行使提款权直接向私人投资者定期出售一定金额或数量的普通股。发行人无义务在股权线范围内出售任何股份。在特定提款权中，公司将要求投资者支付承诺资本，而特定提款权中的股票价格将由具体定价期内股票市场价定价公式决定。由于合同设计不合理，结构化权益曾声名狼藉，一度被视为"有毒"PIPE。例如，发行人没有设置价格下限保护价格，导致投资者可以操纵发行人的股票价格。自2002年SEC介入调查以来，这种情况有了很大转变。表22.3和图22.3显示，自2003年以来，结构化权益的数量发生反弹，并且自2007—2008年金融危机以来，结构化权益受欢迎程度日益增加。

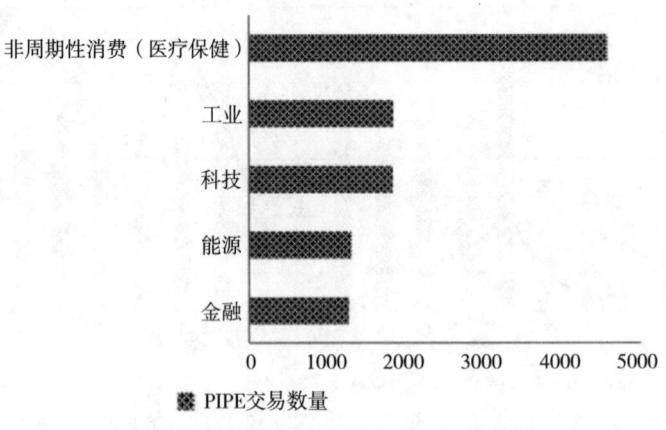

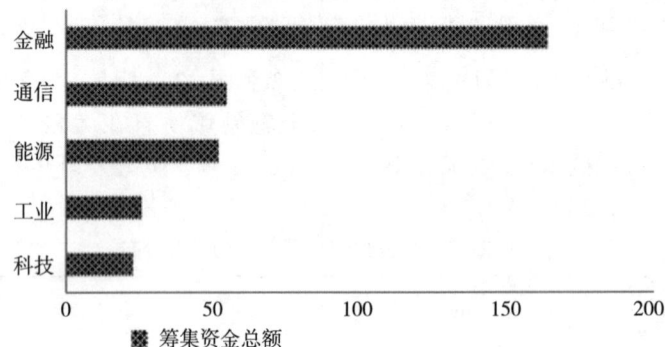

注：以上两图为在PIPE交易数量和筹集资金总额（单位为十亿美元）方面排名前六的行业。

图22.2　私人投资公开股票的行业分布

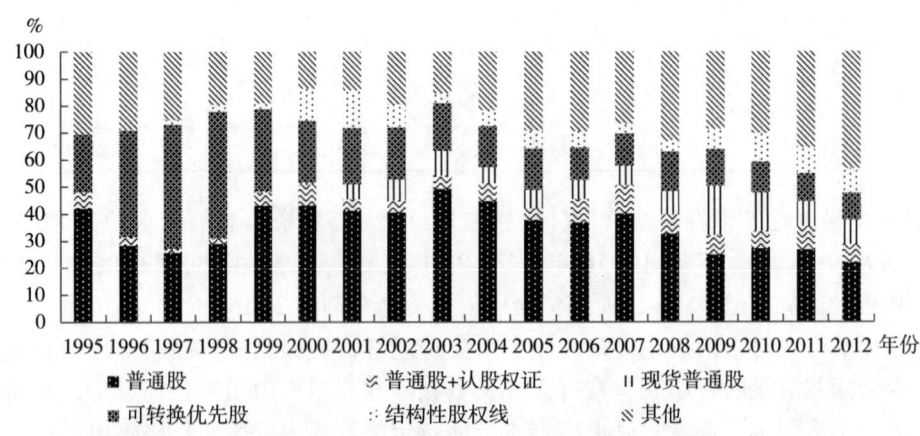

注：该图展示了不同证券结构（包括普通股、附认股权的普通股、储架销售、可转换优先股和结构化权益）在PIPE市场中的相对受欢迎程度随时间的变化。

图22.3　私人投资公开股票的证券结构

第二十二章 私人投资公开股票

表 22.3 1995—2012 年私人投资公开股票的证券结构

年份	普通股 数量	普通股 数额（十亿美元）	可转换优先股 数量	可转换优先股 数额（十亿美元）	储架注册发行 数量	储架注册发行 数额（十亿美元）	结构化权益额度 数量	结构化权益额度 数额（十亿美元）	附认股权的普通股 数量	附认股权的普通股 数额（十亿美元）	其他 数量	其他 数额（十亿美元）
1995	48	0.58	24	0.21	0	0.00	0	0.00	7	0.03	35	0.51
1996	87	1.34	120	1.24	0	0.00	1	0.05	10	0.04	88	1.46
1997	117	1.58	209	2.06	1	0.00	8	0.14	6	0.02	115	1.08
1998	128	0.98	205	1.49	1	0.00	12	0.17	8	0.04	86	0.49
1999	298	3.56	209	5.43	3	0.04	15	0.36	34	0.21	132	1.02
2000	542	11.43	286	9.29	11	0.09	149	3.88	95	0.62	172	2.90
2001	427	6.8	214	4.6	58	0.96	144	2.83	44	0.20	149	1.99
2002	306	3.73	145	4.24	58	1.20	65	0.85	34	0.12	147	2.73
2003	433	4.98	155	2.96	80	1.89	32	0.42	44	0.22	136	1.56
2004	576	6.73	194	2.85	77	1.40	76	1.13	83	0.46	280	2.21
2005	500	7.03	202	3.48	91	2.01	86	1.83	57	0.42	389	3.97
2006	497	13.04	161	2.90	95	2.84	81	2.09	116	0.93	398	2.92
2007	558	25.62	165	20.27	100	3.61	50	1.17	145	1.07	373	7.15
2008	332	9.82	149	45.34	87	3.31	42	1.08	73	0.61	335	20.64
2009	255	7.6	139	7.73	186	2.93	77	1.05	75	0.52	294	10.13
2010	327	13.43	136	5.50	169	2.19	129	2.05	78	0.54	363	16.14
2011	274	7.84	105	2.92	94	1.19	98	1.45	90	0.70	365	24.00
2012	215	4.66	96	4.94	88	1.83	90	1.04	67	0.33	423	33.17

与公开股票市场一样，PIPE 市场也受到 2007—2008 年金融危机的冲击。如表 22.4 所示，与 2007 年相比，2008 年 PIPE 的数量下降了 25%。由于一些金融公司使用 PIPE 筹集资金，PIPE 资金量有所增加。2008 年，仅金融部门就筹集了 580 亿美元，占筹集资金总额的 70% 以上。公司发起的发行规模超过 10 亿美元的 PIPE 交易有 12 笔，其中由金融公司发起的交易达 11 笔。与其他年份相比，这些 PIPE 交易的规模异常庞大。事实上，1995 年到 2012 年，发行规模超 10 亿美元的 PIPE 只发行了 36 次，2008 年发行量占比三分之一。与 2007 年相比，2009 年的交易数量减少约 25%，筹集资金量也不足 2007 年的一半。

本特森和戴发现，在 2007—2008 年金融危机期间，PIPE 市场上的投资者在危机期之前向相似资质的公司提供资金时，会要求更多的合同保护。但他们没有发现用折价方式定价所存在的显著差异。这一发现符合以下观点：融资环境艰难时，投资者拥有更大的谈判能力，并对风险保护有更高的要求。

表 22.4　1995—2012 年金融行业的私人投资公开股票

年份	PIPE 交易数量（家）	筹资总额（十亿美元）	平均发行规模（十亿美元）
1995	9	0.02	2.67
1996	9	0.94	104.37
1997	11	0.29	26.12
1998	15	0.43	28.64
1999	29	0.60	20.65
2000	29	0.99	34.29
2001	55	1.79	32.49
2002	35	0.74	21.05
2003	54	1.77	32.70
2004	59	1.01	17.09
2005	90	2.24	24.94
2006	61	3.47	56.92
2007	65	26.53	408.14
2008	123	58.20	473.18
2009	122	8.47	69.41
2010	206	21.53	104.54
2011	148	18.28	123.53
2012	132	16.21	122.84
总计	1252	163.52	130.61

私人投资公开股票的投资者

从所投资金来看，PIPE市场的主要投资者有对冲基金、养老基金、政府基金、公司、共同基金，也有机构顾问、并购基金、PE公司、VC公司，还有股票经纪人和交易商、银行、保险公司，以及慈善信托、教育信托和家庭信托。如图22.4和表22.5所示，2008年之前，对冲基金在PIPE市场独占鳌头。自2009年以来，风投公司和企业发挥了更加重要的作用。安德森和戴研究发现，与拥有金融投资者（如对冲基金）的PIPE发行商相比，拥有战略投资者（如公司和风险投资基金）的PIPE发行商通常会向投资者提供更多的控制权和更少的现金流量权。这一现象符合这两组投资者的不同投资目标。战略投资者通常会积极参与PIPE发行后的监控管理，并尽力维持对PIPE发行人的长期投资。相比之下，金融投资者更喜欢从PIPE交易中获得短期现金收益，即使他们大量持股，在本质上也会更加被动。

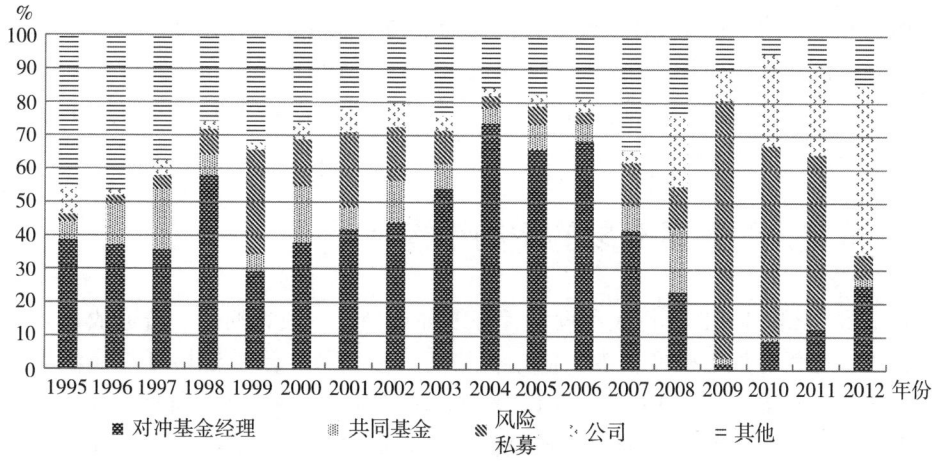

注：该图显示了PIPE市场中不同机构投资者的相对市场份额随时间的变化。

图22.4　PIPE市场的投资者

表22.5　1995—2012年不同类型投资者投资总额　　　　　　　　单位：10亿美元

年份	公司	对冲基金经理	共同基金	风险资本和并购基金	其他
1995	0.25	1.24	0.18	0.07	1.47
1996	0.69	15.49	5.00	0.91	19.30
1997	2.61	20.19	10.16	2.16	21.14
1998	0.32	7.52	0.79	0.82	3.34
1999	1.55	21.73	3.67	11.09	23.93
2000	7.30	55.14	24.41	13.62	38.32
2001	5.83	35.60	5.44	6.41	18.86
2002	5.15	31.07	8.68	4.75	14.24

续表

年份	公司	对冲基金经理	共同基金	风险资本和并购基金	其他
2003	4.85	57.97	7.76	8.90	25.74
2004	4.08	126.72	7.68	3.54	27.06
2005	5.73	111.37	12.35	5.32	29.96
2006	8.57	148.44	11.38	4.98	41.11
2007	21.48	244.08	42.50	12.46	200.50
2008	634.28	696.97	560.26	121.08	709.69
2009	24.22	5.30	4.67	213.89	29.54
2010	100.80	32.88	3.29	209.35	20.01
2011	83.82	39.51	0.50	159.87	27.55
2012	46.83	23.42	2.06	5.84	13.84

安德森和戴指出，战略PIPE投资者投资的公司明显优于那些由金融投资者投资的公司。例如，以同等权重市场调整后累计超额收益率（CARs）衡量，在发行6个月、12个月和24个月后，战略投资者投资的PIPE发行人的效益比金融投资者投资的PIPE发行人分别高出11%、21%和28%。

私人投资公开股票交易的契约结构

对于证券种类，PIPE发行人和投资者有多种选择：一般普通股、普通股重置、储架普通股销售、公司分期可转换债券、固定价格可转换债券、浮动价格可转换债券、可转换重置和结构化权益。传统PIPE不允许投资者调整购买价格或转换价格，比如，一般普通股、普通股现货销售和固定价格可转换债券。相比之下，赋予投资者重置价格权利的PIPE则被称为结构性PIPE，包括浮动价格可转换债券和重置债券。

在大多数PIPE发行中，SEC宣布相关注册声明生效之前，投资者不能向公众转售PIPE股票。因此，发行人会向PIPE投资者提供公开交易股票的折价，以对尽职调查成本以及可接受非流动性风险进行补偿。卓别林斯基和豪沙尔特指出，PIPE投资者主要获得的条款是对现金流量权利进行配置，而只有一小部分条款（8%）涉及管理或投资者董事会的参与。这一发现与大量使用控制权的风险投资者相反。

PIPE合同通常还涉及各种状态依存条款。总的来说，不同PIPE合同设置的条款存在很大差异。PIPE合同的通用条款是，在公司业绩欠佳时投资者将获得优先权，而当公司业绩得到改善，投资者就必须放弃优先权。PIPE合同中，许多条款都旨在规避代理商和信息相关问题。这并不奇怪，因为这些问题对PIPE发行方尤为重要。为便于介绍，本书将这些合同条款分为三类：（1）投资者保护；（2）交易限制；（3）发行人权利。

投资者保护

第一类为投资者保护条款，此类条款会对 PIPE 投资者的股票提供各种保护，并会牺牲发行人利益来保护投资者权益。

股息、利息和认股权证

股息、利息和认股权证是 PIPE 发行的主要交易特征。股息有时是累积的，这意味着投资者不会获得定期股息，而是在以后一次性获得。许多 PIPE 合同包含了认股权证，允许投资者在未来以指定价格购买预定数量的某些证券。

投资者注册权

PIPE 发行允许公司在向 SEC 提交注册声明之前完成发行，这使 PIPE 发行比传统的股权再融资（SEO）更具时效性。但是，这种解决方案意味着投资者必须承担非流动性风险，因为投资者不能在注册声明生效之前转售所购买的证券。为降低该风险，PIPE 合同通常包含投资者注册权，要求发行人在完成发行后必须及时提交注册声明。在某些情况下，此类合同会对在注册声明生效前的发行人可提取资本金额设置上限。有些合同会包含注册失败后的惩罚条款，如取消融资。

反稀释条款

反稀释条款可保护 PIPE 投资者不受未来估值低于当前估值的融资影响。在极端情况下，反稀释条款将禁止发行人在 PIPE 发行后的一段时间内发行或出售任何股票或可转换为股权的证券。此类合同还可以禁止发行人以低于 PIPE 投资者支付价或低于指定基准价的价格发行或出售证券。在不太严苛的情况下，反稀释条款通过将发行价（或转换价）降低至后续融资中任意股票的最低价格，来保护投资者免受未来价格下跌的影响。在这种情况下，投资者也有权获得现金或额外普通股，而无须额外考虑。

优先购买权和投资者看涨期权

投资者看涨期权和优先购买权使投资者有权在未来某个时期内购买公司证券的额外股份。与认股权证和反稀释条款一样，这些合同条款可保护投资者，防止股价下跌或低于市价发行股票而导致其股权稀释。

赎回权

选择性赎回有时用于加强投资清算权。这种保护使投资者有权在公司变更控制权时要求赎回债权。转换价格通常设定为面值，或高于面值一定比例加应计未付利息。由于 PIPE 合同通常不会明确指出发行人可以违反的合约付款，因此赎回权意义重大，并可能成为投资者强制发行人偿还投资的唯一可行方法。

交易限制

许多 PIPE 发行都会包含一些规定，以限制投资者在完成发行后的一段时间内如何交易标的股票。最常见的交易限制为禁止投资者进行空头交易、对冲公司的普通股、或持有超过股票价值的头寸（即在注册声明生效之前抵消多头头寸）。有时，合同还会禁止投资者在超出 SEC 规定的时期（有时会持续到 PIPE 证券完成清偿为止）外进行卖空或对冲。

额外的交易限制把锁定期运用到 PIPE 交易。锁定期禁止投资者出售已认购或通过行使认股权证而获取的任何普通股股份，期限通常是股票发行完成后持续的几个月。极少数情况下，在注册声明生效后的一定期限内，PIPE 合同会禁止投资者干预公司向公众出售股份。如果公司计划在完成 PIPE 发行不久后公开发行股票（即 SEO），这种限制将会发挥作用，因为它避免了投资者向公众转售股份带来的价格压力。

发行人权利

第三类为发行人权利条款，这类条款包含赋予发行人权利以强制投资者采取某些行动的条款。这些条款会牺牲投资者利益以维护发行人利益。

公司强制转换

PIPE 合同有时包含公司强制性转换条款。在特定情形下，这些条款可将投资者持有的股份转换为普通股，这些条款通常与 PIPE 发行后规定时期内发行人的股票表现相关。例如，如果股票价格或加权平均股票价格超过某个基准价格，投资者或将必须转换他们的股票。另一种情况下，如果每日交易量在特定的连续若干个交易日中超过特定水平，发行人或将必须转换其股票。公司强制性转换条款的影响是，当公司获得理想的业绩水平，投资者须放弃合同保护。

公司看跌期权和选择性赎回

一些 PIPE 发行包含公司选择性赎回条款，使发行人有权强制 PIPE 投资者在特定日期或特定事件后行使赎回权。看跌期权和选择性赎回权的影响是，如果公司要取得良好业绩，那么投资者将获得相对不利的现金流量权。

配售代理在私人投资公开股票市场中的作用

PIPE 咨询市场是分散的。配售代理们竞相为意图发行 PIPE 的公司提供咨询。代理机构包括大型投资银行、专业企业融资咨询公司以及专门从事 PIPE 和其他类型私募的"精品"顾问。

股票发行人和配售代理可以通过以下两种方式之一建立合作关系。一种可能性是，代理商主动联系发行人并向其提供 PIPE 发行建议。代理商可以利用美国证券交易委员会（SEC）的文件和新闻报道中的信息识别潜在客户——即那些急需资金、陷入困境的公司。另一种可能性是，发行人主动联系代理商，向代理商寻求有关计划发行的建议。发行人与代理商之间的关系始于非正式讨论，一旦双方签署私募配售协议（有时也称为业务约定书/委托书），双方则建立起正式关系。私募配售协议是明确各方责任的法律文件。根据协议，发行人应允许代理商成为股票发行的独家顾问，但涉及多个顾问的交易除外。发行人还承诺让代理商访问公司的详细财务报告、管理团队、审计师、法律顾问和咨询顾问。此外，该协议还允许代理商准备向潜在投资者推销交易时所需的材料。为保护机密信息，代理商承诺对发行人负有保密责任。

代理商向发行人承诺，会尽最大努力找到潜在投资者并获得投资。在美国大多数 PIPE 发行中，代理商无须承销该发行或用自己的账户购入任何股票作为售后支持。因此，代理人无须承诺将个人资本投入交易。

在启动、推进和完成PIPE交易的过程中，代理商起主导作用。代理商掌控着发行人、投资者、律师事务所、审计师和其他各方之间的互动。这一角色并不同于顾问，例如，PE的交易更多的是由主要投资者负责。

代理商的首要任务是对发行人的业务和财务展开尽职调查。在某些情况下，代理商会利用这些信息准备一份正式的私募备忘录，并将其发给感兴趣的投资者传阅。在其他情况下，代理商只准备一支非正式的"预告片"，只总结公司的主要信息。重点在于，这些文件不会透露发行人的身份，这种匿名方式是一种保护措施，可以防止任何投资者试图利用PIPE发行的相关信息来交易发行人的股票。

代理商的第二项任务是确定一组对交易感兴趣的投资者。此时代理商需要谨慎权衡。如果代理商向过少的投资者征求交易，那么股票发行可能会失败。相反，如果代理商向太多投资者征求交易，那么SEC可能会将PIPE视为证券销售的一般性征求，而这是非法的。这种非法性源于，对于诸如SEO（股权再融资）这类一般性征求交易，SEC要求提供更多的报告以及进行更深入的审查。

代理商的第三项任务是"把交易进行到底"，这是一个行业术语，用来确定投资者何时对PIPE发行表现出浓厚的兴趣，部分人认为这是最困难的任务。一旦投资人产生投资意向（一旦交易完成），代理商将披露发行人的身份，并向投资者提供更详细的财务和经营信息。在披露信息之前，代理商必须确保投资者承诺不会泄露信息并避免交易发行人的股份。这些承诺可以是口头的，也可以是保密协议和非贸易协议等形式。

代理商的第四项任务是向发行人提供有关PIPE发行定价以及合同条款选择的建议。本特森和戴指出，代理商会以对发行人有利的方式完成这项任务。在与投资者谈判交易结构之前和期间，代理商向发行人提供建议。代理商尤其要对典型的PIPE合同条款的含义做出解释。因为许多这些条款主要用于PIPE发行领域，对于外行人来说相对难以理解，所以发行人可能不会清楚一项条款所意味的取舍。

代理商提供建议时还需要解释每个可转让条款对收益带来的影响。计算收益带来的影响可能非常复杂，每个条款所产生的效益都受到实际环境、投资者对条款所隐含的权利的选择，以及合同中所包含的其他条款的影响。实际上，即使是专业的代理商也可能无法精确计算收益影响，但他们有处理合同条款的丰富经验，所以他们比发行人客户有优势。

私募配售协议概述了代理商如何获得报酬。费用是获取报酬的主要来源，顾问会获得准备材料费、注册费、法律费和相关费用等开销的全额补偿，这与投资银行交易中的常见情况类似。通常，费用将按照发行规模的百分比（即发行的总收益金额）或固定金额收取。黄、上官和张以及戴、乔和沙茨伯格对这些费用进行了研究，他们发现支付给配售代理的平均和中位数费用约为发行规模的6%。发行人通常在PIPE发行完成时支付费用，但有时在签署协议后不久，代理商就会协商该发行应支付的"诚信聘用费"。

除固定费用外，代理商还可获得与或有结果相关的报酬。或有报酬最简单的形式是给代理商发放与发行给PIPE投资者的同类型的认股权证。将认股权证作为报酬可鼓励代理商提供合理的交易架构，从而使发行人的股价未来有上涨潜力。更为复杂也更为常用的或有报酬形式是给代理商一个"尾巴",代理商即可有权从后续融资中收取费用,尤其是对短时间内发生的其他 PIPE 进行收费。或者,对于成为发行人后续发行活动的顾问或投资者,代理商可协商获取优先认购权或优先拒绝权。尽管这些特征明确地将代理商的报酬与绩效挂钩,但这些特征可以促使代理商提供交易架构,从而使发行得以生存。但如果典型 PIPE 发行人本身处境不佳,那么这些措施将收效甚微。

Dai 等指出,配售代理中不乏一些知名的 IPO 和 SEO 承销商,比如,花旗集团和瑞银集团。其他一些相对不太出名的公司,如海岸线资本、哈尔彭资本和 ThinkEquity 投资银行,也是这个市场上的专业公司。他们还将卡特和马纳斯特(C&M)评级应用于 PIPE 代理商,该评级通常用于表示 IPO 或 SEO 承销商的参与度和声誉高低,范围通常介于 1.1 到 9.1 之间,最具信誉的承销商的 C&M 评级为 9.1。在 1996 年至 2005 年样本中的 215 名 PIPE 配售代理中,有 121 名代理商的 C&M 平均(中位数)评级为 5.4(5.1),有 20 名配售代理商的 C&M 评级不低于 8.1。在极少数情况下(仅 1.5%),PIPE 配售代理商是发行人的 IPO 承销商或之前的 SEO 承销商。

本特森和戴基于市场份额来评估 PIPE 配售代理的声誉。他们通过对比前三年代理商持有的 PIPE 数额(以美元计)和同时期中间 PIPE 发行总量来计算代理商的市场份额。为了评估代理商的声誉及其在不同时间的稳定性,他们进一步统计了在 1999 年至 2012 年样本期间内不同代理商进入排名前 15 的次数。进入年度排名前 15 次数最多的 10 名代理商即可被评为信誉良好的代理商。表 22.6 显示,大多数代理商的 C&M 评级为 8 或 9,IPO 文件中通常视其为信誉良好。

表 22.6 按市场份额评估的代理商评级

代理商名称	PIPE 数量	总收益金额(百万美元)	C&M 评级
高盛集团	17	23092	9
摩根大通集团	37	8175	9
瑞士信贷证券公司	27	5007	9
瑞士投资银行	34	3801	8
花旗环球金融有限公司	17	3773	9
罗德曼投资银行	183	2912	2
雷曼兄弟公司	48	2670	8
摩根士丹利	10	2314	9
美银证券公司	50	1613	9
贝尔斯登公司	12	809	9

资料来源:本特森和戴(2014)。

文献指出,配售代理在 PIPE 市场中的一些重要作用取决于他们的声誉和专业能力。例如,戴等人研究了配售代理的认证作用,以及配售代理的声誉如何影响 PIPE 交易的折价、代理费的收取和 PIPE 发行前后公司的信息对称性。他们发现,信誉良好的配售代理会从事大规模股票发行并和低风险公司合作。由于折价更低并且信息对称性更优,信誉更好的代理商可提供质量更高的服务,然而,信誉更高的代理商并不会收取价格溢价。推动 PIPE 市场均衡的关键因素是发行公司的质量和配售代理的声誉,而非费用本身。

本特森和戴研究了配售代理在 PIPE 合同谈判中的作用。他们认为,与向信誉较差的代理商咨询的发行人相比,向信誉更高的代理商咨询的发行人可以为投资者提供更大的合同保护。此外,信誉良好的代理商允许发行人获得更多的报酬(较低的折扣),以换取投资者友好型合同条款。并且,代理商评级和对投资者更多的合同保护与更强劲(即不太消极)的长期股票表现息息相关。笔者认为,PIPE 投资者对复杂的合同设计较为熟悉,能够正确理解典型又深奥的合同条款可能导致的结果,而 PIPE 发行人通常是经营不善的小公司,在理解和评估合同条款的能力上存在有限理性。

在这样一个合同环境中,配售代理在弥合双方对合同的认知差距上发挥着重要的作用。这种代理角色使合同可以涵盖更多现金流或有事项,这是许多合同理论模型所认为的最优特征。因此,信誉良好的代理商可以提供更高质量的服务,因为他们可以更可靠和准确地向客户提供有价值的信息。

美国证券交易委员会执法行动

为了回应人们对对冲基金进入的所谓的死亡螺旋 PIPE 交易是否正当的担忧,SEC 启动了一系列执法行动,2002 年 6 月,对对冲基金公司犀牛顾问及其总裁托马斯·巴迪亚的调查,标志着执法行动的开始(塞多纳公司诉莱登伯格证券公司案和美国证券交易委员会(SEC)诉犀牛顾问及托马斯·巴迪亚案)。2000 年 11 月,Amro(犀牛顾问公司旗下一个参与 PIPE 交易的颇具争议性的对冲基金)和塞多纳公司签署协议,授予 Amro 债券和认股权证以交换塞多纳公司的股票,并规定转换权与转换前五天塞多纳公司股票成交量加权平均价格挂钩。据称,2001 年 3 月至 4 月,巴迪亚违反了 PIPE 协议中明确的反卖空规定,为了使 Amro 受益,他将塞多纳公司股票卖空,导致从 3 月 1 日至 4 月 5 日,塞多纳公司的股价从每股 1.43 美元下跌到每股不足 0.76 美元。因此,犀牛公司和巴迪亚将接受法院对其违反联邦证券法反欺诈规定的行为实施禁令以及 100 万美元的民事罚款[美国证券交易委员会(SEC)诉犀牛顾问及托马斯·巴迪亚案,2003]。

由于法院不曾处理过类似的索赔,SEC 的控告便成为一个第一印象问题,所以案件调查和后续诉讼需要 SEC 加强对商业领域 PIPE 交易的执法力度。到 2003 年初,SEC 公开听取了这些诉求。如犀牛国际有限公司诉塞多纳公司案和 SEC 诉巴迪亚案中所述,围绕基础交易的民事诉讼(由 SEC 和私人方进行)仍未得到解决。

犀牛顾问案引发了一系列对有关 PIPE 发行的卖空行为展开的调查,而 SEC 针对这些发行提起过民事诉讼。金融合同赋予投资者主动重新定价权(即结构化的 PIPE),所以操纵股价似乎特别具有吸引力,而 SEC 执法行为的真实目的就在于减少投资者操纵股票价格的机会。但 SEC 认为,要在法庭上证明操纵价格的意图很困难,所以 SEC 选择了打击一种可能被用来操纵股价的特定机制——卖空。SEC 称,在某些情况下,此类与 PIPE 相关的交易违反了 1933 年和 1934 年的《证券交易法》,尤其违反了有关内幕交易和未注册证券销售的规定。SEC 还称,如果涉案合同明示或暗示承诺做多特定股票,卖空将是彻头彻尾的欺诈。

将一些民事诉讼提交给联邦地方法院时，SEC 并未依照理论赢得诉讼。事实上，SEC 输掉了全部四个官司的最终判决。唯一"成功"起诉的案子是 SEC 对伯拉彻提出的诉讼。法院判定伯拉彻和共同被告犯欺诈罪，但也仅是因为他们持有 PIPE 发行人证券的空头头寸，却声称自己并没有持有。法院判定被告犯内幕交易罪、相关（硬塞的）欺诈罪和实质性罪。

尽管屡屡败诉，SEC 的执法行为使投资者和发行人更加注意 SEC 对 PIPE 的质疑。作为对 SEC 执法行为的应对，PIPE 投资者开始避免通过 SEC 所关注的主动重新定价权和卖空来降低风险，而是通过其他合同权利来降低风险。例如，本特森，戴和汉森记录了从结构性 PIPE 到传统 PIPE 的巨大转变。结构性 PIPE 以投资者友好型条款为特色，赋予投资者转换权，可以按对投资者友好的方式进行调整。而在 SEC 实行执法行为之后，传统 PIPE 具有的转换权利相对变少。此外，他们还指出了 PIPE 交易中合同结构的巨大变化。

总体上讲，在 PIPE 发行的关键阶段，限制投资者交易，公司股票会大幅上涨。与此同时，投资者保护增加，而对发行人权利的保护减少。PIPE 合同发生变更的部分原因在于，在 SEC 采取执法措施之后继续活跃的投资者改变了他们的行为；另一部分原因在于，新投资者使用的合同与被他们取而代之的老投资者所使用的合同不同。SEC 执法行为的一个影响在于，它至少在一定程度上阻止那些习惯了繁多合同条款的投资者继续活跃于 PIPE 市场。

前文所述的合同变更发生于所有投资者类型，但更多见于与对冲基金相关的 PIPE，因为 SEC 明确针对这类投资者。此外，SEC 执法行为之后，对冲基金要求比其他类型投资者更优惠的定价。这一发现与以下观点一致：与 SEC 执法行为相关的 PIPE 合约设计变更，会让对冲基金支付更高的成本，这要求以更具吸引力的定价作为补偿。尽管 SEC 的大多数行动都针对对冲基金或与之相关的个人，但执法并未阻止此类型投资者后来参与 PIPE 市场。正如本特森等人指出，在执法行为之前（1999 年至 2002 年），有 531 个 PIPE 由对冲基金主导，而在执法行为之后（2003 年至 2006 年）则有 758 个。在这两个时期，对冲基金主导的 PIPE 分别占 PIPE 交易总量的 45% 和 67%。

SEC 的行动对 PIPE 市场造成的另一影响是，对配售代理的使用增加，特别是在他们向对冲基金推销 PIPE 时。原因之一在于，SEC 的诉讼令发行人意识到他们需要专家建议来指导他们完成 PIPE 合同谈判。另一个潜在原因是，随着新条款越来越普遍，发行人需要寻求专家顾问来解释这些变化。

在执法行为之后，PIPE 发行人的特征也出现了一些变化。本特森等人发现，2003 年至 2006 年期间，发行 PIPE 的公司规模较小，分析师覆盖率较低，公告前的累计超额收益率（CARs）较低，无形资产较多，估值较低。这种变化表明，与执法行为之前相比，发行人在执法行为之后的整体表现较差。鉴于 PIPE 是经营困难、资金匮乏的小型公司的重要融资工具，这一变化表明 SEC 的行为对发行人参与 PIPE 市场没有重大不利影响。

私人投资公开股票市场的新规与创新

2005年，SEC通过了证券发行改革（简称改革），放宽了对公司公开发行股票前披露相关文件的限制，并简化了注册程序。新规则规定了具有不同义务和利益的三大类发行人：知名成熟发行人（WKSI）、成熟发行人和非成熟发行人。知名成熟发行人指市值不低于7亿美元的发行人。根据新规则，符合知名成熟发行人资格的发行人有资格凭自动生效的暂搁注册声明发行任何证券。成熟发行人拥有至少7500万美元的公众持股量，他们有资格采取表格S-3或表格F-3进行首次发行。非成熟发行人的公众持股量低于7500万美元。在2008年修订规则前，这些发行人还没有资格采取表格S-3或表格F-3进行首次发行。

2008年5月，SEC通过修正案，允许较小的上市公司发行人进入以前仅限较大公司进入的公开证券市场。在通过修正案之前，发行人必须拥有至少7500万美元的公众持股量，才能注册证券以通过首次现金发行（不包括不可转换投资级证券的发行）来筹资。2008年修正案扩大了合格交易范围，在一年内的一次或多次直接发行中，允许公众持股量低于7500万美元的发行人有资格采取表格S-3或表格F-3进行首次发行，首次发行的发行量最高可达其公众持股量的三分之一。

有了注册证券以进行首次发行的机会，非成熟公司将会获得更多进入公开市场的机会。2008年修正案通过之前，许多非成熟公司选择利用PIPE进行融资。在新制度下，一旦SEC宣布暂搁注册声明生效，这些公司就可以通过一次或多次拆解利用有利的市场条件，而无须SEC的进一步审查或批准。

为应对监管上的变化，过去几年，股票发行市场出现了一些创新。其中一个创新是市场价（ATM）发行。ATM发行使上市公司能够在贷款期限内定期通过券商直接向公众出售注册股权证券，其数量、次数和价格由公司自行决定。公司没有义务出售ATM发行下的任何股票。严格来说，ATM发行不是私募，因为公司直接向公众出售注册股票。然而，一家专门收集PIPE交易数据的机构萨吉恩研究将ATM发行归类于PIPE。

ATM发行的优势如下：

●股票发行对发行人股票价格的影响较小。在计划开始时，公司不必披露ATM发行的准确时间。通常，各公司不会在出售时公开宣布进行ATM股票发行，而是在每个会计季度末进行披露。这种时间上的考虑将发行时可能出现的价格压力降至最低。

●公司在发行时间和金额方面具有更大的灵活性，并且，公司可以在必要时或股票定价有利于公司时筹集资金。

●资本成本低于传统SEO和典型PIPE。在ATM发行中，券商的佣金通常是证券总销售价格的2%到5%。没有对市场价格的贴现（没有对市场价格的折扣），也没有在典型PIPE中通常需要的认股权证。

贝雷特、弗洛罗斯和加芬克尔通过实证分析，对比了ATM发行和SEO发行，并指出ATM发行的成本比SEO低25%到50%以上。他们进一步发现，公布ATM发行计划时所产生的负向异常收益率（-3.7%）平均远低于公布SEO时的负向异常收益率（-4.2%）。

由于 ATM 发行有着这些优势，所以 ATM 市场正在迅速增长。如表 22.7 所示，2009 年至 2012 年期间共有 326 个 ATM 协议，通过这些 ATM，发行人在其选择的时间筹集到 470 亿美元。在 2009 年至 2012 年的同一时期，ATM 平均发行规模（1.43 亿美元）远大于 PIPE（3700 万美元），小于传统的 SEO（2.05 亿美元）。

另一个创新是所谓的保密公开发行（CMPO）。CMPO 有时也称为"越墙""预售"或"隔夜"发行。无论使用哪种术语，CMPO 的主要特点是，在公开发行阶段前，有一个面向选定的合格机构投资者群体的私人交易阶段。在保密阶段，投资者必须同意对谈判保密，不得利用谈判要约之外的信息进行交易。在潜在投资者同意对发售信息保密而被"带过墙"后，他们可以收到有关发售的重大非公开信息。一旦承销商收到来自这些潜在投资者的购股意向，发行人将在市场收盘时向公众宣布发行，并提交出售文件。随即，承销商将更广泛地向机构投资者和散户投资者推销新股。公开阶段将持续到晚上，定价将在第二天开市前最终确定并公布。CMPO 的定价通常低于当前市场价，其公开阶段与传统的 SEO 类似。

表 22.7 2009—2012 年市场价发行的兴起

年份	交易数	筹集资金总额 （十亿美元）	平均发行规模 （百万美元）
2009	30	3.9	130.00
2010	77	8.35	108.44
2011	97	14.1	145.36
2012	122	20.27	166.15
总计	326	46.62	143.01

与传统的 SEO 和标准的 PIPE 相比，CMPO 具有一定的优势。例如，CMPO 的执行较快，通常只需要几天，而完全市场化的 SEO 通常需要几周甚至几个月。第一阶段的保密性特征还允许发行人测试投资者对其证券的偏好，并就定价和条款进行谈判，而不会有在公告前因投机交易而导致的股价潜在下跌的风险。此外，CMPO 出售的股票是可自由转让的，因此不存在投资者通常在标准 PIPE 中所要求的非流动性溢价。

与注册直接发行一样，发行人需要一份有效的注册声明来实施 CMPO。尽管注册直接发行具有许多与 CMPO 一样的优点，例如，发行股票的保密性和流动性，但 CMPO 包括了公开发行阶段，因此它允许发行人不遵守 20% 原则。20% 原则要求发行人在以低于市场价的价格出售其 20% 及以上的普通股时，必须获得股东的批准。

如表 22.8 所示，自 2009 年以来，CMPO 的数量大幅增加。到 2012 年，CMPO 的数量几乎翻倍。平均发行规模约为 4400 万美元。平均定价折扣约为 5.4%，远低于典型 PIPE 发行的折扣。平均稀释效应（即已发行股票/发行后流通在外的股份）约为 28%，这表明发行人在利用 CMPO 逃避 20% 原则。

表 22.8 2009—2012 年保密公开发行的兴起

年份	交易数量	筹集资金总额 （十亿美元）	平均发行规模 （百万美元）	平均稀释 （%）	平均折扣 （%）
2009	54	2.50	46.31	24.84	7.84
2010	93	4.37	47.00	23.77	5.58
2011	91	3.91	42.99	33.36	2.67
2012	105	4.21	40.14	31.01	6.15
总计	343	15.00	43.73	28.50	5.43

注：稀释度是以 CMPO 增发的新股与发行后总股份的比率来衡量。折扣以收盘价和购买价之间的百分比差额计量。

第二十三章　上市私募股权

引言

　　私募股权投资（PE）基金是金融市场中的金融中介，主要向私营企业提供急需的资金和增值服务。由于 PE 基金投资具有风险性，他们通常只能在私募市场上通过有限合伙制工具进行筹资，大型机构投资者和高净值个人等经验丰富的投资者担任有限合伙人（LPs）。作为资深投资者，有限合伙制的投资者可以从基金经理和 LPs 之间经协商达成的最佳契约条款中获得利益，该条款在融资时可满足交易方、税收和市场环境的需求。

　　此外，有限合伙制具有自主性，可让基金经理在不受股东干预的情况下进行 10 年至 13 年的长期投资。在有限合伙制中，支付计划通常会向基金经理支付占承诺资本 2% 的固定费和 20% 的附带利息费，还附带有相应的激励措施。鉴于 PE 的"私人性质"，PE 基金为何要公开上市，还要应对公开证券交易所的各种监管和公开披露信息的要求，这似乎令人费解。考虑到通过有限合伙制进行私募的情况普遍存在，那么投资上市 PE 的动机是什么？无论 PE 基金的动机是什么，零售市场都乐意去获取 PE 基金的投资能力。散户投资者可以模仿资深投资者的投资组合，以寻求更高的回报，并使其股票投资组合多样化，以获得在公开证券交易所无法获得的部分经济效益。

　　然而，并非所有上市 PE 都相同。上市 PE 有两种类型：上市 PE 公司和上市 PE 基金。从本质上说，选择上市 PE 公司的投资者基本可以靠 PE 公司成功管理 PE 基金而获益，其利润来自 PE 公司的专业投资人士和管理人员所赚取的管理费和附加利息。上市 PE 公司的一个例子是 2007 年 6 月 22 日上市的黑石集团。选择上市 PE 基金的投资者可以从上市基金的投资收益中获利，此类投资使那些原本无法投资传统 PE 有限合伙公司的投资者可以投资 PE 投资组合。上市 PE 公司的例子还有以下几个：2006 年 4 月 18 日在阿姆斯特丹泛欧证券交易所上市的科尔伯格私募股权公司（KKR 集团）和 2009 年 2 月 7 日在阿姆斯特丹泛欧证券交易所上市的堡垒投资集团。投资者需要鉴别两种上市 PE 之间的差异。

　　通过分析 1992 年至 2008 年期间 79 只普通基金和 21 只上市 PE 基金，拉尔和卡塞尔发现，上市 PE 基金的初始溢价为 -2.5%，两年后的长期平均溢价为 -21%。他们指出，溢价可以预测未来的回报，并可以用流动性来解释，但不能用投资者情绪或基金的投资力度来解释。相反，PE 基金的溢价取决于信贷市场和系统性风险。

　　杰加迪西、克劳斯和波莱研究了 PE 母基金在非上市 PE 基金中的表现，并将该表现与 PE 母基金在上市 PE 基金中的表现作对比。基于 26 只 PE 基金和 129 只上市 PE 基金在 1994 年至 2008 年的数据，作者估计，市场对非上市 PE 基金异常收益的预期比对风险的预估高出 1%至 2%，而市场对上市 PE 异常收益的预期为零至略负。他们发现，上市 PE 和未上市 PE 的贝塔系数接近 1。PE 基金收益与国内生产总值（GDP）增长呈正相关，与信用利差呈负相关。

上市 PE 的潜在优势在于，可提供接触具有良好流动性的 PE 资产类别的机会，并提供较低的交易成本。机构既可以投资上市 PE，也可以投资有限合伙制 PE，并可以随着时间的推移动态调整对上市 PE 的敞口，作为其有限合伙企业的减持承诺。对于小型机构而言，上市 PE 能满足其多样化需求，同时降低交易成本和流动性。上市 PE 越来越受欢迎，卡明、弗莱明和约翰首次使用新数据集探讨了这个问题。

文献与假设

机构投资者投资上市 PE 的动机。假设的前提是，机构投资者对上市 PE 的配置差异主要是投资者特征的函数。具体而言，投资的三个主要动机与五个特征相关：（1）与投资者规模、类型和位置相关的搜索成本；（2）与投资者决策结构相关的特定人力资本；（3）与希望尽快获得 PE 风险敞口相关的流动性—时间偏好。

搜寻成本

对 PE 和杠杆收购（LBO）的风险和收益的实证研究表明，收益离差相对较高。研究还发现，平均收益率和中位收益率取决于对未离场投资规模的控制。一些研究甚至表明，对未退出的投资进行控制之后，投资经理提供给投资者的扣除费用后的净收益的平均值和中值均低于公开市场。杰加迪西等人研究了 PE 母基金在非上市 PE 基金中的绩效，并将其与上市 PE 基金的绩效进行比较。根据 1994 年至 2008 年间 26 只 PE 母基金和 129 只上市 PE 基金的数据，他们估计，市场对非上市 PE 基金（通过母基金）异常收益的预期比对风险的预估高出 1%至 2%，而市场对上市 PE 异常收益的预期为零至略负。他们还发现上市 PE 和未上市 PE 基金的贝塔系数接近 1。PE 基金收益与 GDP 增长呈正相关，与信用利差呈负相关。本章中所使用的数据集区别于杰加迪西等人使用的数据集。杰加迪西等人使用的是风险投资信托公司（VCTs）数据集，而本研究中的数据集来源于 LPEQ，它将 VCTs 排除在上市 PE 之外。VCTs 是有税收补贴的基金，受主要法定契约限制，会降低其业绩。所以，如果不是为了税收补贴，大多数投资者都不会投资 VCTs。卡明和麦金塔则研究了加拿大类似的有税收补贴的上市 PE 基金。

实证研究与杰加迪西等人的研究均表明，与上市股票相比，PE 投资是一种涉及高信息成本和高搜寻成本的专业资产类别。因此，投资者为获得高于公开市场的风险调整后超额收益而承担搜寻成本的意愿将与投资者的规模、类型和准入的便利性（如区位优势的影响）有关。首先，就规模而言，较小的机构没有时间，或许也缺乏经验和技能来承担因寻求高质量经理人而产生的高搜寻成本以及就有限合伙契约进行谈判。在获取声誉更高的 PE 基金时，小型机构面临的机会也可能相对有限，因为现有机构投资者投资了同一家 PE 公司的多个基金品种。考虑到 PE 基金显著的业绩持续性，这成为一个主要劣势。PE基金的业绩持续性对有限合伙制PE基金和上市PE基金都很重要,并体现出经理人选择的至关重要性。

假设1A:对于规模较小的机构投资者而言,上市PE是一种更具吸引力的资产类别。

搜寻成本是关于地理位置的函数。英国拥有流动性最强的股票市场,本土偏见十分常见,从而导致这样一个预期,即更大的机构投资者利益存在于上市PE。另外,伦敦的券商研究分析机构主要负责上市PE板块,并为客户提供富有见地的研究。此外,现有证据也表明,具有英国法律渊源的国家可为上市公司的投资者提供更多的保护。

假设1B:英国的机构投资者比欧洲大陆的机构投资者更偏好上市PE。

搜寻成本应因机构投资者类型而异。因此,实证分析对机构投资者的类型进行了控制。

特定人力资本

除了搜寻成本,投资者的组织人力资本存量和决策过程也会对机构投资者投资上市PE的意愿产生显著影响。如前文所述,PE中的识别和选择经理人过程成本较高,但成功选择一个经理人可以提高获得超额收益的概率。实际上,机构投资者选择优质投资经理的能力参差不齐。

机构的人力资本禀赋(即其投资团队)可以通过多种方式进行组织。随着时间的推移,PE的早期采用者逐渐建立了专业的投资团队,并培养技能和搭建行业网络,以便带着最优秀的经理人一起获得私募。这些"私募股权"团队或"另类资产"团队提高了机构投资者通过非上市工具实施其PE计划的能力。相比之下,PE的选择和实施也可以由更普通的"股票团队"处理,而不需要PE团队。股票团队在选股方面接受过培训并且经验丰富,因此没有足够的时间、经验和技能为有限合伙企业开展尽职调查和进行合同谈判。在寻找和评估有限合伙交易、谈判和编写有限合伙合同方面,PE团队和另类资产团队经验相对更为丰富。尽管这些团队专注于直接PE投资,但他们也将上市PE作为一种投资工具。此外,在评估上市PE投资组合和经理的选择流程方面,这些团队比股票团队更具专业性。

假设2:相比于将决策授权给PE团队或另类资产团队的机构投资者,将决策授权给股票团队的机构投资者更青睐上市PE。

除了区分股票团队与PE团队之外,数据集还进一步考虑了决策是否集中,是否由董事会/投资委员会制定。董事会/投资委员会的投资偏好可能最直接受委员会成员的经验影响。虽然委员会成员的经验并不会通过数据反映出来,但本研究考虑到了机构投资者投资委员会的结构,并对决策过程方面进行了控制。

在决策过程中,咨询公司往往会参与到PE基金的选择过程(即对内部决策的"外部"影响)。对于非上市基金,咨询公司倾向于仅对经理人/GP的选择以及合伙条款提供建议。通常,该GP/经理会提供一种上市工具,可能适合那些寻求更大流动性或更小最低承诺的客户。这种模式可能会变得日益普遍,因为固定缴款计划取代了可做出大量长期承诺的固定收益计划,除非使用上市工具,否则提供另类资产就会存在问题。咨询公司已向LPEQ报告说明,选择上市PE投资涉及的要素不仅仅是"经理选择",还包含"股票选择"。咨询公司很少提供有关上市PE的信息,尽管LPEQ调查的证据表明他们的许多客户都希望获取更多关于上市 PE 的信息。

流动性—时间偏好

大多数计划多元化投资另类资产 PE 的机构将根据其投资授权，在 2 年至 5 年甚至 10 年内编制具体的分配金额预算。完成这些目标才能确保协调所有其他资产类别的配置。遗憾的是，通过私募配售实现的 PE 投资有一个明显的缺点，即投资者要花很多年才能达到预期的风险敞口水平（即投入的资金量）。首次发行的债券正被合适的基金"邀请"进行配售。然而，在 2007 年 7 月以来的后金融危机时期，这一问题并不那么紧迫。作为未经验证的投资者，在 PE 公司将一家机构确认为增值投资者之前，可能需要几年的时间。一旦建立了声誉，第二个问题就是投资期限。投资者向基金投资，一旦签订法律文件就几乎不会撤资。当 PE 公司需要在投资期内完成对公司的新投资时，PE 公司将要求出资义务（即"承诺资本"）。

在投资的前五年内，一家 PE 公司通常可能会向基金拨出承诺资本的 75% 至 80%，并保留剩余承诺资本，为公司的后续投资和基金未来五年的管理费提供资金。因此，投资者必须在 10 年内支付他们的承诺资本，但每年的支付金额可以不同。

因此，投资者对 PE 承诺的资本额和对 PE 支持的企业的投资额有所不同，投资者可能需要多年时间才能达到对私人公司预期的风险敞口水平。事实上，提款模型表明，PE 基金的投资活动会随着可投资机会的供应、交易竞争和融资成本（尤其是收购成本）而变化。同样，在出售一家投资组合公司后，PE 公司向投资者的分配取决于公共金融市场和经济环境的状况。高桥和亚历山大指出，对提款率和分配率的预期会影响投资者对资本承诺的决策。

上市 PE 为投资者带来两个优势，尤其是与私募配售相关的优势。第一，投资者可以通过上市工具相对快速地获得 PE 的风险敞口。第二，进行私募配售的同时保留上市 PE 风险敞口，可以为投资者的整体 PE 风险敞口提供一个动态调整机制。例如，投资者可以从 100% 的上市 PE 开始，随着有限合伙风险敞口的增加，进而减少上市 PE 风险敞口。这种利用上市 PE 的方式揭示了投资者的流动性—时间偏好：愿意通过上市工具，在私募的未来风险敞口与当下的风险敞口/灵活性之间进行权衡。

假设 3：上市 PE 使机构投资者更快地实现其目标 PE 配置，因此，投资上市 PE 的机构更有可能逐渐调整其上市 PE 配置，以应对有限合伙制 PE 配置更慢的调整。

多变量分析

Logit 回归

针对三个不同的因变量，采用了六个 Logit 模型。模型 1 和模型 2 是对机构是否投资上市 PE 的 Logit 分析。模型 3 和模型 4 研究了机构投资者对上市 PE 的配置是否随时间变化。最后，模型 5 和模型 6 研究了机构投资者投资上市 PE 的决定是否取决于基金经理，是否也管理有限合伙制 PE。模型的通用规范如下：

投资上市 PE=f［常量、机构投资者特征（规模、类型）、位置、决策（如股票团队和 PE 团队）、决策者的信念］

决策者的信念存在四个变量：（1）决策者是否相信更强的流动性；（2）是否能够更快地获取 PE；（3）是否避免了 J 曲线；（4）简化上市 PE 的行政负担是否有效。对于这四个因变量，将使用两组解释变量来评估不同规范的稳健性。第一个规范包括管理资产与私人和公共养老基金的虚拟变量之间存在一个线性规范关系。分析过程排除了其他类型机构投资者的额外虚拟变量，以避免多重共线性。第二个规范使用管理资产的自然对数，以解释随着规模的增大，规模对投资决策的重要性可能会降低。

模型 1 和模型 2 的结果都有力支持假说 2。与由股票团队做决策的情况相比，如果由 PE 团队、另类资产团队或董事会/投资委员会做决策，投资 PE 的可能性将分别降低约 28%、43% 和 38%。由于多重共线性，股票团队虚拟变量的检验受到影响。至少相对于 PE 团队、董事会/投资委员会和股票团队而言，另类投资团队使用可变上市 PE 配置的可能性降低 13%（模型 3 和模型 4）。相比之下，推荐上市 PE 的顾问使上市 PE 投资的概率提高 53%（模型 1 和模型 2 的差异在 0.01 的水平上显著），在模型 3 中使上市 PE 投资的概率提高至 65%（在 0.01 的水平上显著）。模型 4 中该边际效用为 45%，在 5% 的水平上显著。

如前文所述，与欧洲公共养老基金相比，欧洲私人养老基金的投资团队人数较少，这使得附加尽职调查，以及与有限合伙制 PE 相关的成本和时间失去吸引力。数据表明，对于私人养老基金和大型私人养老基金来说，上市的私募基金配置不太可能变化。

在影响投资上市 PE 的流动性偏好和决策的信念方面，模型 1 和模型 2 并不支持假说 3。然而，在模型 3 和模型 4 中，随着时间的推移，利用上市 PE 迅速获得 PE 的机构投资者对上市 PE 进行可变式分配的可能性增加约 15%，这与假设 3 相符。这一结果表明，由于有限合伙制 PE 的风险敞口随着时间的推移而变化，且提款率较低，机构投资者将做出调整以适应上市 PE 的风险敞口。

为补充模型 1 至模型 4 中的分析，模型 5 和模型 6 研究了投资上市 PE 的决策是否取决于投资机构投资的 PE 基金的管理人，是否同时管理上市和有限合伙制 PE 基金。模型 5 和模型 6 中显著的一个变量是董事会/投资委员会所做的可变投资决策，表明投资同时管理上市和有限合伙制 PE 基金的可能性降低约 10%。在等待直接投资 LP 基金的资本承诺被认购的同时，一些投资者可能希望将投资分散到另一个基金管理人的上市基金中更具流动性的投资上。和不同的上市 PE 基金管理人进行投资的好处之一在于，在管理现金流（即清算事件）的同时，可利用不同的到期情况来确定给 LP 基金的承诺资本的时间。对基金管理人进行了尽职调查的其他投资者则可能认为，他们要以更具流动性的形式对同一管理人进行额外分配，并控制类似基础投资的风险敞口。

百分比分配的回归分析

下一组回归测试分析了对上市 PE 的百分比分配的依据。在这些回归中，每个因变量都以百分比表示。为了使残值和估值的特性与普通最小二乘法（OLS）假设一致，它使用了标准的分数建模方法转换变量，使其不限于 0 和 100%。

模型7和模型8阐释了上市PE相对于有限合伙制PE的投资比例。数据表明，相对于对有限合伙制PE的投资，大型机构投资者对上市PE投资较少。这种结果在具有线性设定的模型7中是不显著的，在具有对数设定的模型8中是在0.10的水平上显著。模型8的经济学意义在于，如果机构投资者规模从50亿欧元增加到100亿欧元，对上市PE的投资额占总股本的比例将减少0.5%。这一结果意义重大，因为对上市PE的平均投资额与对有限合伙制PE的平均投资额之比为2.78%。并且，样本中的机构投资者平均管理的金额超过570亿欧元。在机构投资者规模和投资上市PE金额占总资产的比例方面，模型9和模型10中的数据表现类似，都是在0.05的水平上不显著。模型9的经济学意义在于，机构投资者规模增加50亿欧元，对上市PE的投资就将减少2%。总体上讲，模型7到模型10为假设1A提供了有力的支撑。

模型7到模型10不支持关于英国和欧洲大陆位置的假说1B。然而，模型7到模型10确实为假说2提供了有力的支撑。在模型7和模型8中，对于将决策授权给PE团队和董事会/投资委员会的机构来说，对上市PE的投资相对于有限合伙制PE要少得多。同样，在模型9和模型10中，对于将决策授权给另类资产团队和董事会/投资委员会的机构而言，对上市PE的投资相对于总资产要小得多。

模型7和模型8中的数据与假说3相符。对于认为上市PE能立即获得PE的投资者来说，对上市PE的分配相对于有限合伙制PE高出大约7%。在模型7和模型8中，这一效应表现为在0.05的水平上显著。模型9和模型10不支持假说3。

模型11和模型12对机构投资者与目标PE配置的差距进行了补充分析。模型11和模型12中最强和最稳健的结果来自投资者是否使用上市PE以及这种分配是否随时间变化。模型结果与预期一致，并符合假说3。与不投资上市PE的机构相比，投资上市PE的机构与预期PE配置的接近程度高出9%。相比之下，当机构更改其预期上市PE配置时，他们倾向于将其预期总分配上调大约19%。模型11的结果显示，股票团队所做的分配往往更接近其预期PE分配，这与假说2和使用上市PE的股票团队一致，尽管这种影响在模型12中略微不显著。同样，较大的公共养老基金倾向于偏离其预期PE分配，这与上述关于假说1A的证据和补充证据相符，即公共养老基金不太可能使用上市PE。

第二十四章　私募股权在全球市场和新兴市场的增长

引言

2000年以来的全球私募股权（PE）活动数据可以揭示出各国不同的发展模式。总的来说，PE在2000年达到历史最高值之后，2007年在"传统"PE市场又一次达到峰值，尤其在美国。传统PE市场是指PE活动在20世纪80年代前达到较高水平，同时投资额达到显著水平的市场（如美国、加拿大、英国、澳大利亚、日本和大部分西欧经济体）。在"新兴"国家，没有出现此类峰值。在非洲、亚洲和拉丁美洲，随着时间推移，PE投资额逐步增长，弥补了传统市场中存在的部分较低投资额。不过，新兴市场的PE交易目前主要集中在少数几个国家，尤其是中国和印度。其他一些发展中国家，受限于其经济发展潜力，尚未出现这种可预期的蓬勃活动。

千禧年时代下的私募股权

这里有几组商业公司的PE交易数据。它们都涵盖不同的国际市场，更重要的是，对PE的定义也各不相同，例如，是包括如风险投资或夹层融资等子类别，还是将其排除在外。因此，关于交易数量和数量的信息因数据提供者而异。从图24.1显示的全球PE活动增长情况来看，PE活动在2000年达到历史新高，并在2007—2008年金融危机发生前出现峰值。

到目前为止，仍占主导地位的美国市场活动是2007年峰值的主要推动力。不过，其他地区的重要性也有所提高，尽管是从相对较低的水平发展起来。图24.1还反映出，从全球角度来看，2013年是疲软的一年。但是，在图24.2中，地理区域的划分也显示出多条不同的发展路径，不同地区市场PE活动的趋势和波动性。

金砖国家是新兴市场发展的主要动力，而大多数其他发展中经济体的投资额相对较低，且不稳定。

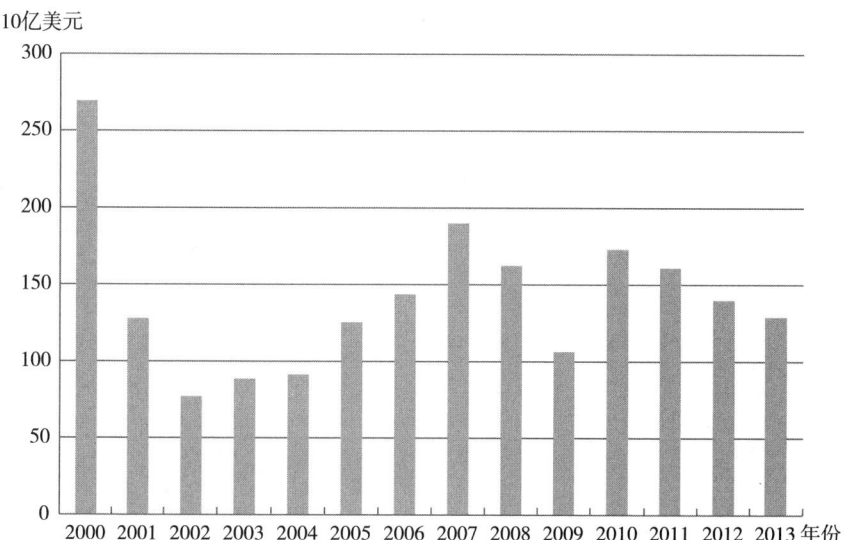

注：该图展示在千禧年，以10亿美元为单位的全球PE投资金额。可以看出，2000年投资额达到史上最高，2007—2008年金融危机前也出现了峰值。此后，投资额起伏不定。

图24.1 全球私募股权投资额

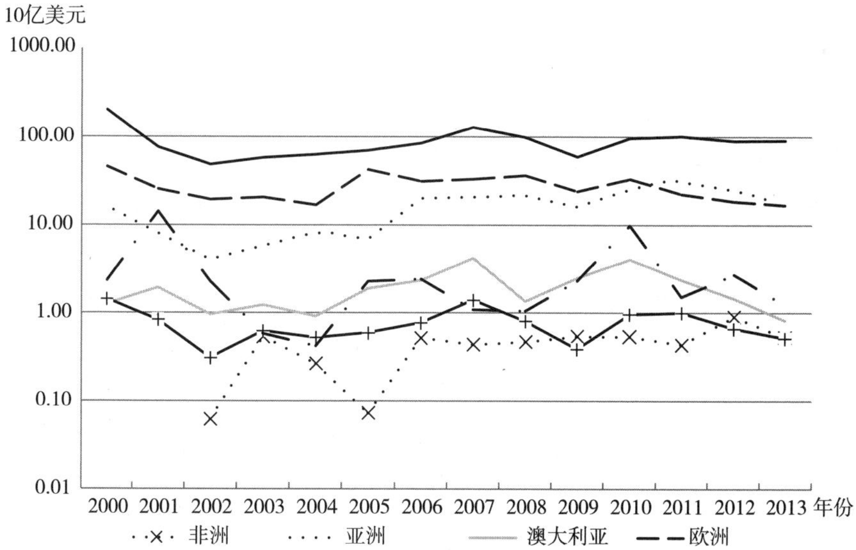

注：该图以对数为刻度，以十亿美元为单位，根据主要的地理区域进行划分，展示PE投资额。大部分新兴地区增长趋势乐观，不过欧洲和北美洲增长平缓。

图24.2 不同地区私募股权投资额

图24.3将金砖国家的活动单独列出来，可以看出，2007—2008年的金融危机对这些市场并没有造成剧烈冲击。因此，在传统市场活动减少的情况下，金砖国家成为非常合适的投资市场。不过，PE属于非流动性资产，投资者在投资时要有策略，因为他们不能在短期内（如在金融危机期间）调整方案。

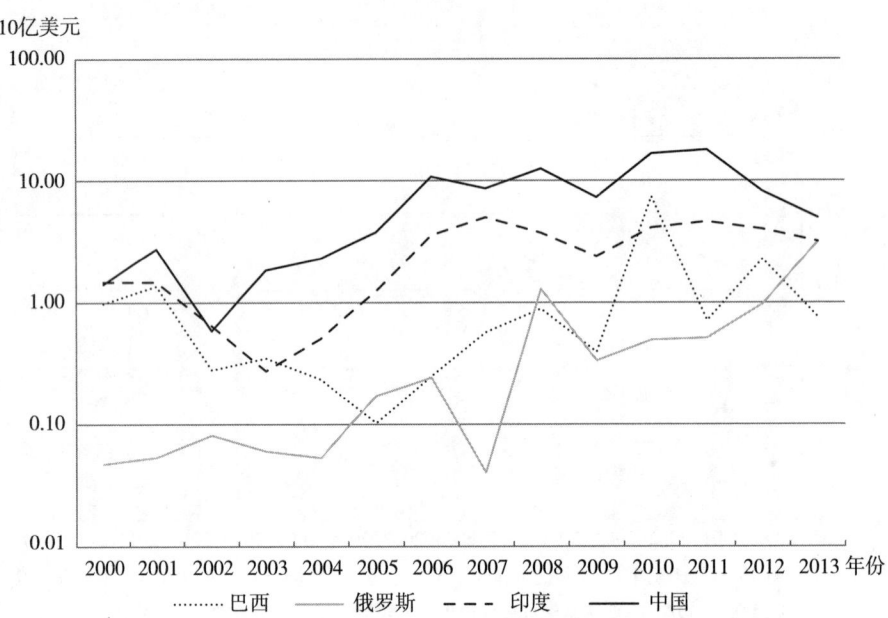

注：该图展示的是以对数为刻度，10亿美元为单位时金砖国家的PE投资额。金砖国家的增长趋势良好，突出了其全球市场份额的增长。此外，金砖国家实际并未受到债券市场危机的影响，为在传统市场遭遇挫折的投资者们提供了另一种选择。

图24.3 巴西、俄罗斯、印度和中国的私募股权投资额

金砖国家和可能会跟随金砖国家道路的新兴国家所具备的未来投资机遇还有待讨论。对于为什么金砖国家能在PE市场取得成功，有一种说法认为，因为这些国家在向现代经济过渡时，把高密集人口和追赶潜力结合起来。追赶潜力常常是通过将国民生产总值（GDP）同高度发达和欠发达国家的人均数值进行比较评估得出的。国家的人口十分重要，因为从绝对的角度来说，它决定了预期经济增长。人口大国需要更高水平的融资，吸引更多的投资者。因此，他们可能会有更多的机会得到资本，而资本是经济发展所离不开的。所以，对未来金砖国家的研究，应该聚焦于那些人口密集且有巨大经济发展潜力的国家。

有几个国家符合这两个标准，包括孟加拉国、埃及、埃塞俄比亚、印度尼西亚、尼日利亚、墨西哥、巴基斯坦、菲律宾、土耳其和越南。然而，这些国家正处于不同的经济发展阶段，大多数国家的私募股权活动报告很少。最终，规模和经济增长预期并不是PE活动的唯一相关驱动因素。建立一个充满活力的私募股权市场需要更有利的条件，其中最突出的是要有合理的交易流。交易流要求一国的发展水平得到充分提升，以支持私募股权交易模式。至今，一些发展中地区尚未达到这一发展水平。在一项尚在进行的研究项目中，格罗、列支敦士登和利泽论述了国家发展程度和维持PE交易的能力。

各国家支持私募股权商业模式的能力

接下来，本章将采用一组衡量 PE 吸引力的指数，从投资者的角度，帮助 118 个国家（其中 85 个是新兴市场国家）解决国家创造 PE 交易环境能力这一问题。研究的第一步是要根据对选定的投资者的访谈，弄清楚形成国家 PE 市场的标准。对全球共 1079 位机构投资者进行调查，并使用既定学术研究方法来评估他们的投入。

该指数是采用自上而下方法，通过评估社会经济标准影响交易环境的方式得出的。这一方法从实际出发，将国家吸引 PE 的因素总结成单一复合标准。因此，形成充满活力的 PE 市场的六个"关键推动力"各不相同：（1）经济活动；（2）资本市场的深度；（3）税收；（4）投资保障和公司治理；（5）人文环境和社会环境；（6）企业文化和由此产生的交易机会。

经济活动

国家经济状况影响 PE 市场。普遍繁荣、现有公司的多样性、整体创业活动、经济规模以及就业水平都会影响交易流，从而影响 PE 交易数量和数额。但是，对 PE 市场影响最大的因素却是预期经济增长。值得一提的是，经济活动和增长机遇也是各种额外社会经济标准共同作用的结果。

资本市场的深度

布莱克和吉尔森针对两类影响 PE 交易的资本市场，即以银行为中心的资本市场和以股票市场为中心的资本市场，讨论了其不同点。成熟的股票市场允许 IPO 退出，这对于建立 PE 活动至关重要。股票市场的发展程度也是并购（M&A）市场规模的一个有力标志，只有具备了一定规模的并购市场，才可能实现项目搜寻和日后撤资。

与它恰恰相反的是，以银行为中心的资本市场在培育支持交易流和交易制定的机构基础设施方面效率较低。除了缺少强大的股票市场，以银行为中心的资本市场还培养了一种保守的贷款和投资的方式。次级机构的社会和金融激励措施对企业家的奖励收益性较小，但对其失败的惩罚力度却更加严厉，这反而违背了企业家的行为选择。根据格林所言，无法获得债权融资会影响经济发展，创业会变得尤为困难。银行能找到有意向又愿意承担风险的赞助人，是成功的关键。根据贡珀斯和勒纳的观点，风险资本是通过成熟的、流动性强的股市培育出来的。切托雷利和甘贝拉认为，银行集中有助于获得信贷，进而促进资本密集型行业的增长。

PE 交易基础设施的质量可通过并购、银行以及公共资本市场的流动性来衡量。这些方面强势的国家都具备 PE 交易成功所必需的关键性专业组织团体（如投资银行、会计师、律师、专业并购公司以及财务顾问）。

税收

布鲁斯与卡伦和戈登一致认可,税制对诸如市场准入和退出壁垒等一般性商业活动有影响。詹科夫、甘泽、麦克利什、拉马略和史雷夫也证实,税收会既直接又间接地影响创业活动。根据布鲁斯和格利的观点,个人收入和企业税率之间的差距会激励创业精神和企业活动。

将税收和 PE 建立这样一种联系并非易事。事实上,PE 活动和税率之间没有很强的相关性。企业税率高的国家 PE 交易数量也可能会很高。与此恰恰相反的是,许多企业税率低的新兴国家几乎没有记录在册的 PE 活动。虽然发达国家税率高,但是,它们的 PE 投资额整体上也高。

投资保障和公司治理

法律结构和产权保护会对 PE 市场活动影响强烈。拉波尔塔、弗洛伦西奥洛佩兹、施莱弗和维什尼证实,一国法律环境会决定其资本市场的规模和范围,以及本国公司得到外部融资的能力。罗鸥通过比较影响主要经济体的公司治理法的政治因素,重申了拥有良好股东保护的重要性。格莱泽、约翰逊和史雷夫与詹科夫、拉波尔塔、弗洛伦西奥洛佩兹和施莱弗认为,在英美法系国家行使投资者权利更容易些。

卡明、弗莱明和施维恩巴赫发现,与股票市场特点相比,PE 退出和国家法律体系质量之间的联系更紧密。根据卡明、施密特和华尔兹的观点,国家间法律活动和会计实务的区别会极大地影响 PE 投资。公平性和产权保护也会很大程度影响成长型新兴企业。类似的是,拉波尔塔、弗洛伦西奥洛佩兹、施莱弗和维什尼以及勒纳和施沙尔指出,投资保障较好的国家资本成本往往比较低。

国家法律体系的质量对资本市场和企业环境而言非常重要。没有适当的法律保护和法律执行,开展业务可能会耗资巨大。PE 建立在与机构投资者的长期关系基础上,不过考虑到投资方和东道国可能相距遥远,在投资之前,投资者必须确保他们的债权都能得到保障。

人文环境和社会环境

研究人员关注文化差异如何导致不同的创业活动水平。此外,教育制度更发达的国家为培育风险投资营造了环境。

试想,一家公司,由于就业政策限制,无法紧跟多变的市场环境。在其他所有条件相同的情况下,面对一家在人力市场环境和政策宽松的国家的企业,该公司无法与其在同一水平线上竞争。这些公司和国家发展前景各不相同,因此 PE 也不同。然而,布莱克和吉尔森认为,人力市场限制不如股票市场对 PE 的影响大。

此外,有腐败、犯罪、黑市或者大量官僚主义存在的社会,往往障碍最高,进入的成本也就最高。一些新兴国家腐败程度高、犯罪情况严重,而腐败程度和犯罪情况在评估国家吸引力中非常重要。

企业文化和交易机会

国家的创新能力和研究成果对 PE 而言十分重要。研究人员表示，科研投资能够作为预估人力资本的贡献值，它与 PE 高度相关。如果缺少科研创新，打造和维持能够吸引 PE 投资者的强大品牌和市场地位，就会变得非常困难。

尽管一个社会有创新产出，詹科夫等人、鲍恩和纽珀特称，官僚主义（例如，过度的规则、程序要求、需要得到各机构认可以及繁多的文件要求）会严重阻碍企业活动，而且耗时耗资，不利于投资。

关于活跃私募股权市场的决定因素的结论

确定影响 PE 活动最恰当的决定因素具有挑战性。目前，对于这一标准的排名，尚未达成一致看法。一些因素在文献中比其他因素得到更多关注，不过，这些因素之间没有明显的相互作用。

也就是说，许多标准彼此相互关联。布莱克和吉尔森将这种现象比作是"鸡与蛋"的问题，因此不可能确定因果关系。可能有人会说，开放且受到教育的现代社会，制定法律保护投资者的权利，有利于创新产出和资本市场发展，而资本市场反过来会推动经济发展，促进所需投资。不过，有人可能持相反观点，即经济增长促进创新，推动发展开放且受到教育的现代社会。另外一些人则可能会认为要支持创新、经济发展、资本市场和 PE 活动，只能在充满竞争的法律环境中实现。还有一种可能的选择是，凭借低税收制度吸引投资者，从而实现上述这种社会的建立。

尽管每种说法都合理，且在各国不同历史阶段的经济发展中得到证实，不过，要增加一个国家的 PE 活动，改善这些因素仍很关键。也正因为如此，本章所用的指数并不是依靠只挑选几个因素得来，相反，国家在每一个标准上都必须排名靠前，这样才能够在整个指数中位居前列。

私募股权国家吸引力现状

本章中用于分析的指数结构确定了先前讨论过的六个关键动力，并肯定了它们对机构投资者的意义。由于无法直接衡量它们，所以将它们标成六个"隐藏"的关键动力。它们由其他多种因素推动，这些因素可以借助替代指标，因而衡量起来更容易。由于缺少大部分样本国家的数据，本章的研究受到一定限制。PE 活动的六个隐藏的关键动力包含了之前讨论的因素：（1）经济活动；（2）资本市场的深度；（3）税收；（4）投资保障和公司治理；（5）人文环境和社会环境；（6）企业文化和交易机会。

如果以上六个动力能完全决定一个国家的 PE 吸引力，那么，查找数据来估算这些动力就十分重要。例如，国家投资银行的数量，专业并购公司、律师事务所、会计师和财务顾问的数量都是非常理想的数据，能体现一国交易环境的质量。不过，全球范围内目前还没有这些数据，唯一的选择是收集一些影响关键动力和"资本市场深度"的普遍信息（如银行部门提供的债务水平，或者金融系统可感知的复杂性的估算）。虽然这些替代指标并非完美，不过，这些衡量标准水平越高，国家资本市场也就越有深度。从而会出现更多支持交易的机构，推动PE活动发展。构建指数时，有一个原则贯穿始终，即借助大量替代指标，评估隐藏关键动力的能力。正如格罗、列支敦士登和利泽所说，采用51个数据序列、不同加权和集合法，将信息压缩成单个综合分数。

私募股权吸引力排名

结果显示，美国拥有最好的PE交易环境条件。因此，将美国作为基准，把它的分数调整至100分，作为其他各国的参考分。美国在其他传统PE市场居于前列。新兴经济体排名第一位的是马来西亚，领先于中国、智利、印度和中国台湾地区。

该指数仍有争论的余地。有些人认为，个别国家或地区排名过高，而有些则排名太低。指数的排名是常见的、透明的，是汇总的社会经济数据的结果，根据现有的有关此课题的研究，数据都是相关的。这些研究结果可以追溯到单个数据序列，因此，它们完全不矛盾冲突。

巴西、俄罗斯、印度和中国的特例

金砖国家近几年受到投资者的强烈关注。中国是全球PE活动最多的国家之一，印度紧跟其后。金砖国家的PE吸引力水平合理，尤其是中国和印度，有人可能会认为吸引力衡量低估了投资现实。在图24.4中，对形成金砖国家的关键动力，以及低于6个关键推动力的数据点水平进行了更详细的研究。

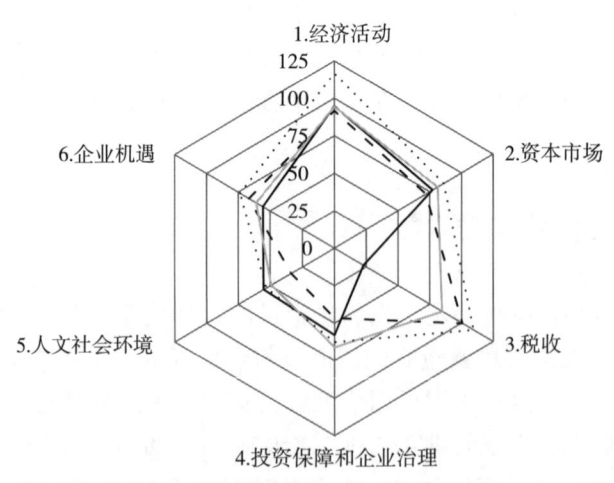

注：该图显示了影响金砖四国对PE投资者吸引力的关键驱动力。这些驱动力的发展是有偏差的。经济规模和成长速度以及资本市场对投资者极具吸引力。相比之下，投资者权益保障，人文和社会环境以及以创新为基础的企业文化发展不足。这一发现代表了所有其他新兴市场。

图24.4　巴西、俄罗斯、印度以及中国私募股权吸引力的关键动力

投资者利用金砖国家强有力的经济增长。不过，经济形势不是解释PE活动增加的唯一因素。在经济发展的同时，金砖国家和俄罗斯，在较小程度上，发展了强大的资本市场。与此同时，在上市公司市值化方面，中国居第二，而印度的国内上市公司数量居第一。类似的是，两国公开发行活动和并购交易的数量和数额都很高。这一动态，确保了专业投资环境与一般金融市场流动性和 PE 交易的机会。

不过，图 24.4 显示出，在这些国家，PE 活动吸引力的关键动力有偏差。通常，这类国家拥有强劲经济活动和资本市场的特征，虽然实际是与投资保障、人文环境和社会环境以及企业文化相关的关键动力发展不足。

公司治理因素和投资者保障仍是一大亟待解决的阻碍。这些国家，尤其是俄罗斯，同样面临严重的腐败贿赂，而创新和企业研发力度仍相对不足。

经济活动是在将规模、GDP 实际增长和就业作为替代基础上构建起来的。因此，中国由于实际增长突出，经济规模与美国相似，而成为唯一一个得分高于美国的国家。其他经济体的规模虽然比美国小，但预期实际增长率却高于美国（俄罗斯除外）。不过，综合三个次级指标，它们的经济活动得分不足 100 分。

在新兴市场，这些动力的增长变化主要集中在枢纽区域，尚不够普遍。此外，与发达国家相比，创造财富活动更多地直接依靠小范围的精英群体，剩余大多数被排除在外。这给这些国家带来了社会经济和政治挑战，也影响了它们的 PE 活动。如果这些国家无法将经济发展所带来的财富效应转移到大多数人群中，那么，它们将无法改善其他影响 PE 吸引力的关键动力。若是经济增长的速度降下来，这些国家将会看到，本国吸引力排名下降。

印度尼西亚、墨西哥、菲律宾以及土耳其，会追随巴西、俄罗斯、印度、中国的路径吗

由于各种原因，在上述提到的多人口的新兴国家中，印度尼西亚、墨西哥、菲律宾和土耳其四国，PE 活动的增长潜力最大。土耳其和墨西哥的吸引力指数甚至超过巴西和俄罗斯，菲律宾和印度尼西亚紧跟其后。2009 年至 2014 年，这四个国家的吸引力排名提升了数位。

从图 24.5 中可以看出，这些国家吸引力的主要动力与金砖国家相似，印度尼西亚、墨西哥、菲律宾和土耳其四国 PE 吸引力的主要动力发展不平衡，类似金砖国家。这四国的经济规模相较金砖国家小太多，不过，从图 24.6 可以看出，它们（墨西哥除外）的实际增长前景却非常乐观。

图 24.6 是金砖国家潜在追随者预期的强劲经济增长。各国政治家希望通过改善投资条件，来吸引国外资本。这样的话，这些结果可以作为指引，了解哪些因素需要改善。

私募股权：机遇与风险

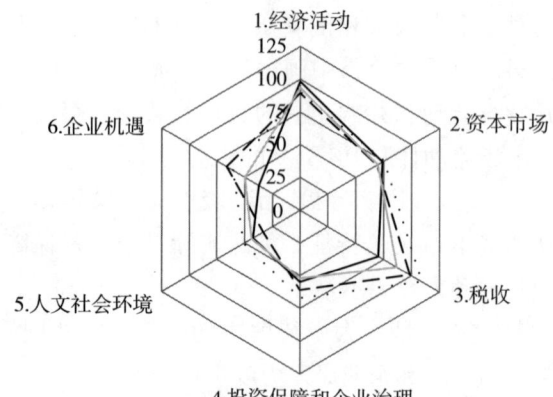

—— 印度尼西亚（46） -- 墨西哥（39） —— 菲律宾（42） .... 土耳其（30）

注：该图显示的是印度尼西亚、墨西哥、菲律宾和土耳其PE吸引力的关键动力。从图还可以看出，金砖国家的六大动力的倾斜发展。经济前景在吸引着投资者，不过，其他一些参数也值得改善提高。

图 24.5　印度尼西亚、墨西哥、菲律宾和土耳其私募股权吸引力的关键动力

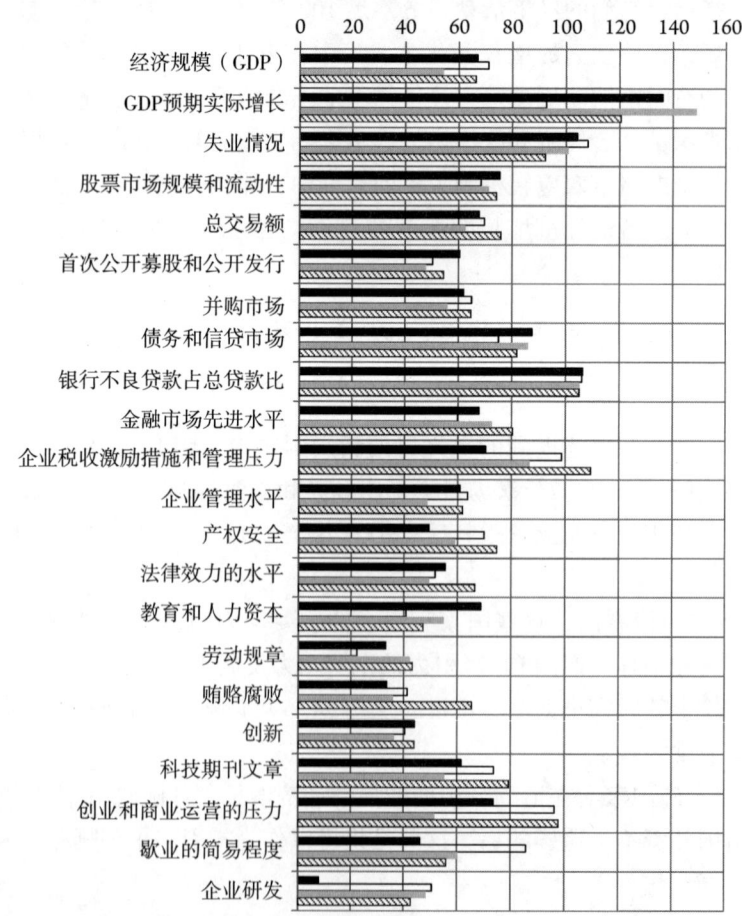

■ 印度尼西亚（46）　□ 墨西哥（39）　■ 菲律宾（42）　▨ 土耳其（30）

注：该图将印度尼西亚、墨西哥、菲律宾和土耳其PE吸引力的关键推动力分解到更细微的数据水平。我们从图中可以看出，这四国的主要模式与之前讨论到的金砖国家一样。公司治理和投资者保障仍是投资的主要障碍。贿赂腐败、缺少创新以及企业研发阻碍了额外的PE活动。

图 24.6　影响印度尼西亚、墨西哥、菲律宾和土耳其私募股权投资吸引力更具体细微的决定因素

私募活动成熟度的最低水平

该指数根据社会经济数据序列，将国家对机构投资者的PE吸引力进行排名。如前面提到的，一些样本国家可能还没有足够开发的"PE基础设施"，无法创造合理的交易流。实际上，许多新兴国家的私募活动仍处在较低水平，频率较低。

下一步要做的，是找到PE投资提升的最低回报率。这就需要采用回归分析将指数得分和各国实际PE活动进行对比来实现。PE活动衡量指标是某一国家过去三年内总PE投资平均值的对数。对数法是用来弥补活动间的巨大差距的（如美国的活动和其他几个新兴国家对比），并采用三年的平均值以中和浮动变化。尤其是对一些新兴国家而言，在接下来的几年里，每年的活动从峰值水平波动至零。

私募股权国家成熟度和历史私募股权投资回报

与支持PE活动所需的成熟度争论的同时，分析这种成熟度是否与传统市场和新兴市场投资的经验表现有关，也是特别值得关注的。PE投资者倾向将历史结果推测到未来，他们更愿意将资金分配给历史上有较高回报的东道国。可惜不幸的是，业绩数据仍是PE行业保守得最好的秘密之一，不披露过去收益回报信息的原则在传统市场和新兴市场同样有效。如前所述，新兴PE市场还很年轻，活动水平普遍较低（尽管有一些例外）。因此，很少有交易存在能用于计算实现的回报。因此对发展中国家来说，评估PE成绩比发达国家更具挑战性。商业数据供应商只提供特定交易中获得的有限回报数据。获得足够数量交易的可靠业绩数据进行实证分析的唯一方法，是通过广泛收集私募备忘录（PPM）。PPM是一个由普通合伙人编辑的文件，它筹集普通合伙人的PE基金并向机构投资者寻求资本承诺，这是一份用于筹款目的的营销文件。普通合伙人通过PPM提供关于他们的交易跟踪记录和个人交易绩效的信息。由于这些数字经过审计，因此投资者信任它们。然而，只有成功的普通合伙人才能筹集后续资金并编辑PPM。因此，学术研究人员批评使用PPM中的绩效数据，因为这些数字数据有向上的偏差。然而，没有理由相信这种向上的偏差在特定国家之间是不同的。这一假设意味着使用PPM中的绩效数据将国家作为基准是可行的，因为各国在一致的相对基础上进行比较，绝对条件并不重要。

弗洛伦西奥洛佩兹、法利波和戈特沙尔格使用PPM汇集了投资层面上最全面的PE回报数据库，其中包括7453项PE的绩效和特点，其中1694项投资在新兴国家。众所认可的第一笔交易是于1971年完成的，最后一笔交易于2006年之前完成。卢多维奇·法利波提供了关于国家总回报的数据，供后续的分析使用。收益被编译为特定国家所有交易的总内部收益率（IRR）的平均值。这个平均值当然只是一个粗略的估计，忽略了不同的基金年份、行业、交易结构和特定PE市场的发展周期。不幸的是，考虑到一般交易数据的可用性，控制这些影响因素是不可能的。此外，IRR是一个资本和时间加权的回报衡量指标，它需要再投资假设，并且还存在如法利波所述的集合问题。不过，所有交易和所有被审查的国家遇到的IRR陷阱都是一样的。因此，它们不应影响跨部门的国家基准方法。

通过利用这些综合绩效指标，可以探索PE国家成熟度与过去绩效之间的联系。所提供的数据能与 48 个国家的成熟度得分相匹配，其中 24 个是新兴国家。每个国家至少有 10 个可观察到的 IRR，因此提供了对平均值的总体稳健估计。

我们可以得出的结论是，各国可以通过改善目前现有的主要驱动力来增加对 PE 投资者的吸引力。这些力量有助于创造更好的交易条件，让投资者获得更高的回报。这些更高的回报应该会在未来将更多的资金导向这些国家，因为 PE 投资者倾向于将资金分配给让他们有过良好体验的市场。

由于 PE 投资者倾向于将更多的资金分配给他们获得良好体验的市场，因此，未来应向这些国家提供更多资金。

第二十五章　私募股权母基金的多元化收益

引言

私募股权（PE）投资于20世纪50年代末首次出现，随后经历了过度收缩和扩张的浪潮，但总体呈增长趋势。世界范围内，PE的增长已扩展到亚洲和非洲等发展中地区。普瑞奇数据公司发现PE投资的增长水平很高，截至2011年底，PE投资管理下的资产约3.0万亿美元。然而，这种增长导致出现了对PE管理层薪酬绝对水平的批判。PE基金的典型薪酬结构是根据基金规模收取2%的管理费，并且收取20%的绩效相关费用。随着PE增长日益突出，其薪酬结构不断受到抨击。规模为50亿美元至100亿美元的基金已不再罕见，因此，无论基金是否产生利润，其绝对管理薪酬都为1亿美元至2亿美元。

委托代理问题成为一大挑战，因为向基金发起人支付如此高的报酬，并不会使得基金经理和投资者之间的利益一致。委托代理问题指两个利益不同的当事人，代理人所拥有的信息比委托人多，委托人无法确定代理人是否始终以委托人的最大利益为目的行事。私募基金尤是如此，它们收取约0.5%的额外管理费，并在投资组合中的基金收费基础上再收取5%至10%的绩效相关费用。通过投资FOF，投资者可以从内部成本节约、管理技巧中获益，特别是对数百家投资组合公司进行多样化投资，风险更低且回报更高。

正如魏迪格和马托内展示的那样，FOF减少了损失风险。然而，考虑到投资者会规避风险，收益是否大于成本的问题仍然存在。与对冲基金行业不同，能够用来回答有关PE问题的实证证据非常有限。布朗、戈茨曼和梁发现对冲母基金为投资者提供的价值很低，相比之下，安、罗兹克罗夫和赵将基准从数据库中报告的单一对冲基金池，改为投资者无须求助母基金（FOF）即可选择的对冲基金。他们发现对冲母基金的收费合理，原因之一是其提供了接触顶级基金的机会，并降低了波动性。

私募股权投资、私募股权投资基金和母基金的定义

私募股权投资（PE）属于另类资产，类似于对冲基金和房地产投资。投资PE时，投资者一般通过购买普通股、可转换证券、认股权证或其他与股权有关的证券来获得私营公司的股权，其目的是出售这些投资以取得资本收益。PE有时被分成两个不同的资产类别：风险投资（VC）和收购（BO）。目标公司在其生命周期中所处的阶段决定它是VC还是BO。

界定风险投资

据美国国家风险投资协会的研究，VC 投资方通过提供资本、行业知识和商业联系，以共同投资人的身份参与进来。杰施将风险投资描述为"智能股权"，并以实际操作方法进行投资。VC 集中于具有高增长潜力的年轻目标公司，往往在医药、生物技术和信息技术领域。与 BO 不同，VC 基金在公司生命周期的早期阶段进行投资。早期阶段一般可分为种子期、初创期和成长期。在种子期，公司产品和市场的概念被创造出来。在初创期，公司的产品从开发至工业应用。在成长期，VC 被用来扩大更多营销渠道的投资。为降低早期投资的高风险，资本配置在融资周期中进行。融资周期取决于是否完成此前界定的重要工作（这些工作通常是由联合投资界定）。

界定收购

收购投资通常适用于处在生命周期后期阶段的成熟公司。BO 是通过购买一家公司的多数股权，然后控制、管理和重组这家公司来增加其价值。通过 BO 进行 PE 融资并不局限于私人公司，因为投资者也可以投资上市公司。在公转私交易中，PE 公司购买上市目标公司的多数股权，然后将其从证券交易所摘牌。大多数 BO 都是杠杆式的，在杠杆收购（LBO）中，PE 公司通常投资于已经实现正现金流的目标公司。卡普兰和斯特伦贝格发现，60%~90%的债务被用于为收购提供资金。高债务负担通常由目标公司的资产担保，由其正现金流偿付。

通常来说，术语"收购"（BO）包括这个独特资产类别的所有子类别。有时，BO 和 PE 这两个术语在美国的研究中可以互换使用，如卡普兰和斯特伦贝格所述。而在欧洲，PE 术语通常用于描述整个行业，既表示风险投资（VC）也表示收购（BO）。造成这种差异的原因之一是欧洲风险投资比美国风险投资的市场规模更小，发达程度也更低。本章中，PE 同时指 VC 和 BO 投资。

界定 PE 基金

梅特里克和雅司答将 PE 基金定义为投资者和目标公司之间的金融中介，在管理其投资组合公司方面发挥积极作用。为了实现这一点，PE 基金从投资者那里筹集资金，并与目标公司协商股权资本参与。因此，PE 基金被归类为集合投资工具，通常具有有限合伙的法律地位。基金创始人（即 PE 公司）通常具有有限责任的法律地位。为管理基金，PE 公司设立一个特殊目的实体（SPE）。该 SPE 的角色是普通合伙人（GP），投资者担任有限合伙人（LPs）的角色。当目标公司的收购资金部分通过债务融资取得时，借贷成本随即产生。为了从税收减免中获益，另一个被称为"新公司"的 SPE 成立了。新公司筹集所需资金，从基金、基金经理和债务提供者手中收购目标公司。银行经常充当债务提供者，在 BO 交易的杠杆融资中占 60%~90%。之后，新公司与目标公司进行"债务推卸式合并"，因此债务负担可使目标公司账面上的税收有所减免。

界定 PE FOF

据欧洲私募股权和风险资本协会（EVCA）（2013）的数据，2012 年欧洲 PE 基金募集的资金中，PE FOF 占比超过 20%。截至 2012 年底，全球有 165 家 FOF 在市场上寻求资本，目标近 400 亿美元。FOF 面临具有挑战性的融资条件，因为投资者越来越有经验。这些投资者的投资重点正在向直接投资基金转变，从而避免双重收费。然而，FOF 仍然在 PE 投资中扮演着重要角色。

FOF 可以被视为用于多种基金的管理式投资组合。因此，FOF 是投资者和基金之间的金融中介，并在每一笔基金投资中都是其 LPs。对于大多数基金投资者来说，多元化收益是他们投资的主要动机。一般投资一只 FOF，会投资于约 20 只不同管理风格的基金，进而投资了约 400 家公司。FOF 提供了一种获得 PE 的途径，其中有两种选择：创造或购买。

专有 FOF

有两种方式可以通过"创造"途径来获得 PE。第一种方式是，投资者可以通过投资大量的 PE 基金来自己建立一只 FOF。该策略具有可以与 GPs 建立长期关系、获得行业知识和完全控制投资战略的优势。第二种方式是，投资者可以聘请外部 FOF 管理团队来定制风险敞口。自创 FOF 的资产类别被称为"专有 FOF"，允许投资者实现个人战略、多样化和税收目标。

专有 FOF 有些缺点。建立专业的内部 PE 投资部门成本高昂，且吸引高质量的经理人需要更长时间。在 PE 基金中站稳脚跟对新投资者来说是个挑战，因为建立良好声誉和成为顶级基金需要时间和资金。与直接投资于寻求资本的目标公司相比，投资者通过专有 FOF 进行投资时必须支付相应费用。该收费结构包括 FOF 收取的年度管理费。如果是外部咨询任务，除了这些费用外，还有管理费。承诺资本必须在投资期内高于一个较高的最低金额，以确保 FOF 能够在几年内对基础基金充分进行多元化投资。一般而言，PE 投资占机构投资者总投资组合的一小部分。因此，规模较小、新成立的及经验不足的机构投资者和私人投资者想要投资 FOF，但是无法或不愿建立内部 PE 投资部门，他们也无法聘请外部基金管理团队，所以需要"购买"。

集合式 FOF

集合式 FOF 从多个投资者那里收集资金再投资于 PE 基金。这一应用范围较广的标准化概念通常具有标准有限合伙制的法律结构，投资者为 LPs，资金提供者为 GPs。这些 GPs 反过来又在其 PE 基金投资中扮演 LPs 的角色。

与单一基金投资相比，集合式 FOF 为投资者提供了一些明显的优势。如魏迪格和马托内所指出的，集合式 FOF 大大降低了由于多样化而带来的风险。对于 VC 投资，他们的研究表明，平均 29% 的亏损出现在对于各类基金的投资，而投资于 FOF 的亏损率为 4%。据欧洲 BO 基金披露，平均 23% 的亏损出现在对于各类基金的投资，而投资于 FOF 的亏损率仅为 1%。这些结果表明，集合式 FOF 具有明显的多元化收益。此外，集合式 FOF 的标准差约为单一基金投资风险的 25%，且集合式 FOF 的投资者也可从内部节省的费用中受益，因为他们不必协商和监督几项单一投资。与 GP 有良好关系、有良好历史记录的集合式 FOF 经理可以进入其他封闭式基金。此外，与单一基金投资相比，集合式 FOF 只需要少量的承诺资本，因此适合想要试水的新投资者。集合式 FOF 还具有提供专业管理小组和尽职调查服务的优势，以及获取原本昂贵或无法获得的信息。

集合式 FOF 的主要缺点是额外收费会使得成本费用较高。除 FOF 的费用外，投资者还需承担相关投资组合基金的所有费用。由于前面讨论过 FOF 相对于单一基金投资的优势，投资者可能会认为，FOF 具有较高的知识优势，所以希望其能够更好地补偿收费。现有的 PE 研究很少对该情况进行分析，但这是一种公认的观点。为了阐明 FOF 的收益是否足以证明收费合理，本章将仔细研究基金和 FOF 的现有收费结构。

PE 基金和 FOF 的收费结构

费用基于单个投资组合基金的水平。在实践中，根据有限合伙协议中的协议，PE 基金付给 GPs 的薪酬结构不同，可以与基金的生命周期相适应。然而，不同的模型可以分为固定的和可变的部分。

固定组成部分是管理费，用于补偿管理和支付运营成本。LPA 包含计算固定利率费用、费用百分比和费用基础所需的参数，这些参数可以随时间变化。贡珀斯和勒纳与普劳斯指出，合同费用百分比通常在 1%~3%。罗宾逊和森索伊利用 1984 年至 2009 年间近 6000 亿美元承诺资本的 837 只 PE 基金的数据发现，92%的基金以承诺资本为初始费用基准，75%的基金费用百分比介于 1.5% 和 2.5% 之间。VC 基金的初始费用中值为 2.5%，BO 基金的初始费用中值为 2.0%。

在整个基金存续期间按承诺资本 2%的固定百分比计算费用，该做法曾被广泛应用，除此之外，梅特里克和雅司答还介绍了确定管理费的另外三种方法。第一，一些 GPs 会根据承诺资本设定管理费，但在投资期后会逐年下降。第二，保持管理费的比例不变，但将费用基础从投资期间的承诺资本改为撤资期间的净投资资本。第三，一些 GPs 提供了两种方法的组合——费用基础与收费百分比同时变化。

为了更好地协调 GPs 和 LPs 的利益，GPs 赚取附带权益。附带权益是 GPs 薪酬的可变组成部分，是其在基金或 FOF 资本收益中的份额。因此，GPs 可以进一步补偿其所拥有的股份所带来的风险，这些股份通常占总资金的 1%。20%的标准附带权益利率通常与优先回报率或"最低预期回报率"相关联。GPs 仅在 LPs 至少已经收到包括管理费在内的初始投资并加上每年通常 8%的优先回报率时，才会收取附带权益。最低回报率是通过所有以前现金流的内部收益率（IRR）来衡量的，包括提款、管理费和分配。

大多数 LPAs 都有一个跟进期。在此期间，达到最低回报率标准的 GPs 会收到以下净回报的预定百分比，从而显示出一种似乎净回报总是按照 GPs 和 LPs 之间商定的附带权益进行分配的安排。在跟进期后，所有高于最低预期回报率的收益都将根据该比率进行分配。

费用也基于集合式 FOF 的水平。魏迪格和马托内确定了 0.5%的年度固定管理费和 5%到 10%的附加费。索然发现 FOF 的管理费在 0.5%到 1.5%之间。本章分析中使用的数据不包括管理费、附带权益或最低预期回报率的信息。因此，采用一般的"2-20"规则，管理费为 2%，附带权益为 20%，最低预期回报率为 8%。

表 25.1 用一个简单的数字列示了双重收费。假设一只 FOF 有 1 亿美元的承诺资本、基于承诺资本的 1%的年度管理费、10%的附带权益、8%的最低预期回报率和 10 年的固

定期限。在本例中，投资组合中只存在一只基础基金，到期费用将在其承诺资本的基础上支付。因此，基础投资组合基金也有 1 亿美元的承诺资本。该基金的年管理费为 2%，附带权益为 20%，最低预期回报率为 8%，总存续期为 10 年。此外，承诺资本在头四年全部提取。在第五年年初，基础基金开始清算其投资组合中的一部分公司，并随之继续进行清算，直到最后一家目标公司在第十年年末被出售。该基金的收益立即分配给相应的 FOF，然后再将收益传递给投资者。

表 25.1 显示，基金在其生命周期结束时，扣除净投资和总费用，利润为 1.5 亿美元。PE 基金的 GPs 每年赚取 200 万美元的管理费，而 FOF 的 GPs 每年赚取 100 万美元的管理费。基于净现金流的 IRR 计算表明，PE 基金的 GPs 在第八年首次获得附带权益，因为第七年首次达到了 8% 的最低预期回报率标准。FOF 的 GPs 首次在第七年获得附带权益。一般来说，GPs 的附带权益取决于 LPA 是否存在追加条款。

假设 LPA 在基金层面没有追加条款，则 GPs 在第八年年初获得 20% 的资本分配，持续到第十年年底，以至于 IRR 始终高于最低预期回报率。这种情况下，GPs 在第八年后收到 360 万美元，第九年收到 760 万美元，第十年收到 720 万美元。GPs 总共赚取 1840 万美元的附带权益，这相当于 14% 的净利润总额。在 FOF 中，GPs 有权在第七年获得附带权益。如果 FOF 与其投资者之间的 LPA 不包含追加条款，FOF 的 GPs 在第七年后将获得 40 万美元，在接下来的三年中将获得 134 万美元、294 万美元和 278 万美元。总收益为 746 万美元，占总净利润的 7% 左右。在基金层面以及 FOF 层面，附带权益数额远低于基金 GPs 的 20% 和 FOF 的 GPs10% 的约定利率。基金 GPs 的总收入将比预期少 760 万美元，而 FOF 的 GPs 的总收入比约定净利润的 10% 的比例少 350 万美元。

表 25.1 费用计算

年	1	2	3	4	5	6	7	8	9	10	总计
资金											
资本流量	−50	−30	−10	−10	60	85	7	20	40	38	150
费用	2	2	2	2	2	2	2	2	2	2	20
资本流量（费用净额）	−52	−32	−12	−12	58	83	5.00	18.00	38.00	36.00	130
内含报酬率	−1	−1	−1	−1	−0.19	0.07	0.08	0.11	0.15	0.17	0.17
佣金（无追加）	0	0	0	0	0	0	0	3.60	7.60	7.20	18.40
佣金（有追加）	0	0	0	0	0	0	0	11.20	7.60	7.20	26
FOF	无追加条款的 FOF										
资本流量	−50	−30	−10	−10	58	83	5	14.40	30.40	28.80	119.60
费用	1	1	1	1	1	1	1	1	1	1	10
资本流量（费用净额）	−51	−31	−11	−11	57	82	4	13.40	29.40	27.80	109.60
内含报酬率	−1	−1	−1	−1	−0.18	0.08	0.09	0.11	0.14	0.16	0.16

续表

年	1	2	3	4	5	6	7	8	9	10	总计
佣金	0	0	0	0	0	0	0.40	1.34	2.94	2.78	7.46
FOF				有追加条款的 FOF							
资本流量	-50	-30	-10	-10	58	83	5	6.80	30.40	28.80	112
费用	1	1	1	1	1	1	1	1	1	1	10
资本流量（费用净额）	-51	-31	-11	-11	57	82	4	5.80	29.40	28.80	102
内含报酬率	-1	-1	-1	-1	-0.18	0.08	0.09	0.10	0.13	0.15	0.15
佣金								3.90	0.58	2.94	2.78	10.20
最低总费用	3	3	3	3	3	3	3.40	7.94	13.54	12.98	55.86
最高总费用	3	3	3	3	3	3	6.90	14.78	13.54	12.98	66.20

注：该表显示了一只基金和一只仅由一只基于现金流（CF）的基金组成的 FOF 的费用。基金的费用为 4600 万美元，FOF 的费用为 2020 万美元，假设两个 LPAs 都商定了一个跟进期，则费用总额为 6620 万美元。如果没有跟进期，费用总额为 5586 万美元。假设价值以百万美元为单位。

LPA 的追加条款使 GPs 能够获得所有净利润的商定附带权益的准确水平，前提是只要净利润超过最低预期回报率。如表 25.1 中所假设，100% 追加条款能让基金经理在第八年后赚取 1120 万美元，收益直赶净利润的 20%。第九年年末和第十年年末分别赚得 760 万美元和 720 万美元，除此之外，总附带权益达 2600 万美元，正好符合净利润 1.3 亿美元的 20% 的附带权益水平。如果基金中的 GPs 在 LPA 也有一个追加条款，他们则有权在第七年后获得 390 万美元，在接下来的三年里再获得 58 万美元、294 万美元和 278 万美元。基金中的 GPs 因此获得 1020 万美元的利差，这正好是净利润 1.02 亿美元的 10% 的业绩报酬水平。

PE 基金和 FOF 的业绩通常用倍数衡量，倍数是分配给 LPs 的资本与 LPs 实缴资本的比例。例如，如果一只基金出售其所有投资组合公司，获得 2.5 亿美元，投资者投资 1 亿美元，那么倍数为 2.5 倍（2.5 亿美元/1 亿美元）。表 25.2 更具体地展现了基金和 FOF 的倍数，并揭示了双重收费的影响。

PE 基金的投资者可以获得 2.5 倍的总费用。不含追加条款的费用净值倍数是 2.03，含追加条款的费用净值倍数是 1.96。如果投资者选择集合式 FOF 工具，其倍数显然会下降。基金和 FOF 层面都没有追补条款的情况下，费用倍数的净额为 1.84。然而，当 LPA 包含商定的优先回报时，最常用的是跟进期。因此，在 LPA 中，基金和 FOF 的包含追加条款的费用净值倍数均为 1.75。在包含追加条款的情况下，单个基金投资与 FOF 之间的倍数差为 0.21。在本例中，费用为 2100 万美元的情况下，集合式 FOF 的优势是否值得额外费用（即 1 亿美元的 21%）？

表 25.2 倍数

	基金	FOF（无追加基金）	FOF（有追加基金）
总收益率	2.50	2.03	1.96
净收益率（无追加）	2.03	1.84	1.78
净收益率（有追加）	1.96	1.81	1.75

注：此表显示了在计算总费用和净费用基础上，表 25.1 中示例得出的倍数。

数据集

以下分析使用普瑞奇数据库（Preqin）——PE 行业领先的商业数据集提供商之一。该数据集包含关于年份、清算状况、基金规模、区域重点、剩余价值与实收资本（RVPI）、投入资本现值倍数以及 6223 只基金和 FOF 在 1969 年至 2013 年间的 IRR 数据。为了解决基金中的双重收费是否可以接受的问题，必须计算出最终财富的确定性等价水平，以比较有特定风险厌恶系数的投资者在基金（FOF）清算中替代投资的 FOF（基金）时，必须对基金进行多少投资，才能达到同样的财富效用。只有包含全部现金流的清算基金和 FOF 的倍数才能反映完整的业绩真实性。由于数据集只包含 31 只倍数已清算的 FOF，FOF 是基于清算 VC 和 BO 基金进行模拟的。在普瑞奇数据库中，PE 基金类型的细分首先要求在主要类别"VC"和"BO"下对子类别进行汇总。本研究中，"VC"在普瑞奇数据库里代表"早期阶段""早期：种子期""早期：初创期""扩张/成熟期"和"风险（普遍性）"等子类别；"BO"代表"收购""成长""特殊情况"和"周转"等子类别。

描述性分析

表 25.3 报告清算的 BO 和 VC 基金以及 FOF 的基础描述性统计数据。汇总后，仍有 375 只已清算的 BO 基金、508 只已清算的 VC 基金和 31 只已清算的 FOF 存在。BO（VC）基金的平均倍数为 2.24（2.75），而倍数中值为 1.87（1.90）。BO（VC）基金倍数为 0.00~17.32（0.01~42.45）。VC 基金的倍数浮动较大，其标准差为 3.63，而 BO 基金倍数标准差为 1.78。此外，对于损失频率（即那些倍数小于 1 的基金的频率），BO 基金为 13%，而 VC 基金为 18%。

这些数据清楚表明，PE 基金投资并不是没有风险，因为对于平均亏损（即倍数小于 1），BO 基金为 37%，而 VC 基金为 49%。完全损失的风险实际上是不存在的，因为这种情况下需要两只 BO 基金的倍数都为零。风险回报率给出了单位风险的回报，计算为平均倍数减去 1 除以标准差，得出 BO 基金为 0.69，VC 基金为 0.48。这些发现揭示了 VC 基金比 BO 基金的风险更高。

31 只 FOF 的清算包含了多个因素，这些因素可能表明，风险厌恶型投资者更偏好选择 FOF 进行投资而不是投资单一的基金。1.01 的最小倍数，凸显出投资者并未面临亏损。在风险回报率高于 1 的情况下，FOF 似乎实现了所有优势，但最大倍数 7.85 显示了 FOF 额外多元化的缺点。除了双重收费外，投资者还要为多样化的收益和较低的下行风险埋单,从而降低获得高回报的机会。

表 25.3 样本 1:清算基金

样本 I	BO Funds	VC Funds	Funds-of-funds
N	375	508	31
最小倍数	0.00	0.01	1.01
中间倍数	1.87	1.90	2.27
平均倍数	2.24	2.75	2.49
最大倍数	17.32	42.45	7.85
标准差	1.78	3.63	1.31
损失概率	0.13	0.18	0.00
既定损失的平均损失	0.37	0.49	0.00
全部损失率	<0.01	0.00	0.00
风险回报比	0.69	0.48	1.14
重点区域			
非洲	1	3	0
美洲	9	5	0
亚洲	21	36	1
澳大拉西亚	6	7	0
多个跨区域	1	0	0
欧洲	102	70	12
中东和以色列	1	10	0
美国	234	377	18

注:该表提供了普瑞奇数据库(Preqin)第一个子集的统计信息。这些基金的区域重点并不令人惊讶,在美国约有69%。另外19.5%的基金集中在欧洲,其余11.5%集中在世界其他地区。

综上所述,与单一基金相比,FOF 降低了下行风险。然而,由于 10 只到 20 多只基金的多元化,投资者获得超额回报的概率显然有限。

图 25.1 中的核密度估计(即随机变量的概率密度函数的估计)说明了中值、平均值、最小倍数和最大倍数的数值结果。平均值总是超过中值,这意味着倍数的分布是正偏的。由于一些高倍数或异常值,分布图右边有一个较长的"尾巴"。BO 基金类中的 5 个倍数和 VC 基金类中的 15 个倍数高于 10,即就特定资产类别的所有倍数而言,二者分别占样本的 1% 和 3%。此外,密度估计结果表明,与 BO 基金相比,VC 基金的风险更高,因为曲线下的大量资金集中在分布较低部分。此外,与单一基金投资相比,FOF 的上升潜力显然有限。

第二十五章　私募股权母基金的多元化收益

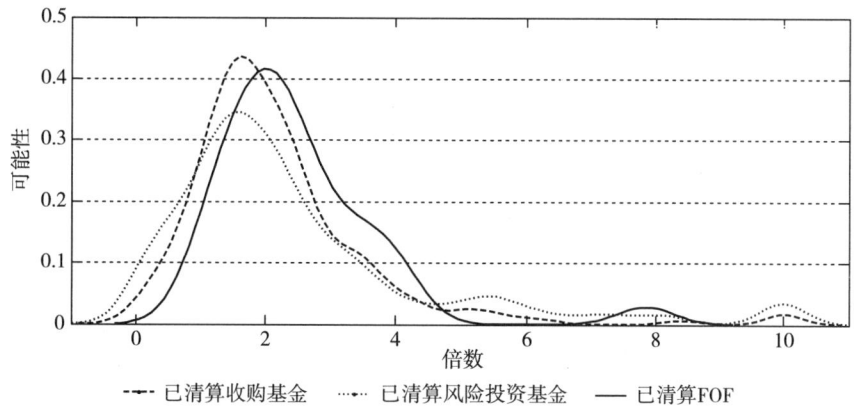

-·-· 已清算收购基金　······ 已清算风险投资基金　—— 已清算FOF

注：在该图中，核密度估计说明了数值结果。已清算 VC 基金的正偏度为 5.97，峰度为 50.77。已清算 BO 基金的正偏度为 4.12，峰度约为 25，但不如 VC 基金的尖顶峰度那么高。已清算 FOF 最接近正态分布，正偏度为 2.4，峰度为 8.6。

图 25.1　清算基金和 FOF 的核密度估计

将分析限制在已清算基金上可能会限制结果，因为近期年份的基金会被系统性地忽略。为缓解该问题，卡普兰和施沙尔在样本中增加了大量已清算基金，从而增加数据。本章将继续遵循该方法，如果未清算的 BO 和 VC 基金的 RVPI 不高于 10%，则将它们添加到样本中。以观测期结束时的当前资产净值（NAV）作为最终现金流，对结果的影响可以忽略不计。所有在 2006 年底前未清算并满足该条件的基金都被添加到清算基金中，形成表 25.4 中称为"成熟基金"的第二个样本。本样本由 555 只 BO 基金和 651 只 VC 基金组成。

表 25.4　样本 2：成熟基金

样本 2	BO 基金	VC 基金
数量	555	651
最小倍数	0.00	0.01
中值倍数	1.82	1.67
平均倍数	2.09	2.47
最大倍数	17.32	42.45
标准差	1.55	3.32
损失概率	0.14	0.25
给定损失的平均损失	0.35	0.48
总损失概率	0.00	0.00
风险回报比率	0.70	0.44
重点区域		
非洲	3	3

续表

样本 2	BO 基金	VC 基金
美洲	12	7
亚洲	28	38
澳大拉西亚	10	8
多元化多区域	1	0
欧洲	154	86
中东和以色列	1	13
美国	346	496

注：该表显示未实现投资倍数（RVPI）不超过10%的已清算基金和尚未清算基金的第二个样本。因此，本样本还包括20世纪90年代末和21世纪初的较近期基金。

第二个样本中，BO 基金和 VC 基金的中值倍数分别降至 1.82 和 1.67。该变化提供了一些保守的 NAV 的迹象。这也可能是由于 2001 年至 2003 年股票市场崩盘期间相对更加糟糕的退出条件和（或）20 世纪 90 年代后期至 2001 年股市反弹期间目标公司价格偏高所致。此外，以标准差衡量的 BO 基金和 VC 基金的风险分别降至 1.55 和 3.32。然而，BO 基金的风险回报率保持在 0.70，平均倍数也降至 2.09。VC 基金的平均倍数为 2.47，这使得风险回报率略低一些，为 0.44。

这些基金的地理分布表明，美国仍拥有最大的 PE 投资市场，76% 的 VC 基金和 62% 的 BO 基金集中于该地区。图 25.2 显示了扩展样本的核密度估计。观察样本的偏度和峰度可知，第二个样本在这两种度量方法中都达到了较高的值。

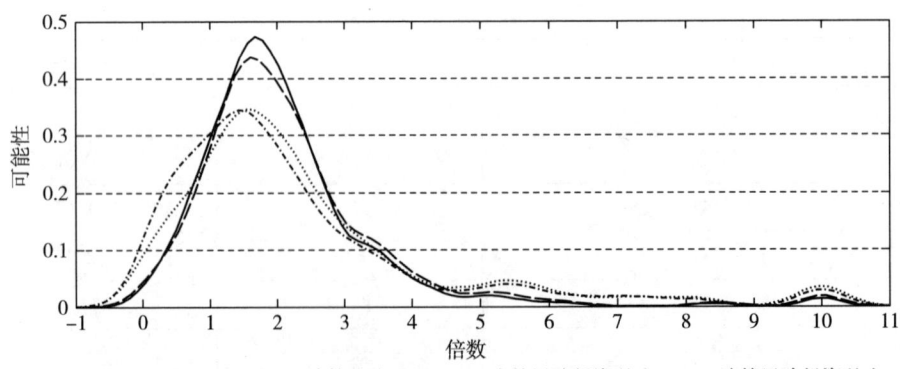

注：该图显示，第二个样本的核密度估计值在偏度和峰度方面始终高于已清算基金样本，导致尾巴更粗。成熟 VC 基金样本的偏度为 6.32，峰度为 58.96。成熟 BO 基金样本的偏度为 4.45，峰度为 31.73。

图 25.2 比较两个样本的估计内核密度

图 25.3 汇总了两个样本之间每一年份基金的差异。通过在第二个样本中加入大量的已清算基金，这项研究在考虑到年份较近的基金（即 20 世纪 90 年代末和 21 世纪初）时做得更好。

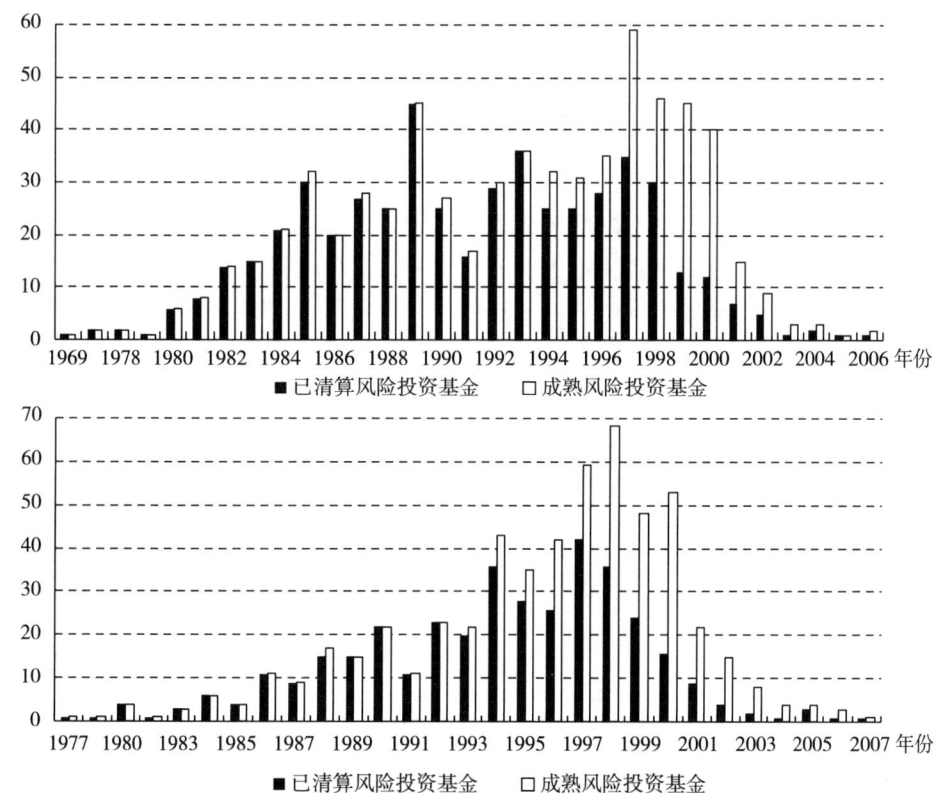

注：此图显示，将已清算基金的样本扩大到 RVPI 不高于 10% 的基金，可以更好地考虑到最近年份的基金。此外，考虑到已清算 BO（VC）基金的平均倍数为 2.24（2.75），而新增基金的平均倍数仅为 1.79（1.46），这有助于缓解倍数上升的偏差。

图 25.3　每年的基金

模拟 FOF

采用 Bootstrap 模拟 FOF，该模拟基金投资于 20 只基金——这是一只 FOF 的合理投资数量。投资期限为五年，每年投资四次。模拟分两步进行：第一步，在基础基金的年份范围内，模拟随机选择 FOF 年份。每一年的权重都是相等的。其次，该模拟在每个投资年度随机选择 4 个基金倍数，从起始年份算起，连续 5 年投资结束。然后，将它们组装成一只 FOF。第二步，这些倍数的总和除以基础基金的数量，得出倍数，该倍数就是投资于 FOF（包含选定资金）时的倍数。为比较基金和 FOF 的结果，我们使用了相似的 Bootstrap 技术来模拟 10000 只基金。

对样本 1 来说，BO（VC）的 FOF 的平均倍数仅为 1.91（2.17），而模拟基金的平均倍数为 2.43（2.52）。模拟基金最大倍数 4.20（7.18）仅为 BO 基金最大倍数的三分之一左右，同时约为 VC 基金最大倍数的六分之一。BO 基金最小倍数为 0.79，VC 基金最小倍数为 0.51，这表明 FOF 的平均损失一定要比基金低得多。如果一个组合型 BO 的 FOF 的投资者面临任何损失（100 次投资中就有可能发生一次此类损失），该投资者要遵守一个平均损失值，即承诺（投资）资本的 7%。

如表 25.5 所示，模拟 VC 的 FOF 基金的投资者有 3% 的损失概率。如果出现亏损，平均亏损率约为 16%。相比之下，单只基金承受亏损的概率为 21%，在这种情况下，预期亏损平均发生概率为 47%。此外，BO（VC）风险降至 0.57（0.84），导致风险回报率为 1.60（1.38）。

将表 25.6 中成熟基金和 FOF 拓展样本（样本 2）的数据与样本 1 进行比较，发现最近年份增加的非清算基金会使大多数绩效数据恶化。然而，风险也降低了，使得样本 2 中的投资者比样本 1 中的投资者更不愿意支付 FOF 的额外费用。对于这两个样本，FOF 相对于基金的预期利弊都是正确的。虽然这两个样本的风险都低得多，风险回报率也高得多，发生任何损失的概率也低得多，但由于投资超过 20 只基金带来的分散化，最大倍数和平均倍数都较低。

表 25.5 清算基金和 FOF

样本 1	BO 基金	BO 的 FOF	VC 基金	VC 的 FOF
数量	10000	10000	10000	10000
最小倍数	0.00	0.79	0.01	0.51
中间倍数	2.09	1.80	1.82	1.96
平均倍数	2.43	1.91	2.52	2.17
最大倍数	13.52	4.20	42.45	7.18
标准差	1.78	0.57	3.07	0.84
损失率	0.11	0.01	0.21	0.03
给定损失的平均损失率	0.39	0.07	0.47	0.16
总损失比	< 0.01	0.00	0.00	0.00
风险回报比	0.80	1.60	0.49	1.38

注：该表为清算基金样本中 10000 只模拟基金和 FOF 的数值结果。因为并非每一年份都满足至少四只已清算基金的条件，下面的数字代表了 1984 年至 2002 年的 BO 基金，以及 1980 年至 2002 年的 VC 基金和 FOF。

表 25.6 成熟基金和 FOF

样本 1	BO 基金	BO 的 FOF	VC 基金	VC 的 FOF
数量	10000	10000	10000	10000
最小倍数	0.00	0.73	0.01	0.44
中间倍数	2.01	1.71	1.74	1.93
平均倍数	2.33	1.85	2.39	2.08
最大倍数	13.52	4.30	42.45	6.70
标准差	1.70	0.53	2.87	0.80
损失率	0.10	< 0.01	0.22	0.05
给定损失的平均损失率	0.35	0.06	0.43	0.18

续表

样本 1	BO 基金	BO 的 FOF	VC 基金	VC 的 FOF
总损失比	<0.01	0.00	0.00	0.00
风险回报比	0.78	1.59	0.48	1.35

注：该表展示了成熟基金和 FOF 样本的数值结果。BO 基金的年份从 1984 年到 2005 年，VC 基金和 FOF 的年份从 1980 年到 2002 年。

结果

假设初始财富为 100 美元且风险厌恶水平 $\gamma = 1.5$ 的投资者决定投资 VC 的 FOF 而不是基金。在清算样本中，投资者今天可以放弃 36.72% 或者 36.72 美元的财富，在 FOF 中投资 63.28 美元，但最终的效用水平仍与在 VC 基金中投资 100 美元相同。表 25.7 中的数字是 FOF 的费用总额。考虑到 1% 的额外 FOF 管理费、r=0 的无风险回报率和 10 年的基金寿命，有 10% 的额外费用也被计入。附带权益取决于 LPA，可能导致另外 10% 的额外费用，但为方便起见，附带权益不考虑在内。最后一步，将额外管理费的 NPV 与投资者当前可能放弃的金额进行比较，在当前的例子中，投资者仍将投资 FOF，因为 36.72 美元高于 10 美元的附加费额外费用的 NPV。

表 25.7 漠视程度

γ 的风险规避水平的风险厌恶水平	0.5	0.8	1.5
已清算 VC 基金和 FOF	2.01	11.88	36.72
成熟 VC 基金和 FOF	1.82	10.75	34.52
已清算 BO 基金和 FOF	−16.91	−10.40	58.07
成熟 BO 基金和 FOF	−16.33	−10.48	36.12

注：该表报告了具有给定风险厌恶水平 γ 的基金投资者今天可能放弃的财富百分比中的费用总值，并且在基金投资和 FOF 投资之间保持中立。在正值的情况下，投资者最好投资于 FOF。

清算 VC 的 γ 为 0.74，成熟 VC 的 γ 为 0.77，清算 BO 为 1.23，成熟 BO 为 1.31。清算 VC 投资的样本显示，如果投资者的风险厌恶系数最低为 0.74，或更高，投资 FOF 并接受双重费用会增加价值。这些数字清楚地反映了 VC 投资的高风险。尽管成熟 VC 的投资者只需要 0.77 的风险厌恶系数就可以接受双重费用，而成熟 BO 的投资者要 γ 至少为 1.31 才准备支付双重费用。

通过采用相同数量的基础基金，并随机选择它们来构建 FOF，我们假设一个不熟练的投资者和一个 FOF 经理具有相同的基金选择能力。现在假设 FOF 的经理通过投资每个年份 75% 最好的基金来增加价值。为了模拟这些 FOF，模拟过程排除了每个年份中 25% 最差的基金。

表 25.8 报告模拟结果。BO 的 FOF 的最低倍数是清算 FOF 的 1.21 倍，是成熟 FOF 的 1.20 倍。与相关基金样本相比，两个 BO 的 FOF 样本的平均倍数都较低，但风险回报率约为其他 FOF 的两倍，这可归因于其承受的低得多的风险（0.57 和 0.55）。VC 的

FOF 的平均倍数甚至高于基础单一基金。它们的标准差从清算基金的 3.07 下降到清算 FOF 的 1.00，从成熟基金的 2.87 下降到成熟 FOF 的 0.94，产生 1.65 和 1.62 的风险回报率，这一比率是投资于基金的三倍以上。

表 25.8 选择能力

FOF	已清算 BO	成熟 BO	已清算 VC	成熟 VC
数量	10000	10000	10000	10000
最小倍数	1.21	1.20	0.66	0.63
中间倍数	2.00	1.93	2.36	2.30
平均倍数	2.13	2.08	2.64	2.52
最大倍数	4.68	4.52	8.86	8.71
标准差	0.57	0.55	1.00	0.94
损失率	0.00	0.00	< 0.01	0.02
给定损失的平均损失率	0.00	0.00	0.09	0.11
总损失比	0.00	0.00	0.00	0.00
风险回报比	1.98	1.97	1.65	1.62
基金	已清算 BO	成熟 BO	已清算 VC	成熟 VC
数量	10000	10000	10000	10000
最小倍数	0.00	0.00	0.01	0.01
中间倍数	2.02	1.97	1.82	1.74
平均倍数	2.38	2.32	2.52	2.39
最大倍数	13.52	13.52	42.45	42.45
标准差	1.79	1.70	3.07	2.87
损失率	0.11	0.12	0.21	0.22
给定损失的平均损失率	0.36	0.34	0.47	0.43
总损失比	0.01	< 0.01	0.00	0.00
风险回报比	0.77	0.77	0.49	0.48

注：该表显示的是，假设 FOF 经理人只挑选了最优的 75% 基金，来增加价值，从而得出的模拟的基金和 FOF 的数值结果。这些数据表示的是，1986 年到 2001 年已清算 BO 基金的最好年份，1986 年到 2003 年成熟 BO 基金的最好年份，以及 1980 年到 2002 年已清算和成熟的 VC 基金的最好年份。

表 25.9 给出两种情况下投资者的边际风险厌恶系数：具有和不具有选择能力的 FOF 经理。在 FOF 经理没有任何选择能力的情况下，在清算（成熟）VC 的 FOF 样本中，投资者需要的最小风险厌恶系数为 0.7（0.77）。只有当投资者的风险厌恶系数至少为 1.23（1.31）时，由于数据集中 BO 基金的风险较低，清算（成熟）BO 的 FOF 才能实现盈亏平衡。如果 FOF 经理能够只投资于每年最优质的 75% 的基金，那么风险厌恶的边际系数对于 VC 的 FOF 的两个样本都是 0.16，对于清算（成熟）的 BO 的 FOF 是 0.99（1.07）。这些发现显示了专业的 FOF 经理的优势，特别是对 VC 投资的高风险资产类别。

表 25.9 风险厌恶的边际系数

资产类别	无选股能力的 γ	有选股能力的 γ
已清算 VC	0.74	0.16
成熟 VC	0.77	0.16
已清算 BO	1.23	0.99
成熟 BO	1.31	1.07

第二十六章　公开交易的私募股权

引言

公开交易的私募股权是一种资产类别，由为投资者提供参与私募股权投资的机会的工具组成。这些工具遵循 PE 策略（如风险、收购和夹层），并专注于 PE 投资过程。它们选择投资组合公司，安排交易，监控投资组合公司的业务，并通过剥离资产为股东产生资本收益。投资组合公司是在证券交易所上市的私人公司，而不是金融工具本身。文献中提供了这一资产类别的几个同义词，包括股票上市私募股权、公开交易的私募股权，或更罕见的债券上市私募股权和流动私募股权。尽管一些学术研究和金融产品使用了公开交易的私募股权一词，但上市私募股权是这类资产最常见的名称。

与非上市私募股权基金相比，LPE 基金具有一些优势。这些优势主要与投资者能够在受监管的公共市场上持续交易股票有关。PTPE 通过提供与常规 GP/LP 结构中的 GP 相似的 PE 管理公司（GP）的渠道，增加了可行的投资组合。PTPE 不要求最低投资，并且在大多数情况下可以轻易出售。传统私募股权二级市场提供的流动性要么很少，要么非常昂贵，而 PTPE 可以为其提供流动性。使用 PTPE 还可以进行现金管理，将现金存入传统 PE 基金或其他暂时未投资的资本。由于市场价格的可得性，业绩衡量要容易得多。最后，大多数交易工具都受到股东保护法的约束，这降低了股东的监督成本。

新上市工具一个重要缺点是必须立即将 IPO 的收益投资，因为过剩的现金可能会降低业绩，稀释早期投资者的投资组合。上市费用和对上市公司的昂贵法律要求同样会降低业绩。一般来说，由于上市基金通常投资于私人投资组合公司以外的工具，投资者对私募股权投资的控制较少。PTPE 工具的规模通常比未上市的亿级货币量的 PE 基金小得多。因此，与蓝筹股相比，它们往往由于较高的买卖价差和较低的交易量而流动性较低。

市场趋势

LPE 作为一种公认的资产类别，是一种相对而言的新生事物。第一批上市公司现在可能被称为 PTPE 工具，比如法国欧瑞泽基金集团或西南资本，最早的上市时间可以追溯到 20 世纪 60 年代到 70 年代。其中许多公司在美国以小企业投资公司或商业发展公司起家，后来又在英国创办了风险投资信托公司。该行业的行业协会 LPEQ 成立于 2006 年。

LPE 工具大多位于欧洲。在 606 个工具中，35% 的总部设在英国，16% 在美国，6%

在德国。其次是加拿大、澳大利亚、以色列和瑞典。它们的规模分布呈现较为明显的正偏态。2013年底，平均市值为11.77亿美元，但市值中值仅为3500万美元。在互联网繁荣时期，最大的工具是软银集团和CMGI等孵化器。尽管有几家公司规模较大，但许多上市工具往往规模较小，流动性较差，如果投资者想利用它们建立一个密切跟踪PE市场的投资组合，这可能是个问题。PTPE市值波动较大，并以股票市场波动幅度较大的形式反映在上市PE的大盘走势上。

一些指数用于记录PTPE市场，帮助投资者评估该行业的风险和回报特征。第一批指数出现于2004年，当时LPX GmbH公司开始开发一系列指数，包括种类对象、区域范围以及投资方式不同的全球性指数。红石公司发布了一个与LPX GmbH公司构建的类似的指数。它们的GLPE指数涵盖了全球流动性最强的40~60种投资工具。标准普尔上市的私募股权指数是由30家流动性较强的大型LPE公司组成的全球投资组合构建而成。法国兴业银行私募股权指数包括25只最具代表性的股票，分别来自收购、风险投资和成长性资本板块。斯托克欧洲私募股权20指数旨在反映欧洲最大的20家PTPE公司的业绩。许多中介机构，包括阿尔卑斯基金服务公司、贝莱德顾问公司、德意志银行、景顺、美林、苏格兰皇家银行或瑞银，都提供跟踪这些指数的交易所交易基金、证券和共同基金。

PTPE组织形式

PTPE工具在其不同的组织特征和潜在的经济结构中有很大的可变性。相对于大多数实体结构为有限合伙制的传统PE，PTPE在法律和经济结构方面各不相同。对投资者来说，区分组织形式对于理解潜在的价值生成过程至关重要，而这反过来又影响风险和预期回报。

许多PTPE工具类似于传统的PE结构，但另一些工具则通过将GP/LP结构中不同法律实体的职能合并到一个公司中。拉尔和雷什克区分了直接投资于非上市公司的基金和为基金提供投资管理的管理公司。图26.1为这些基本实体之间的组织关系。通过第三种组织形式，即投资于传统PE基金的上市基金，使其面临间接的风险敞口，但同时可以达到较高的多元化程度。第四类是直接投资于私人公司并在其内部管理投资组合的投资公司。

工具可分为两个维度：（1）内部或外部管理的公司；（2）由单只或多只基金组成的结构。投资委托通常不规定对私人公司进行独家投资，但也允许投资于其他资产，如AIM（其前身为另类投资市场）上市公司或第三方基金。在接下来的部分中描述的组织形式具有很大的重叠，因此我们在为不同类别分配工具时对投资组合和法律结构进行仔细检查。

基金

LPE基金是直接投资于私人公司的外部管理工具。在经济上，类似常规的PE基金。这些工具是资产负债表式投资（即从股东那里募集资金，目的是通过投资私人公司获得资本收益）。类似常规的PE有限合伙制，其由管理公司提供投资管理。然而，管理公司

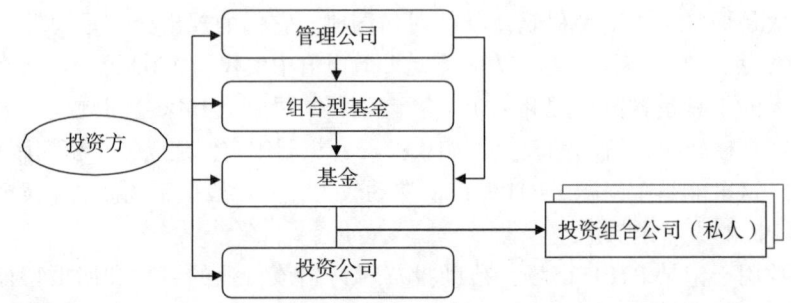

注：该图显示了 PTPE 中的所有权和控制权关系。投资者可以持有四种基本类型的实体的股票或单位，这些实体直接或间接地拥有投资组合公司：（1）管理公司；（2）FOF；（3）基金；（4）投资公司。

图 26.1　上市私募股权的组织形式
［资料来源：改编自拉尔（Lahr, 2010）］

不是基金拥有，而是通常隶属一家管理更传统私募基金的 PE 集团。除固定的管理费外，经理们通常根据资产净值的回报，有时根据股票的回报来支付业绩费。基金通常直接投资或与传统 GP 的其他基金一起投资。

FOF

另一种公开上市、外部管理的投资工具是 FOF。它以有限合伙形式投资于传统 PE 基金。在基金层面上，PTPE 的 FOF 通过融资阶段、GPs、基础基金的年份和地理区域实现其投资组合多样化。这种多样化对基金的绩效和风险特征有很大影响，如将基金的系统性风险调整到更接近平均水平。与常规 PE 一样，基金管理外包给管理公司。GP 通常收取管理和业绩费用。这些费用可被视为在投资者和私人公司的基础组合投资之间形成的第二个费用层。投资者必须在增加的成本与进一步多样化和专业技能（如在选择投资、尽职调查专业知识或与其他有长期关系的私募基金经理进行银团交易等方面）带来的潜在好处之间进行权衡。

管理公司

上市管理公司是一种内部管理工具，相当于传统 PE 集团中的 GP。例如黑石集团、3i 集团、康多富投资、DEA 资本、GIMV 集团和中间资本集团。上市管理公司为投资者提供了参与管理活动产生的现金流的机会，这在常规的 PE 结构中是不可能的。

管理公司通常在其管理的 PE 基金中持有 GP 权益。现金流量主要通过与 PE 基金达成的管理协议和业绩费用（附带利息）产生的。投资者面临的挑战是区分私募股权管理公司与一般资产管理公司，后者除了管理由其他资产类别组成并且规模大得多的投资组合之外，还管理着另类资产组合。管理公司通常在它们管理的资金中持小部分股权。

投资公司

投资公司是一种类似于基金的内部管理工具，但不依赖外部管理，而是雇用自己的职业投资人。投资公司将职能合并在一个从非上市 PE 结构中分离出来的实体中。例如

Ratos AB、温德尔公司和 CBOS 公司，投资公司具有地方特色。许多司法管辖区对诸如美国的 BDCs 和联合王国的 VCTs 等投资公司的特殊法律地位作了规定。条例通常规定与锁定期或投资限制有关的税收优惠。

一家投资公司通常持有私人公司的直接投资组合，但一些堆叠的控股结构可能存在于投资公司内部。除对 PE 商业模式的承诺外，投资公司往往缺乏区别于普通控股公司的特征。它通常编制合并财务报表，但也报告详细的投资组合构成，这类似于报告上市基金的投资组合的公允价值。投资公司持有的投资组合可与上市基金的投资组合相当。然而，与受其章程或合伙协议限制的上市基金相反，投资公司可在其资产负债表上承担更多债务，从而影响风险和回报特征。

私募股权公共投资的特殊法律形式

除上市公司较为普遍的法律形式外，还有一些出现于英国和美国的法律结构通常提供税收优惠或获得政府资金，而这样的结构有助于小型创业公司获得融资。在前一节的术语中，它们可以被视为基金或投资公司。它们特殊的法律地位会对它们的风险回报产生很大的影响。

小企业投资公司

第一批 PTPE 工具大部分是继 1958 年《小企业投资法案》在美国通过后创建的 SBICs。该法允许小企业管理局（SBA）为私人 SBICs 颁发许可证，以向美国的小型企业提供资金和管理方面的专门知识。SBA 基金可用于杠杆化私人筹资的投资基金。一些早期的 PTPE 研究考察了 SBICs，例如马丁和佩蒂对 11 家上市公司的分析中有 8 家是 SBICs。

企业发展公司

BDCs 是公开交易的封闭式公司，这些公司受到 1940 年《美国投资公司法案》的监管，其旨在投资于中小型的私营公司。法律要求它们向其投资组合公司提供支持和实质性的管理协助。成为 BDC 的资格是公司须按照《投资公司法》的规定注册，并必须持有至少 70% 的私营公司总资产或其有价证券，其中不包括现成的市场、现金等价物、美国政府证券或短期高质量的债务证券。BDCs 通常作为一家受监管的投资公司而被收税，并被要求每年向股东支付至少 90% 的应税收入。

投资信托公司

根据 1988 年《所得税和公司税法》的规定，投资信托公司是英国特殊的封闭式投资公司。它们可免缴基金内的所得税或资本利得税，并可扣除管理费用。公司的收入必须全部或大部分来自股票或证券，投资信托公司以外的公司持有的股份不得超过信托资产的 15%。公司的组织大纲或章程必须禁止将资本收益作为股息分配，信托基金每年从股票和证券中提取的收益不得超过 15%。它们能够对股权进行杠杆化，这使它们有别于单位信托等其他集体投资计划。

风险投资信托公司

VCTs 是英国的封闭式投资公司，最早是在 1995 年由金融法案引入的。它们通常投资于小型的、具有高增长潜力的私营公司和在 AIM 上交易的公司的新股票。VCTs 免缴资本利得税和股息所得税，并包括在认购新发行的 VCT 股票时减免首次投资的所得税。为了符合认购所得税减免资格，投资者必须至少持有 5 年的 VCTs。这些管理 VCTs 税收优惠的规则自最初采用以来已经发生了几次变化。至少 70% 的投资必须是前期估值低于 700 万英镑的英国小型私人公司的股票。由于税收优惠和特殊的法定治理机制，有时人们认为 VCTs 在股价基础上表现不如市场。

资本分割型信托公司

资本分割型信托公司于 1965 年在英国推出，最初的寿命有限有固定的清盘日期和两类股票：收益股和股本。不同的股票类别满足不同投资者的需要，所用方法是提供投资收益（收益股）或公司清盘时的资本价值（股本）。随着时间的推移，出现了更多的股票类型，比如零股利优先股。在资本分割型信托资本中，至少有一个股票类别可能有一个有限的生命期（通常为 5 年至 10 年），并有固定的清盘日期。

特殊目的并购公司

特殊目的并购公司（SPACs）是美国的空壳公司或空头支票公司，它们募集资金收购未来尚未确定的业务。大卫杜夫提供了 SPACs 的法律描述，伯杰以从业者的角度提供了经济方面的讨论。自 2007 年以来，欧洲已经推出了一些 SPACs。它们为投资者提供了收购私营公司的潜在渠道。SPAC 股票的发行单位包括普通股和一两个单独的认股权证，这些认股权证通常在完成收购后才能被行使。SPAC 章程通常要求在发行生效之日起 18 至 24 个月内进行收购。如果在此规定的期限内找不到合适的目标，SPAC 将被清算，并将其资产返还给股东。在其生命周期的早期阶段，SPACs 类似无风险的资产，但如果成功的话，许多 SPACs 就会成为单一事务收购基金。收购完成后，SPACs 与普通控股公司类似。因此，PE 指标通常不包括 SPACs。

NAV 折扣

由于缺乏可观察的市场数据，为 PE 基金定价以及估计其风险和回报特性可能具有挑战性。PTPE 基金提供了一个机会，通过其市场价格和其他公开报告数据，了解定价问题。可观察市场价格的一个实际应用是估计基金市场价格及其 NAV 的关系。拉尔和卡塞尔（2010）使用公开交易基金的样本来研究 PE 基金定价关系的决定因素。一只基金的 NAV 与其市场价格之间的差额通常称为 NAV 折扣，因为基金的交易价格通常仅为其 NAV 的小部分。就计量经济分析而言，将市场价值除以基金的 NAV，并以其对数作为基金溢价更方便。

如果溢价能够得到成功解释，其将对常规 PE 基金和二级基金交易的定价产生影响，同时也可能为所谓的封闭式基金难题提供线索。在封闭式股票基金中也可以看到类似的现象。自 2004 年以来，涉及投资者之间基金份额转让（二级交易）的交易量大幅上升，在 2007—2008 年金融危机期间，抛售压力加剧。因此，2008 年和 2009 年在专门二级市场基金募集了数十亿美元的资金。信服合伙公司（2010）收集的二级交易数据显示，常规 PE 基金的溢价与上市的同类基金之间有很强的相似性。截至 2007 年，非上市基金的峰值为 108%，上市基金为 92%，2009 年上半年，NAV 分别下降到 39% 和 47%，市值与 NAV 的差距在 2009 年末分别缩小至 72% 和 67%。

PTPE 基金填补了封闭式基金、非上市 PE 基金和上市控股公司之间的空白。因此，目前还未确定适用于这些基金定价的理论。自 20 世纪 90 年代 PTPE 基金成为一种资产类别以来，这些工具的交易价格一直低于各自的平均 NAV。如果上市的私募股权基金与控股公司类似，它们的平均交易价格应高于控股公司。历史上，股票的市净率远高于 1。人们也可以把上市的 PE 基金看作是私人公司的交易组合。如果这一观点是正确的，这些基金将更类似于封闭式基金，后者也代表了一个投资组合，尽管它是证券而不是非上市股票。封闭式基金的横截面平均 NAV 溢价几乎总是为负值（范围在-5%至-10%之间）。

在同一时期，交易 PE 基金的负溢价要大得多，相对于交易 NAV 的约为 26% 的平均折扣来说。研究人员提出了几种理论来解释上市基金的 NAV 与市场价格之间的差异。有两个研究领域与 PTPE 基金特别相关。第一个领域是当前有关封闭式基金投资证券的文献。第二个领域是针对私募股权的解释，它考虑了 PE 基金在非上市公司中的投资。

封闭式基金之谜

封闭式股票基金的溢价高于资产净值，这是一个难题，但这种溢价应该通过完美市场的套利来消除。封闭式投资基金通常以高达 10% 的溢价发行。在 IPO 之后的几个月内，它们被折价交易。如果一只基金被转换为开放式基金，并与开放式基金合并，进行清算，或者该基金的投资组合作为一个整体出售，则基金价格上涨，折价消失。

一些理论试图解释封闭式基金之谜，这些解释也可能适用于上市公司 PE。几位学者提出了管理费与 NAV 溢价相关的理论。这种相关性的实证研究结果是有争议的。此外，回归分析中对于总方差的解释只有小部分，这表明可能存在其他解释因素。由于 PE 基金的管理费通常被确定为净资产的固定百分比，因此，为解释封闭式共同基金的溢价而提出的所有论据都应延伸至 PE 基金。

管理能力理论认为，许多封闭式基金的成本高于投资经理的专业知识所能判断的水平。因此，这些基金的股票应以折扣交易，同时提供相对较低的回报。然而马尔基尔和汤普森在他们的分析中没有发现这一假说的证据。根据蔡伊和茨钦卡的说法，高折扣与低未来 NAV 回报之间存在显著的相关性。但李、施莱弗和塔勒和珀帝夫在他们的分析中没有发现这种相关性，相反，他们发现较大的 NAV 折扣能带来更好的未来 NAV 回报。伯克和斯坦顿认为，因为投资者会改变对经理人能力的看法，所以折扣会随着时间的推移而变化。如果经理人不能被解雇，不良的管理业绩就会导致折扣。正向溢价是短暂的，因为经理们会了解到他们的业绩高于平均水平，并就加薪进行谈判。

由于这些理论不能充分解释NAV溢价，市场的合理性有时会受到质疑，这引发了一些争论，认为投资者情绪是解释基金溢价的一种机制。茨威格认为，封闭式基金的溢价反映了私人投资者的预期。德隆、施莱弗、萨默斯和瓦尔德曼探讨了这些投资者的影响以及利用套利降低溢价的可能性。他们认为存在两种不同的投资者群体：理性投资者和非理性投资者。理性投资者对未来回报有着不偏不倚的预期，但非理性投资者的预测却系统性地偏向其中一个方向。由于非理性投资者的行为不可预测，他们阻止理性投资者通过套利来消除溢价。折扣的一个更间接的原因是噪声交易者带来的风险。由于非理性投资者的随机行为存在不可预测风险，噪声交易者会引发折扣。投资者想要在有限的时间内出售他们的投资，必须补偿这种噪声交易者风险导致的NAV折扣。然而，实证研究发现了相互矛盾的结果。

李等人认为基金所持证券的流动性，不应是投资基金NAV折价的原因，因为只有少数基金的投资组合中有非流动性证券。然而，切克斯等人发现与直接投资于这些投资组合公司相比，持有非流动性证券交易的封闭式基金由于向投资者提供了额外的流动性而溢价较高。在上市PE中，基金的股票在交易所上市，但投资组合公司的股票流动性很低。在基金层面，让投资组合公司在公开市场上市的能力对于实现投资资本收益至关重要。因为在计算NAV时不考虑投资的非流动性，此类基金的投资者可能会支付额外的流动性溢价。请注意，噪声交易者风险意味着，如果基金的基础投资组合的流动性较高，套利策略更容易实施，则价格应该更接近NAV。

基金经理所享有的私人利益可能是造成折扣的原因（即负溢价），因为持有基金股份的基金经理可能会抵制因回报率较低而提出的开放式建议。巴克莱、胡德尼斯和珀帝夫发现，封闭式基金的管理层持股越多，NAV的折扣就越大。上市PE基金的情况更为复杂。虽然VCTs允许该基金通过股东决议解散，但在具有合伙结构的基金中，股东（或联合股东）的权利有所不同。这些基金的有限合伙人通常无权终止和解散基金。因此，预计所有权结构的影响很小或根本不起作用。

君士坦丁德在其税收时机假说中提出，资本利得税可以通过巧妙地选择股票买卖的时机来降低。根据这一理论，投资者放弃了通过投资于外部管理的基金来管理他们的投资组合以最小化税收的机会。然而，税收时机无法解释基金为何偶尔以正溢价交易。与投资基金相反，PTPE基金投资于非流动性资产。这种复制征税方式很少被使用，因为精确的纳税控制在实践中很难实施。由于这种非流动性，税收时机假说就变成了流动性假说。

私人股本的特定解释

除了解释共同基金和封闭式基金之谜外，某些定价特征也是PE基金特有的。一个公认的经验现象是，基金的年限与其终身NAV回报之间存在J形关系。大多数基金平均资产净值在最初几年下降，然后稳步增长，直到基金生命周期结束。管理费、初始投资成本、失败投资的大幅贬值可以解释这一点。这些效应也适用于上市PE（管理费除外），据推测，该基金的J曲线规模低于常规PE基金。在LPEQ调查的欧洲机构投资者中，大部分人认为，与有限合伙私募股权相比，上市私募股权提供的管理费较低。这是在"J

曲线"之后投资 PE 的一种有吸引力的方式，其避免了初期投资的低回报。

PE 交易，主要是在收购市场的交易，通常由于涉及大量债务而依赖于信贷市场。卡普兰和斯特伦贝格认为私募基金可能会利用债务和股票市场的系统性错误定价，从而过度杠杆化。贝克和沃格勒对上市公司提出了类似的观点。阿克塞尔森、斯特伦贝格和魏斯巴赫提出了一种不同的假设，该假设基于对 PE 公司的观察即 PE 公司的目标是根据其基金规模进行大规模交易。PE 公司对特定交易的投资可能受到限制。因此，它们必须利用杠杆为它们的投资提供资金。一个可能的结论是，如果利率水平异常低，PTPE 基金可能会进行更多交易。基金投资者可以预期基金在这段时间内会创造超额价值，这反过来又会增加 NAV 溢价。

投资者通常只有通过基金发布的财务报告才能获得有关投资组合价值的信息。因此，基金披露的缺乏和对其不知情可能构成投资者的风险。例如，拉波尔塔、洛佩兹德西朗和施莱弗发现，涵盖范围较广的披露要求和责任标准都与较大的股票市场有关。郎、林和马菲指出，更高的透明度与更高的流动性有关，这反过来又与更高的 Tobin's Q 值有关。因此，一个国家的监管环境和公开信息的可得性可能会影响 PTPE 的估值。NAV 的质量很大程度上取决于估值模型参数的选择及其计算方法。因此，基金在为那些没有市场价格的投资组合公司定价时，要表现出相对较高的灵活性。许多管理公司不愿意在没有诸如所有权变更等价值决定事件的情况下改变估值，这可能导致 NAV 包含的最新信息越来越少。安森发现 NAV 回报和股票指数回报之间存在滞后。陈旧的定价导致了溢价的自相关性，而不是平均溢价的偏置，这可能影响 NAV 溢价的长期估计。

市场时机与投资者情绪

PTPE 基金开始以几乎为零的平均溢价交易。由于没有一只基金是在报告日期上市的，因此最接近"第 0 天"的观察数据是一只基金在 IPO 两天后的情况。图 26.2 显示了这一天 −0.4% 的溢价。如果根据最初的观察结果进行线性推断，IPO 溢价几乎为零。这一溢价远低于英国和美国封闭式基金的报告结果。在首日交易结束时，投资信托的平均报价较其 NAV 有 5.7% 的有效溢价。美国股市在 IPO 五周后仍有 4.8% 的溢价。维斯指出，在头 30 天的初始回报率为 −6.5%，这表明美国股市的溢价甚至更高。Lee 等人认为，首个交易日的正溢价一般归因于投资者情绪，发行股票的公司可以利用这一优势。如果由于投资者积极情绪和发行人市场时机的原因，首日溢价发生在热点发行市场，则上市 PE 基金的非理性行为较少。基金 IPO 后溢价大幅下降，反映的可能不是溢价水平，而是投资者情绪。

PTPE 基金的溢价接近长期平均水平，约为 −26%，低于其他封闭式基金。维斯发现，在交易 24 周内，美国封闭式股票基金的平均折价高达 10%。李维斯和托马斯发现，在 200 个交易日后，英国的股权基金价值下降了 5%。

因此，溢价的定性行为类似于封闭式基金，但表现出与非上市 PE 基金相同的时间模式，在非上市 PE 基金中，以 IRR 来衡量回报，通常在 2~3 年后出现转机并在 5~6 年后实现收支平衡。

然而，这种模式与 J 曲线现象推动溢价的预期相比是相反的。所谓"J 曲线"应指的是投资组合公司的累积账面回报的形状。起初，由于与交易或重组有关的成本，它们是负数，几年后转为正。如果 NAV 回报率在第一季度很低，但股票获得了一些风险调整后的回报，那么溢价应该先上升，然后保持在平衡点上。

魏迪格、凯默勒、卢托博尔斯基和瓦伦堡发现，PEF 经理对他们的投资估值较为保守。根据 PE 行业的指导方针，这样的估值会导致溢价大于零。相反，有证据表明，要么是管理层的报告夸大了 NAV，要么是其他因素压低了基金的股价。NAV 溢价的时间动态强烈暗示了后一种解释，即投资者情绪、市场时机和流动性是影响溢价的主要因素。

伯克和斯坦顿的管理能力假设对折扣的解释是，市场需要一些时间来了解管理层的质量。此观点适用于 PE 基金，因为将 IPO 收益投资于 PE 基金，要比投资封闭式共同基金的时间长得多。例如，如果管理能力的评估是基于最初投资期间的收购，而不是投资组合随后的表现，那么溢价的最大变化应该是在 IPO 后的早期阶段。

在多元背景下，拉尔和卡塞尔发现 PTPE 基金与封闭式基金的溢价有许多相似之处，但也存在一些差异。溢价主要用投资者情绪来解释，在某种程度上可以用基金的买卖价差来衡量流动性，而不是用管理能力或费用来衡量。对小型股指数的敏感性以及对热门市场的代表性指标（如 IPO 数量、基金承诺和消费者情绪）的敏感性为投资者情绪假说提供了支撑。在头两年内，NAV 溢价的下降不能直接用溢价水平回归中的经济原因来解释，但是并非完全无法解释。

根据伯克和斯坦顿的研究，溢价下降的一个可能原因是参与者学习管理能力的市场机制。基金的现金持有量可以用来衡量其投资程度，而投资程度应该与成功或失败的投资组合收购的可用信息相关。由于基金的投资程度对溢价无显著影响，这使人怀疑管理能力是否是导致溢价下降的唯一原因。此外，在不同溢价和股票回报的回归中，年限效应是不存在的。有趣的是，NAV 的初始变化是负的，这意味着如果股价稳定，IPO 后的溢价就会增加。相反，股价下跌甚至超过 NAV，导致 NAV 溢价在该基金 IPO 后下降。基金 IPO 往往会在市场情绪积极之后出现，这一发现支持了上述结果。

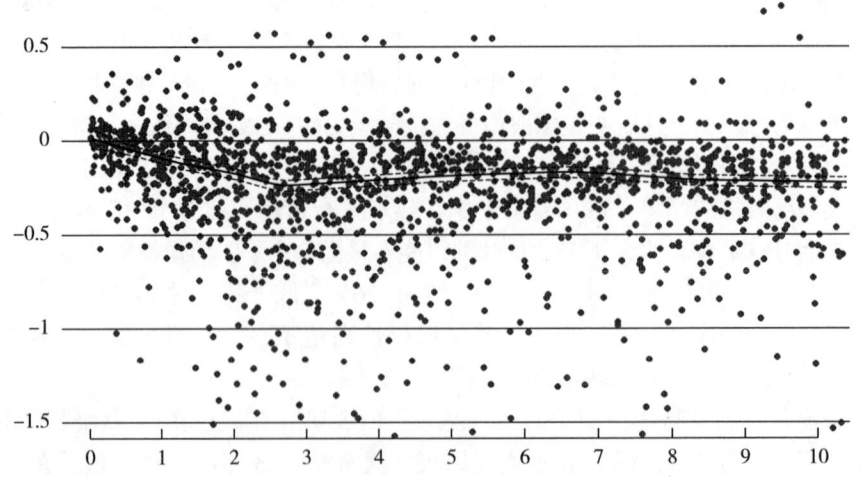

注：此图显示了与该基金 IPO 相关的活动时间溢价数据。实线表示带宽 0.15 的局部加权回归估计的平均溢价 [log（价格/NAV）]。虚线是离估计均值两个标准差的置信区间。

图 26.2　首次公开募股后数年活动时间的溢价

单个和总体流动性变量都可以解释基金溢价。基金的买卖价差与溢价之间存在着正向关系，而且依赖于帕斯特和斯坦博对总流动性的衡量。令人惊讶的是，很少交易的基金有很高的溢价。如果将针对数据错误的鲁棒性测试应用于交易量，这种效应就会消失。当市场波动性较低时，溢价也较高，这支持了情绪理论，但不支持切尔克斯等人的流动性假设。

市场风险

一些研究人员认为，由于与市场组合的相关性较低，PE 投资有时比其他资产类别在风险调整后提供更高的回报率。即使 PE 没有出现正的超额回报，投资者也可以从较低的市场风险敞口中获得多样化收益。例如，邦思估计股票市场与债券市场的历史相关系数在 0.5 到 0.6 和 -0.1 之间。然而，学术界对这些措施进行了广泛的讨论和质疑。在传统的非上市 PE 中，虽然与已建立的资产类别的共同变动程度很难衡量，但 PTPE 部门自然会对风险和回报模式进行研究。上市的 PE 工具提供了一个机会，直接利用现成的市场价格估计模型参数。

由于 PTPE 工具的业务模式和组织形式与传统的 PE 基金和管理公司有很强的相似性，因此对上市工具的审查结果可以对非上市 PE 进行推断。此外，非上市 PE 的回报率与上市 PE 的回报率高度相关。1994—2009 年期间合并的周期性 IRR 与上市 PE（以 LPX 50 指数回报率衡量）的相关性为：按季度回报率计算为 0.76，按年度回报率计算为 0.87。它们与 MSCI 全球指数回报率的相关系数分别为 0.72（按季度回报率）与 0.77（按年度回报率）。

市场风险不仅取决于 PTPE 工具的基础资产，还取决于不同的组织形式。拉尔和雷什克对基金、管理公司、组合型基金和投资公司等四个实体的 274 个流动性 PTPE 工具构建的 PTPE 指数的市场风险进行了估计。他们发现，与内部管理的工具相比，外部管理的工具（即基金和组合型基金）的系统性风险敞口要小得多。投资公司和公司的价值加权指数的贝塔值分别为 2.0 和 1.5，而基金和 FOF 的贝塔值分别为 1.3 和 0.8。等权重指数、利差调整后指数也显示出类似的市场风险排名。

管理活动对管理公司和投资公司来说是造成不同风险特征的最可能的原因。这两种类型的工具都以管理费或附带权益的形式从基金管理业务中获得现金流。在投资公司中，这些现金流仍在同一家公司内。有趣的部分是附带权益。管理公司和投资公司可能有权获得比其在基金中所占份额更大份额的资本收益。此外，追回条款可能要求 GP 在基金整个生命周期内当分配超过固定百分比时退还部分附带权益。这些规定保护了投资者，如果基金后来的投资不那么成功，允许他们"收回"成功投资后所支付的超额投资。相反，基金从积极的市场趋势中获得的收益会按比例减少，而由于追回条款而遭受的损失也较少。内部和外部管理工具之间现金流的这种不对称造成了市场风险的差异。

除了取决于组织形式的变化外，市场风险也随着时间的推移而变化。卡塞尔、拉尔、利哈特和梅特勒表明，个别贝塔值高度不稳定，而个别工具的市场风险的排名变化较小。他们推测，这一行业特有的因素会影响 PE 的市场风险，包括不断调整投资组合的收购和撤资、投资组合信息的匮乏以及投资组合公司内部的快速变化。不稳定的市场风险似乎是 PE 资产的一个基本特征，在评估过程中必须考虑到这一点，这使人们对 PE 在危机时期的多样化效益产生怀疑。传统 PE 基金的一个重要方面是投资者通常持有基金份额至到期日，最高可达 10 年。市场风险的不可预测变化对投资组合配置构成了挑战，因为投资者所购买的资产，在最初被纳入投资者的投资组合时，其表现与他们预期的有所不同。

第二十七章　私募股权的未来：一个全球视角

引言

私募股权投资（PE）一词被金融专业人士和普通投资家广泛使用。在20世纪50年代中期，PE公司被称为收购公司。这些公司在20世纪80年代初期发展并经历了迅速的增长。在债务的推动下，20世纪80年代出现了并购热潮。在此期间，PE公司被"重新命名"，并被称为杠杆收购公司PE。

PE行业正在经历重大变革。监管的变化、PE公司及其投资者的税收待遇、企业融资的投资者需求以及企业的经营活动等方面都存在不确定性。随着亚洲和发展中国家的PE投资比例的增加，情况也在不断变化。因此，PE公司必须适应不断发展的情况，并应对投资者和监管机构的需求。

关于PE的未来，几乎没有同行评议的学术研究。

PE协会

众多对PE协会的兴趣与关注影响着PE产业。21世纪初以来，已成立几个PE协会以解决大量PE经理和投资者感兴趣的问题。管理PE公司的普通合伙人（GPs）和投资PE公司的有限合伙人（LPs）担心潜在的法规可能会影响其灵活性、报告、税收和回报。PE公司依靠协会的宣传和游说活动将这些担忧传达给华盛顿政策制定者和立法者。PE协会就相关议题进行研究并向GPs和投资者报告。此外，还成立了一些协会，以满足特定地域投资者的需求。这些协会为成员提供了有关外国投资（特别是新兴市场）的趋势和挑战的研究。

PE发展资本委员会（PEGCC）是一家PE协会。该委员会成立于2007年，位于华盛顿，其宗旨是"集倡导、交流、研究于一体的机构以及资源中心，以发展、分析和传播有关私人股本和增长资本投资行业及其对国家和全球经济的贡献的信息"。PEGCC成员包括一些最大和最知名的PE公司。委员会在其网站上向金融家和非会员提供相关主题的研究。PEGCC致力于促进和维护那些鼓励创新、就业和竞争力方面投资的政策。该网站还为会员提供论坛，讨论该行业的趋势和挑战。

另一个著名的PE协会是新兴市场PE协会（EMPEA），该协会成立于2004年，支持新兴市场的PE投资。像PEGCC一样，EMPEA提供有关PE投资者感兴趣的主题的研究和数据，其中特别关注新兴市场。该组织旨在增加资本流动，刺激新兴市场的经济增长。

例如，EMPEA 在 2012 年公布了发展 PE 最优法律和税收制度的关键要素。该报告可在 EMPEA 网站上查阅（新兴市场 PE 协会 2014 a）。EMPEA 准则确定了其他市场经验表明的那些将有助于吸引强有力的国际和本地 PE 和 VC 投资的法律和税收制度的要素。准则旨在作为所有利益相关者（如政策制定者、监管机构和投资者）之间进行建设性对话的总体框架，以便在有效保护和限制投资流动的过度限制性监管办法之间取得平衡。诸如最适合发展 PE 的法律和税收制度的关键要素等报告，通过降低投资者的不确定性，改善流向新兴市场的资本流动。

除这两个协会外，许多区域协会和在线平台专门用于教学、研究和连接世界各地的 PE 市场参与者。例如，EVCA（2014）是一个设在比利时布鲁塞尔的倡导团体，有 700 多名成员。该组织称自己是一个向公众解释 PE 并帮助制定围绕 PE 和 VC 问题的公共政策的组织。拉丁美洲 PE 和 VC 协会也有一个类似的目标，其关注拉丁美洲投资的机遇和挑战。

全球化

根据数据和情报服务公司的数据，AUM 在 2012 年达到了创纪录的 3.3 万亿美元，该值按未兑现的承诺（约 35%）再加上投资组合公司的市场价值计算（占剩余资金的 65%）。未兑现的承诺，即已经募集但尚未投资的资金，即"干粉"。直到 1994 年，PE 行业的资产管理规模还只有 1000 亿美元的资产，其在过去 20 年中经历了指数增长。根据 MASS（2013）的数据，PE 公司在 20 世纪 90 年代开始向欧洲扩张。21 世纪初美国 PE 公司扩展到亚洲，在过去几年，基金开始进入拉丁美洲市场。据凯雷集团联合创始人兼董事长大卫·鲁宾斯坦等行业领袖称，虽然这些公司在全球范围内继续扩张，但新公司很可能会在未来十年出现，以满足当地的资金需求。

欧洲

20 世纪 90 年代初，投资者进入欧洲寻找私人投资机会。尽管 2007—2008 年经济低迷，欧洲 PE 市场仍保持强劲。

斯特龙贝格研究了欧洲关于 PE 的学术文献，但删除了文献中那些 PE 公司自身为一致性和消除偏见而进行的研究。他指出，很多相关研究都集中在美国公司身上，因为欧洲的 PE 市场还很年轻，故而其数据也很稀缺。

根据这些相关研究，斯特龙贝格得出结论：经济增长与 PE 之间存在正向关系。然而，他指出，还没有一项严格的研究来探索 PE 是否会影响国内生产总值（GDP）的增长，因为对反向因果关系的解释（即是增长导致了 PE，而不是 PE 导致增长）的控制是困难的。

斯特龙贝格发现，VCs 在欧洲和美国都提供了大量的投资后增值支持，此观点得到有力支持。博塔齐、达林和赫尔曼提供证据表明，VCs 协助投资组合公司制订融资、招聘、商业和市场规划，以及进行并购和撤资活动。

关于 PE 和创新，斯特龙贝格声称，使用美国 PE 数据的最新研究表明，新公司的创建和专利数量随着 VC 投资的增加而增加。他指出，使用欧洲数据的研究结果不那么具有确定性。一些研究显示，拥有更多 VC 的国家的专利活跃度更高，但其他研究表明，接受 VC 的公司最初更具创新性，故而创新不能归因于 VC。

最近，戴维斯、哈尔蒂万格、汉德利、贾明、勒纳和米兰达对 1980 年至 2005 年的美国收购进行了考察，以探寻杠杆收购（LBO）是否会像流行媒体经常暗示的那样在业务收益很少的情况下导致大量的失业和很少的运营收益。他们将行业、规模、年限和既往增长作为控制变量，并报告说，与控制公司相比，目标公司的就业人数在杠杆收购后的两年内下降了 3%。杠杆收购后的五年内，就业率也下降了 6%。然而，目标公司也为新公司创造了就业机会，因此他们估计，在杠杆收购之后的两年内，净就业损失仅为 1%。他们还发现了目标公司生产率提高的证据，这些证据来自工作岗位的集中再分配。生产力、失业和创新对于社会整体来说就像 PE 行业带来的风险和回报的政策辩论中的重要作用。这些问题是接下来有关当前监管讨论的一部分。

自 1998 年以来，柏林一直在主办"超级回报德国私募股权峰会"的 PE 会议。在 2 月底举行的 2014 年首脑会议上，出现了投资南方的新趋势。投资者此前一直回避该地区。希腊、西班牙和意大利等国的金融市场因 2009 年初爆发的欧洲债务危机而遭受重创。ISIS 在 2009 年初已站稳脚跟。由于债务危机，PE 公司避免在这些国家投资，但随着政府改革，它们现在看到了机遇。此外，相对于北欧而言该地区仍然"便宜"。投资者更有信心该地区不会再度衰退。据研究集团普瑞奇称，截至 2013 年 12 月底，PE 行业有 1.074 万亿美元的未投资资本。正如舒尔茨指出的，阿波罗管理公司和凯雷集团等美国公司在柏林会议上表示，随着西班牙和意大利经济的好转，它们是潜在的目标投资地区。此外，与东欧邻国希腊和葡萄牙不同，两国都避免了政府的救助。

仍困扰欧洲 VC 者和美国 PE 基金的一个问题是如何退出金融危机前的投资（即繁荣年交易）。由于 2007—2008 年金融危机后对这一问题研究的时间较短，学术界对这一问题的研究成果较少。然而，该主题在流行的 PE 文献中和在 PE 工业报告中被广泛讨论。首先，许多基金大量投资于金融危机前估值过高的交易。五年制（即在该时间后 PE 者将期望看到资本的回报）时代已过，普通合伙人仍会在有限合伙人期待回报时感到压力。尽管 2013 年交易量大幅增加，许多 IPO 股价表现强劲，但 IPO 市场仍相对紧张。根据 Dezember（2013）的数据，PE 公司在 2013 年向投资者返还了创纪录的资本，充分利用强劲的收购市场，为投资者提供退出 IPO 以及向投资者支付巨额股息的债务交易的机会。2013 年，PE 向投资者返还了约 1200 亿美元。

对许多欧洲经济体来说，宏观经济仍存在不确定性。基金可能会继续寻找其他渠道，以退出繁荣年的交易，将资本返还给有限合伙人（LPs）。行业领导人预计，未来十年，PE 公司将向其他 PE 公司出售更多的投资组合公司。许多 PE 公司也将向公众投资者和公司出售其投资组合。公司持有的现金金额将创下纪录。根据德勤金融服务中心的数据，截至 2012 年底，美国公司持有约 2 万亿美元现金，日本公司持有 2.5 万亿美元现金。此外，许多 PE 公司提供更多样的资产管理产品组合，使它们能够更有效地使用现有的退出渠道。根据 Altius 协会（2012），科尔伯格-克拉维斯投资集团（KKR）在过去几年成功地开发了新的流动性来源。例如，2012 年底，该公司与高盛一起，将德国叉车制造商凯傲的25%股份出售给了中国的山东工业。2014年1月又宣布出售10.8%的凯傲股份。对PE公司而言，将投资组合公司出售给山东工业等上市公司是一种相对较新的现象。随着公司寻找流动性的替代来源，这一趋势预计将继续下去。此外，主权财富基金是试图退出繁荣年交易的PE公司的潜在资本提供者。主权财富基金是投资于实物和金融资产的政府所有基金。这些基金在全球投资，资金来自外汇储备和出口收入。根据普瑞奇的数据，2014年初，主权基金的资产管理规模（AUM）为5.35万亿美元。预计到2020年，主权基金的资产管理规模（AUM）将增至8万亿美元。主权基金对投资机会的需求增加了。然而，许多情况下，主权财富基金选择直接投资而不是通过PE基金进行投资，以避免产生PE管理费。但是，直接投资战略具有风险。根据一些行业领导者的说法，主权基金经理可以拥有与VCs和其他PE参与者共同投资交易的资源，但可能没有专业知识，无法最好地执行直接投资。

亚洲

多年来，亚洲一直存在强劲的PE，且此趋势预计将继续下去。通过考察PE早期在亚洲的投资，布鲁顿、达塔尼、冯、周和阿尔斯特罗姆评估了中国与西方世界PE之间的差异。并对PE基金经理和中国PE市场专家进行了20次访谈。这些证据表明，中国PE公司面临的挑战在美国和西欧等成熟经济体中是未知的。

为了更清楚地界定这些挑战，布鲁恩和阿尔斯特罗姆通过36个独立访谈，共采访了24个中国VC公司，以确定VC在中国与西方的差异。他们确定了两个主要问题。首先，中国监管环境薄弱。其次，中国的会计数据通常比西方更不可靠。这使得在中国的投资变得困难。并且中国政府可能会影响投资组合公司的目标。这意味着，与西方不同，我们不能假设在中国风投是以盈利作为其必要动机的。布鲁恩和阿尔斯特罗姆得出结论，中国的PE市场非常复杂，投资者往往难以获得成功，由于与西方PE模型的根本性差异，在中国，风投与企业家的关系比其在美国和欧洲更为关键。随着PE在亚洲扩张，尤其在知名度较低的市场，资本提供者与投资组合公司经理之间的关系至关重要。

尽管早期研究发现PE投资有困难，但中国金融市场仍在继续自由化。中国已超过日本，成为亚洲最大的PE市场（在20世纪90年代末，日本在亚洲拥有数量最多的PE公司）。根据Altius协会的研究结果，2005年中国新立法促进了当地投资者的PE。由于当地投资者很难向海外基金（即美国和西欧基金）提供资金，PE越来越受当地投资者和筹资者欢迎。现金充足的主权基金在市场中也很普遍。尽管多面手最初管理着这些主权基金，但地方政府当局已开始将PE视为吸引资金到特定地域以实现经济增长的一种手段。

除对中国PE基金的本地投资外，一些美国大公司还获得了募集人民币资金的许可。人民币是中华人民共和国的官方货币，从文字上讲，"人民的货币"。虽然中国官员通常用这个词来描述人民币，但对于日常使用来说，它太正式了。它的单位"元"在口语中指的就是中国货币，它是中国实际货币单位（美元是美国的实际货币单位）。人民币资金以当地货币募集。人民币基金是以人民币（即元）购买的，其损益依据是购买或出售时资产的货币价值。

中国的PE公司，如New Horizon、CDH和Orchid，已经成功募集了人民币资金。此外,最近几年,一些美国公司获得了募集人民币资金的许可。从 2007 年开始,全球 PE 基金开始募集人民币资金。例如,布莱克斯顿在 2009 年和 2010 年成功通过募集人民币建立了一只基金。富时凯雷集团和得克萨斯州太平洋投资集团也募集了人民币资金。美国公司募集人民币建立基金是希望其在中国被视为国内基金,并享有与本地基金同等的权利(即获得与中国基金相当的投资目标和本地投资者的投资渠道)。然而,中国政府会将这些资金纳入国内基金还是归于外资,尚不确定,因此其投资和资金募集已经放缓。中国经济放缓和回报率下降加剧了这一下行趋势。根据邓的说法,2012 年,美国公司在中国以人民币为货币单位的投资仅为 7100 万美元,而中国 PE 公司的投资额为 7.23 亿美元。

巴特加尔和刘考察了中国民众的 158 项 VC 决策,以确定社会资本在 VC 决策中所起的作用。他们发现企业家的社会资本影响了 VCs 的投资决策。并且 VCs 和企业家之间的密切关系会影响估值、契约和投资交付。这项研究强化了之前提到的一个观念,即在中国做生意时,人际关系至关重要。

拉丁美洲

根据拉丁美洲 PE 和 VC 协会(2014)的数据,2013 年基金在拉丁美洲的配置为六年来最高水平。2013 年,各公司在 233 笔交易中承诺向拉美投资 89 亿美元。与 2012 年投资 79 亿美元相比,分配给拉丁美洲的资金增加了 13% 以上。巴西依旧是在拉丁美洲获得最大关注的国家,其在 2012 年吸引了 72% 的资金和 62% 的交易。然而,2013 年,巴西、智利和哥伦比亚为重大收购提供了资金。趋势显示在拉丁美洲大多数交易都是由小型公司完成的。此外,基金不仅着眼于最受欢迎的拉丁美洲投资领域——巴西,也更广泛关注智利和哥伦比亚等国的投资。

新兴市场

历史上,新兴市场投资者主要集中在巴西、俄罗斯、印度和中国,即金砖国家。根据迪瓦伊的说法,PE 行业正开始将注意力从金砖国家转向东南亚和撒哈拉以南非洲地区。中国和印度仍然是 PE 资本流动的强劲市场,但投资者正在寻找新的增长机会。PE 基金在 2011 年和 2012 年为新兴市场的投资募集了 880 亿美元,2013 年将其分别部署在金砖国家和非金砖国家市场。根据 EMPEA 数据与分析主管玛丽亚姆·哈克的说法,尽管资本继续流向金砖国家,但在寻求下一轮增长时,基金经理们也把目光投向了传统上不那么活跃的市场。一些新兴市场较为不利的宏观经济条件实际上使基金经理更容易、更清楚地看到一家公司的财务和经营状况,从而更好地评定其价值。通过绘制长期投资者资金配置的地域分布,我们开始看到下一波投资浪潮的展开。

在一份关于新兴市场投资的报告中,普里斯和贝拉指出,新兴市场投资的好处是巨大的。例如,资本可以帮助公司增长,从而创造就业机会和提高税收。由于更强大的财政实力对政府责任有更高要求,公民也会享有更多权利。教育和更好的医疗保健也是经济增长带来的好处。在未来十年,这些好处将继续吸引有社会责任感的投资者。

PE 很可能继续在全球范围内扩张。凯雷集团的联合创始人大卫·鲁宾斯坦认为,未来十年市场将发生的一个重大变化就是在美国以外发展起来的大型全球性私人股本公司将出现。目前，所有大型跨国公司都设在美国。鲁宾斯坦还表示，总部位于美国的 PE 公司将继续扩大其全球业务范围。随着 PE 投资者越来越难以在国内找到"好交易"，企业可能会继续寻求东南亚和东非等尚未开发的市场，以寻找增长机会。据鲁宾斯坦说，美元可能不是未来的主要货币，这将使美国以外的 PE 公司受益。他最终提出更加多边、分布式的治理结构将在全球范围内出现，这将有利于新兴市场。新兴市场的 GDP 正迅速接近发达国家，使新兴市场在全球政治和经济格局中拥有更大的权力。所有这些因素都可能影响未来几十年的 PE。

监管变化

从历史上看，PE 投资对基金和私人财富投资者的吸引力之一是该行业缺乏监管。PE 行业首选的监管方式是自我管理。然而，在金融危机和随之而来的监管加强之后，自治时期结束了。根据斯潘格勒的说法，私募基金和对冲基金之所以称为"私人基金"，是因为拟议中的基金发起人做出了一系列肯定的决定，并得到了潜在投资方的明确同意。金融危机后，于 2010 年通过的《多德—弗兰克华尔街改革与消费者保护法案》以及其他监管措施的改变，使得 PE 基金和对冲基金的格局发生了永久性的变化。

《多德—弗兰克法案》

《多德—弗兰克法案》体量庞大且内容复杂，其将对 PE 行业产生直接和间接的影响。许多人认为这对律师来说是一件好事，因为律师事务所努力尝试遵守该法案的要求。
沃尔克规则
《多德—弗兰克法案》第 619 条中将影响 PE 的一个关键条款是"沃尔克规则"，该规则于 2013 年 12 月 10 日生效。其目的是防止从联邦存款保险公司存款保险中受益的银行和其他金融机构从事风险行为。纳税人在本质上为借来的资金提供担保（即存款）。此外，银行可以在联邦再服务的贴现窗口中借款。因此，包括美联储前主席保罗·沃尔克在内的许多政策制定者认为，应禁止银行参与投机性或自营交易，因为最终风险交易造成的损失是由纳税人来负责。因此，沃尔克规则禁止银行实体从事自营交易、投资或赞助对冲基金和 PE 基金。这条规则存在例外情况。

根据国际风险与合规专家协会规定，沃尔克规则中的对冲基金和 PE 基金的规定一般禁止银行公司进行投资于那些根据对冲基金和私募基金通常使用的 1940 年《投资公司法》（通常称为《投资公司法》）中规定的免责条款构建的任何基金，也不能与之存在任何关系。具体来说，沃尔克规则修订了 1956 年的《银行控股公司法》，禁止银行从事自营交易或持有对冲基金或私募基金的所有者权益。《多德—弗兰克法案》的这一条款对 PE 的未来至关重要，因为这意味着用于为杠杆收购（LBO）融资的银行债务在未来将更加稀缺。这项规定意味着 PE 公司必须找到其他可能更昂贵的资本来源为收购提供资金。

顾问登记

长期以来 PE 公司在向包括美国证券交易委员会（SEC）在内的联邦和州当局注册时，一直依赖于《首席顾问法案》的豁免（即通常所说的"不到 15 名客户"的情况）。在《多德—弗兰克法案》出台之前，拥有少于 15 个客户的 PE 公司通常被豁免参加 SEC 注册。在投资顾问中，投资顾问可以将他们提供咨询的任何基金视为一个客户。这意味着很少有 PE 公司必须注册为投资顾问，它们也就不必遵守《投资顾问法》规定的披露义务。现在，由于《多德—弗兰克法案》的颁布，大多数顾问必须登记，因为这种豁免不再有效。拥有 1.5 亿美元或更多 AUM 公司现在必须向监管机构注册为投资顾问。对于大型 PE 公司而言，所需的大部分信息已经向 LP 报告，因此这种变化可能不会产生重大影响。尽管如此，它仍将改善对记录的保存，同时相对于大多数以前未注册的公司，其会计和法律成本将会增加。注册公司将受到共同基金长期以来一直所受的美国证券交易委员会的监管规则、监督和审查等的规则制约。

注册对 PE 的未来非常关键，因为过去私有的许多信息现在将作为报告要求的一部分被公之于众。此外，大多数公司都将接受 SEC 的审查，而许多公司对这种更严格的审查毫无准备。SEC 正在发起一项集中于投资顾问的、基于风险的检查。证监会内部的合规检查和考核办公室将负责对这些考核进行管理。证监会主席玛丽·夏皮罗说："这些规则将填补监管体系中的一个关键空白。"她补充道："特别是，我们的建议将使委员会和公众深入了解对冲基金和其他私人基金管理者，而在此之前他们是在监管机构的视野之外、在雷达探测一样的检查下开展工作的。"

这些新规定对私募基金未来的意义是增加对基础设施和人员的投资，以应对《多德—弗兰克法案》和证券交易委员会提出的新要求。公司必须制定强有力的合规政策，雇用和培训人员，以应对新的监管。对于没有内部结构的公司，外部公司可能会介入，帮助公司加强合规程序和基础设施的建设。这将意味着公司无论大小，其开支都将增加。

PF 记录表

作为《多德—弗兰克法案》的一部分，SEC 提出了新的报告规则，并于 2012 年 6 月 15 日生效。该规则要求拥有 1.5 亿美元以上的资产的注册投资顾问提交一份"PF 记录表"。大型 PE 顾问，拥有 10 亿美元以上的资产管理规模（AUM），除 PF 记录表之外，还要接受额外的报告要求。私人股本增长资本委员会（2011）规定，这些公司必须每月报告资产的估值，包括难以估值的非流动资产、关于信贷提供者的信息、风险概况、业绩计量、投资者集中度等。这一变化将增加 PE 运营费用，因为公司被迫改进合规程序。

报告和记录保存

根据《多德—弗兰克法案》，私人基金经理必须提供业务信息，如基金的类型、规模、所有者结构以及其他一般基金数据。基金经理还必须确定"守门人"。"守门人"包括审计员、主要经纪人、托管人、管理员和营销人员，为顾问及其管理的私人基金发挥关键作用。这些新规则的目标是及早发现基金管理人和其他人员的潜在不当行为。在《多德—弗兰克法案》之前，可能导致私人股本和对冲基金不当行为被曝光的相关信息并未披露。由于这些变化，美国的 PE 公司正在雇用合规人员，并建立必要的基础设施来处理《多德—弗兰克法案》提出的新要求。

对《多德—弗兰克法案》进行广泛审查的克雷纳指出了实现未来金融稳定的两种方法。一是制定全面而周密的法律法规以阻止金融公司从事最终影响整个经济的高风险活动。立法者在构建和颁布《多德—弗兰克法案》时遵循了这一逻辑。二是对"具有系统重要性"的金融机构征税，但政策和立法者没有采取这种做法。克雷纳认为，这种税收制度将导致那些需要应对不断增加的风险并承担由此带来的后果的人付出代价。

新的市场规则

从历史上看，PE 基金和对冲基金不能做广告吸引资金，只能从"合格投资者"那里募集资金。合格投资者是年收入为 20 万美元（或与配偶联合为 30 万美元）或不包括主要住宅净资产为 100 万美元的投资者。注册投资者背后的理念是，他们拥有足够的财富和经验积累，拥有"自谋生路"的金融专业知识。其最大的目标是禁止"散户投资者"投资私人基金。换言之，那些未被列为合格的投资者，不应将退休基金投资于私募基金和对冲基金。英国乃至整个欧盟也使用合格投资者的资格区分。有人批评这种对投资者进行的区分，因为许多合格投资者未能认识到关于以前的金融危机的警告标志，如伯纳德·麦道夫的庞氏骗局。其中一些麦道夫的投资者是对冲基金，它们本应该拥有金融专业知识来识别公司的可疑活动。在美国，自"合格投资者"一词最初定义以来，人均财富有所增加。因此，SEC 开始质疑谁真的有金融专业知识来让监管变得多余。因此，《多德—弗兰克法案》将个人的主要住所排除在净资产计算之外，证券交易委员会将重新审核合格投资者的定义，因为它为适应自然人所做的调整最长四年更新一次。自然人是一个法律术语，用来描述一个活着的人，而不是一个公司。

《就业法案》

PE 和对冲基金不受 SEC 监督的主要原因是他们只从合格投资者募集资金。在美国，禁止通过一般广告为私人基金募集资金。如果一家公司通过报纸、杂志、电视台或电台向投资者做广告，该基金将失去其监管豁免权。2012 年 4 月 5 日，奥巴马总统在两党的支持下做出一个带有争议的惊人之举——签署了《启动我们的创业法案》，即《就业法案》（JOBS Act），其旨在通过放宽一些证券法来帮助小企业募集资金。

由于《就业法案》，PE 基金和对冲基金现在可以向公众出售其基金，但只能向合格投资者出售。这种变化将影响天使投资者，即"天使"，以及 PE 公司和对冲基金，因为合格投资者的辛迪加可以通过互联网进行组建。根据安特和鲁斯利的说法，天使和其他投资者可以在他们的网站上、通过社交媒体或通过投资者辛迪加服务（如股权众筹平台 AngelList）募集资金，该服务允许天使或种子基金等主要投资者设定交易条款，然后进行辛迪加网上交易。投资者表明他们希望为该公司贡献多少，而辛迪加领导决定接受哪些投资者。辛迪加领导人对未来的利润有 10% 到 20% 的要求，其中 5% 属于 AngelList。AngelList 等平台，这些平台为许多投资者提供了以前得不到的投资机会，同时也为开办公司提供了新的资金来源。

众筹

众筹是由个人，而不是像风投、天使投资者或银行这样的专业人士，来为某个项目融资。2012 年 3 月，国会通过了《就业法案》，鼓励个人直接为新企业提供资金，由此众筹的发展得到推动。银行在历史上扮演着企业和家庭之间的中介角色。个人将钱存入银行账户，而银行充当中介，将资金借给企业和家庭。而众筹是个人直接投资于创业企业而非通过银行等中介机构间接投资。资金通常通过互联网来募集。

也许，迄今为止最著名的众筹公司都支持艺术。Kickstarter 是最大的众筹平台，为诸如电影之类的高级艺术项目募集了资金。例如，该平台募集 570 万美元以制作从电视节目中被取消的电影《维罗妮卡·玛斯》。这部电影的资金于 2013 年 4 月 12 日到位。据 Kickstarter 网站统计（2014），该公司已通过 600 多万人承诺筹集了超过 10 亿美元并用它们资助了 5.9 万个项目。一个讽刺的事实是，Kickstarter 的融资方式不是众筹，而是通过 VC 和天使投资人筹集资金。

莫利克报告说，包括美国在内的世界各地基本上禁止股权众筹。股权众筹是投资者以资金投入换取新的 VC 的股权。股权众筹占众筹投资总额的比例不到 5%。因此，资助者的目标大致可分为以下三类。

慈善模式。一些资助者看到他们信任的产品或项目，并为企业提供资金。在这种模式下，基金的捐赠往往不期望投资资本的回报。

借出模式。资金被贷款给项目创始人，而这些贷款者期望投资资本会有所回报。

基于奖励的模式。投资者因提供资金而获得奖励。例如，奖励可以让投资者对该项目进行创意输入，或者以提供足够的资金换取在电影中扮演一个不太重要的角色。如果影像被制作出来，受投资方可以向投资人提供诸如签约 CD 等产品。

目前，众筹的概念不适用于私人基金或对冲基金，因为人们无法对基金进行众筹。然而，市场基金的能力改变了游戏规则，特别在充满不确定性的时期其影响很大。因为 SEC 已经公开表示，它将仔细检查基金对业绩的声明，所以在短期内，投资者不太可能改变 PE 或对冲基金。此外，如果公司使用金融行业监管局的承销商来协助筹资，则承销商必须遵守 FINRA 规则。最后，《投资顾问法》包含反欺诈条款。根据《多德—弗兰克法案》，许多 PE 公司必须在美国证券交易委员会登记为投资顾问，因此它们必须遵守《投资顾问法案》中所包含的条款。《就业法案》并没有改变这些条款。根据《就业法案》，可能对 PE 公司有帮助的事情是《首次公开募股（IPO）准入条款》的相关规定。该条款旨在通过放宽一些监管要求，帮助新兴企业上市。尽管首次公开募股的目标是创造就业机会，但它也可能帮助 PE 公司将股票市场作为一种退出策略。证券交易委员会目前正在审查对 1933 年《证券法》和 1934 年《证券交易法》中正在拟议修改的一项条款，这将有可能提供基于股权的众筹。相关机构必须在 2014 年 2 月 3 日前就拟议的改革提出看法，而截至本文撰写之时，他们尚未对此采取行动（证券和交易所 2013 年协商）。然而，专注于 PE 和 VC 职业生涯的论坛 Inside the Firm（2014）表示，这种监管改革对于 VC 和其他 PE 公司来说是很好的。尽管 PE 基金可能无法直接通过众筹融资，但这种变化将为许多可能盈利的企业启动募资。这些基金将减轻未来资本提供者的风险，并允许公司从各种有良好业绩的新企业中进行选择，而非直接向这些 VC 公司提供种子轮投资。

巴塞尔协议Ⅲ

继承并发展了巴塞尔协议Ⅱ的巴塞尔协议Ⅲ为银行业制定了标准资本要求。巴塞尔协议Ⅲ的主要目的是增加银行流动性，降低银行杠杆。虽然巴塞尔协议Ⅲ没有专门针对 PE 的要求，但也对其有着间接的影响。一些银行正在剥离他们的 PE，因为巴塞尔协议Ⅲ要求银行持有更多的资金资本，而不是 PE 投资这类资产。如果新规则导致银行贷款的可获得性和吸引力有所下降，巴塞尔协议Ⅲ也可以增加对 PE 的需求。

《另类投资基金经理指南》

《另类投资基金经理指南》对欧盟（EU）中的对冲基金和其他另类投资基金进行监管。2013 年的监管目的在于提高透明度和完善风险管理职能（欧洲证券和市场管理局，2013）。该规定旨在管理对冲基金和 PE，更类似于共同基金和养老基金。

《美国海外账户税收合规法》

《美国海外账户税收合规法》（FATCA）被称为"反税收规避法"，旨在减少海外逃税行为。外国银行、保险公司和投资基金必须向美国国税局提交价值超过 5 万美元的有关美国和永久居民离岸账户的信息。FATCA 是 2010 年《恢复就业奖励法》的一部分，并于 2010 年 3 月签署成为法律。

附带权益的税项变更提案

2012 年美国总统大选后，一场关于对 PE 经理人（即 GPs）所现有的利润分配进行征税的争论随即展开，这场争论被称为"附带权益"。GPs 收取管理费，这部分费用作为工资被征税；同时他们也分享基金超过预定最低预期回报率的利润。这一利润份额作为资本收益进行征税（税务政策中心，2012）。美国前总统候选人米特罗姆尼受到抨击，因为他的大部分收入被按资本利得税 20% 的税率征税，而不是以 39.6% 的普通收入税率征税。一个与基金经理利润份额征税有关的关键问题是 PE 合伙人是否在投资组合公司中扮演积极的管理角色。简单地说，如果合作伙伴是对投资组合公司进行有效的管理，那么附带权益就应该被视为收入，就像工资一样。如果没有，则应将这部分收入视为投资收益。虽然这一问题仍在讨论之中，但截至本文撰写之时，税法尚未做出任何修改。凯雷集团的联合创始人大卫·鲁宾斯坦曾被许多研究影响 PE 产业的国家政策的专家作为参考。他在 2014 年表示，本届国会不会通过任何税收改革。

关于杠杆收购的监管指南

2013 年 3 月，美国财政部货币监理署和美联储发布了指导，以警告银行不要为那些杠杆率超过息税折旧摊销前利润（EBITDA）六倍的收购交易融资。监管机构正试图打击高风险的银行业务。部分结果是，包括花旗集团、摩根大通和美国银行在内的几家银行最近拒绝了为一些企业收购融资。这一改变将使 PE 公司的交易变得更加昂贵，因为它们通常依赖于银行的债务为收购提供廉价的融资。

投资者趋势

自 2007—2008 年金融危机以来若干趋势相继浮现。PE 投资者继续转向养老基金和基金会等机构。而且，投资者继续变得更加有经验，也更需要资金。

PE的机构性投资

私人股本领域内预计将持续下去的一个关键趋势是机构对资产类别的投资将增加。2013年，AUM总额超过3万亿美元。1994年至2013年的增长（即从5000亿美元增加到大约3万亿美元）大部分是来自机构投资者。例如，根据相关养老基金的数据，在2012年1月至2013年1月期间，PE的目标配置比率从7.5%增加到8.3%。对于资产管理规模不低于50亿美元的大型养老基金，该比率的增幅甚至更大——从8.3%上升到9.7%。报告中提到的增长原因一般侧重于对2007—2008年金融危机期间遭受的损失的弥补。此外，正如米特里克和安田提到的，大数额基金会在危机发生前进行分配，PE获得的比例达到12%。在2014年中期编写本报告时，债券收益率仍然较低，许多养老金资金不足，迫使养老基金寻找其他方法来增加回报。

领英讨论了2012年10月进行的关于2013年PE趋势的在线调查的结果。调查所涉及的126个受访者为来自世界各地的高级投资高管。78%的受访者来自欧洲或北美洲。投资者发现了以下PE趋势：
- 对PE的需求在未来保持稳定并存在潜在的增长可能性。
- 对新基金经理的兴趣有限，而更多专注于巩固目前的基金经理关系。
- 重点关注欧洲和美国的中小市场收购和成长型资本基金，以及亚洲的国家基金。
- 更加关注风险，如新兴市场的政治风险，而这些风险降低了他们对高增长的信心。
- 巴西和中国在新兴市场投资中继续占据主导地位，土耳其和印度尼西亚是新兴市场的明星，投资者对印度的兴趣有一定的下降。
- 美国以信用为导向的战略越来越受欢迎。
- 对VC的兴趣持续偏低。
- 由大投资者制订共同投资方案来提高回报。共同投资是指直接向经营公司进行的少数股权投资。

投资者需求

区分PE公司与天使投资者或私人投资组合的一个因素是PE公司不使用自己的资本。如今，投资者通常都是养老基金，捐赠基金，以及其他机构投资者。普通合伙人与有限合伙人之间存在潜在的代理冲突。有限合伙协议（LPA）中的合同规定可用于降低代理成本。此外，投资组合公司是私有的，这使得信息不对称程度增加，从而有可能增加代理成本。最后，PE公司必须向投资者返还资金，这与进行战略投资的公司不同。所有这些因素都将PE与共同基金、对冲基金和公司区分开来。

随着2007—2008年金融危机的爆发，PE投资者的要求越来越高。根据邓克利的说法，投资者与杠杆收购公司要求更多的共同投资机会。他们还在寻找更低的费用，并要求更早进入交易渠道。许多私募基金公司重新募集资金。正如Shah（2013）所指，LPs正在收紧涉及绩效和管理费的交易条款。根据德勤金融服务中心的说法，日益复杂的有限合伙人也促使PE提高他们的合规能力，提高透明度和定制报告。报告指出，有限合伙人正在进行更实质性的尽职调查工作，延长尽职调查程序，并"全面深入了解一家公司的运营和基础设施情况，以评估其复原能力"。

在这样一个过去不需要考虑合规的行业中，合规文化的发展需要时间，但随着投资者越来越关注这个问题，企业吸引资金是必要的。

德洛伊特金融服务中心的数据显示，传统上，PE 企业依靠 GDP 增长、多重扩张和杠杆来驱动 α（即风险调整后的正超额回报）。展望未来，这些 α 的驱动因素可能不足以满足 LP 性能需求。无论在投资组合公司层面或是 PE 投资公司的层面，PE 公司必须考虑运营效率低下的问题，以提高收益。凯雷集团的大卫·鲁宾斯坦表示，尽管许多人认为 PE 是一种金融工程游戏，但事实并非如此。他指出，私人股本的大部分回报来自投资组合公司的运营改善。PE 公司正在出现一些提高运营效率的机会，其中包括：

数据管理。与其他公司一样，PE 公司也希望将数据管理、存储和检索外包给第三方。

客户关系管理（CRM）。CRM 是一个管理公司与当前和未来客户之间的交互式系统，其组织管理、自动化、同步销售、市场营销、客户服务和技术支持等方面都由技术支持。PE 公司将越来越多地外包 CRM。

瀑布自动化技术。PE 公司最复杂的任务之一是分流瀑布，它指的是将实现的投资收益在投资者和基金经理之间进行分配的过程。GPs 收取他们的奖励，并通过分配瀑布获得附带权益。通常，企业人工地计算资金配置，但这样做十分费力。新闻专线报道称，为 PE 公司提供服务的纽约梅隆银行宣布了业内第一个第三方管理式的瀑布解决方案。

文件管理系统。文档管理软件可用于管理 PE 公司的交易流程。

从历史上看，PE 公司通常依靠人工流程进行数据管理和报告。监管方面的改变，如《多德—弗兰克法案》）、FATCA 和 AIFMD，以及与投资者报告要求和透明度提高相关的成本不断上升，意味着公司将评估内部技能以满足这些需求。然而，企业可以通过这些技术解决方案实现改进和提升效率。因此，预计 PE 公司将越来越多地依赖外包和未来的技术。这些技术具有创造效率的潜力，是未来 10 年行业中的一个"可提供 α 的有形杠杆"。